Kohlhammer
Urban Taschenbücher

D1724225

Band 563

Grundriss der Psychologie

Herausgegeben von Bernd Leplow und Maria von Salisch

Begründet von Herbert Selg und Dieter Ulich

Diese Taschenbuchreihe orientiert sich konsequent an den Erfordernissen des Bachelorstudiums, in dem die Grundlagen psychologischen Fachwissens gelegt werden. Jeder Band präsentiert sein Gebiet knapp, übersichtlich und verständlich!

H. E. Lück
Geschichte der Psychologie

D. Ulich/R. Bösel
Einführung in die Psychologie

K. Rentzsch, A. Schütz
Psychologische Diagnostik

F. Rheinberg/R. Vollmeyer
Motivation

D. Ulich/P. Mayring
Psychologie der Emotionen

J. Kienbaum/B. Schuhrke
Entwicklungspsychologie der Kindheit

H. M. Trautner
Allgemeine Entwicklungspsychologie

T. Greitemeyer
Sozialpsychologie

S. Trepte/L. Reinecke
Medienpsychologie

H.-P. Nolting/P. Paulus
Pädagogische Psychologie

L. Laux
Persönlichkeitspsychologie

J. Felfe
Arbeits- und Organisationspsychologie, Bd. 1 und 2

L. v. Rosenstiel/W. Molt/
B. Rüttinger
Organisationspsychologie

F. J. Schermer
Lernen und Gedächtnis

R. Guski
Wahrnehmung

T. Faltermaier
Gesundheitspsychologie

U. Ehlert/R. La Marca/
E. A. Abbruzzese/U. Kübler
Biopsychologie

G. Felser
Konsumentenpsychologie

Toni Faltermaier
Philipp Mayring
Winfried Saup
Petra Strehmel

Entwicklungspsychologie des Erwachsenenalters

3., vollständig überarbeitete Auflage

Verlag W. Kohlhammer

3. Auflage 2014

Alle Rechte vorbehalten
© 2014 W. Kohlhammer GmbH Stuttgart
Gesamtherstellung:
W. Kohlhammer GmbH + Co. KG, Stuttgart
Printed in Germany

ISBN 978-3-17-020858-2

Inhalt

Geleitwort

Neue Studiengänge brauchen neue Bücher! Bachelor und Master sind nicht einfach verkürzte Diplom- oder Magisterausbildungen, sondern stellen etwas qualitativ Neues dar. So gibt es jetzt Module, die in sich abgeschlossen sind und aufeinander aufbauen. Sie sind jeweils mit Lehr- und Lernzielen versehen und spezifizieren sehr viel genauer als bisher, welche Themen und Methoden in ihnen zu behandeln sind. Aus diesen Angaben leiten sich Art, Umfang und Thematik der Modulprüfungen ab. Aus der Kombination verschiedener Module ergeben sich die neuen Bachelor- und Master-Studiengänge, welche in der Psychologie konsekutiv sind, also aufeinander aufbauen. Die Bände der neuen Reihe »Grundrisse der Psychologie« konzentrieren sich auf das umgrenzte Lehrgebiet des Bachelor-Studiums.

Da im Bachelorstudium die Grundlagen des psychologischen Fachwissens gelegt werden, ist es uns ein Anliegen, dass sich jeder Band der »Grundrisse der Psychologie« ohne Rückgriff auf Wissen aus anderen Teilgebieten der Psychologie lesen lässt. Jeder Band der Grundrisse-Reihe orientiert sich an einem der Module, welche die Deutsche Gesellschaft für Psychologie (DGPs) 2005 für die Neugestaltung der Psychologie-Ausbildung vorgeschlagen hat. Damit steht den Studierenden ein breites Grundwissen zur Verfügung, welches die wichtigsten Gebiete aus dem vielfältigen Spektrum der Psychologie verlässlich abdeckt. Dieses ermöglicht nicht nur den Übergang auf den darauf aufbauenden Masterstudiengang der Psychologie, sondern auch eine erste Berufstätigkeit im psychologisch-assistierenden Bereich.

So führt der Bachelorabschluss in Psychologie zu einem eigenen, berufsbezogenen Qualifikationsprofil. Aber auch Angehörige anderer Berufe können von einer ergänzenden Bachelor-Ausbildung in Psychologie profitieren. Über all dort, wo menschliches Verhalten und Erleben Entscheidungsabläufe beeinflusst, hilft ein fundiertes Grundwissen in Psychologie. Die

Bandbreite reicht vom Fachjournalismus über den Erziehungs-
und Gesundheitsbereich, der Wirtschaft mit diversen Manage-
mentprofilen, der Architektur und den Ingenieurwissenschaften
bis hin zu Führungspositionen in Militär und Polizei. Die Fi-
nanz- und Wirtschaftskrise ist nur ein Beispiel für die immense
Bedeutung von Verhaltensfaktoren für gesellschaftliche Abläufe.
Die wissenschaftliche Psychologie bietet insofern – bei ethisch
vertretbarer Anwendung – ein Gerüst, über welches man auf die
Gesellschaft positiv Einfluss nehmen kann. Daher können auch
Studierende und Praktiker aus anderen als den klassischen psychologischen Tätigkeitsfeldern vom Bachelor-Wissen in Psychologie profitieren. Weil die einzelnen Bände so gestaltet sind,
dass sie psychologisches Grundlagenwissen voraussetzungsfrei
vermitteln, sind sie auch für Angehörige dieser Berufsgruppen
geeignet.

Jedes Kapitel ist klar gegliedert, beginnt mit einer präzisen
Formulierung der Lernziele und schließt mit einer übersicht-
lichen Zusammenfassung sowie einigen Fragen zur Selbstüberprüfung. Als weitere Lern- und Verständnishilfen wurden »Exkurse«. »Beispiele« und »Erklärungen« aufgenommen.
Diese optisch klar abgesetzten Elemente lockern die Seiten auf,
stören aber den Lesefluss nicht. Sie enthalten entweder Zusatz-
wissen oder ergänzende Erläuterungen. In einigen Bänden finden sich darüber hinaus »Definitionen und – wo es sich anbietet
– wird besonders Wichtiges noch einmal in einem »Merke«-Satz
wiederholt.

Wir möchten den ausgeschiedenen Herausgebern für ihre
inspirierende Arbeit an dieser Reihe danken und hoffen, auch
weiterhin auf ihre Erfahrungen zurückgreifen und ihren wert-
vollen Rat in Anspruch nehmen zu können. Den Leserinnen
und Lesern wünschen wir vielfältige Erkenntnisse und Erfolge
mit den Bänden der »Grundrisse der Psychologie«.

Maria von Salisch
Bernd Leplow

1 Einleitung

Mit psychischen Phänomenen wie dem, was wir »Entwicklung« nennen, ist es eigentümlich: Sie sind so alltäglich, dass wir sie kaum bemerken. Oft fällt uns erst spät und im Nachhinein auf, dass wir uns selbst weiterentwickelt haben. Bei Bekannten erkennen wir das meist früher und fassen dann unsere Einschätzung etwa in der Bemerkung zusammen: »Der oder die hat sich aber zu seinem oder ihrem Vorteil entwickelt!« Stagniert der Entwicklungsprozess oder ist er gestört, kann oder will sich jemand nicht mehr an eine veränderte Lebenssituation anpassen, dann tritt zutage, dass wir eine Entwicklung von uns und von anderen erwarten, auch im Erwachsenenleben.

Bei Kindern ist es augenfällig, dass und wie sie sich entwickeln: Wenn sich zum Beispiel ihre motorischen Fähigkeiten entwickeln und sie vom Krabbeln über das Sitzen und Stehen zum Gehen kommen, zunächst unsicher und ungelenk, dann immer harmonischer und geschickter; wenn sie sich sprachlich entwickeln und sie von ersten Lauten über Wortkombinationen zu vollständigen, grammatikalisch richtigen Sätzen gelangen, sich damit immer besser ausdrücken und differenzierter verständigen können; wenn sie sich sozial entwickeln, von ersten schüchternen Versuchen, mit anderen Kindern in Kontakt zu kommen bis zu lebhaften Interaktionen im Freundeskreis. Bei Erwachsenen sind Entwicklungsprozesse nicht so offensichtlich, und doch ist klar, dass sie sich entwickeln oder – sagen wir es zunächst vorsichtiger – dass sie sich im Laufe des Lebens verändern. Kein Mensch ist mit 50 Jahren noch derjenige, der er mit 20 war. Er ist nicht nur älter geworden, sondern hat sich in zentralen Persönlichkeitsmerkmalen und Kompetenzen, Einstellungen und Verhaltensstilen verändert, vielleicht selten dramatisch, aber immer merklich. Die Erfahrungen im Beruf, in der Partnerschaft oder als Eltern können dem Erwachsenen mehr Wissen, neue Kompetenzen, eine Sicherheit im Umgang mit anderen Menschen, mehr Selbstbewusstsein, Einfluss und Macht, Lebenserfahrung, andere Werteinstellungen, neue Zukunftsentwürfe und Sichtweisen auf sein vergangenes Leben u.v.a.m. bringen, sie können ihn insgesamt positiv verändern. Die Erfahrungen im Laufe des Lebens können Menschen aber natürlich auch negativ verändern, zu Unzufriedenheit, Stagnation, Resignation und Verzweiflung führen. Viele Menschen werden im Rückblick auf ihr bisheriges Erwachsenenleben bei einigem Nachdenken sagen können, worin sie sich verändert haben. Nur machen wir uns meist wenig Gedanken darüber. Ein ausgefülltes und nach vorne gerichtetes Leben bietet wenig Anlass und Gelegenheit zur Reflexion über das gelebte Leben. In Zeiten der Verunsicherung oder im Bewusstwerden des eigenen Alterns sieht das schnell anders aus. Zudem scheint gerade in Phasen eines schnellen gesellschaftlichen Wandels das Bedürfnis der Menschen zu wachsen, innezuhalten und über ihr Leben nachzudenken. Auch daher gehören Formen einer biographischen Selbstreflexion heute zu den Kursangeboten von Einrichtungen der Erwachsenenbildung.

Vielleicht ist die Unauffälligkeit der Entwicklungsprozesse von Erwachsenen ein Grund dafür, dass sich die Entwicklungspsychologie erst sehr spät mit dem Erwachsenenalter beschäftigt hat. Lange Zeit verstand man unter Entwicklung fast ausschließlich die Reifungs-, Wachstums- und Veränderungsprozesse von Kindern und Jugendlichen. Dann geriet allmählich das Alter in den Blickpunkt der Entwicklungspsychologie. Der zunehmende Anteil älterer Menschen in der demographischen Struktur unserer Bevölkerung und die damit verbundenen gesellschaftspolitischen und praktischen Herausforderungen waren für die rasche Herausbildung eines Teilgebietes der Gerontologie mit entscheidend. Hier untersuchte man die Dynamik psychischer Veränderungen im Alter und hatte viel Arbeit damit, den gängigen Vorurteilen über »natürliche« psychische Abbauprozesse im Alter durch wissenschaftliche Studien zu begegnen. Für das übrige Erwachsenenalter herrschte lange Zeit das Bild einer »fertigen Person« vor. Nach dieser Vorstellung entwickelt sich eine Person durch Reifungs- und Lernvorgänge in Kindheit und Jugend bis die Entwicklung mit Erreichen des Erwachsenenalters abgeschlossen ist; die erwachsene Person bleibt dann lange weitgehend stabil bis sie sich unter dem Einfluss biologischer Abbauprozesse im Alter allmählich psychisch und sozial zurückzieht. Diese Vorstellung vom Lebenslauf als einem »Auf und Ab« mit einer langen Periode relativer Konstanz um die Mitte des Lebens lässt sich heute nicht mehr aufrechterhalten. Seit dem Beginn der 1970er Jahre hat sich in der Entwicklungspsychologie immer mehr ein Modell der lebenslangen Entwicklung durchgesetzt. Dieses sieht Möglichkeiten für eine Veränderung der Person über den gesamten Lebenslauf und macht entsprechend auch die Entwicklung im Erwachsenenalter zum Gegenstand ihrer Forschungen.

Diese Einführung in die Entwicklungspsychologie des Erwachsenenalters macht den Versuch, das gesamte Erwachsenenleben in einer einheitlichen Systematik und im Zusammenhang zu beschreiben. Sie geht aus von den *Prämissen*, dass

- sich das Erwachsenenalter als längste Lebensphase sinnvoll abgrenzen und als Einheit verstehen lässt,
- sich im Erwachsenenalter eine Fülle von Phänomenen und Prozessen der psychischen Entwicklung beobachten lassen, die zu erklären wissenschaftlich interessant und relevant ist,
- die Entwicklungsprozesse von erwachsenen Menschen eine große gesellschaftspolitische und praktische Bedeutung haben, denn der rasche gesellschaftliche, ökonomische, technologische und soziale Wandel erfordert Menschen, die in der Lage sind, auch als Erwachsene ständig dazu zu lernen und sich weiterzuentwickeln.

Das Erwachsenenalter ist ein relativ junges Gebiet der Entwicklungspsychologie, für das bisher nur recht vorläufige Wissensbestände und Systematiken vorliegen und in dem noch viele Forschungslücken und uneingelösten Forschungsprogramme zu erkennen sind. »Wir sind heute noch nicht in der Lage, eine ›Entwicklungspsychologie des mittleren Erwachsenenalters‹ zu schreiben; wir können höchstens einige Ansätze aufzeigen, die dieses Gebiet anzugehen versuchen.« (Lehr, 1978, S. 148) Diese zurückhaltende Einschätzung einer führenden deutschen Entwicklungspsychologin vor mehr als drei Dekaden gilt in der

Tendenz auch heute noch. Dennoch glaubten wir bereits bei der ersten Auflage 1992, den Versuch wagen zu können, wenn wir die vorliegenden Erkenntnisse (mit Anleihen auch aus anderen Teilgebieten der Psychologie) in einen systematischen Rahmen stellen und dabei gleichzeitig ihre Lücken kenntlich machen. Diese Einführung in das Erwachsenenalter wird daher auch heute noch teilweise mosaikartig sein und eine kritische Grundhaltung haben müssen. Wir sind aber überzeugt, dass genügend Material zu einer konsistenten Darstellung vorliegt und dass ein Blick auf das ganze Erwachsenenalter eine fruchtbare Perspektive bietet. Wir können zudem aus unseren eigenen Erfahrungen als Hochschullehrer einen großen Bedarf an deutschsprachigen Texten feststellen, die für die universitäre Lehre und für die psychologisch-pädagogische Praxis als Einführung in die Entwicklungspsychologie des Erwachsenenalters geeignet sind. Obwohl sich heute die Situation gebessert hat und neuere wissenschaftliche Werke zum Erwachsenenalter vorliegen (z. B. Filipp & Staudinger, 2005; Willis & Martin, 2005; Brandtstädter & Lindenberger, 2007), gilt diese Einschätzung immer noch. Nicht zuletzt hoffen wir, dass die Perspektive auf den gesamten Erwachsenenlebenslauf dazu beitragen kann, die Problemfelder des Erwachsenenlebens stärker im prozesshaften Zusammenhang und mit biographisch-langfristigem Blick zu sehen.

Die Einteilung des gesamten Lebenslaufes in Phasen oder Abschnitte ist nicht nur ein Problem für eine wissenschaftliche Disziplin wie die Entwicklungspsychologie, das uns im Weiteren noch beschäftigen wird. Sie ist auch als Produkt einer historisch-gesellschaftlichen Situation zu verstehen, ein Ausdruck des Denkens und der Wirklichkeit einer historischen Epoche und einer Gesellschaft. Wie beispielsweise Ariès (1975) gezeigt hat, sind unser heutiges Verständnis von der Kindheit und ihre Abgrenzung als Lebensabschnitt in der historischen Entwicklung erst spät entstanden und beileibe nicht für alle Gesellschaftsformen gültig. Gleichfalls ist die Abgrenzung des Erwachsenenalters als Lebensabschnitt, seine zeitliche Ausdehnung und Unterteilung historisch variabel und durch die gesellschaftlichen und kulturellen Einflüsse einer Epoche bedingt. In den meisten modernen Industriegesellschaften setzt man heute den Zeitpunkt der Volljährigkeit mit dem 18. Lebensjahr an und damit beginnt dann zumindest im rechtlichen Sinn das Erwachsenenleben. Aber es ist offensichtlich, dass Jugendliche mit Erreichen dieses Alters nicht automatisch zum Erwachsenen werden.

Wir wollen uns trotzdem zunächst pragmatisch darauf einigen, das Erwachsenenleben etwa mit dem Alter der rechtlichen Volljährigkeit beginnen zu lassen. Während sich im Beginn des Erwachsenenalters eine gesellschaftliche Konvention ausdrückt, ist das Ende des Erwachsenenlebens eindeutig durch den biologischen Tod bestimmt. Auch dessen Zeitpunkt ist jedoch nicht invariabel, sondern von sozial und kulturell geprägten Lebensverhältnissen abhängig. Wie der dramatische Anstieg der durchschnittlichen Lebenserwartung von 47 Jahren zu Beginn des 20. Jahrhunderts auf über 75 Jahren am Ende des Jahrhunderts zeigt, hat sich in den westlichen Industriegesellschaften die Lebensphase des Erwachsenenalters zeitlich enorm ausgeweitet. Diese große Ausdehnung des Erwachsenenlebens hat ein völlig anderes gesellschaftliches Bild vom Erwachsenen zur Folge, das wiederum die Lebensvorstellungen des einzelnen Menschen prägt. Unser Gegenstand Erwachsenenalter ist somit historisch in der vorliegenden Form erst entstanden und umfasst heute eine Epoche von fast sechs Jahrzehnten im Leben. Entsprechend ergibt sich die Notwendigkeit, diese lange Phase des Erwachsenenalters zu unterteilen, wobei eine Tendenz zu beobachten ist, immer differenziertere Untergliederungen vorzunehmen, je weiter sich die Phase des Alters ausdehnt.

Das betrifft auch den Aufbau dieses Lehrbuchs. Wir haben uns entschieden, unsere Darstellung an einer Grobgliederung des Erwachsenenlebens in drei Abschnitte auszurichten. Wir sehen aber die Probleme, die jede Phaseneinteilung des Erwachsenenalters mit sich bringt, und werden diese auch im ▶ Kap. 3 ausführlich diskutieren.

In ▶ Kap. 2 werden wir zunächst das Erwachsenenalter in seinem gesellschaftlichen Kontext und in seinem aktuellen Stellenwert in der Entwicklungspsychologie beschreiben; dabei wird es auch zur Klärung grundlegender Fragen wie der nach dem wissenschaftlichen Begriff von Entwicklung und nach den grundlegenden Modellen einer Subjektentwicklung im Erwachsenenalter kommen.

Das ► Kap. 3 wird dann das Erwachsenenleben in seiner Gesamtheit und seiner Stellung im Lebenslauf darstellen; dabei werden wir sowohl die zentralen Konzepte zur Erfassung des Erwachsenenalters als auch die aktuellen Forschungstrends beschreiben.

In den ► Kap. 4, 5 und 6 werden wir dann auf dieser Grundlage die drei großen Abschnitte des Erwachsenenlebens ausführlich beschreiben:

- frühes Erwachsenenalter (Alter: 20 bis 40 Jahre),
- mittleres Erwachsenenalter (Alter: 40 bis 60 Jahre),
- spätes Erwachsenenalter (Alter: über 60 Jahre).

Der vorläufige Charakter dieser Alterseinteilung sollte dem Leser und der Leserin[1] aber immer bewusst bleiben. Die Darstellung der verschiedenen Lebensabschnitte wird jeweils ähnliche Themen aufgreifen, die zuerst in ► Kap. 3 eingeführt werden. In jeder Phase des Erwachsenenalters werden aber auch jeweils spezifische Schwerpunkte gesetzt. Auf diese Weise wird ein ganzheitlicher Blick auf die sich entwickelnde Person möglich, der uns für die Darstellung des Erwachsenenalters besser geeignet erscheint als eine Beschreibung der Entwicklung einzelner psychischer Funktionen.

Die Resonanz auf die ersten beiden Auflagen dieses Buches ermutigt uns, dessen Grundkonzeption auch für die dritte Auflage beizubehalten. Wir haben uns bei der Überarbeitung auf die Aktualisierung der präsentierten Erkenntnisse, auf vorsichtige Ergänzungen und auf einige neue Akzente konzentriert, sofern es neue wissenschaftliche Entwicklungen gab. In den knapp zwanzig Jahren seit dem ersten Erscheinen dieses

---

1   Zur besseren Lesbarkeit wird im Folgenden darauf verzichtet, jeweils die weibliche und männliche Form zu verwenden; es sind aber natürlich immer beide Geschlechter gemeint, wenn nicht ausdrücklich anders formuliert.

Lehrbuches sind jedoch in der Entwicklungspsychologie des Erwachsenenalters nur in Teilbereichen neue Aktivitäten zu beobachten. Die geringe Weiterentwicklung der wissenschaftlichen Disziplin Entwicklungspsychologie in diesem Bereich kann man in gewisser Hinsicht auch mit Enttäuschung registrieren, denn (auch unsere) Erwartungen auf eine stärkere Dynamik dieses Feldes haben sich bisher nicht erfüllt.

Schließlich noch eine letzte persönliche Bemerkung: Über einen so langen Zeitraum haben sich natürlich auch die Autoren dieses Buches verändert. Sie wurden nicht nur älter, sondern haben inzwischen u. a. auch ihre Hochschulen gewechselt, ihre Arbeitsschwerpunkte verändert und sich hoffentlich auch persönlich weiter entwickelt. Diese Änderungen werden sich in gewisser Weise in dieser dritten Auflage niederschlagen.

Unser Kollege und Mitautor, Winfried Saup, ist nach langer schwerer Krankheit im April 2011 viel zu früh verstorben. Ihm widmen wir diese Neuauflage.

2 Das Erwachsenenalter in der Entwicklungspsychologie

Das Kapitel versucht zunächst, die gesellschaftlichen Hintergründe für eine zunehmende Bedeutung des Erwachsenenalters zu erklären. Dann wird das Erwachsenenalter als Lebensphase in den Kontext der Entwicklungspsychologie gestellt und in die in den 1970er Jahren entstandene übergreifende Perspektive einer Entwicklungspsychologie der Lebensspanne eingeordnet. Die Grundlagen und Grundannahmen sowie wichtige Forschungsansätze dieser Orientierung werden dargestellt; dabei werden insbesondere der Entwicklungsbegriff und die Problematik thematisiert, eine geeignete Konzeption für die Erfassung der Entwicklungsprozesse von Erwachsenen zu finden. Abschließend werden grundlegende Modelle der Entwicklung dargestellt und in ihrer Passung für das Erwachsenenalter diskutiert.

2.1 Das neue Interesse am Erwachsenenalter

Aus heutiger Sicht ist es schwer verständlich, warum in der langen Geschichte der Entwicklungspsychologie das Erwachsenenalter kaum ein Thema war. Die Entwicklungspsychologie war lange Zeit nahezu identisch mit einer Psychologie des Kindesalters und des Jugendalters. Erst als man sich in den 1960er Jahren auch mit der Entwicklung älterer Menschen zu beschäftigen begann, geriet langsam das Erwachsenenalter in seinem ganzen Verlauf in das Blickfeld der Entwicklungspsychologie. Es ist aber noch nicht einmal vier Jahrzehnte her, dass sich in den 1970er Jahren eine Perspektive zu etablieren begann, welche die psychische Entwicklung über die ganze Lebensspanne zu ihrem Gegenstand erklärte. Diese so genannte »Life-Span Developmental Psychology« erwies sich als neues und fruchtbares Programm für die Forschung, die aber gerade im frühen und mittleren Erwachsenenalter einen enormen Nachholbedarf hatte. Das Erwachsenenalter könnte von einem vernachlässigten Gebiet zu einem innovativen Gebiet der Entwicklungspsychologie werden, wenn die wissenschaftlichen Ressourcen stärker in diesem Bereich konzentriert würden.

2.1.1 Gesellschaftlicher Wandel

Wenn wir nach den Gründen für dieses damals erwachte Interesse am Erwachsenenalter fragen, dann können wir unsere Betrachtung nicht auf innerwissenschaftliche Entwicklungen beschränken, sondern müssen auch gesellschaftliche Veränderungen einbeziehen. Neu hervortretende wissenschaftliche Schwerpunkte können auch als eine Antwort auf *neue gesellschaftliche Anforderungen* gesehen werden. So ist das auch mit dem Erwachsenenalter und der Entwicklungspsychologie. Ähnlich und nahezu zeitgleich mit verwandten Disziplinen wie Soziologie und Pädagogik wurde das Erwachsenenalter als Gegenstand ›entdeckt‹. Die Gründe dafür liegen in einem gesellschaftlichen und demographischen Wandel, der seit einigen Jahrzehnten das Leben von Erwachsenen stark verändert und große Herausforderungen für sie mit sich bringt.

Historische Analysen wie die des Soziologen Kohli (1985) über die langfristige Veränderung von Altersverläufen kommen zu dem Schluss, dass der Lebenslauf und das Lebensalter von Menschen keineswegs als ein rein biologisches Geschehen zu verstehen sind, sondern einer *gesellschaftlichen Regelung* unterliegen. Es lässt sich nämlich zeigen, dass in den westlichen Gesellschaften über die letzten vier Jahrhunderte eine Zunahme in der *Institutionalisierung des Lebenslaufes* stattfand: Das Lebensalter eines Menschen wurde zunehmend zu einem Merkmal, das seine gesellschaftliche Position und Lebenschancen mitbestimmte. Eine ganz wesentliche Entwicklung war hierfür der drastische Anstieg der Lebenserwartung, die sich z. B. in Deutschland im Laufe des 20. Jahrhunderts fast verdoppelt hat. Mit der Abnahme der Sterblichkeit von Säuglingen, aber auch von Kindern und Erwachsenen, wurde das Sterben immer mehr ins hohe Alter verschoben. Auf dieser Grundlage konnte erst ein vorhersehbarer Lebenslauf und die Vorstellung einer *Normalbiographie* entstehen, einer Abfolge von sozial erwarteten Ereignissen, die von den meisten Menschen in einem bestimmten Alter durchlaufen werden (z. B. die Heirat, die Geburt des ersten Kindes, die Aufnahme und Beendigung einer Erwerbsarbeit). In der ›vormodernen‹ Familie des 19. Jahrhunderts war etwa die später typische zeitliche Abfolge von Ereignissen im Familienzyklus (Heirat, Geburt der Kinder, Auszug der Kinder aus dem Elternhaus, Tod des Ehegatten) noch nicht der Normalfall. Die gesellschaftliche Regelung des Lebenslaufes zeigt sich aber nach Kohli (1985) auch in der Entstehung von verbindlichen *Altersgrenzen* zwischen verschiedenen Lebensphasen. So entstand eine grobe *Dreiteilung des Lebenslaufes* in eine Vorbereitungsphase (Kindheit und Jugend), eine Aktivitätsphase (›aktives‹ Erwachsenenalter) und eine Ruhephase (Alter). Vor allem die Entstehung des Bildungssystems und des Rentensystems im 19. Jahrhundert trugen zu einer rechtlichen Fixierung von Altersgrenzen zwischen diesen Phasen bei (z. B. die allgemeine Schulpflicht, die Volljährigkeit als Altersmarke im Zivil-, Straf- und Wahlrecht). Sie etablierten damit auch erstmals eine Altersphase, die von einem immer größer werdenden Teil der Bevölkerung erreicht und als Ruhestand erlebt wurde.

Diese Betrachtung in großen historischen Dimensionen muss allerdings relativiert werden, wenn man sich die jüngere Vergangenheit ansieht. Kohli (1985) stellt fest, dass sich spätestens seit dem Beginn der 1970er Jahre »die empirischen Anzeichen dafür (mehren), dass der Prozess der Chronologisierung zu einem Stillstand gekommen ist oder sich sogar umgekehrt hat« (S. 22). Das zeigt sich im familiären Bereich, wo das Heiratsalter ebenso ansteigt wie das Alter der Frauen bei der Geburt ihrer Kinder; der Prozess der Familienbildung wird damit verschoben. Zudem haben die Heiratsneigung und die Geburtenrate abgenommen, die Scheidungsziffern sind stark angestiegen. Die Familie als dominante Lebensform ist heute brü-

chig geworden, alternative Lebensformen sind entstanden und
haben sich ausgehend von der jüngeren Generation ausgebrei-
tet. Diese empirisch feststellbaren Tendenzen bedeuten eine
zunehmende Vielfalt von familiären Verläufen und machen
eine Pluralität von Lebensformen sichtbar. Der früher stark al-
tersnormierte Familienzyklus ist in dieser Form heute für viele
Menschen nicht mehr ein selbstverständlicher Teil ihres Lebenslaufs.

Eine ganz ähnliche Entwicklung vollzog sich im Bereich
der Erwerbsarbeit. Das ›Normalarbeitsverhältnis‹ wurde nicht
nur durch eine andauernde Massenarbeitslosigkeit infrage gestellt, sondern auch durch das Entstehen einer Vielfalt von
Erwerbsverhältnissen, von diversen Teilzeitformen und befristeten Arbeitsverträgen bis hin zu ›ungeschützten‹ Beschäftigungsverhältnissen (d. h. Jobs ohne Sozialversicherung, Leih-
arbeit, Heimarbeit, Werkverträge, ›freie Mitarbeit‹). Dieser
Tendenz zur Flexibilisierung der Beschäftigungsverhältnisse
und der Arbeitszeit entspricht ein Aufbrechen der normalen
Erwerbsarbeitsbiographie: Diese wird an ihrem Anfang und
Ende variabel (z. B. verlängerte Ausbildungsphase, erschwerter
Berufseinstieg; vorgezogenes und flexibles Rentenalter) und sie
enthält zunehmend Brüche im Verlauf einer Berufskarriere. Es
wird allmählich für Männer wie für Frauen zur Ausnahme, dass
sie einen Beruf ohne größere Veränderung bis zum Erreichen
des Rentenalters ausüben. Betriebswechsel, Weiterbildung im
Beruf, Höherqualifizierung und Berufswechsel sind heute fast
selbstverständlich geworden, aber auch Phasen der Erwerbslosigkeit und Unterbeschäftigung, Erfahrungen der Dequalifizie-
rung oder des beruflichen Abstiegs sind keine Seltenheit mehr.

Diese Entwicklungen in Familie und Erwerbsleben sind Teil
eines gesellschaftlichen Umbruchprozesses, der die sozialen
Bezüge der Menschen tief greifend umgestaltet. Dieser Wandel
der modernen Industriegesellschaft wird auch als *Individualisierungsprozess* gekennzeichnet und ist vor allem von dem Soziologen Ulrich Beck (1986) umfassend dargestellt worden. Er
macht einen Modernisierungsschub aus, der dabei ist, die westlichen Industriegesellschaften qualitativ zu verändern. Die dabei zentralen sozialen Veränderungen fasst er unter der These

der Individualisierung zusammen: »Vor dem Hintergrund eines vergleichsweise hohen materiellen Lebensstandards und weit vorangetriebenen sozialen Sicherheiten wurden die Menschen in einem historischen Kontinuitätsbruch aus traditionellen Klassenbindungen und Versorgungsbezügen der Familie herausgelöst und verstärkt auf sich selbst und ihr individuelles Arbeitsmarktschicksal mit allen Risiken, Chancen und Widersprüchen verwiesen« (Beck, 1986, S. 116). Dieser Individualisierungsprozess lässt sich analytisch auf drei Dimensionen darstellen: a) als Herauslösung aus traditionellen Sozial- und Lebenszusammenhängen, insbesondere aus den sozialen Klassen, Geschlechtsrollen und Familienbezügen; b) als Verlust von traditionellen Sicherheiten, die in diesen Strukturen gegeben waren; und c) als neue Art sozialer Einbindung, die Beck im Wesentlichen in der vollständigen Abhängigkeit des Individuums vom Arbeitsmarkt sieht: »Der oder die Einzelne selbst wird zur lebensweltlichen Reproduktionseinheit des Sozialen … Die Familie (…) zerbricht, und die Individuen werden innerhalb und außerhalb der Familie zum Akteur ihrer marktvermittelten Existenzsicherung und ihrer Biographieplanung und -organisation« (ebd., S. 209).

Becks Individualisierungsthese hat in den Sozialwissenschaften starke Impulse für eine umfassende Auseinandersetzung mit dem aktuellen Wandel in den modernen Gesellschaften gegeben, dabei teilweise kontroverse Diskussionen ausgelöst, wie diese Veränderungen verstanden werden können und welche politischen Konsequenzen daraus zu ziehen sind (Beck, Giddens & Lash, 1997). Die fortschreitende Flexibilisierung der Beschäftigungsverhältnisse hat inzwischen zu einer Debatte unter dem Stichwort »Flexicurity« geführt, wie für die Arbeitnehmer/innen mit arbeitsmarkt- und sozialpolitischen Instrumenten ein besseres Gleichgewicht zwischen Flexibilität und Sicherheit (»security«) geschaffen werden kann (vgl. Klammer, 2005). Die raschen ökonomischen Entwicklungen und ihre Krisen, die voranschreitende Globalisierung und die Fortschritte der Informationstechnologie haben nicht nur tiefgreifende Veränderung in der Arbeitswelt mit sich gebracht, sondern sie wirken sich auch immer mehr auf die privaten Lebensumstände der Menschen und ihre Lebensverläufe aus. In der Soziologie hat sich bereits in den 1970er Jahren eine Forschungsperspektive auf den Lebenslauf (»life course«) entwickelt, die sich mit den Zusammenhängen zwischen diesem gesellschaftlich-historischen Wandel und den Veränderungen von Lebensläufen und ihren gesellschaftlichen Institutionen befasst (vgl. Kohli, 2007; Heinz, Huinink & Weymann, 2009; Mayer & Diewald, 2007).

Für unser Thema bedeutet dies, dass das einstmals relativ kontinuierlich verlaufende Erwachsenenalter in vieler Hinsicht unruhig geworden ist. Erwachsene müssen heute eine Fülle von unterschiedlichen Anforderungen bewältigen und mit vielen Veränderungen in ihrem Leben fertig werden. Die Menschen können sich heute nicht mehr darauf verlassen, dass sie die Erziehung und Sozialisation in Kindheit und Jugend so weitgehend auf das Erwachsenenalter vorbereitet hat, dass sie damit problemlos durchs Leben kommen, vielmehr ist eine ›Nachsozialisation‹ erforderlich. Das Bild des Erwachsenen als ›fertige Person‹ gehört der Vergangenheit an, wenn es überhaupt jemals gestimmt hat. Die Gesellschaft erwartet heute von ihren mündigen Bürgerinnen und Bürgern ›lebenslanges Lernen‹, ›Flexibilität‹, ›Mobilität‹, ›ständige Weiterbildung‹, ›Innovation‹ und einen offenen Umgang mit ›neuen Technologien‹ und den Herausforderungen der ›Globalisierung‹ – um nur einige Schlagwörter zu nennen. Ständig neue berufliche Anforderungen und Qualifikationen, diskontinuierliche Erwerbsverläufe und instabile Beziehungsbiographien sowie sich rasch verändernde Familien- und Beziehungsstrukturen machen insgesamt einen anderen Persönlichkeitstypus erforderlich, der auch als ›der flexible Mensch‹ (Sennett, 1998) gekennzeichnet wurde. Dieser gesellschaftliche Wandel lässt somit elementare Fragen nach den Entwicklungsprozessen von Erwachsenen entstehen und einen deutlichen Bedarf für die Erwachsenenbildung erkennen: Einerseits entstehen durch die genannten sozialen Freisetzungen, die Zwänge durch traditionelle Einbindungen wegfallen lassen, für das Individuum neue Handlungs- und Gestaltungsspielräume und damit neue Entwicklungschancen. Andererseits tauchen durch den Wegfall einstmals stabiler

Koordinaten im Leben für den Einzelnen viele Unsicherheiten und Widersprüche auf, die auch zu Überforderungen und Krisen sowie zur Gefährdung personaler Identitäten führen können (Keupp, Ahbe, Gmür et al., 1999). Die Entwicklungspsychologie muss sich diesen soziologischen und psychologischen Fragen und den damit verbundenen praktischen Problemen stellen und sich verstärkt den Lebensläufen und Entwicklungsprozessen von Erwachsenen zuwenden.

2.1.2 Veränderungen in der Entwicklungspsychologie

Die Entwicklungspsychologie hinkt dieser gesellschaftlichen Entwicklung zwar hinterher. Aber sie reagierte immerhin mit der stärkeren Thematisierung von psychischer Entwicklung im Erwachsenenalter auf diesen gesellschaftlichen Wandel und auf die damit verbundenen praktischen Herausforderungen. Es stellt sich dabei nicht nur die Frage, wie der erwachsene Mensch diese neuen Aufgaben bewältigt und ständig das neue Wissen und die Kompetenzen erwirbt, die von ihm erwartet werden. Es fragt sich auch kritisch, wie viele Veränderungen er verkraften kann, ohne seine psychische Integrität zu gefährden. Das führt schließlich auch zur emanzipatorischen Frage einer Subjektentwicklung, nämlich wo der Spielraum und die Möglichkeiten für den Menschen liegen, sein Leben und seine soziale und gesellschaftliche Umwelt aktiv zu gestalten. Somit ergibt sich für eine Entwicklungspsychologie des Erwachsenenalters die zentrale Aufgabe zu bestimmen, wie Persönlichkeitsentwicklung nicht nur als Anpassung, sondern auch als Wachstumsprozess verstanden und gestaltet werden kann.

Die in den 1970er Jahren entstandene Konzeption von einer lebenslangen Entwicklung hatte ihre innerwissenschaftliche Grundlage in dem als zu eng erkannten Gegenstand der bisherigen Entwicklungspsychologie. Die ›Leerstelle‹ des Erwachsenenalters wurde von zwei Seiten als solche wahrgenommen und in der Folge zu schließen versucht. Auf der einen Seite hat die klassische Entwicklungspsychologie des *Kindes- und Jugendalters* zunehmend erkennen müssen, dass die bisherige obere Grenze ihres Gegenstandsbereichs, die abgeschlossene Adoleszenz, nicht so eindeutig zu bestimmen ist und eine psychische Weiterentwicklung im Erwachsenenalter keineswegs ausgeschlossen ist. Entwicklungspsychologische Längsschnittstudien, die Kinder und Jugendliche bis ins Erwachsenenalter hinein wiederholt untersuchten, zeigten, dass auch Erwachsene in zentralen psychischen Merkmalen nicht so stabil bleiben, wie man zunächst erwartete. So demonstrierten zum Beispiel die Ergebnisse der US-amerikanischen Berkeley-Längsschnittstudien, eines der bekanntesten und umfangreichsten entwicklungspsychologischen Projekte, in dem Kinder von der Geburt bis ins 42. Lebensjahr untersucht wurden (Eichorn, Clausen, Haan et al., 1981), dass die intellektuellen Fähigkeiten auch im Erwachsenenalter noch deutlich zunehmen können. Diese intraindividuellen Veränderungen der Intelligenz stehen in enger Beziehung zu anderen Persönlichkeitsmerkmalen (wie z. B. der Fähigkeit zur Introspektion) sowie zu stimulierenden Erfahrungen im frühen Erwachsenenalter und sie zeigen große interindividuelle Unterschiede. Wenn sich aber Erwachsene weiterentwickeln, dann kann die Entwicklungspsychologie nicht einfach ihre Arbeit für beendet erklären, wenn der Jugendliche das Volljährigkeitsalter erreicht hat.

Auf der anderen Seite hing der *gerontologische Zweig* der Entwicklungspsychologie immer etwas in der Luft. Zwar konnte die Gerontologie die Veränderung von diversen psychischen Funktionen im Alter beschreiben. Aber um diese Prozesse erklären zu können, musste man sich auch mit den vorangegangenen Phasen des Lebens beschäftigen. So wagte sich die Gerontologie langsam ins mittlere Erwachsenenalter vor und richtete ihren Gegenstand auch an den Prozessen des *Alterns* aus und nicht nur an der Lebensphase ›Alter‹. Eine wichtige Rolle spielten auch hier Untersuchungen zur *Intelligenzentwicklung im Erwachsenenalter*. Ging die frühe Forschung noch davon aus, dass Menschen im späten Erwachsenenalter in fast allen kognitiven Leistungen negative Veränderungen zeigen, so wurde dieses Bild eines intellektuellen Abbaus im Alter durch die Forschungen der 1970er Jahre zunehmend infrage gestellt. Sie waren geprägt durch ein differenzierteres Konzept von der

Intelligenz und durch methodische Fortschritte bei ihrer Messung. Die bisherige Standardmethode, Leistungen in Intelligenztests zwischen verschiedenen Altersgruppen zu vergleichen und aus dem meist schlechteren Abschneiden der älteren Populationen auf einen Altersabbau zu schließen, erwies sich in vieler Hinsicht als sehr fragwürdig. Die Haupteinwände gegen ein derartiges Vorgehen (vgl. Baltes, Reese & Lipsitt, 1980) umschreiben gleichzeitig wesentliche *Probleme einer entwicklungspsychologischen Forschungsmethodik*:

1. Es stellt sich die Frage, ob eine Messmethode wie der Intelligenztest, der auf einem »trait«-Modell und damit einer statischen Vorstellung von Persönlichkeit fußt, überhaupt dazu geeignet ist, Veränderungen von Persönlichkeitsmerkmalen adäquat zu erfassen. Zudem ergibt sich das Problem, dass die verwendeten Methoden nicht unbedingt für alle Altersstufen passend sind. Die gebräuchlichsten Intelligenztests wurden überwiegend mit Blick auf den jungen Erwachsenen hin konstruiert; sie werden damit dem Leistungsvermögen des älteren Menschen nicht gerecht, weil sie seine spezifischen Fähigkeiten zur ganzheitlichen, integrierenden, langfristigen Problemlösung nicht angemessen abbilden. Eine entwicklungspsychologische Untersuchung müsste somit die sich im Lebenslauf verändernde Qualität eines Merkmals wie der Intelligenz in Rechnung stellen.

2. Leistungen in einem Intelligenztest entsprechen nicht einfach den zugrunde liegenden Fähigkeiten einer Person; sie sind allenfalls mögliche Indikatoren für das Konstrukt der Intelligenz. Die Unterscheidung zwischen Leistung und Fähigkeit (performance vs. competence) erweist sich als wichtig für die Interpretation von Altersunterschieden in den Testleistungen. Es lässt sich nämlich zeigen, dass kognitive Leistungen durch eine Reihe von Faktoren wie Gesundheit, (Leistungs-) Motivation, Testerfahrung und Reaktionsgeschwindigkeit beeinflusst werden; da diese aber gerade bei älteren Menschen oft eingeschränkt sind, lassen sich aus ihren schwächeren Leistungen nicht geringere intellektuelle Fähigkeiten ableiten (▶ Kap. 6).

3. Schließlich dürfen Testunterschiede zwischen Altersgruppen nicht einfach als Entwicklungsverlauf, hier als Abbauprozess der kognitiven Fähigkeiten, interpretiert werden. Aus dem Vergleich verschiedener Altersgruppen im Querschnitt, d. h. zu einem Zeitpunkt, lassen sich Unterschiede nicht eindeutig auf Altersprozesse zurückführen. Die Gruppen unterscheiden sich nämlich nicht nur im Alter, sondern sie repräsentieren auch unterschiedliche Geburtskohorten. Die heute 30-Jährigen sind 1980 geboren, die 70-Jährigen 1940. Dazwischen liegen gewaltige historische Veränderungen (wie z. B. eine Verbesserung des Bildungssystems, Umbrüche in der Lebens- und Arbeitswelt), die sich auch auf die Entwicklung psychischer Merkmale wie der Intelligenz auswirken können. In der Tat zeigen Kohortensequenzstudien wie die »Seattle Longitudinal Study« beträchtliche Unterschiede in der Intelligenz zwischen aufeinander folgenden Kohorten im 20. Jahrhundert (Schaie, 1996). Die aus der Kritik an Untersuchungen zur Intelligenzentwicklung im Erwachsenenalter entdeckten *Kohortenunterschiede* heben somit gerade die Bedeutung des historischen Kontextes für Entwicklungsprozesse im Erwachsenenalter hervor.

Die *Längsschnittstudien* von Schaie und seiner Arbeitsgruppe in Seattle (USA) über die Intelligenzentwicklung im Erwachsenenalter (Schaie, 1996) sind für die Entstehung einer Entwicklungspsychologie der Lebensspanne von großer Bedeutung gewesen. Die Studien erbrachten durch ihre Kombination von Querschnitt- und Längsschnittanalysen über einen Zeitraum von 35 Jahre nicht nur große Fortschritte in der entwicklungspsychologischen Forschungsmethodik. Ihre *Ergebnisse* revidierten auch manche Vorstellungen über die Entwicklung im Erwachsenenalter und setzten neue Akzente. Die Schlussfolgerungen von Schaie (1996) aus seinen Untersuchungen lassen sich in vier Punkten zusammenfassen:

1. Intelligenz verändert sich im Erwachsenenalter nicht als uniformes Muster, sondern als Muster unterschiedlicher Fähigkeiten mit gruppen- und individuumsspezifischen Verläufen.

2. Vor dem 60. Lebensjahr lässt sich kein genereller Abbau in den psychometrisch erfassten kognitiven Fähigkeiten nachweisen. Ein signifikanter Altersabfall erfolgt in den meisten Fähigkeiten typischerweise erst in den späten 60er und den 70er Jahren; aber auch dieser Trend gilt nicht für alle Menschen.

3. Es gibt einen bedeutsamen Generationstrend im Verlauf der psychometrischen Intelligenz: Die vor dem Ersten Weltkrieg geborenen Kohorten weisen generell eher schlechtere, die jüngeren Jahrgänge in der Regel bessere Ergebnisse auf. Diese Generationenunterschiede sind sogar überwiegend größer als die Altersunterschiede.

4. Es gibt große individuelle Unterschiede des Intelligenzverlaufs im Erwachsenenalter, manche Menschen zeigen schon früh Abbauerscheinungen, andere halten ihr Leistungsvermögen bis ins hohe Alter. Ob eine Person eine positive oder negative Entwicklung nimmt, scheint vom gesundheitlichen Zustand, von der sozioökonomischen Umwelt und vom Persönlichkeitsstil im mittleren Erwachsenenalter abzuhängen. Dabei gilt: Je geistig anregender die Umwelt ist (komplexe Anforderungen im Beruf, unterstützende und stimulierende Familie) und je flexibler der Lebensstil des Erwachsenen ist, desto leistungsfähiger wird er im Alter sein. »Use it or loose it« sei das allgemeine Prinzip hinter diesen Befunden.

Diese und ähnliche Forschungsergebnisse aus Längsschnittstudien sowie die angeführten kritischen Argumente gegen ein in den 1960er Jahren dominierendes Entwicklungsverständnis und Forschungsparadigma, das hier am Beispiel des Persönlichkeitsmerkmals Intelligenz illustriert wurde (vgl. Lindenberger & Schaefer, 2008; vgl. ausführlicher in ▶ Kap. 6), trugen wesentlich zu einer Umorientierung in der Entwicklungspsychologie bei. Das neue Interesse am Erwachsenenalter und seine zunehmende Etablierung als Forschungsbereich lassen sich somit sowohl mit Veränderungen und neuen Anforderungen im gesellschaftlichen Bereich als auch mit neuen Erkenntnissen innerhalb der wissenschaftlichen Disziplin der Entwicklungspsychologie begründen.

2.2 Die Entwicklungspsychologie der Lebensspanne

Zu Beginn der 1970er Jahre formierte sich in der Entwicklungspsychologie allmählich eine neue Perspektive, die ihren Gegenstand auf die *gesamte Lebensspanne* ausweitete. Sie erlangte als Rahmen für die Thematisierung des Erwachsenenalters eine große Bedeutung und soll deshalb kurz dargestellt werden.

»Die Entwicklungspsychologie der Lebensspanne befasst sich mit der Beschreibung, Erklärung und Modifikation (Optimierung) von Entwicklungsprozessen im menschlichen Lebenslauf von der Zeugung bis zum Tod« (Baltes, Reese & Lipsitt, 1980, S. 66). In diese Definition fassen Protagonisten dieser neuen Orientierung in der Entwicklungspsychologie ihren Gegenstandsbereich. Dieser sehr breiten Bestimmung lassen sich natürlich viele Phänomene zuordnen und viele Entwicklungspsychologen könnten sich auf diese Plattform stellen. Die Entwicklungspsychologie der Lebensspanne umfasst aber noch kein spezifisches Theoriengebäude oder Wissenssystem, sondern sie stellt zunächst nur eine Orientierung einer seit den 1970er Jahren zunehmenden Zahl von Forschern in der Entwicklungspsychologie dar, die jetzt den ganzen Lebenslauf als Bezugsrahmen für die Untersuchung von Phänomenen psychischer Entwicklung sehen. Die traditionelle Entwicklungspsychologie ist jedoch insgesamt immer noch weitgehend an den klassischen Entwicklungsperioden Kindheit, Jugend und Alter ausgerichtet und eine über den Lebenslauf integrierende Sichtweise ist eher die Ausnahme. Immerhin hat sich diese Orientierung auf die Lebensspanne inzwischen als eigenständiger Theorie- und Forschungsbereich konsolidiert (vgl. Brandtstädter & Lindenberger, 2007; Glück & Heckhausen, 2006) und ihre Themen sind heute in Standardwerken der Entwicklungspsychologie (vgl. Oerter & Montada, 2008; Schneider & Wilkening, 2006) durchaus vertreten.

Die Perspektive einer Entwicklungspsychologie der Lebensspanne lässt sich mit ihren frühen Protagonisten in vier Grundannahmen zusammenfassen (Baltes et al., 1980):

1. Entwicklung wird als *lebenslanger Prozess* verstanden. Jeder Mensch hat demnach ein Potenzial für Veränderungen über die gesamte Lebensspanne. Entwicklungsprozesse sind nicht auf bestimmte Lebensphasen beschränkt. Diese Orientierung steht im Gegensatz zu den früheren Wachstums- und Reifungsmodellen, nach denen die Entwicklung einer Person nur bis zu einem bestimmten Endzustand erfolgt, der in der Regel mit Abschluss der Adoleszenz erreicht wird, und in der Folge nur mehr Veränderungen im Sinne eines Abbauprozesses möglich sind. Die Annahme einer lebenslangen Entwicklung hebt insbesondere das Erwachsenenalter als entwicklungsrelevante Periode hervor, deren bisherige Vernachlässigung es durch verstärkte Forschungsaktivitäten zu begegnen gilt. Und sie legt eine andere Sicht auf das Alter als Lebensphase nahe, die es nun nicht mehr unter Erwartung eines generellen Abbauprozesses zu untersuchen gilt, sondern auch im Hinblick auf Chancen zu verschiedenartigen Entwicklungsprozessen. Jede Lebensphase wird in dieser Perspektive im Kontext einer Entwicklung über die gesamte Lebensspanne verstanden. Somit würde sich auch ein anderes Verständnis von Kindheit und Jugend ergeben.

2. Entwicklung über die Lebensspanne lässt sich nicht als universeller Prozess darstellen. Es gibt nicht einen spezifischen Weg der Entwicklung, sondern viele: Entwicklung verläuft somit potenziell *multidirektional*, d. h. sie kann verschiedene Richtungen nehmen und ist keinesfalls an einem allgemeinen Endzustand orientiert. Sie weist große *interindividuelle Variabilität und intraindividuelle Plastizität* auf, d. h. Menschen unterscheiden sich stark in ihren Entwicklungswegen und sind in weit größerem Maße veränderbar als bisher angenommen wurde. Diese Vielfalt an Entwicklungsverläufen verlangt eine pluralistische Konzeption von Entwicklung, die es erlaubt, viele Möglichkeiten für Veränderungsprozesse zu erfassen.

3. Die Entwicklungsprozesse einer Person finden gleichzeitig auf *mehreren* psychischen *Dimensionen* und in *verschiedenen Lebenskontexten* statt. So lässt sich eine körperliche, kognitive, emotionale und soziale Dimension der Entwicklung

über die Lebensspanne unterscheiden. Ebenso kann die personale Entwicklung im Kontext von Beruf, Familie, sozialen Netzwerken, Freizeitinteressen, politischen Aktivitäten u. a. verfolgt werden. Wesentlich ist dabei, dass die Entwicklungspsychologie der Lebensspanne diese unterschiedlichen Funktionen, Verläufe und Lebenskontexte in einem integrativen Rahmen sieht. Mit einem ganzheitlichen Blick auf das sich entwickelnde Individuum interessiert sie sich nicht nur für einzelne Dimensionen und Kontexte, sondern gerade für die Beziehungen zwischen ihnen, d. h. auch für mögliche Widersprüche zwischen Ebenen und Bereichen der Entwicklung.

4. Die Entwicklungspsychologie der Lebensspanne konzentriert sich nicht mehr ausschließlich auf altersbezogene Entwicklungsprozesse. Sie betont neben diesem ontogenetischen Prinzip stärker eine *gesellschaftlich-historische* Perspektive, die vor allem durch die empirisch belegten Kohorten- und Generationsunterschiede nahe gelegt wird (vgl. die oben genannten Studien zur Intelligenzentwicklung). Gesellschaftliche, ökologische und historische Einflüsse auf die Entwicklung erlangen damit eine sehr viel größere Aufmerksamkeit als in der klassischen Entwicklungspsychologie, die sich lange Zeit mit der Beschreibung von Altersunterschieden begnügt hat. Das chronologische Alter wird als unabhängige Variable zur Erklärung von Entwicklungsvorgängen suspekt; stattdessen wird nun eine Vielfalt von biologischen, sozialen und psychologischen Bedingungsfaktoren herangezogen, um intraindividuelle Veränderungen und interindividuelle Unterschiede in diesen Veränderungen zu erklären.

Baltes et al. (1980) ordneten diese verschiedenen Entwicklungsbedingungen in drei miteinander interagierenden Systemen:

a) normativ-altersbezogene Einflüsse,
b) normativ-historische Einflüsse,
c) non-normative Einflüsse.

Normativ-altersbezogene Einflüsse bestehen aus biologischen Prozessen und Umweltbedingungen, die einen starken Bezug zum chronologischen Alter aufweisen. Sie sind insofern normativ als sie in einem bestimmten Alter die meisten Individuen einer Gesellschaft betreffen und auch sozial erwartet werden. Als Beispiel könnte man einmal die körperlichen Veränderungen der männlichen und weiblichen Jugendlichen in der Pubertät anführen; aber auch normative Ereignisse im Erwachsenenalter können stark altersbezogen sein, zum Beispiel der Übergang in den beruflichen Ruhestand oder das Klimakterium.

Normativ-historische Einflüsse betreffen die meisten Mitglieder einer Generation in einer bestimmten Gesellschaft in ähnlicher Weise. Sie sind mit der historischen Zeit verknüpft und nicht mit dem Lebensalter. Da sie verschiedene Kohorten in unterschiedlichen Altersphasen betreffen, haben sie für diese aber oft unterschiedliche Auswirkungen. An historischen Ereignissen wie den beiden Weltkriegen, wie wirtschaftlichen Depressions- und Aufschwungphasen oder der Vereinigung der beiden deutschen Staaten mit ihren Begleiterscheinungen lässt sich verdeutlichen, wie diese gesellschaftlichen Einschnitte zwar alle Menschen betreffen, aber die Lebensläufe und Entwicklungsmöglichkeiten der Menschen aus verschiedenen Generationen ganz unterschiedlich beeinflussen können.

Unter *non-normativen Einflüssen* versteht man schließlich jene Umweltbedingungen und biologischen Bedingungen, die weder normativ-altersbezogen noch normativ-historisch zu werten sind. Hierunter fallen viele individuell bedeutsame Lebensereignisse, die nicht den überwiegenden Teil einer Altersgruppe oder Kohorte betreffen, daher in der Regel weder sozial erwartet noch vorhersagbar sind. Typische Beispiele für diese für die persönliche Entwicklung oft sehr bedeutsamen Ereignisse sind Krankheiten, Todesfälle von Angehörigen, ein Arbeitsplatzverlust oder eine Ehescheidung.

Die Entwicklungspsychologie der Lebensspanne lässt sich in ihren Ursprüngen und frühen Entwicklungen im angloamerikanischen Bereich gut nachverfolgen an einer Serie von Bänden über »Life-span development and behavior«, die im Jahr 1978 (Baltes, 1978) begonnen haben, sowie an den Publikationen aus den »West Virginia-Konferenzen« über »Life-span developmental psychology« (Datan & Ginsberg, 1975; Turner & Reese, 1980; McCluskey & Reese, 1984). Sie ist auch in vielen Überblicksartikeln dokumentiert, etwa in den Arbeiten von Baltes et al. (1980), Datan, Rodeheaver & Hughes (1987) sowie Baltes, Staudinger & Lindenberger (1999). Der aktuelle Stand der Entwicklungspsychologie der Lebensspanne ist in den deutschsprachigen Überblicksarbeiten von Brandtstädter und Lindenberger (2007) sowie von Glück und Heckhausen (2006) gut zu erkennen.

Die Perspektive auf die gesamte Lebensspanne, die sich in den beschriebenen Grundannahmen ausdrückt, hat auch eine neue Entwicklung in der Entwicklungspsychologie insgesamt ausgelöst. Sie äußert sich in den Schwerpunkten der Forschung, die sich jetzt stärker den Entwicklungsprozessen im Erwachsenenalter zuwendet, wenn auch noch lange nicht in dem Maße, wie es notwendig wäre. Zudem hat sie zu theoretischen und methodischen Bemühungen innerhalb der Entwicklungspsychologie geführt, die Orientierung an der Lebensspanne einzulösen durch einen angemessenen Begriff von Entwicklung, durch eine stärkere Berücksichtigung von gesellschaftlichen und historischen Kontexten und durch eine größere Aufmerksamkeit für Anwendungsfragen (vgl. Schneider & Lindenberger, 2012; Oerter, von Hagen, Röper & Noam, 1999). Insgesamt dominiert jedoch in der Entwicklungspsychologie immer noch das traditionelle Paradigma, das sich auf Kindheit und Jugend konzentriert und wenig Verbindung zu anderen Lebensphasen herstellt. Die Forschung ist mehr an spezifischen Entwicklungsphasen (Kindheit, Jugend, Erwachsenenalter, Alter) orientiert und versucht kaum eine Integration ihrer Befunde in den Kontext der ganzen Lebensspanne. Insofern ist noch viel Überzeugungsarbeit zu leisten, um diese Perspektive fruchtbar zu machen.

Die Orientierung der Entwicklungspsychologie an der gesamten Lebensspanne lässt ein Grundproblem dieser Disziplin verschärft hervortreten: Was soll unter psychischer Entwicklung verstanden werden und wie soll diese theoretisch abgebildet werden? Vor allem bei der Untersuchung von Entwicklungsprozessen im Erwachsenenalter werden die traditionellen

Entwicklungsmodelle von Kindheit und Jugend obsolet: Entwicklung kann nicht mehr als Reifung oder Wachstum verstanden werden, das Individuum nicht mehr als passives Produkt von biologischen Entwicklungsprogrammen oder von prägenden Einflüssen durch Sozialisationsinstanzen. Gerade bei Erwachsenen wird offensichtlich, dass die Entwicklung des Menschen von diesem selbst mitbestimmt wird; er ist im Entwicklungsgeschehen auch aktives Subjekt, das sich Ziele setzt, Entscheidungen trifft, Anforderungen bewältigt und in sein Leben eingreift. Die konzeptionelle Diskussion der letzten Jahrzehnte hat inzwischen dazu geführt, dass *Entwicklung als interaktives Geschehen* zwischen Person und Umwelt verstanden wird – nicht nur im Erwachsenenleben (▸ Kap. 2.3). Auch für Kinder und Jugendliche wird ihr Beitrag an der eigenen Entwicklung empirisch immer häufiger belegt und damit ein Interaktionsmodell der Entwicklung erforderlich.

Mit der Ablösung von der Orientierung am chronologischen Alter wächst im entwicklungspsychologischen Denken die Bedeutung der *gesellschaftlichen Umwelt*. Die vielfältigen Einflüsse von gesellschaftlichen, kulturellen und historischen Bedingungen auf die Subjektentwicklung machen eine differenziertere Konzeption von der Umwelt und eine angemessene Erfassung von Umweltbedingungen notwendig. Eine ökologische Perspektive spielt daher heute in der Entwicklungspsychologie der Lebensspanne im Vergleich zu früher eine viel größere Rolle. Die Untersuchung von zentralen Lebensbedingungen im alltäglichen Kontext wird wichtiger als die Variation von künstlichen Umwelten unter Laborbedingungen. An dieser Stelle wird deutlich, dass das Forschungsprogramm einer Entwicklungspsychologie über die Lebensspanne nicht durch eine Disziplin allein zu bewältigen ist. Die Bedeutung gesellschaftlicher Entwicklungen, historischer Veränderungen oder verschiedener Lebenswelten für die individuelle Entwicklung macht eine Zusammenarbeit verschiedener Disziplinen (Psychologie, Soziologie, Pädagogik) und eine Zusammenschau verschiedener konzeptioneller Ansätze notwendig. Forschungsprojekte, die Fragen der Entwicklung über die Lebensspanne untersuchen, sollten daher stärker *multidisziplinär* orientiert sein.

Es ist nicht verwunderlich, dass diese neue Orientierung in der Entwicklungspsychologie auch *methodische Entwicklungen* mit sich gebracht hat (vgl. Glück & Heckhausen, 2006), die man insgesamt als größere Pluralität von methodischen Zugängen kennzeichnen könnte. Die klassischen Methoden, die darauf abzielen, Altersunterschiede in psychologischen Merkmalen durch standardisierte Messverfahren (wie Tests) oder in experimentellen Situationen zu erfassen, werden durch eine Reihe von methodischen Innovationen ergänzt. Der Vergleich verschiedener Altersgruppen in Querschnittstudien erbringt Ergebnisse, die nicht eindeutig zu interpretieren sind und oft fälschlicherweise als Entwicklungsprozesse gedeutet werden. Aus dieser Kritik entstand eine neue Aufmerksamkeit für lange übersehene Kohortenunterschiede, damit auch für gesellschaftliche Einflüsse und Wandlungsprozesse; sie führte konsequenterweise zur Forderung nach Längsschnittstudien, in denen eine Untersuchungsgruppe mehrmals über einen längeren Zeitverlauf untersucht wird. Querschnittstudien und Längsschnittstudien haben jeweils spezifische Vor- und Nachteile. Der Vergleich von Altergruppen im Querschnitt ist als Studiendesign deutlich leichter zu realisieren, daher werden diese Untersuchungen sehr häufig in der Entwicklung über die Lebensspanne verwendet; sie können aber keine Aussagen über intraindividuelle Verlaufsmuster geben und weisen zudem das Problem auf, dass Alterunterschiede nicht eindeutig auf Entwicklung, sondern auch auf Kohorteneffekte zurückgeführt werden können (ebd.). Längsschnittstudien können zeitliche Verläufe und Entwicklungen bei Individuen abbilden und sind damit auch besser geeignet, mögliche Ursachen zu untersuchen. Allerdings sind diese mit hohem zeitlichen, organisatorischen und finanziellen Aufwand verbunden, daher entsprechend selten, und sie haben spezifische methodische Probleme wie z. B. hohe und selektive Ausfallquoten der Untersuchungsteilnehmer (ebd.). Eine methodische Alternative sind Sequenzdesigns, bei denen Quer- und Längsschnittaspekte kombiniert werden, z. B. mehrere Altersgruppen oder Kohorten über einen längeren Zeitraum verfolgt werden.

Größere forschungspraktische Bedeutung gewann die Tendenz, die sich entwickelnde Person in ihrer alltäglichen Umwelt zu untersuchen. Um Entwicklungs- und Altersunterschiede nicht nur festzustellen, sondern auch erklären zu können, sind Methoden erforderlich, die das Individuum in Abhängigkeit von und in Auseinandersetzung mit seinem sozialen Kontext erfassen. Studien über die Folgen von kritischen Lebensereignissen für die personale Entwicklung sind ein Beispiel dafür. Sie sind allerdings in größerem Ausmaß auf die Untersuchungsperson als Informationsquelle angewiesen; Lebensbedingungen, Lebensgeschichten und individuelles Erleben und Verhalten müssen aus den subjektiven Äußerungen der Probanden rekonstruiert werden. Dieser stärkere methodische Fokus auf das untersuchte Subjekt und seine Sicht vom Lebenslauf trifft sich mit dem neuen Interesse am Individuum als Konstrukteur seiner Entwicklung (▶ Kap. 3), sei es über kognitive Repräsentationen oder über aktives Handeln. Insgesamt lässt sich in der Entwicklungspsychologie der Lebensspanne eine Tendenz zu mehr deskriptiver Forschung (Datan et al., 1987) und einem stärkeren Interesse an Anwendungsfragen erkennen. Interventionsstudien, die eine Veränderung von Entwicklungsbedingungen anstreben und damit praktische Zielsetzungen mit Forschungsinteressen zu verbinden suchen, sind ein methodischer Ausdruck davon.

Zusammenfassend lässt sich feststellen, dass die Entstehung einer Entwicklungspsychologie der Lebensspanne viel dazu beigetragen hat, die Aufmerksamkeit und die Forschungsaktivitäten stärker auf das Erwachsenenalter zu lenken. Viele in diesem Rahmen diskutierten Probleme und Ansätze beziehen sich primär auf die Entwicklungsprozesse von Erwachsenen. Die Annahme einer lebenslangen Entwicklung, die multidirektional und multidimensional zu verstehen ist und als Interaktionsprozess zwischen einem sich verändernden Individuum und einer sich verändernden gesellschaftlichen Umwelt konzipiert werden sollte, ist unmittelbar relevant für das Erwachsenenalter. Wir sehen unsere weiteren Darstellungen innerhalb dieses Orientierungsrahmens angesiedelt. Zunächst gilt es jedoch, noch einige Klärungen zum Entwicklungsbegriff im Erwachsenenalter vorzunehmen.

2.3 Was entwickelt sich auf welche Weise im Erwachsenenalter? Entwicklungsbegriff und Entwicklungsmodelle

Die grundsätzliche Frage, welchen Begriff von Entwicklung eine Entwicklungspsychologie ihren Forschungen zugrunde legen soll, war schon immer schwer zu beantworten und Gegenstand kontroverser Debatten. Selbst eine Entwicklungspsychologie, die sich auf Kindheit und Jugend beschränkt hat, tat sich schwer mit einer einheitlichen Bestimmung dessen, was ihr Gegenstand ist: die Entwicklung des menschlichen Individuums in der Ontogenese. Denn was bedeutet Entwicklung und was entwickelt sich im Individuum? – Als minimale Kriterien von psychischer Entwicklung könnte man wohl die *Veränderung von psychischen Merkmalen im zeitlichen Kontinuum* ansehen. Oder anders ausgedrückt: Entwicklung umfasst altersbezogene Veränderungen im Erleben und Verhalten eines Individuums, intraindividuelle Variationen im Lebenslauf. Aber reicht diese Bestimmung aus? Was heißt Veränderung in der Zeit? Welche Personmerkmale werden in ihrer Veränderung untersucht?

Die klassische Entwicklungspsychologie hat zur näheren Bestimmung von menschlicher Entwicklung häufig auf biologische Ansätze zurückgegriffen und Entwicklung dabei als Reifungs- und Wachstumsprozess verstanden. Dieser lässt sich durch folgende Eigenschaften charakterisieren: »1. ein richtungsgebender Endzustand (Reife), 2. quantitative und qualitative (systematische, strukturelle) Aspekte der Veränderung, 3. eine feststellbare Regelmäßigkeit (Robustheit) in der Änderungssequenz und 4. eine Bewegung zu größerer Differenziertheit und Komplexität« (Baltes & Sowarka, 1983, S. 13). Als weitere Kriterien von Entwicklung wurden die Irreversibilität und Universalität von Veränderungsreihen angesehen.

Ein derartiges Verständnis von Entwicklung als Reifungsge-
schehen wurde lange Zeit als das dominierende Entwicklungsmodell betrachtet und vor allem auf die kindliche Entwicklung
von körperlichen oder kognitiven Funktionen angewendet.
Aber auch diese Fähigkeiten entwickeln sich nicht aus sich heraus, sondern bedürfen einer anregenden Umwelt und eines
tätigen Individuums; zudem erwiesen sie sich als lange nicht
so universell und invariant, wie lange angenommen wurde.
Noch deutlicher werden die Beschränkungen dieses Entwicklungsbegriffs, wenn man die Entwicklung des Sozialverhal-
tens, von komplexen Persönlichkeitszügen oder die Entwicklungsprozesse von Erwachsenen zum Gegenstand nimmt. Ein
Endzustand von Entwicklung im Sinne von Reife ist hier nicht
mehr sinnvoll anzunehmen und universelle Veränderungen
zu immer höheren Strukturen sind kaum zu beobachten (vgl.
Brandtstädter, 2007a; Montada, 2008).

Eine Entwicklungspsychologie des Erwachsenenalters bedarf somit eines erweiterten und liberaleren Entwicklungsbegriffs. In der Perspektive einer Entwicklungspsychologie der
Lebensspanne wird daher eine *pluralistische* Entwicklungskonzeption gefordert (Brandtstädter, 2007a), weil lebenslange
Entwicklung »durch große interindividuelle Variabilität, beträchtliche intraindividuelle Plastizität, Multidimensionalität
und auch Multidirektionalität (multiple Gerichtetheit) gekennzeichnet zu sein (scheint)« (Baltes & Sowarka, 1983, S. 15). Es
lässt sich aber zeigen, dass zwischen den Lebensphasen Kindheit, Jugend und Erwachsenenalter keine prinzipiellen Unterschiede in der Art der Entwicklung bestehen: In allen Lebensphasen lassen sich sowohl intraindividuelle Veränderung als
auch Konstanz und teilweise beträchtliche interindividuelle
Unterschiede beobachten (Thomae, 1978). Ein Entwicklungsbegriff muss daher so beschaffen sein, dass er für alle Phasen
des Lebenslaufs passend ist.

Nun führt aber ein sehr *weiter Entwicklungsbegriff* zu einer
anders gearteten Problematik. Wenn Thomae beispielsweise
Entwicklung definiert als »Reihe von miteinander zusammen-
hängenden Veränderungen, die bestimmten Orten des zeitlichen Kontinuums eines individuellen Lebenslaufs zuzuordnen

sind« (Thomae, 1959, S. 10), dann lässt sich darüber zwar ein Konsens herstellen, aber nur im Sinne eines minimalen Kriteriums für Entwicklung. Denn es ist sicher nicht ausreichend und sinnvoll, jede altersbezogene Veränderung einer Person als Entwicklung zu bezeichnen. Aber bisher ist kein Konsens darüber vorhanden, welche spezifischen Bestimmungen zu diesem allgemeinen Entwicklungsbegriff hinzukommen müssen und welche Veränderungen der Person als entwicklungsbedeutsam zu werten sind.

Wenn wir in unserem Alltag von der Entwicklung einer Person sprechen, dann meinen wir damit eine besondere Art der Veränderung. Das auffallende neue Selbstbewusstsein und die Selbständigkeit einer Bekannten nach ihrer Scheidung, die große berufliche Kompetenz und Selbstsicherheit eines ehemaligen Studienkollegen, den wir aus Seminaren als eher unsicher und zurückhaltend in Erinnerung hatten, die eigenen fremdsprachlichen Fähigkeiten nach einem Auslandsaufenthalt – diese Beispiele für Veränderungen von erwachsenen Menschen könnten wir als Entwicklung bezeichnen. Es fragt sich daher, ob uns nicht diese Verwendung des Begriffs von Entwicklung in der Alltagssprache einiges über die nähere Bestimmung eines wissenschaftlichen Entwicklungsbegriffs sagen kann. Ulich (1987, S. 85 ff.) hat einen Versuch in diese Richtung gemacht und die »*strukturellen Implikate*« des Alltagsbegriffs »*Entwicklung*« herausgearbeitet. Er kam zu sechs Bestimmungsmerkmalen:

1. Entwicklung impliziert *Dynamik* und Zukunftsbezug, ist also unvereinbar mit der Vorstellung, dass wir uns nicht verändern können.
2. Entwicklung impliziert *Gerichtetheit* auf etwas ›Positives‹, ist also ein wertender Begriff, eine letztlich moralische Kategorie.
3. Entwicklung impliziert normative Erwartungen, die oft mit dem *Lebensalter* gekoppelt sind. Entwicklung ist ohne ›Älterwerden‹ nicht denkbar.
4. Entwicklung impliziert *Ausgangsbedingungen und Folgen*, wobei die Folgen als relativ stabil angesehen werden.

5. Entwicklung impliziert die Veränderung von *subjektiv be-deutsamen und zentralen* im Vergleich zu peripheren Merk-malen (wie schwierig auch immer die Unterscheidung im Einzelfall sein mag).
6. Entwicklung impliziert ›Identität‹, oder ›*Einheit*‹ einer Per-son (und ihrer Lebensgeschichte), schließt also ›Kontinuität im Wandel‹ (Thomae) ein. (Ulich, 1987, S. 89)

Entwicklung würde demnach eine altersbezogene Veränderung der Person in eine positive Richtung meinen, die relativ stabil ist und zentrale Merkmale der Person umfasst. Dieser Entwick-lungsbegriff impliziert Wertungen und ein ganzheitliches Ver-ständnis von der Person. Eine wertfreie Bestimmung von Ent-wicklung scheint somit nicht möglich bzw. nur auf Kosten einer inhaltlichen Leere, wie sie dem Konzept von Entwicklung als Veränderung in der Zeit innewohnt. Wir müssen individuelle Entwicklungsprozesse somit immer im Kontext von normati-ven gesellschaftlichen und individuellen *Erwartungen* betrach-ten. Und wir brauchen ein *Konzept von der Person*, um die Zen-tralität der sich verändernden Merkmale beurteilen zu können.

Vor diesem Hintergrund wird verständlich, warum die psy-chologisch-wissenschaftlichen Konzepte von Entwicklung so unterschiedlich ausfallen. Je nach dem untersuchten Lebensab-schnitt und dem Bereich psychischer Funktionen sowie je nach der theoretischen Ausrichtung der Forscher werden die ge-nannten sechs Bestimmungsmerkmale unterschiedlich betont und inhaltlich ausgefüllt. Die Untersuchung der Entwicklung einer erwachsenen Person wird dann andere Merkmale um-fassen wie die eines Kindes oder Jugendlichen: Nicht die He-rausbildung grundlegender Funktionen wie Sprache, Denken, Moral, Identität, Emotionalität wird im Mittelpunkt stehen, sondern wie sich z. B. zentrale Persönlichkeitszüge, berufliche und soziale Kompetenzen weiterentwickeln. Welche Persön-lichkeitszüge und Kompetenzen dabei herausgegriffen werden, wird vom Persönlichkeitsmodell der Beobachter und Beurtei-ler abhängen. In der Tradition der Humanistischen Psycholo-gie wird man etwa auf Idealvorstellungen der Persönlichkeit wie die von Maslow oder Rogers (z. B. Selbstverwirklichung) zurückgreifen, die psychoanalytische Tradition in der Nachfolge von Freud wird Vorstellungen von einer gesunden, reifen Persönlichkeitsstruktur und eine Einschätzung ihrer Abwehrmechanismen nahe legen, eine »trait«-theoretische Persönlichkeitskonzeption wie etwa die von Eysenck verweist auf zentrale Merkmale der Person wie Intelligenz, Introversion/Extraversion und Neurotizismus und ihre Erfassung mit Hilfe von Persönlichkeitstests.

In die nähere Bestimmung von Entwicklung fließen somit Wertungen über die Richtung von Entwicklung und Entscheidungen über die zentralen Merkmale der Person ein, deren Veränderung man beobachten bzw. erschließen will. Letztlich kann eine Spezifizierung von Entwicklung nicht unabhängig von den Konzepten zur Erklärung von Entwicklung erfolgen.

Modelle individueller Entwicklung sind allgemeine, metatheoretische Aussagen über den Zusammenhang zwischen der Entwicklung des Individuums und seiner Umwelt, die den verschiedenen theoretischen Ansätzen in der Entwicklungspsychologie zugrunde liegen. Nach der viel zitierten frühen Analyse von Reese und Overton (1970) lassen sich die Entwicklungstheorien der klassischen Entwicklungspsychologie entweder einem organismischen oder einem mechanistischen Modell zuordnen.

In einem *organismischen Modell* ist der menschliche Organismus die für die Entwicklung der Person relevante Instanz: Er wird als aktive Totalität verstanden, die sich qualitativ verändert, deren Struktur sich entwickelt zu immer höheren Organisationsprinzipien nach im Organismus selbst angelegten Programmen. Die Umwelt kann Entwicklung hemmen oder erleichtern, aber sie verursacht sie nicht. Individuelle Entwicklung erfolgt primär durch die Aktivität des Organismus. Reifungstheorien entsprechen diesem organismischen Modell am deutlichsten. Sie betonen die Rolle von angeborenen Faktoren und von biologischer Reifung für die psychische Entwicklung. Sie formulieren typischerweise ein universelles Stufenmodell der Entwicklung, das für alle Individuen eine altersbezogene Abfolge von Phasen und eine immer komplexere Organisationsform von psychischen Strukturen annimmt.

Das *mechanistische Modell* betont dagegen die aktive Rolle der Umwelt für die Entwicklung des Individuums. Der menschliche Organismus ist reaktiv, d. h. er reagiert primär auf eine Stimulation der Umwelt und verändert sich dadurch kontinuierlich. Entwicklung wird dann meist als quantitative Veränderung des Verhaltens verstanden, die durch antezedente Bedingungen in der Umwelt verursacht wird. Die Person ist dabei als passiver Organismus konzipiert, der mechanistisch auf Umweltreize reagiert, sich anpasst und sich dadurch verändert. Das entspricht der Metapher einer Maschine, die von außen (mechanisch) bewegt wird. In dieses Modell passen am besten die lerntheoretischen Ansätze der Entwicklung, die eine kontinuierliche Veränderung des Verhaltens als Folge von antezedenten Reizen in der Umwelt annehmen und individuelle Entwicklungsverläufe in Abhängigkeit von der jeweiligen Lerngeschichte betonen anstatt universelle Phasen. Als eine soziologische Variante dieses Denkmodells könnte man das soziogenetische Modell verstehen. Hier werden primär soziale und gesellschaftliche Bedingungen als Motor von Entwicklung gesehen, das Individuum ist dabei eine passive Instanz und seine Entwicklung ist weitgehend das Resultat von externen sozialen Kräften.

Aber wie in anderen Gebieten der Psychologie nahm auch in der Entwicklungspsychologie in den 1970er Jahren die Kritik an beiden Paradigmen und ihren Exklusivitätsansprüchen zu. Daraus entwickelte sich ein Modell, das sowohl Person als auch Umwelt eine aktive und verursachende Rolle für die Entwicklung des Individuums zuerkannte, das *interaktionistische Modell*. Dieses Modell der Person-Umwelt-Beziehung nimmt einen aktiven Organismus und eine aktive Umwelt an und zieht ihre reziproken Relationen für die Erklärung von individueller Entwicklung heran. In einer eher statisch verstandenen Wechselbeziehung zwischen zwei getrennten Entitäten können nur beide zusammen, Personvariablen und Umweltvariablen in ihrer Interaktion, die individuelle Entwicklung erklären. So nehmen beispielsweise Coping-Ansätze an, dass nur die Interaktion zwischen einem belastenden Lebensereignis (Umweltvariable) und dem individuellen Stil seiner Bewältigung (Personvariable) eine personale Entwicklung erklären kann.

In den dynamischen Varianten dieses Modells wird Entwicklung als ein dialektischer Prozess des untrennbaren Zusammenwirkens einer aktiven, sich verändernden Person und ihres sich ständig wandelnden Umweltkontextes angenommen. Man spricht dann von einem *dialektischen oder transaktionalen Modell* der Entwicklung. Die gesellschaftliche Umwelt beeinflusst ständig und notwendigerweise die Person, und diese wirkt wiederum handelnd auf ihre Lebensumwelt ein; dabei verändern sich beide, die Person und die Umwelt, weil sie Teile eines gemeinsamen Systems sind. In theoretischen Ansätze, die mit dem Konzept der Krise arbeiten, wird zum Beispiel ein dynamischer Prozess der Wechselwirkung zwischen gesellschaftlich oder lebensweltlich induzierten Bedingungen (etwa in Beruf oder Partnerschaft) und personalen Bedingungen des Erlebens und des aktiven Umgangs damit angenommen, in der erst der Verlauf einer tief greifenden Krise darüber entscheidet, ob eine psychische Entwicklung (oder auch eine Störung) resultiert.

Das interaktionistische und das dialektische Modell ist von den Ansätzen der Entwicklungspsychologie der Lebensspanne favorisiert worden, weil es die Vielfalt von individuellen Entwicklungsprozessen besser einfangen kann und – im Gegensatz zum mechanistischen Modell – ein aktiv handelndes Individuum postuliert, das die eigene Entwicklung mitgestalten kann (Montada, 2008). Das dialektische Denken in der Entwicklungspsychologie ist eng verbunden mit den Arbeiten von Riegel (1975), es hat aber bereits eine lange Tradition in marxistischen Ansätzen der Psychologie (Leontjew, 1973; Holzkamp, 1983).

Zentrales Moment in einem dialektischen Modell ist eine Konzeption des *Individuums als handelndes Subjekt,* das nicht nur durch seine kognitive Struktur die Umwelteinflüsse interpretiert und gestaltet, sondern auch ständig auf seine gesellschaftliche Umwelt einwirkt und sich gerade dadurch selbst verändert (Prinzip der Entwicklung durch Tätigkeit, vgl. Leontjew, 1973). Durch eine *aktionale Perspektive* (vgl. Brandtstädter, 1998, 2007a), die Menschen auch als »Produzenten ihrer eigenen Entwicklung« (Lerner & Busch-Rossnagel, 1981) sieht, wird die große Variabilität und Plastizität von menschlicher

Entwicklung erklärbarer. Auch in dieser Perspektive müssen jedoch die »objektiven« Grenzen von Handlungsspielräumen berücksichtigt werden. Das dialektische Modell legt zudem eine Konzeption von *Umwelt als gesellschaftlich-historische nahe* und setzt sich damit von allen Ansätzen ab, die eine quasi natürliche Umwelt konstruieren. Gesellschaftliche Bedingungen und die historischen Prozesse ihrer Veränderung erhalten in diesem Entwicklungsmodell einen zentralen Stellenwert und tragen damit ebenfalls zur Erklärung der Variabilität und Plastizität von Entwicklung bei. Dieses Modell macht es notwendig, die sozialstrukturellen und kulturellen Unterschiede von Entwicklungsprozessen stärker zu untersuchen und die historischen Einflüsse auf personale Entwicklungen zu berücksichtigen.

In der ▸ Abb. 2.1 werden die beschriebenen Modelle der Entwicklung und ihre Unterschiede nochmals zusammengefasst.

Entwicklungs-modell	Person Organismus	Umwelt Gesellschaft	Veränderungs-form	Exemplar-ischer Ansatz
organismisch	aktiv	passiv	Struktur, qualitativ	Reifungstheorien
mechanistisch	passiv	aktiv	Verhalten, quantitativ	Lerntheorien
interaktionistisch	aktiv-statisch	aktiv-statisch	eher quantitativ	Coping-Ansätze
dialektisch/ transaktional	aktiv-dynamisch	aktiv-dynamisch	eher qualitativ	Krisenansätze

Abb. 2.1: Entwicklungsmodelle im Überblick

Es dürfte deutlich geworden sein, dass für die Untersuchung von Entwicklungsprozessen Erwachsener das interaktionistische bzw. dialektische Modell die adäquatesten Rahmenbedingungen bietet. Die skizzierten Modelle sind aber nicht immer trennscharf. Sie dienen hier lediglich zur Verdeutlichung der Grundzüge des Denkens in der Geschichte und den Debatten der Entwicklungspsychologie.

Zusammenfassung

Das in den 1970er Jahren neu erwachte Interesse am Erwachsenenalter wurde mit zwei Entwicklungen begründet: Zum einen ergaben sich gesellschaftliche Veränderungen, die großen Einfluss auf den Lebenslauf von Menschen und insbesondere auf das Erwachsenenleben hatten. Nach einer langen Phase der starken normativen Regelung des Lebenslaufs zeigten sich in allen Industriegesellschaften zunehmend Individualisierungsprozesse, welche die Lebensläufe von Erwachsenen diskontinuierlicher, flexibler und individueller machten, damit neue Anforderungen für die Menschen mit deutlichen Auswirkungen auf ihre individuelle Entwicklung hatten. Zum anderen wurde in der Entwicklungspsychologie zunehmend die Lücke erkannt, die sich zwischen einer traditionellen Konzentration auf die Entwicklungsprozesse in Kindheit und Jugend und jenen im Alter ergaben. Die Veränderungs und Entwicklungsprozesse von Erwachsenen wurden nun empirisch zunehmend belegt und gaben so Raum für eine neue Perspektive auf den gesamten Lebenslauf. Die Entwicklungspsychologie der Lebensspanne wird als neue Orientierung in ihren Grundannahmen vorgestellt und als Rahmen für eine stärkere Thematisierung des Erwachsenenalters gesehen. Damit ergeben sich neue Fragen nach einem angemessenen Entwicklungsbegriff, der nun erweitert und pluralistischer konzipiert wird. Die Frage nach einem geeigneten Entwicklungsmodell für das Erwachsenenalter und die Lebensspanne wird aufgeworfen und für eine interaktionistische bzw. dialektische Konzeption des Verhältnisses von Person und Umwelt plädiert.

Weiterführende Literatur

Brandtstädter, J. (2007). Entwicklungspsychologie der Lebensspanne: Leitvorstellungen und paradigmatische Orientierungen. In J. Brandtstädter & U. Lindenberger (Hrsg.), *Entwicklungspsychologie der Lebensspanne* (S. 34–66). Stuttgart: Kohlhammer.

Glück, J. & Heckhausen, J. (2006). Entwicklungspsychologie der Lebensspanne: Allgemeine Prinzipien und aktuelle Theorien. In W.

Schneider & F. Wilkening (Hrsg.), *Theorien, Modelle und Methoden der Entwicklungspsychologie* (S. 677–737). Göttingen: Hogrefe.

Mayer, K.U. & Diewald, M. (2007). Die Institutionalisierung von Lebensläufen. In J. Brandtstädter & U. Lindenberger (Hrsg.), *Entwicklungspsychologie der Lebensspanne* (S. 510–539). Stuttgart: Kohlhammer.

Schneider, W. & Lindenberger, U. (Hrsg.) (2012). *Entwicklungspsychologie* (7., vollst. überarbeitete Auflage). Weinheim: Beltz.

Fragen zur Selbstüberprüfung

1. Welche gesellschaftlichen Veränderungen legen es nahe, die Entwicklungsprozesse im Erwachsenenalter stärker zu berücksichtigen?
2. Welche Argumente lassen sich innerhalb der Disziplin der Entwicklungspsychologie formulieren, die für eine Ausweitung der wissenschaftlichen Perspektive auf die Entwicklung über die ganze Lebensspanne sprechen?
3. Beschreiben Sie die vier Grundannahmen einer Entwicklungspsychologie der Lebensspanne nach Baltes!
4. Welche Anforderung würden Sie an einen Entwicklungsbegriff stellen, der für die Untersuchung des Erwachsenenalters angemessen ist?
5. Was bedeutet ein interaktionistisches bzw. transaktionales Modell der Entwicklung?

3 Lebenslauf und Erwachsenenalter: Theoretische Modelle, Strukturen und Themen der Entwicklung

Kapitel 3 stellt den theoretischen Rahmen für die folgenden Kapiteln dar, die sich dann mit den spezifischen Phasen des frühen, mittleren und späten Erwachsenenalters befassen. Es wird zunächst ein Überblick über klassische theoretische Modelle (Bühler, Erikson, Havighurst) gegeben, die eine Stukturierung des Lebenslaufs vornehmen und Entwicklungsprozesse über die gesamte Lebensspanne zu erklären versuchen. Ihr aktueller wissenschaftlicher Stellenwert und ihre Grenzen werden gekennzeichnet. In einem zweiten Teil werden entwicklungspsychologische Konzeptionen des Erwachsenenalters aus unterschiedlichen Forschungstraditionen vorgestellt, in ihrer empirischen Basis gekennzeichnet und in ihrer theoretischen Angemessenheit diskutiert. Danach wendet sich ein dritter Teil schließlich den zentralen Themen des Erwachsenenalters zu und stellt wissenschaftliche Konzepte vor, die geeignet sind wesentliche Entwicklungsprozesse im Erwachsenenalter zu beschreiben. Die Erklärungsmöglichkeiten dieser Konzepte und die damit verbundenen Forschungsansätze werden auch in ihren Grenzen gekennzeichnet und münden schließlich in ein integrierendes Modell, das ihrer Zusammenhänge sichtbar macht.

Wenn wir den Versuch machen, den Lebenslauf als Ganzes von der Geburt bis zum Tod zu betrachten, dann stellt sich unmittelbar die Frage: Weisen die Lebensläufe verschiedener Menschen eine gemeinsame zeitliche Struktur auf, lassen sich generelle Verlaufsmuster im Leben von Individuen und Phasen in ihrer Entwicklung erkennen? Die Menschen haben sich in ihrer langen Geschichte immer wieder mit diesem Problem beschäftigt. Es finden sich unzählige Versuche, den Lebenslauf zu ordnen und ihn in Phasen, Stufen oder Zyklen einzuteilen. Sie sind uns zum Teil als historische Dokumente in darstellender oder literarischer Form erhalten. Die Menschen hatten offenbar immer schon ein Bedürfnis, ihrem Leben nicht nur einen Sinn zu geben – etwa in Form religiöser Entwürfe –, sondern auch eine Ordnung. Beide Motive sind nicht selten eng miteinander verknüpft und haben dann oft die Funktion von normativen Vorgaben, von sozialen Orientierungen oder von moralischen Verpflichtungen für den einzelnen Menschen.

Seit der Antike sind uns Konzeptionen einer lebenslangen Entwicklung bekannt, die von einer Gliederung des Lebensablaufs in Phasen oder Stufen ausgehen; sie beschreiben oft den Lebenslauf als Aufwärts- und Abwärtsbewegung (z. B. als Lebenstreppen) und orientieren sich an höheren Ordnungsprinzipien wie etwa einer mythologischen Zahlenlehre: Beispielsweise waren in der Antike und noch bis ins Mittelalter Einteilungen populär, die auf der ›heiligen Zahl Sieben‹ beruhten, etwa als Sieben-Jahres-Phasen oder als sieben Lebensstufen. Ein prominentes literarisches Beispiel findet sich in William Shakespeares Komödie »Wie es euch gefällt«, in der die Figur des Jaques eine Vorstellung vom Leben in sieben Phasen – sieben Akten – deklamiert.

Wenn auch die moderne Entwicklungspsychologie zu Recht auf die fehlende empirische Basis dieser vorwissenschaftlichen Phasenlehren des Lebenslaufs verweist (Lehr, 1978; Reinert, 1979), so scheinen wir doch ohne eine zumindest grobe Ordnung nicht auszukommen. Denn zum einen verweist die Verbreitung dieser Phasenmodelle in allen historischen Epochen bis in die heutige Zeit darauf, dass es sowohl dem Individuum als auch einer Gesellschaft ein großes Anliegen ist, den Lebenslauf zu ordnen, dem Leben eine zeitliche Struktur zu geben. Zum anderen gehen wir auch in den Wissenschaften von einer Grobgliederung in Kindheit, Jugend, Erwachsenenalter und Alter aus, wir organisieren sogar wissenschaftliche Spezialisierungen entlang dieser Lebensabschnitte, und sollten uns daher über die Grundlagen einer Unterteilung des Lebenslaufs Rechenschaft ablegen.

Die wissenschaftliche Frage lautet daher: Wie lassen sich zeitliche Strukturen oder Gliederungen im Lebenslauf empirisch erkennen und beschreiben und wie kann man sie theoretisch einordnen und erklären? Die Entwicklungspsychologie hat darauf noch keine überzeugenden Antworten geben können; das liegt nicht nur an der fehlenden empirischen Forschung, sondern zum Teil auch an der »mangelnden Ordnungskraft unserer theoretischer Ansätze« (Brandtstädter, 1990, S. 335). Im Prinzip lassen sich zwei verschiedene wissenschaftliche Herangehensweisen an dieses Problem erkennen: Zum einen wird der Versuch gemacht, über eine grundlegende Theorie der Entwicklung eine zeitliche Struktur des Lebenslaufs zu postulieren und dann empirische Belege dafür zu suchen. Zum anderen wird eine Vielzahl von Einschnitten und Wendepunkten im Lebenslauf empirisch untersucht in der Hoffnung, dass sich irgendwann so viele Gemeinsamkeiten und Erkenntnisse ansammeln, dass sich daraus eine Theorie über den ganzen Lebenslauf generieren lässt. Aufgrund der relativ kurzen Geschichte einer Entwicklungspsychologie der Lebensspanne und ihrer noch relativ begrenzten Forschungsaktivitäten liegen bisher vorwiegend theoretische Entwürfe mit dem Nachteil vor, dass ihre empirische Fundierung mehr oder weniger unzulänglich ist. Sie haben aber einen großen heuristischen Wert, weil sie eine Vorstellung vom Lebenslauf als Ganzes vermitteln und weil empirische Befunde über einzelne Episoden und Ereignisse in diese Theorien eingeordnet werden können, damit erst eine entwicklungspsychologische Bedeutung gewinnen.

Wir werden uns im folgenden Abschnitt (▶ Kap. 3.1) zunächst mit der Frage beschäftigen, inwieweit sich der Lebenslauf zeitlich strukturieren und in eine theoretische Ordnung bringen lässt. Dabei stellen wir drei klassische Phasenmodelle über die gesamte Lebensspanne vor und diskutieren ihre Grenzen. In einem zweiten Schritt (▶ Kap. 3.2) konzentrieren wir uns auf die hier im Mittelpunkt stehende Phase des Erwachsenenalters und befassen uns mit entwicklungspsychologischen Theorien und Ergebnissen, die personale Entwicklungen über unterschiedliche Veränderungsprozesse zu erklären versuchen. Im dritten Abschnitt dieses Kapitels (▶ Kap. 3.3) werden wir dann zentrale Themen und leitende theoretische Konzepte

einer psychischen Entwicklung im Erwachsenenalter herausgreifen und beschreiben. Dieses Kapitel dient uns insgesamt
dazu, eine Grundlage und einen Orientierungsrahmen für die
folgenden ▸ Kap. 4, 5 und 6 zu schaffen, die sich den spezifischen Abschnitten des frühen, mittleren und späten Erwachsenenalters zuwenden.

3.1 Klassische Entwicklungsmodelle über die Lebensspanne

Von den wenigen Versuchen, auf einer wissenschaftlichen
Grundlage den Lebenslauf in seiner Gesamtheit zu beschreiben, sind die Arbeiten von Charlotte Bühler, Erik Erikson
und Robert Havighurst besonders bekannt geworden. Sie
haben eine große historische Bedeutung, weil sie als Vor-
läufer einer Entwicklungspsychologie der Lebensspanne
gelten können, die – wie wir in ▸ Kap. 2 beschrieben haben –
eigentlich erst in den 1970er Jahren auf breiterer Basis verfolgt wurde. Bühler, Erikson und Havighurst haben ihre zentralen Werke zwischen 1930 und 1960 publiziert. Sie lassen
dabei noch eine gewisse Unbefangenheit gegenüber großen
theoretischen Entwürfen erkennen; in der neueren Entwicklungspsychologie finden sich dagegen kaum mehr Versuche,
den Lebenslauf in längeren Epochen oder gar in seiner Gesamtheit in einem einheitlichen konzeptionellen Modell zu
beschreiben.

3.1.1 Charlotte Bühler

Charlotte Bühler hat 1933 in ihrem Hauptwerk »Der menschliche Lebenslauf als psychologisches Problem« den ersten
groß angelegten Versuch in der wissenschaftlichen Psychologie unternommen, den Lebenslauf als Ganzes zu beschreiben
und empirisch zu untersuchen. Sie sammelte mit ihrer Arbeitsgruppe umfangreiches biographisches Material, das hauptsächlich aus 200 in der Literatur (als Biographien oder Autobio-
graphien) beschriebener Lebensgeschichten von bedeutsamen

Persönlichkeiten des öffentlichen Lebens bestand. Sie bezog aber auch 50 Lebensgeschichten von »einfachen alten Leuten« aus einem Wiener Altenheim ein, die durch Anamnesen (heute würden wir biographische Interviews sagen) untersucht wurden. Die in ihrer Monographie berichteten Ergebnisse waren also durchaus empirisch begründet, wenngleich sie nicht den methodischen Anforderungen der modernen Entwicklungspsychologie genügen.

Bühler (1933) beschreibt den Lebenslauf auf drei Ebenen, einer *biologischen*, die auf physiologischen Wachstumsprozessen beruht, einer *biographisch-soziologischen*, die äußere Vorgänge, Ereignisse und Produkte (Werke) im Leben eines Menschen enthält, und schließlich auf einer *psychologischen* Ebene, die den Lebenslauf über das subjektive Erleben versteht. Sie geht aus von der Grundlegung des gesamten menschlichen Lebenslaufs durch eine *biologische Lebenskurve*. Diese sieht sie durch zwei Prinzipien bestimmt, dem des Wachstums und dem der Fortpflanzungsfähigkeit des Organismus. Der menschliche Lebenslauf wäre danach im Wesentlichen eine Auf- und Abwärtsbewegung im Wachstum des Organismus, die durch seine vorhandene oder nicht vorhandene Fortpflanzungsfähigkeit ergänzt und überlagert wird. Danach lässt sich der menschliche Lebenslauf in fünf Hauptperioden unterteilen:

1. progressives (generatives) Wachstum ohne Fortpflanzungsfähigkeit (Alter: 0–15 Jahre)
2. progressives Wachstum mit Fortpflanzungsfähigkeit (Alter: 15–25 Jahre)
3. stabiles Wachstum mit Fortpflanzungsfähigkeit (Alter: 25–45 Jahre)
4. stabiles Wachstum ohne Fortpflanzungsfähigkeit (Alter: 45–55 Jahre)
5. regressives Wachstum (Alter: ab 55 Jahre)

Der Lebenslauf wird zweitens auf einer *sozialen Ebene* beschrieben, wobei ebenfalls das Prinzip von Expansion und Restriktion vorherrscht. Er lässt sich verstehen als Reichtum an Lebensbereichen, in die sich ein Leben erstreckt, oder an

Produkten (Werken), die ein Mensch in seinem Leben schafft. Bühler hat diese soziale Struktur des Lebenslaufs in einem »*biographischen Lebenslaufschema*« festgehalten und bei den untersuchten Personen »Werkstatistiken« erstellt. Sie findet beim empirischen Vergleich von individuellen Lebensläufen ähnliche Strukturen des Gewinns und Verlusts von Lebensbereichen wie sie im biologischen Wachstum aufscheinen; teilweise verläuft somit die biologische und biographisch-soziale Lebensstruktur parallel, teilweise ist die soziale Expansion gegenüber der biologischen retardiert.

Im dritten Bereich der *subjektiven Erlebnisdaten* über den Lebenslauf ging Bühler davon aus, dass ein Leben immer auch auf ein Ergebnis hin geführt wird, dass Menschen somit ein Lebensziel haben oder eine *Lebensbestimmung* erleben. Diese kann etwa in der Vollendung einer Idee oder in der Durchsetzung einer Sache gesehen werden. Bühler führt in ihren Untersuchungen Belege dafür an, dass das persönliche Erleben dem objektiven (d. h. biologischen und sozialen) Auf- und Abstieg parallel verläuft; es gibt aber auch gravierende Abweichungen von der biologischen Kurve, die wesentlich von der Art der Selbstbestimmung abhängen. Eine zeitliche Strukturierung des subjektiven Lebenslaufs, die durch Erlebnisse der Selbstbestimmung konstituiert wird, mündet in die Einteilung der folgenden *fünf Erlebnisphasen*:

1. Phase: In Kindheit und Jugend (0–15 Jahre) ist die Daseinsweise noch ohne Bestimmung, d. h. die grundsätzliche Frage, wofür man leben will, wird überhaupt noch nicht gestellt.

2. Phase: Ein Übergang erfolgt dann, »wenn die Frage des ›Für-etwas-Lebens‹ zum ersten Mal gestellt wird oder wenn handelnd zum ersten Mal etwas gewählt wird, für das man selbstständig einzutreten, tätig zu sein beschließt« (Bühler, 1933, S. 206). Diese »erste Jugendtat« ist ein Versuch zur selbstständigen Entscheidung, bei der auch erstmals Verantwortung übernommen wird. Sie leitet eine Phase ein, in der die *Lebensbestimmung* noch *unspezifisch und provisorisch* ist und die sich etwa vom 15. bis zum 25. Lebensjahr hinzieht.

3. Phase: In dieser Phase der Reife wird die *Lebensbestimmung spezifisch und definitiv.* Der erwachsene Mensch konzentriert sich auf das Eigentliche, auf das, was er im Leben verwirklichen will. Die Bindungen »fürs Leben« entstehen und endgültige Verpflichtungen werden eingegangen, auch wenn manche äußeren Bindungen innerlich erst später vollzogen werden. Auf jeden Fall erfolgt aber in dieser Phase eine Entscheidung über die Bestimmung im Leben und ihr Vollzug; sie dauert vom 25. bis etwa zum 45. Lebensjahr.

4. Phase: Sie ist dadurch gekennzeichnet, dass die *Ergebnisse* einer Bestimmung nun zu voller Bedeutung gelangen. Erfolge oder Misserfolge, Leistungen oder Versäumnisse werden sichtbar, das Lebensergebnis tritt zutage, ob im positiven oder negativen Sinn. Das Leben ist nun »fertig«, ob gelungen oder misslungen. Diese Phase setzt Bühler etwa im Alter zwischen 45 und 55 Jahren an.

5. Phase: In der letzten Phase steht das Leben unter dem Thema der *Vorbereitung auf das Ende.* Die älteren Menschen blicken entweder auf das vergangene Leben zurück oder aber sie versuchen, das noch nachzuholen und zu erledigen, was sie vorher versäumt haben. In wenigen Fällen tut sich nach einem im Prinzip abgeschlossenen Leben noch unerwartet Neues auf.

Das theoretische Modell von Bühler ist dadurch gekennzeichnet, dass es den Lebenslauf und die Person als Ganzes beschreiben will. Es betont psychologisch die Zielgerichtetheit im Lebenslauf; die Zielsetzungen eines Individuums lassen sich aber nur erkennen, wenn das Leben in seiner Gesamtheit betrachtet wird. Diese Vorstellung vom Lebenslauf als Motivationsverlauf und vom Individuum als aktivem Gestalter seiner Entwicklung ist bemerkenswert und wirkt geradezu modern. Ähnlichkeiten zum aktionalen Entwicklungsmodell (Brandtstädter, 1998; 2007b) sind offensichtlich. Bühlers Modell folgt aber in seinen Grundanlagen doch einem organismischen Entwicklungskonzept, das die persönliche Entwicklung als Entfaltung einer im Individuum angelegten Struktur versteht.

Das Prinzip des biologischen Wachstums – als Expansion und Restriktion – legt nach Bühler die Grundlage für den Lebenslauf. Aber sie sieht deutlich auch eine soziale und eine psychologische Dimension im Lebenslauf vor und versucht, diese unabhängig voneinander zu erfassen. Als Ergebnis ihrer biographischen Vergleiche kommt sie zu Parallelen zwischen biologischer, sozialer und psychologischer Lebenskurve, aber auch zur Feststellung von deutlichen Unterschieden. Diese bringt sie dazu, eigenständige psychologische Erlebnisphasen zu formulieren, die nach dem Kriterium der Bestimmung als Zielsetzung für das eigene Leben konstruiert werden.

Kritisch ist aus heutiger Sicht die Dominanz eines biologischen Wachstumsmodells zu werten. In der Forschungsmethodik ist vor allem die große Selektivität ihrer Untersuchungsstichprobe bedeutsamer Persönlichkeiten sehr problematisch. Im Datenmaterial aus literarischen Quellen dominieren Männer und Menschen aus gehobenen Schichten, deren (Selbst-) Darstellungen natürlich offen für Fehlerquellen sind. Die biographischen Interviews bei Wiener Altenheimbewohnern könnten prinzipiell einen gewissen Ausgleich herstellen, doch werden nur wenig Details über die Art des methodischen Vorgehens berichtet. Und allgemein sind diese Ergebnisse natürlich vor dem Hintergrund des damaligen gesellschaftlichen und historischen Kontextes zu interpretieren. Dennoch ist es bemerkenswert, auf welcher breiten Basis in dieser Untersuchung Material auf biologischer, sozialer und psychologischer Ebene gesammelt wurde und wie konsequent Bühler einen biopsychosozialen Ansatz verfolgt hat, der große Ähnlichkeit zu modernen Entwicklungsmodellen aufweist. Da dieses Forschungsprogramm aber durch die Machtergreifung der Nationalsozialisten und die dadurch erzwungene Emigration von Charlotte Bühler und vieler ihrer Mitarbeiter beendet wurde, können wir heute nur darüber spekulieren, was aus diesem ersten Ansatz einer Entwicklungspsychologie der Lebensspanne damals noch hätte entstehen können. Bühler hat später in den USA ihren Ansatz nur beschränkt weiterführen können (vgl. Bühler, 1969).

3.1.2 Erik Erikson

Der bekannteste und weit über die Psychologie hinaus populär gewordene theoretische Entwurf des Lebenslaufs als Ganzes stammt von dem Psychoanalytiker Erik Erikson (1902–1994). Er ist wie Charlotte Bühler in den 1930er Jahren aus Wien in die USA emigriert. Im Unterschied zu ihr steht er jedoch theoretisch und in seiner klinisch-therapeutischen Arbeit in der Tradition der psychoanalytischen Schule. Seine Bedeutung für die Entwicklungspsychologie liegt vor allem in seiner konsequenten Weiterentwicklung der Freud'schen Lehre von der psychosexuellen Entwicklung über die Kindheit hinaus. Er beschäftigte sich intensiv mit der Lebensphase der Adoleszenz und führte dabei den zentralen Begriff der Identität ein (Erikson, 1966). Seine Theorie der psychosozialen Entwicklung und sein Modell des Lebenszyklus in acht Phasen formulierte er erstmals 1950 in dem grundlegenden Werk »Kindheit und Gesellschaft« und stellte es in der Folge immer wieder in verschiedenen Zusammenhängen dar (Erikson, 1968/1950, 1988).

An dieser Stelle ist es nicht möglich, Eriksons Theorie auch nur halbwegs vollständig darzustellen (vgl. Darstellungen in Oerter & Montada, 2008, Kap. 8, 19). Es soll hier aber zumindest ein Grundverständnis von seiner Vorstellung von der Entwicklung der Persönlichkeit über den gesamten Lebenszyklus vermittelt werden. Erikson stellt sich ein Wachstum der Person, eine Entwicklung des Ich gemäß dem *epigenetischen Prinzip* vor. Dieses aus der Embryologie stammende Modell vom Wachstum des Körpers und seiner Organe im Uterus wendet Erikson analog auf die psychosoziale Entwicklung des Individuums an: Danach gibt es eine (vorher-)bestimmte Reihenfolge im Wachstum der Persönlichkeit. Sie entwickelt sich entsprechend einer Stufenfolge, wobei jede Stufe auf der vorangehenden aufbaut und jeder Schritt in der Entwicklung eine kritische Phase hat, in der sich Entscheidungen ergeben müssen; diese sind wiederum Voraussetzung für Entwicklungsprozesse in der nächsten Phase. Eriksons zentrales Konzept der *psychosozialen Krise* bedeutet, dass sich Entwicklung über die Lösung von Grundkonflikten vollzieht; diese Konflikte lassen sich jeweils in einer typischen Form und Polarität für jede Phase des Lebenslaufs formulieren. Gesellschaftliche Anforderung tragen mit dazu bei, dass sie hervortreten. Die auch von Freud schon entwickelte Vorstellung von normativen Konflikten in der frühen Kindheit, deren Lösung (in neurotischer oder nicht-neurotischer Form) eine entscheidende Determinante für die Erwachsenenpersönlichkeit ist, wird von Erikson auf den ganzen Lebenslauf ausgeweitet und ausgearbeitet. Er kommt auf diese Weise zu einem Modell von *acht Phasen der psychosozialen Entwicklung*, die jeweils durch die Art der psychosozialen Krise – formuliert in Polaritäten – charakterisiert werden.

1. Säuglingsalter (0–1 Jahre)	Urvertrauen	vs.	Urmisstrauen
2. Frühe Kindheit (2–3 Jahre)	Autonomie	vs.	Scham/ Zweifel
3. Vorschulalter (4–5 Jahre)	Initiative	vs.	Schuldgefühl
4. Schulalter (6 Jahre bis Pubertät)	Leistung	vs.	Minderwertigkeitsgefühl
5. Adoleszenz (Pubertät bis 18 Jahre)	Identität	vs.	Rollenkonfusion
6. Frühes Erwachsenenalter	Intimität	vs.	Isolation
7. Mittleres Erwachsenenalter	Generativität	vs.	Stagnation
8. Spätes Erwachsenenalter	Ich-Integrität	vs.	Verzweiflung

Abb. 3.1: Eriksons Phasenmodell der Entwicklung

Die ersten drei Phasen entsprechen in etwa den Freud'schen Phasen der psychosexuellen Entwicklung, der oralen, analen und phallischen Phase. Mit der Phase der *Adoleszenz* hat sich Erik Erikson besonders intensiv beschäftigt. Die Jugendlichen werden durch gravierende körperliche Veränderungen (Geschlechtsreife und rasches Körperwachstum) mit neuen Unsicherheiten sich selbst gegenüber konfrontiert und dadurch in eine psychosoziale Krise geführt. In der Auseinandersetzung damit müssen sie zu einem neuen Kontinuitätsgefühl finden, das die Erfahrungen der Kindheit mit den neuen Möglichkeiten und den Erwartungen an den zukünftigen Erwachsenen integriert. Kurz gesagt: Sie müssen sich selbst, d.h. ihre

Identität finden, um die neuen Aufgaben des Erwachsenenlebens in Einklang mit der Vorstellung von sich und ihrer bisherigen Entwicklung zu bringen. Eine zentrale Gefährdung des Jugendlichen in dieser Entwicklungsphase sieht Erikson in der *Rollenkonfusion*; sie äußert sich in der Unfähigkeit, eine Rolle anzunehmen und eine Identität zu finden, die in Einklang mit den Erwartungen der Gesellschaft steht.

Die Identitätskrise des Jugendalters muss gelöst sein, bevor die Thematik der nächsten Phase, *Intimität*, also die enge Beziehung in einer Partnerschaft, angegangen werden kann. Hat der junge Erwachsene keine festen Vorstellungen von sich, von seinen Fähigkeiten, Wünschen und Möglichkeiten, so ist in einer engen Beziehung seine Individualität durch eine Verschmelzung mit dem Partner/der Partnerin bedroht. Auf der Grundlage einer festen Identität ist er dagegen bereit und fähig zur Intimität, zur Hingabe in echten Bindungen und Partnerschaften, einschließlich der körperlichen Vereinigung. Erst jetzt kann sich eine echte Genitalität entwickeln, ein Sexualleben mit voller Gefühlsbeteiligung. Vermeidet der junge Mensch aber Erlebnisse, die enge Bindung und Hingabe verlangen, etwa aus Angst vor Ich-Verlust, so droht ihm *Isolierung* und damit Vereinsamung.

Auf der Grundlage der Erfahrung von Intimität kann sich dann der reife Mensch des mittleren Erwachsenenalters einer neuen Thematik zuwenden. Erikson sieht sie in der *Generativität*. Er meinte damit ursprünglich die zeugende Fähigkeit, die »Stiftung und Erziehung der nächsten Generation« (1968, S. 261), weitete sie aber später in ihrem Bedeutungsgehalt aus auf »Fortpflanzungsfähigkeit, Produktivität und Kreativität, also die Hervorbringung neuen Lebens, neuer Produkte und Ideen einschließlich einer Art Selbst-Zeugung, die mit der weiteren Identitätsentwicklung befasst ist« (1988, S. 86 f.). Generativität wird meist auf die soziale Rolle als Eltern und die Sorge um die eigenen Kinder bezogen; sie kann aber auch allgemeiner als die Sorge und Übernahme von Verantwortung für andere Menschen verstanden werden. In der Weitergabe der eigenen Lebenserfahrungen an die nächste Generation werden Ich-Interessen erweitert, die eigene Persönlichkeit wird berei-

chert. Fehlen diese Erfahrungen, so droht *Stagnation* und damit eine Verarmung der Persönlichkeit. In dieser Lebensphase
wirkt der erwachsene Mensch – mehr als in anderen Phasen –
als Mittler zwischen den Generationen. In der Sorge um andere, insbesondere um die jüngere Generation, drückt sich für
den erwachsenen Menschen auch aus, dass er gebraucht wird.
Insofern ist die ältere Generation auch von der jüngeren abhängig.

Für die letzte Phase beschreibt Erikson schließlich als zentrales Thema die Polarität zwischen *Ich-Integrität* und *Verzweiflung*. Nur wenn der Mensch die Sorge um Menschen und Dinge
angenommen und in allen Aspekten erlebt hat, kann er im
Alter, wie Erikson es ausdrückt, »allmählich die Frucht dieser
sieben Phasen ernten« (1968, S. 263). Mit Ich-Integrität meint
er einen Zustand tiefer Zufriedenheit mit dem Leben, so wie
es gelaufen ist, eine Akzeptanz und »Hinnahme dieses unseres
einmaligen und einzigartigen Lebensweges als etwas Notwen-
digem und Unersetzlichem« (ebd.). Der ältere Mensch sieht
sich zugleich als Teil eines größeren (kulturellen, geschichtli-
chen, gesellschaftlichen) Ganzen und akzeptiert die Relativität
seiner Lebensform, verteidigt aber auch deren Einzigartigkeit
und Würde. Kann er seinen Lebensablauf nicht anerkennen
und als sinnvoll verstehen, so droht ihm Verzweiflung; das Gefühl macht sich breit, »dass die Zeit zu kurz ist, zu kurz für den
Versuch, ein anderes Leben zu beginnen und andere Wege der
Integrität zu suchen« (ebd.).

Die individuelle Entwicklung von der frühen Kindheit bis
in das hohe Alter erfolgt somit für Erikson durch die Auseinandersetzung mit lebensphasenspezifischen Themen. Die aus
jeder Phase entstehende Krise muss gelöst werden, bevor sich
das Individuum adäquat mit der nächsten Thematik beschäftigen kann. Die Entwicklung der Persönlichkeit vollzieht sich
somit in Form von kritischen Schritten, die Wendepunkte für
das Wachstum des Ichs und der Person darstellen. Die Reihenfolge dieser Schritte ist nach dem epigenetischen Prinzip festgelegt und für alle Menschen gleich. Jedes Thema einer spezifischen Phase hat Vorformen, es wird aber erst aktuell und
kritisch in der ihm zugedachten Altersperiode. Die Gesellschaft

muss auf diese Entwicklungsschritte der Individuen eingerichtet sein und ihnen Möglichkeiten bereitstellen, ihren sozialen Radius zu erweitern und die aus diesen Veränderungen entstehenden Krisen zu bewältigen. Dafür stehen gesellschaftliche Institutionen bereit (z. B. Familie, Religion, Rechtssystem), die sicherstellen, dass in der Wechselwirkung zwischen Individuum und Umwelt die geschilderten Lebensthemen hervortreten und dass die Auseinandersetzungen der Person mit den Konflikten in der entsprechenden Lebensphase erfolgen und möglichst eine positive Richtung nehmen.

Wenn auch Erikson immer wieder von psychosozialer Entwicklung und psychosozialen Krisen spricht, so bleibt seine Entwicklungstheorie jedoch im Grundansatz ein organismisches Modell, weil sie nach dem epigenetischen Prinzip eine festgelegte Reihenfolge von Entwicklungsschritten postuliert, die jedes Individuum durchlaufen muss. Insofern sie das Wachstum der gesunden Persönlichkeit beschreibt, gewinnt sie einen normativen Charakter, denn die Polarität in den psychosozialen Krisen verweist jeweils auf eine gesunde und eine pathologische Alternative. Die implizite Wertung von Entwicklungsverläufen am Ziel einer »gesunden« Persönlichkeit muss aber als sehr problematisch eingeschätzt werden, weil es ein allgemein gültiges und akzeptiertes Ideal der Persönlichkeit unterstellt. Die acht Entwicklungsphasen werden zudem als universell angenommen, d. h. sie sollen im Prinzip in allen Gesellschaften, Kulturen und historischen Epochen sowie für alle Individuen gelten. Diese Annahme steht jedoch empirisch auf schwachen Beinen. Erikson selbst hat seine Theorie überwiegend aus seiner klinisch-therapeutischen Arbeit entwickelt; zudem hat er einige intensive Fallanalysen von historisch bedeutsamen Persönlichkeiten (Martin Luther, Mahatma Gandhi, George Bernhard Shaw, William James u. a.) und kulturanthropologische Studien (zum Beispiel bei amerikanischen Indianerstämmen) durchgeführt. Die neuere Forschung in einer Entwicklungspsychologie der Lebensspanne spricht weitgehend gegen die unterstellte Universalität von Entwicklungsverläufen und für große interindividuelle, kulturelle und historische Unterschiede in den Lebensläufen. Dennoch werden

Eriksons theoretischer Ansatz und die darin enthalten Themen immer wieder aufgegriffen, um die Entwicklung von Erwachsenen zu erklären (vgl. Levenson & Crumpler, 1996; Krampen & Greve, 2008). Aktuell wird sie sogar wieder vermehrt als Ausgangspunkt für die empirische Forschung verwendet. So dient das Modell von Erikson in modifizierter Form als Grundlage für die umfangreiche Längsschnittstudie über das frühe und mittlere Erwachsenenalter von Whitbourne, Sneed & Sayer (2009), deren Ergebnisse durchaus in Einklang mit den postulierten Entwicklungsthemen stehen (► Kap. 3.2).

Eriksons Verdienst liegt darin, ein in sich schlüssiges Gesamtmodell der Entwicklung über den Lebenslauf erstellt zu haben, das wichtige Entwicklungsthemen benennt und das die theoretische Tradition der Psychoanalyse konsequent auf Lebensphasen nach der Kindheit erweitert und um eine soziale Dimension ergänzt hat. Insofern kann ihm weiterhin eine große heuristische Bedeutung für die Erforschung des Erwachsenenalters zugeschrieben werden. Es lässt sich jedoch nicht übersehen, dass Eriksons Modell zunehmend vager und spekulativer wird, je weiter es sich auf das Leben Erwachsener vorwagt. Seinen wichtigsten Beitrag hat Erikson zweifellos in der psychologischen Ausleuchtung des Jugendalters geleistet. Die drei Phasen des Erwachsenenalters beschreiben wichtige Themen der Entwicklung, die im Folgenden aufgegriffen werden. Sie geben zunächst aber nur eine grobe und vorläufige Struktur vor, die es weiter zu differenzieren und mit empirischem Material zu konfrontieren gilt.

3.1.3   Robert Havighurst

In gewisser Weise könnte man die Theorie des amerikanischen Entwicklungspsychologen Robert J. Havighurst (1900–1991) als eine Weiterentwicklung und Konkretisierung von Eriksons Modell der Entwicklung verstehen. Ähnlich wie Erikson strukturiert Havighurst (1972) den Lebenslauf in aufeinander aufbauenden Phasen, in denen das Individuum jeweils charakteristische Entwicklungsanforderungen zu bewältigen hat. Ihre Lösung im positiven Sinn trägt zur Entwicklung einer

Person bei und ermöglicht ihr erst, sich mit den Anforderungen der nächsten Stufe auseinanderzusetzen. Im Unterschied zu Erikson sieht er aber nicht einen Grundkonflikt (»psychosoziale Krise«) in jeder Phase, sondern eine Reihe von mehr oder weniger konkreten Aufgaben, die das sich entwickelnde Individuum zu lösen hat. Das Konzept der Entwicklungsaufgabe stellt den Kern von Havighursts Theorie des Lebenslaufs dar. Er versteht darunter »eine Aufgabe, die in einer bestimmten Lebensperiode des Individuums hervortritt und deren erfolgreiche Bewältigung zu seinem Wohlbefinden und zum Gelingen späterer Aufgaben führt, während ein Misslingen zu Unzufriedenheit im Individuum, zu Missbilligung durch die Gesellschaft und zu Schwierigkeiten bei späteren Aufgaben beiträgt« (Havighurst, 1972, S. 2). Für Havighurst entstehen Entwicklungsaufgaben aus drei Quellen: der biologischen Reifung, den gesellschaftlichen und kulturellen Erwartungen sowie den eigenen Ansprüchen und Werten des Individuums. In den frühen Lebensphasen dominieren mehr die Einflüsse der biologischen Reifung, später spielen gesellschaftliche Anforderungen und selbstgesetzte Ziele eine immer größere Rolle. Die jeweils charakteristischen Entwicklungsaufgaben jeder Phase des Lebens bestimmen nun gewissermaßen die allgemeine Struktur des Lebenslaufs. Diese zentralen Aufgaben zu finden und zu definieren, ist letztlich eine empirische Frage, d. h. sie ist nur unter Bezug auf die entwicklungspsychologische Forschung zu beantworten. Havighurst (1972) kam aufgrund der Forschungslage in den 1950er Jahren und eigener Überlegungen zu einer Einteilung des Lebenslaufs in sechs Phasen, die durch eine Reihe typischer Entwicklungsaufgaben definiert werden (vgl. ▶ Abb. 3.2).

Wie etwa aus den Entwicklungsaufgaben des Erwachsenenalters zu entnehmen ist, werden hier durchschnittliche gesellschaftliche Erwartungen an ein erwachsenes Mitglied herangezogen, zum Beispiel im frühen Erwachsenenalter zu heiraten und eine Familie zu gründen, im mittleren Alter eine erfolgreiche Berufskarriere zu machen und seine Kinder zu glücklichen, verantwortungsbewussten Menschen zu erziehen, schließlich im Alter sich erfolgreich anzupassen an die nachlassenden kör-

perlichen Kräfte, den Rückzug aus dem Berufsleben und den
Verlust wichtiger Bezugspersonen. Schon in dieser kurzen Auf-

Altersphase	Bühler biologische Lebenskurve	Erikson psychosoziale Krisen	Havighurst Entwicklungs- aufgaben (Auswahl)
Säuglingsalter	progressives Wachstum ohne Reproduktions- fähigkeit	Vertrauen vs. Mißtrauen	Gehenlernen, Lernen von Nahrungsauf- nahme, beginnende Sprachentwicklung
Kindheit		Autonomie vs. Scham/Zweifel Initiative vs. Schuldgefühle Tätigkeit/Lei- stung vs. Min- derwertigkeits- gefühl	Erwerb der Ge- schlechtsrolle, Lernen von sozialer Koopera- tion, von Basiskom- petenzen im Lesen, Schreiben, Rechnen, Entwicklung von Moral und Werten
Pubertät/ Adoleszenz	progressives Wachstum mit Reproduktions- fähigkeit	Identität vs. Rollendiffusion	Akzeptieren der körperlichen Reifung, Erwerb einer Ge- schlechtsrollen-Iden- tität, Gestalten von Peer-Beziehungen
frühes Erwachsenen- alter	stabiles Wachs- tum (Periode relati- ver Konstanz)	Intimität vs. Isolierung	Partnerwahl/Ehe, Familiengründung/ Kinder, Beginn einer Berufskarriere
mittleres Erwachsenen- alter	beginnender Verfall	Generativität vs. Stagnation	Kindererziehung, Entwicklung der Berufskarriere, Über- nahme sozialer und öffentlicher Ver- antwortung
spätes Erwachsenen- alter	regressives Wachstum	Integrität vs. Verzweiflung	Anpassung an Pensio- nierung, Anpassung an Nachlassen von Körperkräften, An- passung an Tod von Lebenspartner

Abb. 3.2: Phasenmodelle über die Lebensspanne im Überblick

zählung wird der normative Charakter dieses Phasenmodells deutlich, das deutlich das Klischee eines amerikanischen Mittelschichtbürgers (-mannes) der 1950er Jahre als das Ideal einer Entwicklung zeichnet, dieses aber zur Zielvorstellung für alle Menschen erhebt.

Havighursts Phasenmodell hat zwar den Vorteil, durch seine relativ konkrete Formulierung der Bestimmungsstücke in jeder Phase empirisch fassbarer als etwa Eriksons Modell zu sein. Auch benennt er deutlicher als Erikson und Bühler die Einflüsse einer Gesellschaft und eines sich entwickelnden Subjekts auf die Ziele von Entwicklung. Aber auch dieses Modell ist normativ und sieht eine Reihe von aufeinander aufbauenden Stufen und sensible Phasen der Entwicklung vor. Die charakteristischen Aufgaben dieser Entwicklungsphasen werden als universell gesetzt, d. h. sie müssen im Prinzip von allen Menschen in der vorgesehenen Reihenfolge durchschritten werden, wollen sie sich »normal« und »gesund« entwickeln. Havighurst schränkt jedoch ein, dass manche Entwicklungsaufgaben kulturell relativiert werden müssen, weil sie in verschiedenen Kulturen und sozialen Schichten unterschiedlich definiert werden. Und sie müssen auch historisch relativiert werden, weil die sozialen Erwartungen an den amerikanischen Bürger in der Mitte des 20. Jahrhunderts nicht mehr der gesellschaftlichen Situation zu Beginn des 21. Jahrhunderts entsprechen. Havighurst folgt in seinem Grundansatz also weitgehend einem organismischen Entwicklungsmodell, das bei ihm aber insofern aufgeweicht ist, weil es explizit das Zusammenwirken von biologischer Reifung, gesellschaftlichen Anforderungen und subjektiven Zielen vorsieht.

Eine zusammenfassende Bewertung dieser drei klassischen Entwicklungsmodelle über die gesamte Lebensspanne (vgl. Überblick in ▶ Abb. 3.2) kommt zu der Schlussfolgerung, dass diese jeweils universelle Phasen postulieren und Entwicklung – in mehr oder weniger starkem Maße – nach einem organismischen Grundmodell konzipieren. Sie widersprechen damit dem Erkenntnisstand und zentralen Positionen der heutigen Entwicklungspsychologie der Lebensspanne (▶ Kap. 2.2); denn diese versteht zum einen Entwicklungsverläufe nicht mehr als universell, sondern als multidirektional und interindividuell variabel, und sie legt zum anderen ein interaktionistisches Geschehen der Wechselwirkung zwischen einem sich verändernden Individuum in seiner sich im Wandel befindlichen gesellschaftlichen Umwelt als angemessene Konzeption von Entwicklung zugrunde. Dennoch wäre es aus unserer Sicht ein Fehler, die Bedeutung der Theorien von Bühler, Erikson und Havighurst als heuristische Modelle zu übersehen, die sie als ausgearbeitete Konzeptionen vom ganzen Lebenslauf und in der Formulierung vieler wichtiger Entwicklungsthemen des Erwachsenenalters haben. Wir werden diese im Folgenden (▶ Kap. 3.3) wieder aufgreifen. Nachdem wir zentrale Modelle der Entwicklung über die gesamte Lebensspanne beschrieben haben, wollen wir uns jetzt dem Erwachsenenalter und seiner zeitlichen Strukturierung zuwenden.

3.2 Konzeptionen und Strukturierungen des Erwachsenenalters

Wenn wir uns nun mit der Frage beschäftigen, ob der Lebenslauf des Erwachsenen strukturiert ist und wie die Entwicklungsprozesse von Erwachsenen zu erklären sind, dann bewegen wir uns auf einem unsicheren und unter Entwicklungspsychologen durchaus strittigen Terrain. Im Gegensatz zu theoretischen Vorstellungen von der Entwicklung in Kindheit und Adoleszenz, die zumindest bei einigen psychischen Funktionen einen geordneten Prozess von aufeinander aufbauenden Schritten der Entwicklung auf ein (meist bestimmbares) Ziel formulieren, ist eine Konzeption vom Entwicklungsverlauf erwachsener Menschen in nahezu allen Punkten offen. Die Bandbreite von theoretischen Vorstellungen reicht von der Ablehnung jeglicher Ordnungsprinzipien bis hin zu normativen Modellen (siehe unten), die ein Ideal von der gesunden und reifen Erwachsenenpersönlichkeit enthalten und altersbezogene Entwicklungsschritte vorsehen. Nachdem inzwischen die Konzeption von einem stabilen Erwachsenenleben überwunden ist, gibt es Raum für die Erkenntnis der empirischen Vielfalt von Lebensläufen und Entwicklungsprozessen bei erwachsenen Menschen. Bei aller beeindruckender Variabilität ist es aber doch unwahrscheinlich, dass eine so lange Lebensphase wie das Erwachsenenalter, die 50 Jahre und mehr umfassen kann, eine Epoche ohne systematische Einschnitte, Verlaufsstrukturen und strukturierende Einflüsse darstellt. Ein Großteil der empirischen Forschung kommt jedoch ohne eine explizite Konzeption vom ganzen Erwachsenenleben aus und untersucht kurze Lebensperioden, deren Bedeutung aber ohne Berücksichtigung des weiteren Kontextes unklar bleiben muss.

Welche Möglichkeiten gibt es, um Einschnitte, Wendepunkte, Phasen, also eine Gliederung des Erwachsenenalters zu erkennen? Je nach zugrunde liegendem Entwicklungsmodell wird eine Ordnung des Erwachsenenlebens entweder über Veränderungsprozesse in der Person (ontogenetisches Modell) oder über Veränderungen in der sozialen Umwelt (soziogenetisches Modell) oder über die Interaktion von Person und Umwelt (interaktives oder dialektisches Modell) versucht.

3.2.1 Persönlichkeitsveränderungen: psychodynamische Ansätze

Die Phasenmodelle über den ganzen Lebenslauf, die wir bereits kennen gelernt haben, orientierten sich überwiegend am Wachstum der Person, sei es unter Betonung der biologischen Prozesse oder unter Betonung der psychischen Prozesse. Theoretische Modelle der Persönlichkeitsentwicklung im Erwachsenenalter stehen häufig in der Tradition der Psychoanalyse und vertreten dabei meist eine ontogenetische (organismische) Vorstellung von Entwicklung, in der externe Bedingungen einen intern vorprogrammierten Prozess allenfalls beschleunigen oder verzögern können. Erik H. Erikson ist der bekannteste Vertreter dieser Richtung, hat aber sein Phasenmodell gerade für das Erwachsenenalter relativ wenig differenziert. Carl Gustav Jung (1967/1931) war wahrscheinlich der erste Psychoanalytiker, der die Persönlichkeitsentwicklung über die Adoleszenz hinaus beschrieb. Er hat sich insbesondere mit der Lebensmitte beschäftigt, die neue Herausforderungen für das

Individuum mit sich bringt. In dieser Lebensphase werde für die reifende Person eine stärkere Wendung nach Innen (Introversion) notwendig, die als Individuation bezeichnet wird und die auch eine wesentliche Voraussetzung für einen guten Übergang ins Alter sei (▶ Kap. 5). Die Lebensmitte und die Anpassungsstile von erwachsenen Männern standen auch im Mittelpunkt der Arbeiten von George E. Vaillant (1980, 1993), der auf der Grundlage psychoanalytischer Konzepte umfangreiche empirische Untersuchungen zum Erwachsenenalter durchführte (vgl. ausführlicher in ▶ Kap. 5). Er untersuchte in der »Grant-Studie« die Werdegänge von 204 besonders leistungsfähigen Männern (Harvard-Absolventen) über einen Zeitraum von 45 Jahren. Als Hauptkriterium für eine positive personale Entwicklung zieht er »psychische Gesundheit« heran, die Erwachsene im Wesentlichen durch die Herausbildung von reifen Abwehrmechanismen (z. B. Altruismus, Humor) erreichen können. Diese ermöglichen ihnen im Gegensatz zu neurotischen oder unreifen Abwehrmechanismen (z. B. Verdrängung, Intellektualisierung, Projektion) eine erfolgreiche psychische Anpassung an die Herausforderungen im Lebenslauf. Vaillants Beschreibung des Lebenszyklus von Erwachsenen orientiert sich stark an Eriksons Entwicklungsphasen; im frühen Erwachsenenalter nimmt er jedoch ergänzend zur psychosozialen Krise der »Intimität« einen weiteren Konflikt an, nämlich dem zwischen der »Konsolidierung der (beruflichen) Karriere« und der »Selbstabsorption«.

Ein vergleichsweise differenziertes Modell in dieser Tradition hat der amerikanische Psychiater Roger L. Gould formuliert. Gould (1979) entwickelte seine Theorie der *Transformationen im Erwachsenenalter* aus seiner klinischen Arbeit mit psychiatrischen Patienten, bei denen ihm und seinen Mitarbeitern immer wieder bestimmte altersspezifische Probleme aufgefallen waren. Durch eine Fragebogen-Studie bei etwa 500 Männern und Frauen zwischen 16 und 50 Jahren wurde versucht, diese Überlegungen zu stützen. Gould nimmt an, dass die Persönlichkeitsentwicklung von erwachsenen Menschen primär durch Transformationen ihres Bewusstseins über sich selbst erfolgt, d. h. durch eine Expansion ihrer Selbstdefinition. Ein Wachstum der Persönlichkeit findet danach überwiegend durch eine Lösung vom Kindheitsbewusstsein statt, das ein Ausdruck unserer Bindung an die Eltern ist. Die Überwindung des im Kindheitsbewusstsein fixierten Unerledigten erfolgt schrittweise in der Zurückweisung von falschen Annahmen aus unserer Kindheit. Diese Schritte stellen gleichzeitig Stufen der *Evolution eines Erwachsenenbewusstseins* dar. So sollen etwa nach Goulds Studie (1979) junge Menschen in der Altersphase zwischen 16 und 22 Jahren zunächst die Annahme aufgeben »Ich werde immer meinen Eltern gehören und an ihre Welt glauben« und dann zwischen 22 und 28 Jahren die nächste falsche Annahme »Wenn ich mit Willenskraft und Ausdauer alles so mache wie meine Eltern, werde ich Erfolg haben. Wenn ich aber zu frustriert bin oder verwirrt oder müde, oder wenn ich einfach nicht zurechtkomme, dann werden sie eingreifen und mir den rechten Weg zeigen«. Auf der nächsten Stufe (28 bis 34) würde dann eine Auseinandersetzung mit der Annahme »Das Leben ist einfach und leicht zu meistern. Es gibt in mir keine wesentlichen nebeneinander bestehenden widerstreitenden Kräfte« das allmählich reifende Erwachsenenbewusstsein bestimmen (Gould 1979).

Das reife Erwachsenenbewusstsein entsteht schließlich nach der Lebensmitte aus der schrittweisen Zurückweisung dieser Annahmen (▸ Kap. 5) und drückt sich in der Erkenntnis aus: »Ich gehöre mir selbst (und nicht meinen Eltern)«. Das Ziel dieser Entwicklung besteht also darin, die Entstellungen und einengenden Schutzmechanismen des Kindheitsbewusstseins allmählich zu beseitigen. »Während wir Lebenserfahrungen sammeln, geben wir im Geiste ungerechtfertigte Erwartungen, starre Regeln und unwandelbare Rollen auf. Wir werden Besitzer unseres eigenen Ichs mit einem volleren, unabhängigeren Erwachsenenbewusstsein« (Gould, 1979, S. 38).

3.2.2 Persönlichkeitsveränderungen: Längsschnittstudien

Während der gerade beschriebene Zugang zur Persönlichkeitsentwicklung im Erwachsenenalter von einer theoretischen

Grundorientierung geprägt ist, sucht ein anderer Ansatz einen primär empirischen Weg, um Veränderungen der Persönlichkeit über das Erwachsenenalter abzubilden. *Längsschnittuntersuchungen* sind die dafür geeignete Methode, weil sie eine Stichprobe von Personen (meist Alterskohorten) über einen längeren Zeitraum wiederholt untersuchen. Die methodischen Schwierigkeiten und der Forschungsaufwand von Längsschnittstudien sind beträchtlich, entsprechend selten sind sie gerade im Erwachsenenalter. Die meisten Studien wurden in den USA durchgeführt und haben sich in frühen Phasen auf Veränderungen des Merkmals der Intelligenz über den Lebenslauf konzentriert (vgl. Schaie, 1983; 1996); nur wenige haben versucht, mehrere Persönlichkeitsmerkmale über ein längeres Zeitintervall auch im Erwachsenenalter zu erfassen. Neuere Längsschnittstudien begleiten oft mehrere Geburtskohorten von der Kindheit bis ins Erwachsenenalter. Sie stellen dabei auch praxisrelevante Fragen wie etwa nach den Auswirkungen von ökonomischer und sozialer Benachteiligung in der Kindheit auf die gesundheitliche Lage von Erwachsenen (Bynner, Ferri & Shepherd, 1997) oder nach den möglichen Schutzfaktoren von Heranwachsenden, die trotz gefährdender Entwicklungsbedingungen widerstandsfähig (»resilient«) und gesund bleiben (Werner & Smith, 1992; 2001).

Mit Längsschnittuntersuchungen kann der Frage nachgegangen werden, ob sich Persönlichkeitseigenschaften im Lebenslauf Erwachsener überhaupt verändern und – wenn ja – ob sich Hinweise auf systematische Veränderungen und Verläufe ergeben. Die Ergebnisse der wenigen einschlägigen Studien führen insgesamt nicht zu eindeutigen Schlussfolgerungen. Eine der aufwändigsten und umfassendsten Längsschnittuntersuchungen waren die »Berkeley Longitudinal Studies«, ein Verbund von Studien, die seit 1930 bis in die 1990er Jahre mehrere Kohorten von der Geburt bzw. von der frühen Adoleszenz bis ins mittlere Erwachsenenalter untersucht haben (vgl. zusammenfassend Eichorn, Clausen, Haan et al., 1981; Clausen, 1993). Sie haben dabei systematisch die Veränderung von Persönlichkeitsmerkmalen mit Ratingskalen gemessen. Für die untersuchten Frauen und Männer ließen sich von der frühen

Adoleszenz bis ins mittlere Alter (etwa bis 50 Jahre) signifikante Veränderungen in den meisten der gemessenen Persönlichkeitsdimensionen nachweisen. Erwachsene entwickelten zum Beispiel mit zunehmenden Alter mehr Selbstvertrauen, sie wurden offener für neue Erfahrungen, kognitiv interessierter und waren mehr um andere Menschen besorgt; dagegen veränderte sich ihre emotionale Selbstkontrolle nicht (Haan, 1981). Es zeigten sich jedoch keine so deutlichen Einschnitte, dass daraus eine Stufensequenz in der Persönlichkeitsentwicklung abzuleiten wäre, mit Ausnahme des Übergangs von der späten Adoleszenz in das Erwachsenenalter. Die Forscher weisen jedoch selbst darauf hin, dass ihr methodischer Ansatz möglicherweise zum Nachweis von strukturellen Veränderungen der Persönlichkeit ungeeignet war, weil er qualitative Einschnitte nicht sichtbar machte.

Diese methodische Einschränkung gilt auch für eine weitere Längsschnittstudie, die »Baltimore Longitudinal Study of Aging«. Mit dem Persönlichkeitsmodell der »Big Five« wurden erwachsene Männer unterschiedlichen Alters (aus gehobenen Schichten) über einen Zeitraum von etwa 20 Jahren untersucht (vgl. Costa & McCrae, 1980). Im Gegensatz zu den Berkeley-Studien kamen sie zum Ergebnis, dass die von ihnen untersuchten fünf Persönlichkeitsdimensionen (Neurotizismus, Extraversion/Introversion, Offenheit für Erfahrungen, Gewissenhaftigkeit und Verträglichkeit) über das Erwachsenenalter relativ stabil bleiben. Diese Merkmale wurden über Persönlichkeitstests erhoben, die auf einem faktorenanalytischen »trait«-Modell der Persönlichkeit basieren. Dieser Ansatz unterstellt jedoch die übersituative Konsistenz und Stabilität von personalen Merkmalen; die Instrumente sind so konstruiert, dass sie Veränderungen über die Zeit schwer erfassen können. Mit einer empirischen Strategie, die auf statische Persönlichkeitsmodelle zurückgreift, scheint es schwierig, die Dynamik von Persönlichkeitsveränderungen über die Zeit, individuelle Entwicklungspfade und damit Verlaufsstrukturen im Erwachsenenleben zu erkennen.

In neuerer Zeit finden sich vermehrt amerikanische Längsschnittstudien, die Stichproben von College-Absolventen über längere Phasen des Erwachsenenalters verfolgt und untersucht haben. Interessant ist dabei insbesondere die »Rochester Adult Longitudinal Study«, weil sie Eriksons Entwicklungsmodell als theoretische Grundlage verwendet und die von ihm postulierten acht Entwicklungsthemen über eine spezifische Fragebogenmethode (dem IPD = »Inventory of Psychosocial Development«) erfasst hat (Whitbourne, Sneed & Sayer, 2009). Im Gegensatz zu Erikson gehen Whitbourne und Mitarbeiterinnen aber davon aus, dass sich alle acht psychosozialen Entwicklungsthemen (Vertrauen; Autonomie; Initiative; Fleiß; Identität; Intimität; Generativität; Ich-Integrität) in allen Lebensphasen verändern können, also auch im Erwachsenenalter. Die beiden untersuchten Kohorten (N = 346 der Geburtskohorte 1946; N = 299 der Geburtskohorte 1957) wurden drei- bis viermal bis ins Jahr 2000 – also bis ins mittlere Erwachsenenalter – untersucht, sodass neben Altersunterschiede auch Kohortenunterschiede erfasst werden konnten. Die komplexen Ergebnisse zeigen, dass sich bei den untersuchten Personen im Erwachsenenalter auch in den eigentlich kindlichen Entwicklungsthemen Vertrauen, Autonomie und Initiative noch leicht positive Wachstumskurven ergaben, dass sich auch die späteren Themen Identität, Intimität und Generativität im Erwachsenenleben positiv weiterentwickeln und dass sogar das Thema Ich-Integrität, das eigentlich für das Alter vorgesehen ist, zwischen dem frühen und mittleren Erwachsenenalter eine lineare Zunahme zeigte. Zudem zeigten sich Kohortenunterschiede beim Thema Fleiß, das bei der älteren Kohorte im College-Alter zunächst niedriger war, dann aber im weiteren Erwachsenenleben ein steiles Wachstum aufwies. Der einzige Geschlechtsunterschied ergab sich bei der Entwicklung von Intimität, die zunächst bei Frauen höher ausgeprägt war als bei Männern und sich nach einem steilen Anstieg bis in die frühen 40er Jahre allmählich abflachte. Die Autorinnen schließen aus ihren Ergebnissen, dass Eriksons Modell der psychosozialen Entwicklung nicht wie eine Stufenleiter zu interpretieren ist, sondern als eine Matrix von Themen, die sich im Lebenslauf immer wieder verändern können, sodass »jedes psychosoziale Thema im Kontext der späteren Themen kontinuierlich überarbeitet werden muss« (Whitbourne et al., 2009, 1336).

Die Frage der geschlechtspezifischen Entwicklung von Erwachsenen wird in einer Reihe von Längsschnittstudien näher untersucht, die Frauen der »Baby Boom«-Generation nach dem College-Abschluss bis in die Lebensmitte verfolgten (Helsen, Huinink & Weymann, 1995; Stewart & Ostrove, 1998). Ihre Ergebnisse legen nahe, dass die Lebensmitte für Frauen in der Regel keine krisenhafte Phase ist, aber eine Zeit, in der oft nach einem Prozess der Selbstreflexion noch Korrekturen im Lebenslauf vorgenommen werden, vor allem bei Frauen mit traditionellem Geschlechtsrollenverständnis. Die Weiterentwicklung der Identität erwies sich insbesondere für die jüngeren Kohorten (die in den 1950er Jahren aufwuchsen) als zentral für die Vorhersage des Wohlbefindens und des Erlebens von Generativität im mittleren Erwachsenenalter. Auch in diesen Studien erwiesen sich also die Entwicklungsthemen von Erikson als fruchtbar zur Beschreibung der Entwicklung erwachsener Frauen. Die Veränderungen von Persönlichkeitsmerkmalen waren an den untersuchten Themen der Entwicklung deutlich zu belegen, die erkennbaren Entwicklungsprozesse haben sich aber nicht auf die von Erikson postulierten Phasen beschränkt.

3.2.3 Persönlichkeitsveränderungen: Entwicklungspsychologische Ansätze

In neuerer Zeit wurden im Rahmen der Entwicklungspsychologie der Lebensspanne einige Theorien formuliert, die in enger Verbindung mit empirischen Forschungsprogrammen stehen oder mit dem Ziel der Integration von empirischen Erkenntnissen formuliert wurden (vgl. Glück & Heckhausen, 2006). Wir werden exemplarisch zwei Ansätze herausgreifen, die auch für wichtige Arbeitsgruppen zur Entwicklung im Erwachsenenalter im deutschsprachigen Raum stehen.

Das *Modell der Selektion, Optimierung und Kompensation (SOK)* wurde von der Berliner Arbeitsgruppe um Baltes & Baltes (1990) zunächst im gerontologischen Bereich zur Erklärung erfolgreichen Alterns formuliert (► Kap. 6.2.1) und später als Entwicklungstheorie auf die gesamte Lebensspanne übertragen (Baltes, 1997). Die Grundannahme ist, dass Menschen sich dann erfolgreich entwickeln, wenn sie im Rahmen von ihren in allen Lebensphasen begrenzten Ressourcen ihre Gewinne maximieren und ihre Verluste minimieren. Die Adaption an begrenzte Ressourcen kann durch drei Strategien erfolgen: Erstens müssen sich Menschen im Verlauf ihres Lebens immer wieder zwischen Zielen entscheiden, sowohl in alltäglichen Situationen als auch in großen Lebensentscheidungen. Die Selektion bedeutet eine Wahl zwischen Handlungsoptionen und wird vor allem dann wichtig, wenn wenige Ressourcen zur Verfügung stehen, wie zum Beispiel mit zunehmendem Alter. Zweitens müssen zur Erreichung von ausgewählten Zielen die eigenen Ressourcen in optimaler Weise investiert werden, um möglichst Erfolge zu erzielen. Zur Optimierung der Chancen, die eigenen Ziele zu erreichen, können interne Ressourcen (Zeit, Aufwand, Durchhalten, Üben) oder externe Ressourcen (materielle Güter oder Unterstützung durch andere Personen) eingesetzt werden. Schließlich kann drittens die Strategie der Kompensation eingesetzt werden, um bei begrenzten oder verlorenen Ressourcen und nicht mehr erreichbaren primären Zielen durch Anpassung der Ziele dennoch noch Erfolge zu erreichen. Das SOK-Modell ist eine handlungstheoretische Konzeption von Entwicklung wie auch das Modell von Brandtstädter (2007b), d. h. es versucht, den Einfluss von Individuen auf die eigene Entwicklung zu erklären. Ein kritischer Punkt ist dabei, ob Menschen sich in ihrer Entwicklung primär an der Maximierung von Gewinnen orientieren und an welchem Kriterium man dann den Erfolg dieser Strategien von Entwicklung messen soll (vgl. auch Glück & Heckhausen, 2006). Das Modell verweist auf die subjektive Zufriedenheit mit den individuellen Zielerreichungen, was nicht sehr befriedigend ist. Zudem wird die Frage aufgeworfen, ob das Modell wirklich zur Erklärung allgemeiner Entwicklung geeignet ist, denn die überzeugendsten empirischen Belege beziehen sich auf das Alter und auf Leistungssituationen, in denen Ressourcen eingeschränkt werden (ebd.). Das Erklärungspotential des Modells ist für jüngere Lebensphasen mit vielen verfügbaren Ressourcen deutlich geringer.

Eine handlungstheoretische Perspektive vertritt auch das *Modell der Optimierung in primärer und sekundärer Kontrolle (OPS)* von Heckhausen & Schulz (1995) (vgl. auch Glück & Heckhausen, 2006). Die Forschungsgruppe geht davon aus, dass sich Menschen (explizit oder implizit) immer Ziele für die eigene Entwicklung setzen. Diese Ziele werden subjektiv bestimmt und müssen spezifisch für jede Lebensphase definiert werden, weil sie auch von den jeweiligen biologischen und gesellschaftlichen Rahmenbedingungen bestimmt werden. Ausgehend von der Grundannahme, dass alle Menschen ein elementares psychisches Bedürfnis haben, ihre Umwelt zu kontrollieren, unterscheiden sie zwei Arten von Kontrolle: »Primäre Kontrolle bezieht sich auf Verhaltensweisen, die auf die äußere Umgebung gerichtet sind; sie bestehen aus Versuchen, die Welt so zu ändern, wie es den Bedürfnissen und Wünschen des Individuums entspricht. Sekundäre Kontrolle zielt auf innere Prozesse und dient dazu, Verluste in Bezug auf das Ausmaß an primärer Kontrolle zu minimieren, dieses Ausmaß aufrechtzuerhalten oder zu erweitern.« (Heckhausen & Schulz, 1995, p. 284, zitiert nach Glück & Heckhausen, 2006, S. 709). Im Lebenslauf wird das objektive Potential für eine primäre Kontrolle zunächst in der Kindheit und Jugend stark ansteigen und dann im Erwachsenenalter das höchste Niveau erreichen; dieses Niveau wird über eine lange Phase anhalten und schließlich mit dem Alter allmählich wieder absinken. Dagegen wird von der Forschungsgruppe angenommen, dass das Streben nach primärer Kontrolle nach ihrer Entwicklung weitgehend konstant über den weiteren Verlauf des Lebens bleibt. Das Verhältnis von objektiver und subjektiver Kontrolle wird sich daher in jeder Lebensphase verändern. Menschen würden ihr Leben gerne mehr nach ihren Bedürfnissen gestalten als sie es wirklich können, und diese Diskrepanz zwischen Gewünschtem und Möglichem wird je nach Lebensphase und Lebenslage variieren. Es bedarf sekundärer Kontrollprozesse, um diese Diskrepanzen zu bewältigen, also z. B. die subjektiven Ziele an die objektive Umwelt anzupassen oder es emotional zu bewältigen, wenn sie nicht erreicht werden. Das Modell der Optimierung in primärer und sekundärer Kontrolle nimmt an, dass eine erfolgreiche

Entwicklung darin besteht, das Potential für primäre Kontrolle über die Lebensspanne zu optimieren (Heckhausen & Schulz, 1995; Glück & Heckhausen, 2006). Das kann dadurch erfolgen, dass Ziele für die eigene Entwicklung angemessen ausgewählt und verfolgt werden sowie entsprechend sekundär reguliert werden, wenn sie nicht erreicht werden oder Ressourcen verloren gehen. Auch diese Entwicklungstheorie ist empirisch durch eine Fülle von Studien gut untersucht. Sie formuliert sicher mit Schwerpunkt auf das in der Psychologie sehr bedeutsame Kontrollkonzept einen zentralen Einfluss auf Regulationsprozesse des Individuums. Es fragt sich jedoch, ob der Kontrollaspekt und damit die individuelle Gestaltung von Entwicklung hier nicht zu sehr und zu ausschließlich im Mittelpunkt stehen. Die objektive Lebenslage und damit das Kontrollpotential werden zwar benannt, aber lediglich als abstrakter Rahmen von individuellen Entwicklungsmöglichkeiten bestimmt. Die objektive Lebenslage und ihre gesellschaftlichen Bedingungen (Macht, Status, Erwartungen) sowie ihre individuelle Aneignung werden nicht berücksichtigt. Zudem stellt sich die Frage, ob Menschen so bewusst ihre Lebensziele formulieren und strategisch verfolgen, wie es diese Theorie unterstellt. Wir werden diesen Aspekt später (▶ Kap. 3.3) nochmals aufgreifen.

3.2.4   Soziale Veränderungen

Ein vollkommen anderer Ansatz ist es, eine Ordnung in den Veränderungen der sozialen Umwelt zu vermuten und daraus auf Strukturen in den Lebensläufen oder auf Entwicklungsschritte erwachsener Menschen zu schließen. Hinter dieser Perspektive einer Erwachsenensozialisation steht letztlich ein soziogenetisches Entwicklungsmodell: Es sind primär die äußeren sozialen und kulturellen Einflüsse, die den Lebenslauf und die Entwicklung des Individuums formen. Die Sozialisationstheorie (vgl. Hurrelmann, Grundmann & Walper, 2008) geht von der Grundannahme aus, dass es für jede Gesellschaft funktional notwendig ist, ihre Mitglieder auf die volle Teilnahme am gesellschaftlichen Leben vorzubereiten. Dazu sieht sie die frühen Lebensphasen – Kindheit und Jugend – als Vorbereitungszeit vor, in der über gesellschaftliche Institutionen (wie Familie und Schule) die Sozialisation von grundlegenden Fähigkeiten, Einstellungen, Werthaltungen erfolgt. Zwar gibt es in allen modernen Gesellschaften diese Aufteilung des Lebenslaufs in eine Vorbereitungsphase, eine Aktivitätsphase und eine Ruhephase. Doch sind die Grenzen zwischen diesen Phasen heute sehr variabel geworden; die alte Vorstellung, Sozialisationsprozesse seien spätestens im frühen Erwachsenenalter abgeschlossen, ist angesichts eines schnellen gesellschaftlichen Wandels überholt. In der neueren Sozialisationsforschung geht man daher davon aus, dass auch die Sozialisation Erwachsener funktional notwendig ist, weil eine antizipatorische Sozialisation niemals vollständig auf das Erwachsenenleben vorbereiten kann und weil sich durch den schnellen gesellschaftlichen Wandel auch die Anforderungen an das Individuum ständig verändern (Faltermaier, 2008). Finden aber Sozialisationsprozesse über die ganze Lebensspanne statt, stellt sich die Frage, ob nicht der Lebenslauf eine soziale Regelung aufweist, eine soziale Ordnung, die das Leben jedes Individuums prägt.

In der wohl bekanntesten soziogenetischen Konzeption, der *Theorie der Altersschichtung* (Riley, Johnson & Foner, 1978), wird der Lebenslauf als Abfolge von sozialen Rollen verstanden. Die Rollenstruktur einer Gesellschaft ist nach dem Alter geschichtet, d. h. die Übernahme einer neuen Rolle (z. B. der Eintritt in eine Berufstätigkeit oder die Gründung einer Familie) wird wesentlich durch das Alter bestimmt, ebenso das Ablegen einer Rolle. Es entstehen somit soziale Erwartungen an das Individuum, wann es welche sozialen Rollen einnehmen soll. Diese Erwartungen an ein altersangemessenes Verhalten werden als *Altersnormen* bezeichnet. Das System der Alterserwartungen ist für den Einzelnen normativ, d. h. er spürt einen sozialen Druck, sie zu erfüllen, und Abweichungen von der Norm werden – mehr oder weniger stark – sanktioniert. Altersnormen können somit auch als System sozialer Kontrolle verstanden werden, das Individuen an die vorherrschenden gesellschaftlichen Erwartungen anpasst. Wir sind uns als Erwachsene dieser Erwartungen in der Regel bewusst, d. h. wir wissen, in welchem Alter etwa eine bestimmte soziale Rolle von uns

erwartet wird und wann ein Ereignis (wie etwa die Familiengründung) »zu früh« oder »zu spät« stattfindet.

Aus den in einer Gesellschaft zentralen sozialen Rollen
und ihren entsprechenden Altersnormen lässt sich nun ein
sozial geregelter durchschnittlicher Lebenslauf konstruieren,
die *Normalbiographie.* Der Eintritt ins Erwerbsleben im frühen Erwachsenenalter, die Erwartung eines Höhepunktes der
Berufskarriere im mittleren Alter und der Rückzug aus dem Erwerbsleben, dessen Zeitpunkt sogar gesetzlich geregelt ist, sind
ebenso sozial normierte Marksteine unseres Erwachsenenlebens wie die Ereignisse des »Familienzyklus«, nämlich Heirat,
Geburt des ersten Kindes, Auszug des letzten Kindes (»empty
nest«) und Tod des/der Ehepartners/in. Diese Grobstruktur
einer Normalbiographie unterscheidet sich jedoch stark zwischen den Geschlechtern, es lässt sich daher eine weibliche und
eine männliche Normalbiographie konstruieren (Levy, 1977);
obwohl sich im Zuge des Emanzipationsprozesses Angleichun-
gen zwischen den Geschlechtern ergeben haben, unterscheiden sich ihre Biographien vor allem in den psychischen Implikationen immer noch deutlich. Weiterhin gibt es Unterschiede
in der Normalbiographie zwischen verschiedenen sozialen
Schichten und Milieus. – Diese Normalbiographie kann sich im
historischen Prozess verändern und damit für die Lebensläufe
verschiedener Generationen unterschiedliche soziale Rahmenbedingungen herstellen. Langfristige und kurzfristige Veränderungen in der Arbeitswelt, Trends in den familiären und
sozialen Beziehungen sowie historische Ereignisse wie Kriege,
Wirtschaftskrisen, Flüchtlingsbewegungen und die Auflösung
und Vereinigung politischer Systeme wirken sich ganz wesentlich auf die Normalbiographien und damit auf die Lebensläufe
breiter Bevölkerungsschichten aus. So hat sich beispielsweise
seit 1990 in den neuen Bundesländern im Vergleich zur ehemaligen DDR das durchschnittliche Heiratsalter und das Alter
bei Geburt des ersten Kindes deutlich nach hinten verschoben;
damit wurden auch Altersnormen der Normalbiographie verändert. Wir werden uns noch mit der Frage auseinandersetzen
müssen, ob wir uns gegenwärtig in einer historischen Phase befinden, in der sich diese Normalbiographie tendenziell auflöst.

Betrachten wir nun die Auswirkungen dieser sozialen Struktur des Lebenslaufs auf das sich entwickelnde Individuum, dann sind insbesondere die Übergänge (»transitions«) zwischen den sozialen Rollen und Positionen bedeutsam (vgl. Filipp & Aymanns, 2010). An diesen Einschnitten tritt am deutlichsten ein Sozialisationsbedarf auf, sind die Anforderungen einer neuen Rolle am größten und damit Krisen am wahrscheinlichsten. Die Art der Anpassung an eine neue soziale Rolle, der Umgang mit einer einschneidenden Lebensveränderung ist offenbar von großer Bedeutung für den weiteren Lebensweg einer Person. Entsprechend hat sich ein Teil der entwicklungspsychologischen Forschung auf derartige Übergänge, Einschnitte und kritische Lebensereignisse konzentriert und den Umgang damit oder die Bewältigung (»coping«) der damit verbundenen Anforderungen und Belastungen untersucht (Filipp, 2007; Greve, 2008).

Diese Forschungsrichtung legt zwar keine eigene Konzeption von der Strukturierung des Erwachsenenlebens vor, sie impliziert aber durch ihren Gegenstand, dass die untersuchten Übergänge entscheidende Einschnitte im Leben erwachsener Menschen sind. So untersuchte die klassische entwicklungspsychologische Studie von Lowenthal, Thurnher und Chiriboga (1975) unter dem Titel »Die vier Stufen des Lebens« die Anpassungsprozesse bei vier als zentral erachteten Rollenübergängen im Erwachsenenalter: dem Verlassen des Elternhauses, der ersten Phase der Ehe, der »empty nest«-Phase und der Lebensphase um die Pensionierung. Zweifellos können diese Übergänge wichtige Erfahrungen im Leben von Erwachsenen darstellen. Doch wird die Auswahl gerade dieser Ereignisse theoretisch nicht weiter begründet. Letztlich kann auch die Untersuchung einzelner Ereignisse noch keine Aussagen über ihren Zusammenhang liefern, dazu bedarf es längerfristig angelegter Studien. Die Bedeutung von derartigen Einschnitten für die Entwicklung der Persönlichkeit lässt sich tendenziell zwar belegen (vgl. Filipp, 2007). Die bisherigen Erkenntnisse des Forschungsansatzes an Lebensereignissen und Rollenübergängen erbringen aber kaum Hinweise auf eine soziale Strukturierung des Lebenslaufs im Erwachsenenalter. Mit der raschen

Veränderungsdynamik von Gesellschaften scheint jedoch die soziale Institutionalisierung des Lebenslaufs eher abzunehmen (vgl. Kohli, 2007; Mayer & Diewald, 2007).

3.2.5 Veränderungen im Person-Umwelt-Verhältnis

Die bislang dargestellten Versuche, die lange Periode des Erwachsenenalters zu ordnen, gingen entweder von Veränderungsprozessen in der Person oder von sozial geregelten Veränderungen der Lebensbedingungen aus. Der theoretisch adäquateste Ansatz wäre es aber, die Veränderungen der Person in der Auseinandersetzung mit Veränderungen in ihrer sozialen Umwelt zur Grundlage einer Strukturierung des Erwachsenenlebens zu machen, also von einem interaktionistischen oder dialektischen Entwicklungsmodell auszugehen. Leider gibt es derartige Bemühungen bisher kaum. Ein Ansatz, der in diese Richtung geht, soll daher etwas ausführlicher präsentiert werden.

Levinsons Perioden des Erwachsenenalters

Die Arbeit des amerikanischen Sozialpsychologen Daniel J. Levinson und seiner Arbeitsgruppe an der Yale-Universität (Levinson, 1979, 1996) ist der Versuch einer Synthese der oben angesprochenen Perspektiven der Persönlichkeitsentwicklung, der Sozialisation und der Auseinandersetzung mit kritischen Lebensereignissen. Das zentrale Konzept seiner Theorie ist die »*individuelle Lebensstruktur*«. Damit meint er »das Muster oder den Plan des Lebens einer Person, ein Ineinandergreifen von Selbst und Welt. Seine Hauptkomponenten sind die Beziehungen der Person zu sich selbst, zu anderen Personen, Gruppen und Institutionen, zu allen Aspekten der externen Welt, die in ihrem Leben Bedeutung haben« (Levinson, 1980, S. 278). Diese »individuelle Lebensstruktur« muss zuerst in ihrer Totalität erfasst werden, bevor ihre Veränderungen untersucht werden können. Dabei werden sich *zentrale Komponenten* zeigen, die für einen Menschen größere Bedeutung haben, in die er den größten Teil seiner Zeit und Energie investiert. In der Regel sind der Beruf und die Ehe (Familie) zentrale Komponenten im Leben einer Person, obwohl ihre relative Bedeutungen sehr unterschiedlich sein können. Andere Komponenten der »Lebensstruktur« erweisen sich dagegen als vergleichsweise *peripher*, als weniger entscheidend für das Selbst und den Aufbau des Lebens. Die Veränderungen dieser »individuellen Lebensstruktur«, also eines Konstrukts, das die Person in Interaktion mit seiner sozialen Umwelt erfasst, sind nun für Levinson das wesentliche Instrument zur Gliederung des Lebenslaufs. Er nimmt an, dass sich die »Lebensstruktur« einer Person im Verlauf des Erwachsenenalters in einer relativ geordneten Sequenz entfaltet und damit eine Einteilung von Phasen möglich wird.

Levinson und seine Arbeitsgruppe untersuchten auf der Basis dieses theoretischen Konstrukts sehr intensiv das Erwachsenenleben von 40 Männern zwischen 35 und 45 Jahren. Mit ihnen wurden jeweils mehrere biographische Interviews durchgeführt und diese zwei Jahre später wiederholt, um ihre Lebensgeschichte möglichst umfassend zu rekonstruieren. Diese Auswahl von Männern setzte sich aus vier Berufsgruppen zusammen, Facharbeiter, leitende Angestellte, Universitätsbiologen und Romanschriftsteller; alle waren verheiratet und hatten Kinder. Die Forschungsgruppe stellte bei ihren Analysen der Lebensläufe fest, dass es bei den befragten Männern Perioden gab, in denen sie ihre Lebensstruktur aufbauten: Sie trafen z. B. bestimmte Schlüsselentscheidungen (z. B. für eine berufliche Karriere, eine Partnerbeziehung) und bildeten um sie herum Strukturen, d. h. sie ordneten ihr Alltagsleben auf der Basis dieser Entscheidung. Deutlich davon unterscheiden ließen sich Übergangsperioden, in denen sich die jeweilige Lebensstruktur wesentlich veränderte. Die bestehende Struktur wurde jetzt neu eingeschätzt (z. B. ob eine berufliche Position oder eine Partnerbeziehung noch befriedigend ist) und nach Möglichkeiten zur Veränderung des Selbst und seiner Umwelt gesucht, dabei erste Schritte hin zu Entscheidungen gemacht, die dann wieder die Grundlage für eine neue Struktur wurden. In dieser Abfolge von strukturbildenden und strukturverändernden Perioden sieht Levinson das ordnende Prinzip für die Einteilung des Erwachsenenlebens. Er kommt auf diese Weise zu

seinem Modell von Entwicklungsperioden im Erwachsenenalter (vgl. ▶ Abb. 3.3).

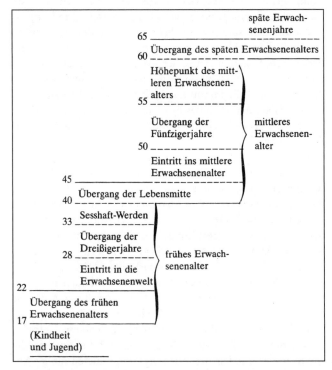

Abb. 3.3: Levinsons Modell von Entwicklungsphasen des
Erwachsenenalters (nach Levinson, 1980, S. 283)

Der große Abschnitt des frühen Erwachsenenalters beginnt mit
einer Übergangsperiode, die eine Brücke zwischen Adoleszenz
und Erwachsenenleben darstellt und die Aufgabe hat, die jugendliche Lebensstruktur zu beenden. Eine zweite Übergangsperiode (der Lebensmitte) verbindet das frühe und das mittlere Erwachsenenalter; sie hat die Aufgabe, das bisherige Leben
neu und kritisch einzuschätzen und dann gegebenenfalls eine
Veränderung der Lebensstruktur einzuleiten. Dazwischen
befinden sich relativ stabile Phasen, in der die Struktur des

frühen bzw. mittleren Erwachsenenlebens auf- und ausgebaut wird. Die Altersangaben von Levinson sind natürlich nur als Durchschnittswerte und als grobe Orientierung gedacht.

Wir werden auf einzelne Phasen dieses Modells in den folgenden Kapiteln (▶ Kap. 4 und 5) noch näher eingehen. In einer Nachfolgestudie hat Levinson (1996) mit dem gleichen theoretischen und methodischen Ansatz die Entwicklungsperioden von erwachsenen Frauen untersucht. Auf der Grundlage mehrerer biographischer Intensivinterviews mit 45 Frauen (Frauen mit Karrieren im wirtschaftlichen und akademischen Bereich sowie Hausfrauen) im Alter zwischen 35 und 45 Jahren kam er zu dem Ergebnis, dass sich die Abfolge von strukturbildenden Perioden und von Übergangsphasen im Erwachsenenleben bei Frauen ganz ähnlich wie bei Männern darstellt. Aber die Inhalte der Lebensstrukturen, ihre Gestaltung und die Lebensumstände unterscheiden sich deutlich zwischen den Geschlechtern.

Da es sich bei den von Levinson untersuchten Frauen und Männern notwendigerweise um beschränkte und selektive Stichproben handelt, sollten die daraus resultierenden Phasen des Erwachsenenlebens und ihre jeweiligen Altersgrenzen nicht zu stark generalisiert werden. Eine derartig intensive qualitative Studie kann nicht repräsentativ für die Männer und Frauen dieser Generation sein. Levinsons empirisch konstruiertes Modell ist dennoch einer der interessantesten Versuche, das Erwachsenenalter auf der Grundlage einer einheitlichen und theoretisch sinnvollen Konzeption zu gliedern und damit eine Orientierung über seinen Gesamtverlauf zu geben. Dieses Modell bedarf sicher noch vielfältiger Differenzierungen durch ähnlich angelegte Studien in anderen sozialen Gruppen und durch eine Integration der sich allmählich ansammelnden empirischen Erkenntnisse über das Erwachsenenleben.

3.3 Zentrale Themen und Konzepte der Entwicklung im Erwachsenenalter

Im gegenwärtigen Stand der entwicklungspsychologischen Forschung gibt es noch keine überzeugende Gesamtkonzep-

tion von der Lebensphase des Erwachsenenalters. Die dargestellten Phasenmodelle postulieren jeweils universelle Phasen
und ein normatives Modell der Entwicklung, sie weisen aber
empirisch nur eine beschränkte Gültigkeit auf. Dennoch sprechen sie viele Themen an, die im Lebenslauf und in der Entwicklung von Erwachsenen eine zentrale Bedeutung haben. Als
theoretische Entwürfe enthalten sie Konzepte, die für ein Verständnis des Erwachsenenalters wesentlich sind und die auch
Orientierungsfunktion in der aktuellen Forschung haben. Wir
werden daher im Folgenden zentrale Entwicklungsthemen und
theoretische Konzepte herausgreifen und zunächst ihre allgemeine Bedeutung für eine Entwicklungspsychologie des Erwachsenenalters darlegen. Der spezifische Stellenwert, den sie
in den jeweiligen Abschnitten des Erwachsenenalters haben,
soll dann in den folgenden Kapiteln konkretisiert und mit Forschungsergebnissen unterlegt werden.

Wir werden uns auf folgende Konzepte konzentrieren:

1. *Identität* als zentraler Begriff der Persönlichkeitsentwicklung und als integrierendes Konstrukt für Entwicklungsprozesse im Erwachsenenalter;
2. *Soziale Beziehungen* als durchgehendes Thema der Entwicklung im Erwachsenenalter, das die elementare soziale Ein-
   gebundenheit des Individuums im Lebenslauf betont und
   den Einfluss von sich wandelnden sozialen Bindungen und
   Netzwerken im Erwachsenenleben hervorhebt;
3. *Sozialisation* als klassischer Begriff für theoretische und empirische Bemühungen, den Einfluss sozialer, gesellschaftlicher und kultureller Bedingungen (und ihrer Veränderung
   im historischen Prozess) auf das Erwachsenenleben darzustellen;
4. *Übergänge, Lebensereignisse und Krisen* als zentrale Begriffe
   für eine gerade in der neueren Entwicklungspsychologie
   vorherrschende Forschungsrichtung, die sich mit den Einschnitten im Lebenslauf, den damit verbundenen psychischen Belastungen und den darauf bezogenen Formen der
   individuellen Auseinandersetzung und Bewältigung (»coping«) beschäftigt;

5. *Subjektive Ziele* und *entwicklungsbezogenes Handeln*, also die subjektive Konstruktion von Entwicklung, als Ausdruck einer neueren Tendenz, die Beiträge des handelnden Subjekts zu seiner eigenen Entwicklung stärker zu thematisieren.

6. *Gesundheit* als Beispiel für ein wichtiges durchgehendes Thema des Erwachsenenlebens, das in seiner Relevanz für Entwicklungsprozesse bisher noch wenig berücksichtigt wurde.

3.3.1 Identität

Ein zentrales Problem jeder Entwicklung von menschlicher Persönlichkeit ist das Verhältnis von Kontinuität und Wandel: Jede Person muss sich in ihrer Veränderung doch immer mit sich selbst gleich fühlen, sie muss ihre Identität bewahren, um handlungsfähig zu sein und um psychisch gesund zu bleiben. Das gilt insbesondere für die Entwicklung von Erwachsenen. In Eriksons Entwicklungsmodell spielt die Identität eine zentrale Rolle (▶ Kap. 3.1), denn Menschen müssen eine stabile Identität in der Adoleszenz entwickeln, um den Aufgaben und Krisen des Erwachsenenlebens gewachsen zu sein. Identität ist im Verständnis von Erikson eine notwendige Basis für die Weiterentwicklung im Erwachsenenalter. Diese Vorstellung war lange Zeit weithin akzeptiert, inzwischen wurden aber vielfach Zweifel an ihrer allgemeinen Geltung laut. Bleibt eine einmal erreichte Identität im Laufe des Lebens wirklich relativ stabil oder muss sie vom Individuum ständig neu erarbeitet werden? Ist die Aufrechterhaltung von Kontinuität zu einem ständigen, krisenanfälligen Problem auch für das erwachsene Individuum geworden? Es spricht vieles für letztere Auffassung, nämlich dass die Entwicklung der eigenen Identität ein zentrales Lebensthema und ein latenter Konflikt im Verlauf des Erwachsenenalters bleibt.

Was bedeutet nun Identität? Die große Bedeutung und Verbreitung dieses Konzeptes steht in krassem Gegensatz zu seiner definitorischen Unschärfe, die ein Grund für viele Missverständnisse und für die mangelnde Ergiebigkeit vieler Ansätze der Identitätsforschung ist (vgl. zum Überblick: Keupp & Höfer, 1997; zum Identitätsbegriff: Fuhrer & Trautner, 2005). Häufig wird auf Eriksons Definition verwiesen, der unter Identität »die unmittelbare Wahrnehmung der eigenen Gleichheit und Kontinuität in der Zeit, und die damit verbundene Wahrnehmung, dass auch andere diese Gleichheit und Kontinuität erkennen« (Erikson, 1966, S. 18) versteht. Identität bezieht sich dabei auf die »Gesamtheit körperlicher Merkmale, Fähigkeiten, Motive, Ziele, Einstellungen, Werthaltungen und sozialer Rollen, die ein Mensch sich selbst zuschreibt.« (Whitbourne & Weinstock, 1982, S. 108) Mit Hoff (1990) könnte man die Identität als die Innensicht von der eigenen Person unterscheiden von der Persönlichkeit als die Außensicht von einer Person. Identität meint also einen Prozess der Selbstreflexion, der sich auf die eigene Person in ihrer Gesamtheit, auf den wahrgenommenen Kern der Persönlichkeit bezieht. Dabei lassen sich verschiedene *Ebenen bzw. Komponenten* von Identität unterscheiden: die kognitive Ebene (was weiß ich über mich selbst, welches Bild habe ich von mir?) könnte man mit dem in der Psychologie sehr verbreiteten Selbstkonzept gleichsetzen (vgl. Filipp & Mayer, 2005); die emotionale Ebene von Identität (ist mein Selbst für mich emotional positiv oder negativ besetzt? Mag ich mich, so wie ich bin?) entspricht etwa dem Konzept des Selbstwertgefühls (self esteem), und die motivationale Komponente von Identität (was glaube ich, kann ich selbst beeinflussen?) kommt dem Konzept der Kontrollüberzeugungen sehr nahe. Zudem muss auch eine körperliche Ebene von Identität angenommen werden, ein immer nur teilweise bewusstes Bild vom eigenen Körper, das sich als Körperkonzept oder Körperselbst bezeichnen lässt. Schließlich bewegt sich jede Auseinandersetzung mit der eigenen Identität notwendigerweise in einem sozialen Bezugsrahmen, denn sie bezieht sich auch darauf, wie eine Person sozial wahrgenommen wird und welche Erwartungen von bedeutsamen Bezugspersonen und von gesellschaftlichen Institutionen bestehen. Wie schon ein Klassiker der Soziologie, George Herbert Mead (1968/1934), formulierte, bezieht die Selbstwahrnehmung einer Person immer auch die Reaktionen des sozialen Umfeldes auf ihre soziale Handlungen mit ein; es muss somit von einer sozialen Identität gesprochen werden. Das Erlebnis einer Gleichheit in zentralen Personmerkmalen hat dabei eine *biographisch-vertikale* Dimension und äußert sich im subjektiven Gefühl der *Kontinuität* über die Zeit. Wenn ich mich mit früheren und zukünftigen »Bildern« von mir vergleiche, dann erlebe ich trotz Veränderungen doch immer die Kontinuität meiner Person, d. h. ich erlebe meine Identität. Die Identität hat aber insofern auch eine *sozial-horizontale* Dimension, als sich eine Person in verschiedenen sozialen Situationen als *konsistent* handelnd erlebt. Wenn ich mein Handeln in unterschiedlichen Lebensbereichen und Situationen des Alltagslebens beurteile, zum Beispiel in meiner beruflichen Rolle und in meiner Rolle als Freund/Partner/Vater/Mutter, dann erlebe ich trotz unterschiedlichem Verhalten doch immer auch eine innere Konsistenz (Kohärenz), d. h. ich handle als identische Person.

In Eriksons Entwicklungsmodell muss der Jugendliche die Verunsicherung der Adoleszenzkrise lösen und dabei seine Identität finden. Er bekommt in dieser Lebensphase von der Gesellschaft ein »psychosoziales Moratorium« zugestanden, d. h. einen Entwicklungsaufschub, der dazu dient, diese Krise zu bearbeiten und darüber allmählich zu einer festen Identität zu gelangen, die ihn dann das weitere Leben begleitet. Dieses Identitätsmodell mag für das bürgerliche Zeitalter bis in die Mitte des 20. Jahrhunderts noch zutreffend gewesen sein, als einmal getroffene Entscheidungen im beruflichen und familiären Bereich für das weitere Erwachsenenleben (überwiegend) verbindlich blieben. Die gesellschaftlichen Veränderungen der letzten Jahrzehnte lassen ein derartiges starres Muster aber immer unwahrscheinlicher werden. Das Moratorium der Adoleszenz verlängert sich teilweise weit ins Erwachsenenalter hinein, weil sich die Ausbildungszeit verlängert, weil Berufsentscheidungen verzögert sind bzw. mehrfach erfolgen und weil Entscheidungen in der Partnerschaft aufschiebbar und vielfach revidierbar scheinen.

Die Arbeiten von James E. Marcia (1966) weisen zudem darauf hin, dass Eriksons Konzeption zu vereinfacht ist, weil sie nur zwischen den beiden Polen des Findens der eigenen Identität und des Verharrens in einer diffusen Identität (oder Rollenkonfusion) unterscheidet. Marcia nimmt dagegen vier Identitätszustände an, die sich danach differenzieren lassen, ob eine Krise erlebt wird und ob eine innere Verpflichtung eingegangen wird: a) Eine erarbeitete Identität setzt beides voraus, Krise und Verpflichtung; dagegen bedeutet b) eine vorweggenommene Identität zwar eine innere Verpflichtung auf einen Lebensentwurf, der aber nicht krisenhaft erarbeitet wurde, etwa wenn die Wunschvorstellungen der Eltern für die eigene Zukunft unreflektiert übernommen werden; c) ein Moratorium impliziert ein krisenhaftes Suchen, das aber noch zu keiner Festlegung geführt hat; schließlich wird d) bei einer diffusen Identität weder eine Krise erlebt noch eine Verpflichtung eingegangen; diese Menschen zeichnen sich dadurch aus, dass sie keine festen Überzeugungen haben, sich deswegen aber auch keine Sorgen machen. Marcia zeigte in empirischen Studien, dass diese Identitätszustände nicht eindeutig an bestimmte Altersphasen gebunden sind, dass vielmehr im Laufe des Lebens ein vielfaches Durchlaufen von Identitätszuständen möglich ist: selbst eine erreichte Identität kann später wieder infrage gestellt werden (Marcia, 2002).

Im tief greifenden Wandel der spätmodernen Gesellschaften besteht für Menschen im Erwachsenenalter ein ständiger Anpassungsdruck an veränderte Lebensverhältnisse, an neue berufliche und technologische Anforderungen, an sich schnell wandelnde soziale Beziehungen, der sie immer wieder zu neuen Identitätsbestimmungen zwingt. Die Identitätskrise ist somit keine einmalige Angelegenheit der Jugendphase, sondern sie wird zur »Wiederholungskrise« (Nunner-Winkler, 1987) im Erwachsenenalter. Entscheidungen im Leben lassen sich vielfach revidieren, und das Individuum muss neue soziale Anforderungen und veränderte Lebensverhältnisse permanent in sein Selbstbild integrieren. In Zeiten schnellen gesellschaftlichen Wandels wird es daher für das Individuum zum Problem, seine biographische Kontinuität aufrechtzuerhalten (Keupp et al., 1999); ein starres Identitätskonzept im Sinne von Erikson ist dafür nicht mehr funktional. Dagegen kann die von Erikson noch als negativ gewertete diffuse Identität mit dem charakteristischen Offenlassen von Entscheidungen für Menschen heute durchaus angemessen sein, es fragt sich nur, ob auch langfristig. Auf der anderen Seite sind die sozialen Verhältnisse so komplex und teilweise widersprüchlich geworden, dass für Individuen die Konsistenz auf der sozial-horizontalen Ebene schwer herstellbar ist. Statt einer einheitlichen Identität über verschiedene Lebensbereiche lässt eine widersprüchliche und segmentierte Lebenswelt manchmal nur mehr individuelle Collagen über das eigene Leben zu; Identitäten werden so zu »Patchworkmustern« (Keupp et al. 1999). Die Identitätsarbeit im Erwachsenenalter erscheint als »Dauerkrise« (Nunner-Winkler, 1987), weil sich die Widersprüche im Alltagsleben oft nur mehr zu Teilidentitäten integrieren lassen; eine früher noch als pathologisch gesehene »multiple Identität« könnte so fast zur Normalität werden.

Whitbourne & Weinstock (1982) haben ein Modell der Erwachsenenentwicklung entworfen, das die Möglichkeit einer ständigen Differenzierung der Identität vorsieht und somit einen dynamischen Identitätsprozess abbildet (vgl. ▶ Abb. 3.4). Sie unterscheiden in Anlehnung an Piagets kognitiver Entwicklungstheorie (vgl. Sodian, 2008) zwischen einer induktiven und einer deduktiven Differenzierung. Danach verfeinert das Individuum durch neue Erfahrungen permanent seine bisherige Identitätsstruktur oder baut sie um (Akkommodation); es muss seine Identität dann induktiv differenzieren, wenn veränderte Umweltbedingungen nicht mehr in Einklang mit seinem Selbstbild zu bringen sind. Umgekehrt läuft gleichzeitig ein Prozess der deduktiven Differenzierung ab, denn eine Person interpretiert Erfahrungen ständig im Lichte ihrer Identität und integriert sie in ihre Identitätsstruktur (Assimilation). Induktive und deduktive Differenzierung sollten in diesem Modell bei Erwachsenen idealerweise in einem Gleichgewichtszustand sein. Es kann aber auch zur Dominanz des einen oder anderen Differenzierungsprozesses kommen, damit zu Störungen des Gleichgewichts (vgl. ▶ Abb. 3.4): Dominiert die deduktive Differenzierung, so werden neue Erfahrungen nicht mehr aufgenommen; die Identitätsstruktur ist starr und unflexibel, das Ich wehrt Erfahrungen ab, die nicht in Einklang mit dem Selbstbild stehen. Eine Krise tritt dann ein, wenn der Realitäts-

verlust so groß wird, dass massive Anpassungsprobleme auftreten. Dominiert dagegen die induktive Differenzierung, so
kommt es zu ständigen Anpassungen der Identitätsstruktur,
wenn neue Erfahrungen gemacht werden; das kann daran liegen, dass sich Lebensbedingungen zu massiv ändern oder dass
die Identitätsstruktur zu schwach ausgeprägt, zu flexibel ist und
sich zu schnell anpasst. Es fehlt einer Person dann an der Stabilität ihrer Persönlichkeit und damit an der Erfahrung von Kontinuität. Eine Krise tritt dann ein, wenn sich die Person nicht
mehr als Einheit wahrnehmen kann und damit ein Identitäts-
verlust droht. In beiden Fällen können psychische Störungen
entstehen, wenn keine Gegenregulation erfolgt. Ob ein Gleichgewicht von induktiver und deduktiver Differenzierung her-

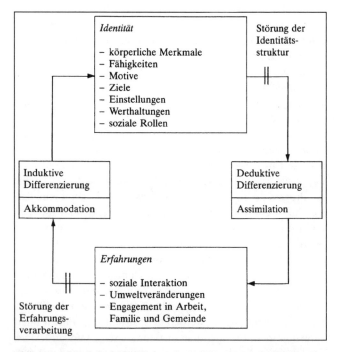

Abb. 3.4: Modell der Identitätsverarbeitung im Erwachsenenalter
(nach Whitbourne & Weinstock, 1982, S. 32, 112, 113)

stellbar ist, hängt somit sowohl von der Herausbildung einer relativ stabilen Identität in der Sozialisation ab als auch von der Integrierbarkeit der Umweltbedingungen. Eine widersprüchliche und stark segmentierte sowie eine sich unvorhersehbar wandelnde Lebenswelt erschwert diese Integrationsarbeit des Subjekts.

Diese kurze Einführung der Identität als zentrales Konzept der Entwicklung im Erwachsenenalter und die Darstellung eines dynamischen Modells der Identitätsentwicklung sollen an dieser Stelle genügen. Die umfassende Bedeutung dieses theoretischen Konstrukts wird im Folgenden nochmals aufgegriffen. In der neueren entwicklungspsychologischen Forschung zeigt sich eine Tendenz, das Konzept der Identität oder das Selbstkonzept wieder stärker heranzuziehen und als ein zentrales theoretisches Konstrukt für die Entwicklung über die Lebensspanne zu formulieren (Fuhrer & Trautner, 2005; Keupp & Höfer, 1997; Greve, 2007).

3.3.2 Soziale Beziehungen: Intimität und Generativität

Menschliche Entwicklung über die Lebensspanne erfolgt notwendigerweise im Kontext sozialer Beziehungen. Das gilt natürlich auch für die Entwicklungsprozesse im Erwachsenenalter. Eriksons Phasenmodell sieht zumindest das frühe und mittlere Erwachsenenalter geprägt von der Auseinandersetzung mit sozialen Beziehungen: Die psychosoziale Krise der Intimität vs. Isolation beschreibt die Aufnahme einer intimen Partnerbeziehung und -bindung als zentrales Thema des jungen Erwachsenen. Die psychosoziale Krise der Generativität vs. Stagnation sieht den Erwachsenen in seinen mittleren Jahren von der Sorge und Verantwortung für andere geprägt, insbesondere für die heranwachsende Generation. Es fragt sich jedoch, ob die Auseinandersetzung mit Beziehungen erst nach abgeschlossener Identitätsentwicklung zur kritischen Aufgabe wird und ob sie auf diese beiden Perioden und auf nahe Bezugspersonen beschränkt bleibt. Wir vertreten die Position, dass, ebenso wie die Auseinandersetzung mit der eigenen Identität eine ständige Aufgabe des Erwachsenenlebens bleibt, auch die Gestaltung von Beziehungen ein lebenslanges Thema in der personalen Entwicklung ist.

In den vorherrschenden Entwicklungstheorien des Erwachsenenalters wird Entwicklung oft implizit am Ziel eines autonomen Individuums orientiert. Soziale Beziehungen werden dabei zwar angesprochen, oft aber nur als Mittel zum Erreichen dieses Zieles einbezogen. Dieses »individualistische Bild« von Entwicklung hat vermutlich viel damit zu tun, dass die Darstellungen und Untersuchungen des Entwicklungsverlaufes lange Zeit überwiegend auf Männer bezogen waren und Frauen in der Entwicklungspsychologie des Erwachsenenalters vernachlässigt wurden. Wird Autonomie, Leistungsfähigkeit und Individuation aber zum Kriterium von Entwicklung, dann erscheint die weibliche Entwicklung leicht als defizitär, weil für Frauen tendenziell andere Werte gelten.

Die Arbeit der amerikanischen Psychologin Carol Gilligan (1984) hat wesentlich dazu beigetragen, die »andere Stimme« von Frauen hörbarer und auf das bisher vernachlässigte Thema »der Weiterentwicklung von Beziehungen bis zu einem Zustand reifer Interdependenz« (S. 190) aufmerksam zu machen. Gilligan steht mit ihren Forschungen zur moralischen Entwicklung in der Tradition von Kohlberg, setzte sich aber bald kritisch davon ab und konzentrierte sich darauf, über die Untersuchung von Frauen und Männern im frühen Erwachsenenalter ihre unterschiedlichen Vorstellungen vom Selbst und von der Moral herauszuarbeiten. Dabei wurde deutlich, dass in der Entwicklung von Frauen Identität und Intimität häufig miteinander verschmelzen. »Auf die Aufforderung hin, sich selbst zu beschreiben, schildern alle Frauen eine Beziehung, das heißt, sie finden ihre Identität *in* der Verbindung als künftige Mutter, gegenwärtige Ehefrau, adoptiertes Kind oder frühere Geliebte.« (Gilligan, 1984, S. 195) Auch ihre moralischen Entscheidungen sind mehr »an Beziehungen orientiert, eine Ethik des Nährens, der Verantwortung und der Zuwendung« (ebd.). Männer definieren dagegen ihre Identität über persönliche Leistungen, Erfolge und Trennungen; nicht Bindung sondern Distanz zu anderen sichert ihre Integrität.

In der anderen Entwicklungsperspektive von Frauen, die mehr auf Beziehungen und auf die Sorge für Andere zielt, zeigt sich somit ein weiteres zentrales Entwicklungsthema des Erwachsenenlebens. Es kann die bisherigen Vorstellungen von der Entwicklung von Identität um die Perspektive der Entwicklung von Beziehungen und der Bindungsfähigkeit ergänzen (vgl. Fuhrer, 2008). Die Lebensläufe von Erwachsenen lassen sich somit auch als Veränderung von sozialen Beziehungen und von Beziehungsnetzwerken beschreiben (vgl. Kahn & Antonucci, 1980). Die positiven Auswirkungen, die Formen sozialer Unterstützung in belastenden Lebenssituationen auf die psychische Gesundheit von Individuen haben, sind nicht nur – wie vielfach gezeigt – unter klinisch-psychologischen oder gesundheitspsychologischen Fragestellungen bedeutsam (vgl. Faltermaier, 2005a), sondern auch höchst relevant für eine Entwicklungspsychologie des Erwachsenenalters.

Die gesellschaftlichen Veränderungen von Beziehungsmustern und Lebensläufen in der Spätmoderne, die soziologisch beschrieben und als Individualisierung oder Pluralisierung gekennzeichnet werden (Beck, 1986; Mayer & Diewald, 2007), bilden den Hintergrund für diese Entwicklungsprozesse. Menschen werden zunehmend aus traditionellen Bindungen (Familien- und Verwandtschaftsbeziehungen) freigesetzt und das Individuum erscheint als mehr oder weniger freier Gestalter seiner sozialen Beziehungen (Beck-Gernsheim, 1994). Empirisch wird dieses Phänomen unter anderem an der zunehmenden Brüchigkeit von Ehen und Familien sowie an der rasanten Zunahme von Ein-Personen-Haushalten festgemacht. Die Ambivalenz dieses Prozesses, der sowohl befreiende Momente und einen Gewinn an Handlungsspielräumen als auch neue Zwänge und Anforderungen beinhaltet, ist in dem Begriff der »riskanten Chancen« (Keupp et al., 1999) prägnant zusammengefasst. Für den Entwicklungsprozess von Erwachsenen bedeutet das einerseits, dass Menschen Lebenskrisen öfters ohne die soziale Unterstützung eines engen familiären Netzwerkes bewältigen müssen und dass Belastungen im Leben häufiger mit dem Verlust von Beziehungen oder dem Umgang mit schwierigen Beziehungen verknüpft sind. Andererseits ist eine Pluralität von

Lebensformen neu entstanden, die normative Fixierung auf die traditionelle Ehe ist geringer geworden, und in traditionellen wie in alternativen Beziehungen besteht ein größerer Gestaltungsspielraum, der auch mehr Optionen für die subjektive Einflussnahme auf persönliche Entwicklungen bietet. Waren lange Zeit die sozialen Übergänge in Partnerschaft und Familie bevorzugte Themen der entwicklungspsychologischen Forschung, so hat sich inzwischen das Spektrum an Beziehungsthemen im Erwachsenenalter erweitert. Die Forschung befasst sich auch mit der Bedeutung von sozialen Netzwerken und ihres Wandels im Erwachsenenalter sowie mit generationsübergreifenden Beziehungsmustern wie dem Wandel der Eltern-Kind-Beziehungen und der Geschwisterbeziehungen im Erwachsenenalter (Dunham & Bengtson, 1986; Pinquard & Silbereisen, 2007; Bien & Marbach, 2008).

3.3.3 Sozialisation

Wir haben die Bedeutung der Erwachsenensozialisation für die Strukturierung des Lebenslaufs bereits kennen gelernt (► Kap. 3.2). Unter Sozialisation verstehen wir die kontinuierlichen Einflüsse der sozialen Umwelt über die Lebensspanne auf die Entwicklung von Menschen (vgl. zum Überblick: Hurrelmann et al., 2008). Sie beziehen sich insbesondere auf die mit sozialen Rollen verbundenen Erwartungen und Anforderungen. Diese verlangen eine Vorbereitung des Individuums auf die gesellschaftlich vorgesehenen sozialen Rollen (»antizipatorische Sozialisation«); wenn Menschen eine neue Rolle ausfüllen sollen, müssen sie die dafür notwendigen Fähigkeiten, Werte und Handlungsweisen erwerben. Wir werden beispielsweise auf unsere berufliche Rolle langfristig und in vielfacher Weise vorbereitet; durch die formelle Sozialisation in Bildungs- und Ausbildungsinstitutionen sowie durch informelle Sozialisationsprozesse in der Kindheit und Jugend erwerben wir die notwendigen Motivationen, Fähigkeiten, Einstellungen und Wissensbestände für die Ausfüllung einer späteren Berufstätigkeit. Üben wir diese Tätigkeit dann aus, so müssen wir uns mit neuen Erwartungen und Anforderungen auseinandersetzen und entwickeln uns dabei weiter. Diese Sozialisation für den Beruf und im Beruf bezeichnen wir insgesamt als *berufliche Sozialisation* und verstehen darunter den »Aneignungs- und Veränderungsprozess von Fähigkeiten, Kenntnissen, Motiven, Orientierungen und Deutungsmustern, die in der Arbeitstätigkeit eingesetzt werden können« (Heinz, 1991, S. 397 f.). In ähnliche Weise werden wir in andere zentrale Rollen des Erwachsenenlebens eingeführt und davon geprägt. Die verschiedenen sozialen Rollen im Familienbereich, als Ehepartner, als Vater oder Mutter oder als Großeltern, werden von den Erwachsenen antizipiert und sind in der Regel an bestimmte Altersphasen gebunden.

Der Lebenslauf ist auf diese Weise als Abfolge von sozialen Rollen mit entsprechenden Altersnormen für die Übergänge zwischen den Rollen sozial strukturiert und institutionalisiert (Mayer & Diewald, 2007). Wir werden nicht nur in einzelne Rollenbereiche wie Beruf, Familie, Freizeit sozialisiert, sondern auch in eine Vorstellung vom ganzen Lebenslauf, die wir als *Normalbiographie* bezeichnen. Unter Normalbiographie verstehen wir die durchschnittlich in einer Gesellschaft vorgesehene Abfolge von Rollen im Lebenslauf, die für jedes einzelne Mitglied gesellschaftliche Erwartungen in Richtung einer Anpassung an diesen normativen Ablauf und seine Altersnormen produziert. Die Normalbiographie ist insbesondere geschlechtsspezifisch differenziert; es gibt in Anlehnung an die Geschlechtsrollen unterschiedliche Erwartungen an den Lebenslauf von Frauen und Männern. Lange Zeit orientierte sich die weibliche Normalbiographie (Levy, 1977) an den Ereignissen des Familienzyklus, die männliche Normalbiographie am beruflichen Karriereverlauf; diese geschlechterspezifischen Verläufe und entsprechende Erwartungen haben sich inzwischen deutlich verändert. Ohne Zweifel sind die Normalbiographien somit historisch variabel, d. h. es können sich Verschiebungen in der tatsächlichen und erwarteten Abfolge sowie in den Altersnormen ergeben.

Im Zuge von gesellschaftlichen Modernisierungsprozessen beobachtet man seit geraumer Zeit deutliche Tendenzen zur Auflösung der Normalbiographie. Unter der These, dass sich in

unserer Gesellschaft heute tief greifende Umbauprozesse vollziehen, die sich als *Individualisierung* charakterisieren lassen
(Beck, 1986), wird eine abnehmende Verbindlichkeit normativer Regelungen des Lebenslaufs festgestellt. Im Zuge der Auflösung von historisch vorgegebenen Sozialformen, die vormals
stabile Familien- und Verwandtschaftsbindungen ebenso brüchig werden lassen wie die Einbindung in ein stabiles Arbeits-
verhältnis, wird die Normalbiographie zunehmend variabler.
Biographien werden vielfältiger und stärker gestaltbar durch das
Individuum; es hat jetzt verschiedene biographische Kombina-
tionsmöglichkeiten, die mehr persönliche Freiheiten bringen,
aber auch einen Verlust an Stabilität und sozialer Absicherung.
Die persönlichen Risiken nehmen zu, weil die biographischen
Wahlmöglichkeiten bei einem Scheitern auf das Individuum
zurückfallen. Es lässt sich geradezu ein Zwang zur Flexibilität
beobachten, denn Menschen müssen vielfach die Entscheidungen individuell treffen und sind dann für die Folgen persönlich verantwortlich. Das frühere Normalarbeitsverhältnis wird
für einen Teil der Bevölkerung zu einem bunten Nacheinan-
der von Phasen der Vollzeit- und Teilzeitarbeit (befristet oder
nicht), die wiederum von Phasen der Arbeitslosigkeit oder
Weiterbildung (im ursprünglichen Beruf oder einem völlig
neuen) abgelöst werden. Der frühere Familienzyklus macht allmählich einem individuellen »Beziehungsmanagement« Platz
(Jurczyk, Lange & Thiessen, 2010). Phasen der Ehe und Familiengründung werden vielfach unterbrochen von Trennungen,
Scheidung und Phasen des Alleinlebens, diese führen zu einem
Quereinstieg in schon bestehende Familienkonstellationen und
zu einem Nebeneinander verschiedener Familien-, Verwandt-
schafts- und Beziehungsbruchstücke. Der Einzelne muss heute
immer wieder biographische Entscheidungen treffen; er hat
heute zwar mehr Optionen dafür, aber die durch die Sozialisation in eine Normalbiographie gegebene Entlastung und soziale Absicherung entfällt. Gegenwärtig existieren vor allem in
den älteren Generationen Normalbiographien und individuali-
sierte Biographien oft gleichzeitig und widersprüchlich nebeneinander. Verschiedene Generationen sind in unterschiedliche
Lebensentwürfe hinein sozialisiert worden; die Menschen einer

Generation finden durch den schnellen gesellschaftlichen Wandel als Erwachsene oft ganz andere Bedingungen vor als die in der Sozialisation normativ vermittelten Lebensvorstellungen erwarten ließen. Wir werden uns in den verschiedenen Phasen des Erwachsenenalters (▶ Kap. 4, 5 und 6) noch genauer damit beschäftigen müssen, welche Folgen diese Sozialisationsbedingungen für die Entwicklungsprozesse des Individuums haben.

3.3.4 Übergänge, Lebensereignisse und Krisen

Während das Konzept der Sozialisation die eher kontinuierlichen Einflüsse der sozialen Umwelt auf die Entwicklung Erwachsener benennt, sollen die Einflüsse durch eine sich (eher abrupt) verändernde Lebenswelt im Konzept der (kritischen) Lebensereignisse zusammenfasst werden. Ein angemessenes Entwicklungsmodell muss – wie oben argumentiert wurde – das sich verändernde Individuum in einer sich verändernden Umwelt beschreiben. Diese Dynamik im interaktiven Geschehen zwischen Person und Umwelt ist erst spät in der entwicklungspsychologischen Forschung und Theorienbildung aufgegriffen worden. Ab den 1980er Jahren wurden verstärkt Umweltveränderungen und markante Einschnitte im Entwicklungsprozess von Erwachsenen zum Thema gemacht. Rollenübergänge, Lebenskrisen und vor allem kritische Lebensereignisse erhielten eine besondere Beachtung unter der Annahme, dass sich an ihnen und unter ihrem Einfluss entscheidende personale Entwicklungen vollziehen. Lebensereignisse können somit als Kristallisationspunkte für die Entwicklungsprozesse von Erwachsenen verstanden werden und sind zu einem Schwerpunkt der Forschung geworden (vgl. Filipp & Aymanns, 2010).

Die *Lebensereignisforschung* (»Life Event«-Forschung) stellt ein Forschungsfeld dar, das sich ursprünglich in der klinischen Psychologie und der Sozialepidemiologie entwickelt hat (vgl. Faltermaier, 2005a): Die Fragestellung, ob und in welcher Weise belastende Lebensereignisse zur Entstehung von psychischen Störungen (wie z. B. Depression, Angststörung, Schizophrenie) beitragen, regte zur Überlegung an, ob die mit Ereignissen verknüpften persönlichen Krisen bei einer erfolgreichen Bewältigung nicht auch die Persönlichkeitsentwicklung fördern können. In der entwicklungspsychologischen Forschung wurde daher die Frage gestellt, welche Rolle »kritische« Lebensereignisse für Entwicklungsprozesse insbesondere im Erwachsenenalter spielen (vgl. zum Überblick: Filipp & Aymanns, 2010). Das Konzept der Lebensereignisse benennt nicht nur einen dynamischen Entwicklungseinfluss; es bietet sich auch zur Strukturierung von Lebensläufen an, weil Lebensereignisse als markante und subjektiv bedeutsame Veränderungen in der Lebenswelt einer Person zugleich eine Gliederung des Lebenslaufs herstellen. Lebensereignisse sind Markierungspunkte für Übergangsprozesse im Lebenslauf, objektive und subjektive Einschnitte im ständigen Fluss des Lebens.

Die Untersuchung von Lebensereignissen im Erwachsenenalter erbrachte zunächst Bemühungen um die *Systematisierung* von Ereignissen (Reese & Smyer, 1983; Brim & Ryff, 1980). So hat es sich eingebürgert, normative von nicht-normativen Ereignissen zu unterscheiden. *Normativ* sind Ereignisse dann, wenn sie in einer Population mit großer Wahrscheinlichkeit auftreten und mehr oder weniger deutlich an eine bestimmte Altersphase gebunden sind. Als Beispiele dafür können der Einstieg in den oder der Ausstieg aus dem Beruf, die Heirat, die Geburt des ersten Kindes oder der Auszug des letzten Kindes aus dem Elternhaus gesehen werden. Ereignisse werden *nicht-normativ* genannt, wenn sie diese Bindung an den Lebenslauf nicht aufweisen. Beispiele dafür sind ein Todesfall oder eine Krankheit von nahen Angehörigen, eine Scheidung, eine unerwünschte Schwangerschaft oder eine überraschende Beförderung. Diese Ereignisse treten in der Regel unerwartet auf, eine Vorbereitung wie bei normativen Ereignissen ist daher schwer möglich. In der Praxis erweist sich diese Unterscheidung jedoch häufig als nicht sehr trennscharf. Zudem können sich Lebensereignisse im historischen Prozess und über den Lebenslauf in ihrer Auftretenshäufigkeit und Altersnormierung verschieben. So sind heute Ereignisse wie Partnertrennung und Scheidung keineswegs mehr die große Ausnahme, die sie in früheren Zeiten noch waren; angesichts der Tatsache, dass heute jede dritte Ehe geschieden wird, kann man fast von einem normativen Ereignis sprechen. Andere Ereignisse wie der Tod eines Ehepartners sind zwar im mittleren Alter als nicht-normativ zu werten, werden aber mit zunehmenden Alter immer wahrscheinlicher und daher eher zu einem normativen Ereignis. Schließlich sind noch historische Ereignisse wie Kriege, Wirtschaftskrisen oder politische Umbrüche zu nennen, die im Prinzip zwar alle Menschen betreffen, aber deren Auswirkungen doch je nach Lebensphase und sozialem Standort sehr unterschiedlich sein können.

Die Lebensereignisforschung in der frühen Entwicklungspsychologie der Lebensspanne konzentrierte sich auf die empirische Untersuchung von zentralen Übergangsphasen und von einzelnen kritischen Ereignissen im Erwachsenenalter (vgl. Lowenthal, Thurnher & Chiriboga, 1975; Callahan & McCluskey, 1983). Wir werden sie in den verschiedenen Abschnitten des Erwachsenenalters (▶ Kap. 4, 5, 6) ausführlich thematisieren. Klassische Forschungsgebiete sind normative Ereigniskomplexe wie der Übergang in den Beruf, die Phase der Familiengründung, der Auszug des letzten Kindes aus dem Elternhaus (»empty nest«) oder der Eintritt in den beruflichen Ruhestand. Die Fragestellungen sind dabei jeweils, welche Belastungen mit dem Ereignis oder Übergang verbunden sind, wie die betroffenen Personen damit umgehen, welche Bewältigungsversuche sie unternehmen, ob sie dabei Krisen erfahren und welche Implikationen diese Prozesse insgesamt für die weitere Entwicklung haben.

Eng verknüpft mit der Frage, auf welche Weise Lebensereignisse im Erwachsenenalter bedeutsam für die Persönlichkeitsentwicklung werden können, ist somit das Konzept der *Krise* (vgl. Ulich, 1987; Filipp & Aymanns, 2010) und das »*Coping*«-Konzept (vgl. Lazarus & Folkman, 1984; Greve, 2008). Mit einer Krise ist eine mögliche psychisch-emotionale Folge der mit einem Lebensereignis verknüpften Veränderung der Lebenssituation gemeint. Sie wird dann wahrscheinlich, wenn sich negative Veränderungen bedrohlich zuspitzen und die Person in zentralen Dimensionen ihres Selbst betroffen ist, so dass

ihre Fähigkeit zu handeln gefährdet wird. Die Bewältigungsforschung umfasst ein weit über die Entwicklungspsychologie hinausgehendes Forschungsfeld und ist historisch eng mit
der Arbeit des amerikanischen Psychologen Richard S. Lazarus verbunden (vgl. Lazarus & Folkman, 1984). Mit Bewältigung werden die kognitiven und aktionalen Bemühungen einer
Person im Umgang mit Belastungen verstanden (Greve, 2008).
Ihre Bedeutung für die Untersuchung von Lebensereignissen
und Übergängen im Erwachsenenalter liegt vor allem darin,
dass die damit verbundenen Anforderungen und Belastungen
vom betroffenen Individuum immer Anstrengungen zur Anpassung und Bewältigung verlangen. Diese können individuell sehr unterschiedlich ausfallen und entsprechend vielfältig
sind die Folgen für den Lebenslauf und für die individuelle Entwicklung einer Person. Aus den Bewältigungsversuchen von
Belastungen können sich personale Lernprozesse ergeben, die
neue Kompetenzen aufbauen, die somit Entwicklungsschritte
und personale Ressourcen für das zukünftige Leben darstellen. Das Coping-Konzept bringt die Dimension des subjektiven Handelns in den Entwicklungsprozess; würde man bei Lebensereignissen nur die Seite der Umweltveränderungen und
ihre Einflüsse auf das Individuum sehen, könnte das in ein me-
chanistisches Entwicklungsverständnis münden, das ein passives und primär extern geformtes Individuum unterstellt. Die
unterschiedlichen subjektiven Bedeutungen, die gleiche oder
ähnliche Ereignisse haben können, und die ganze Vielfalt von
Handlungsprozesse, die sie nach sich ziehen können, verdeutlichen die Notwendigkeit, eine Subjektperspektive in der Lebensereignisforschung und in der Sozialisationsforschung zu
etablieren. Dabei sind wir heute zwar konzeptionell deutlich
weiter gekommen, aber die forschungsmethodische Umset-
zung ist immer noch schwierig.

3.3.5 Subjektive Ziele von Entwicklung

Wie am Beispiel des Coping-Konzepts angedeutet, ist ein angemessenes Verständnis von der Entwicklung Erwachsener
nicht möglich, ohne die eigenen Beiträge des Individuums

zu berücksichtigen. Der erwachsene Mensch sieht sein Leben aus einer ganzheitlichen Sicht, soziale Einflüsse und Ereignisse gewinnen für ihn ihre subjektive Bedeutung im Kontext der eigenen Lebensgeschichte, er geht entsprechend seinen persönlichen Fähigkeiten und Ressourcen mit den Anforderungen in seinem Leben um und hat auch eigene Ziele und Vorstellungen von seiner Zukunft, die er zu realisieren trachtet. Jedes Modell von Entwicklung, das diesen aktiven Beitrag des Subjekts zu seiner eigenen Entwicklung vernachlässigt, ist an einem entscheidenden Punkt defizitär. Innerhalb einer Perspektive der Entwicklungspsychologie der Lebensspanne, die Entwicklung in einem dialektischen Verhältnis von einem aktiven, sich verändernden Subjekt und einer sich wandelnden gesellschaftlichen Umwelt konzipiert, und die auf die Vielfalt individueller Lebensläufe und Entwicklungsprozesse aufmerksam geworden ist, zeigt sich daher schon länger eine Tendenz, das Subjekt, seine subjektive Sicht und sein Handeln stärker zu thematisieren (vgl. Datan et al., 1987). Die Kritik an mechanistischen Modellen in der Forschung, die das Individuum nur in einer passiven Rolle sehen, aber auch an organismischen Modellen, die oft die sozialen Einflüsse übersehen, ist heute weitgehend akzeptiert. Daraus würde sich eine Forschungsperspektive ableiten, die auf einer dialektischen Konzeption von der Erwachsenenentwicklung aufbaut, die den sozialen und historischen Kontext stärker berücksichtigt und die vor allem die Frage in den Mittelpunkt stellt, wie das Individuum sein Erwachsenenleben selbst kognitiv und handelnd konstruiert.

In diesem Zusammenhang spricht Whitbourne (1985) von einem »Konstrukt der Lebensspanne«, das jedes Individuum von seinem Leben entwickelt und das dazu dient, sein vergangenes, gegenwärtiges und zukünftiges Leben miteinander zu verknüpfen. Die zukunftsorientierte Komponente nennt sie »Szenario«, die vergangenheitsorientierte Komponente »Lebensgeschichte«. Beide Komponenten dieses subjektiven Konzepts müssen ständig verändert und in Einklang mit dem realen Lebensablauf gebracht werden. Diese nahe am Identitätskonzept liegende Vorstellung impliziert, dass jedes Individuum sich Entwürfe von seiner Zukunft macht und sich damit in gewisser Weise Ziele für sein Leben und für seine Entwicklung setzt. Auf diese Weise bemüht es sich, sein Leben selbst zu bestimmen, auch wenn natürlich viele Bedingungen im Leben außerhalb seiner Kontrolle sein werden. Auf der anderen Seite muss jeder Mensch rückblickend immer wieder in seiner ›Lebensgeschichte‹ das ordnen und kognitiv organisieren, was abgelaufen ist. Die Art, wie er retrospektiv seine Biographie konstruiert und ständig rekonstruiert, aber auch welche Zukunftsperspektiven er entwirft, kann als Versuch interpretiert werden, seinem Leben Sinn zu geben, Kontinuität in seiner Biographie herzustellen und damit letztlich seine Identität zu bewahren (Cohler, 1982). In einem Leben voller Brüche und Veränderungen ist die Herstellung von Kontinuität schwieriger und bedarf in stärkerem Maße einer Identitätsarbeit. Diese Überlegung führen zur Hypothese, dass in Zeiten schnellen gesellschaftlichen Wandels und fehlender Orientierungssysteme die Bedürfnisse der Individuen wachsen, über ihr Leben zu reflektieren und sich ihrer selbst immer wieder zu vergewissern. Damit ließe sich auch der Bedarf nach professioneller Unterstützung bei einer »biographischen Selbstreflexion« (Gudjons, Wagener-Gudjons & Pieper, 2008) erklären, die etwa in der Erwachsenenbildung oder in der Psychotherapie nachgefragt wird.

Diese *subjektive Konstruktion von Entwicklung* umfasst eine Reihe unterschiedlicher Aspekte. Die Bemühungen von Erwachsenen, retrospektiv eine konsistente Lebensgeschichte herzustellen, die sich etwa in biographischen Erzählungen abbildet, sind ein wesentlicher Teil davon. Wichtige Forschungsfragen sind dabei, ob und wie Menschen Veränderungen ihrer Persönlichkeit im Lebenslauf wahrnehmen, welche Veränderungen sie als positiv oder negativ werten, auf welcher subjektiven Grundlage sie diese Einschätzungen vornehmen und ob sie dabei einen personalen Einfluss auf diese Entwicklungen (subjektive Kontrolle) wahrnehmen (Ryff, 1984; Heckhausen & Schulz, 1995). Ähnlich wie in anderen Forschungsfeldern wird dabei inzwischen auch von »subjektiven Theorien« der Entwicklung gesprochen (Handel, 1987) und damit impliziert, dass

Menschen mehr oder weniger komplexe Vorstellungen über die eigene psychische Entwicklung und den Lebenslauf haben, die ihre möglichen Aktivitäten lenken. In das eigene Leben bewusst einzugreifen, bedeutet aber, sich Ziele zu setzen, Ideale zu haben, also Perspektiven zu entwickeln. Wenn der erwachsene Mensch seine eigene Entwicklung antizipiert, sich *Ziele* in seinem Leben setzt, dann wäre es natürlich wichtig für die entwicklungspsychologische Forschung, diese Entwürfe von der eigenen Zukunft genauer zu explorieren und die konkreten Schritte und Handlungen kennen zu lernen, die das Individuum zu ihrer Realisierung unternimmt. Eine *Handlungsperspektive* in der Entwicklungspsychologie (Brandtstädter, 2007b; Glück & Heckhausen, 2006) wäre somit die konsequente Weiterführung eines Weges, der in der Einführung des Bewältigungshandelns (bei Lebensereignissen und Anforderungen) in die Untersuchung von Entwicklungsprozessen bereits begonnen wurde. Neben den subjektiven Entwicklungstheorien einer Person können ihre Handlungskompetenzen sowie ihre personalen und sozialen Ressourcen als wichtige Determinanten für entwicklungsbezogene Handlungen und für den Erfolg eines aktiven Eingreifens in die eigene Entwicklung gesehen werden.

Diese Sicht des Subjekts auf seine eigene Entwicklung lässt sich aber nur durch methodische Ansätze erfassen, die das subjektive Erleben und Handeln und ihre biographischen und sozialen Kontexte auch in ihrer Komplexität abbilden. Die Erhebung von Lebensgeschichten mit Hilfe biographischer oder narrativer Interviews (Cohler, 1982) wäre ebenso wesentlich wie die Rekonstruktion von Lebensläufen auf der Basis von subjektiv erlebten Wendepunkten. Die subjektiv erlebte Gliederung des Lebenslaufs, die subjektive Wahrnehmung eigener Veränderungen oder das Gefühl der personalen Kontrolle über den eigenen Lebenslauf können somit wichtige Ergänzungen zu den mehr objektiven Gliederungsversuchen darstellen. Es gibt dafür viel versprechende theoretische Ansätze (vgl. Brandtstädter, 2007b; Glück & Heckhausen, 2006), aber für eine breite methodische Orientierung der Entwicklungspsychologie des Erwachsenenalters in Richtung auf qualitativ-biographische Ansätze gibt es immer noch wenige Hinweise.

Abschließend müssen aber auch die Grenzen dieser Subjekt-perspektive betont werden. So wichtig es ist, den Beitrag des aktiven Subjekts in die Entwicklungspsychologie einzubezie-hen, das »Individuum als Produzenten seiner Entwicklung« (Lerner & Busch-Rossnagel, 1981) zu verstehen, Entwicklung kann immer nur im Rahmen und vielfach beeinflusst von so-zialen, gesellschaftlichen und historischen Prozessen stattfin-den. Die Vorstellung eines nur autonom sich entwickelnden und sich selbst konstruierenden Individuums ist genauso un-angemessen wie die eines Individuums, das sich seiner Umwelt nur passiv anpasst und in seinem Lebenslauf von ihr determi-niert ist. Die subjektiven Handlungsmöglichkeiten der Per-son müssen daher immer im Zusammenhang mit objektiven Handlungsspielräumen gesehen werden.

3.3.6   Gesundheit und Entwicklungsprozesse

Die Gesundheit ist zwar ein wichtiges neues Thema der Psy-chologie geworden (vgl. Faltermaier, 2005a; Schwarzer, 2005), wurde aber bisher nur selten aus einer entwicklungspsycholo-gischen Perspektive der Lebensspanne behandelt (vgl. Penny, Bennett & Herbert, 1994). Die Verteilung von Krankheiten und von Gesundheitsrisiken variiert systematisch mit dem Alter und dem Lebenslauf, daher müssen Verbindungen zwischen Determinanten der Entwicklung und Determinanten von Ge-sundheit bestehen, die es näher zu untersuchen gilt. Im Fol-genden werden einige Bezüge hergestellt, die Gesundheit und Krankheit als wichtige Themen der Entwicklung im Erwachse-nenalter verdeutlichen sollen.

Allgemein kann Gesundheit zunächst als eine Vorausset-zung für personale Entwicklungen im Lebenslauf verstanden werden. Gesundheitliche Einschränkungen durch Krankhei-ten oder Beschwerden engen den Spielraum an Handlungs-möglichkeiten in der Regel ein; manchmal sind es jedoch auch die mit einer Krankheit verbundenen Belastungen und Labi-lisierungen der bisherigen Identitätsstruktur, die neue Ent-wicklungschancen eröffnen. Die Zusammenhänge zwischen Entwicklungsprozessen im Erwachsenenalter und Gesundheit zeigen sich aber auch deutlich, wenn Gesundheit nicht nur über Krankheiten und Einschränkungen, sondern auch in ihrer positiven Bedeutungsdimension verstanden wird, wie es in Teilen der Gesundheitspsychologie geschieht (Faltermaier, 2005a). So gesehen kann Gesundheit ähnlich wie die personale Entwicklung auch positiv gefördert werden. Wird Gesundheit als körperliches, psychisches und soziales Wohlbefinden, als Leistungs- und Handlungsfähigkeit oder als psychosozialer Gleichgewichtszustand verstanden, dann deuten sich in diesen Bestimmungen auch günstige Ausgangslagen für eine Persönlichkeitsentwicklung an.

Es fällt auf, dass die theoretischen Modelle, die eine Genese von Gesundheit erklären sollen, deutliche Ähnlichkeiten mit Modellen einer Erwachsenenentwicklung aufweisen. Insbesondere im bekannten gesundheitswissenschaftlichen Modell der Salutogenese von Aaron Antonovsky (1987) werden Bedingungen von Gesundheit genannt, die auch als Einflüsse auf die personale Entwicklung gelten: Die erfolgreiche Bewältigung von Gesundheitsrisiken wie Stressfaktoren oder kritische Lebensereignisse kann nach dieser Theorie die Gesundheit fördern (und nicht nur Krankheiten verhindern). Verschiedene personale, soziale und körperliche Ressourcen bilden die Voraussetzungen für eine angemessene Belastungsbewältigung und fördern auf diesem Wege die Gesundheit. Eine zentrale Rolle im Prozess der Salutogenese spielt ein theoretisches Konstrukt, das Antonovsky (1987) Kohärenzgefühl (»Sense of Coherence«) nennt; es umfasst drei Momente, nämlich das allgemeine Gefühl, a) sein Leben zu verstehen, b) es bewältigen zu können und c) es als sinnvoll zu erleben. Die Parallelen zwischen diesem Konzept des Kohärenzerlebens und dem der Identität sind offensichtlich; man könnte das Kohärenzgefühl auch als Teil eines umfassenden Identitätsgefühls verstehen, die Identität als eine psychische Quelle des Kohärenzgefühls (vgl. Höfer, 2000; Faltermaier, 2005a). Beide Konstrukte stellen Bedingungen dar, die sowohl die Gesundheit als auch die Persönlichkeitsentwicklung fördern.

Die Bedeutung von Gesundheit verändert sich im Lebenslauf und ist dabei eng verbunden mit Prozessen des Alterns.

Zunächst steigt die Wahrscheinlichkeit gesundheitlicher Einschränkungen mit steigendem Lebensalter. Schwerwiegendere Krankheiten sind im frühen Erwachsenenalter seltene und nonnormative Ereignisse, im späteren Erwachsenenalter werden sie dagegen häufiger und immer mehr normative Ereignisse. Subjektiv gesehen werden Krankheitsereignisse von unerwarteten Einschnitten für junge Menschen zu normativ erwarteten Erfahrungen für die ältere Generation und zu einem Teil ihrer Alltagsbewältigung. Daher ist die Gesundheit für Menschen im frühen Erwachsenenalter auch meist ein peripheres Thema, dagegen wird es im Alter für viele Menschen zu einem zentralen Lebensthema. Unter einer entwicklungspsychologischen Perspektive können Gesundheitsereignisse als kritische Lebensereignisse betrachtet werden, die Anstöße für personale Entwicklungen geben können. Neben Krankheiten sind im Erwachsenenalter vor allem normative Körperereignisse wie zum Beispiel eine Schwangerschaft oder die Menopause zu nennen, sowie non-normative körperliche Ereignisse wie Unfälle oder Operationen. Aber auch die allmählichen Veränderungen in der gesundheitlichen Lage sind für die psychische Entwicklung relevant: Die im mittleren Erwachsenenalter häufiger auftretende gesundheitliche Anfälligkeit, zunehmend erkennbare Alterszeichen (Falten, graue Haare), eine verminderte Leistungs- und Belastungsfähigkeit können Menschen verunsichern und so auf subtile Weise Entwicklungsanstöße geben. Persönliche Krisen, auch die oft überschätzte »Midlife Crisis« (▶ Kap. 5), haben wesentlich mit diesen körperlichen Veränderungen zu tun.

Ein anderer Zugang ergibt sich, wenn Gesundheit noch stärker als subjektives Thema des Lebenslaufs und des Erwachsenenalters gesehen wird. Die subjektive Auseinandersetzung mit der eigenen Gesundheit wird dann als Teil einer bewussten Selbstreflexion betrachtet, die nicht nur den Umgang mit Gesundheit verändern und zu einer stärker gesundheitsbewussten Lebensweise führen kann, sondern mittelbar auch Entwicklungsprozesse einleiten kann. Denn mit Gesundheit werden für Menschen oft existenzielle Fragen angeschnitten und damit Sinnfragen. Studien über die subjektiven Gesundheitsvorstellungen von Laien zeigen, dass Menschen aller Bevölkerungsschichten differenzierte subjektive Konzepte und Theorien von Gesundheit und Krankheit entwickeln können (Faltermaier, 2005b). Eine Sensibilisierung für gesundheitliche Fragen kann im Lebenslauf in unterschiedlichen Phasen erfolgen und durch identitätsrelevante Erfahrungen ausgelöst werden. Die subjektive Bedeutung von Gesundheit kann sich im Erwachsenenleben deutlich verändern und steht dabei nicht nur in Abhängigkeit vom Lebensalter. Ein Einstellungswandel wird oft durch einschneidende biographische Erfahrungen ausgelöst: Eine Schwangerschaft, die Geburt des ersten Kindes, berufliche Herausforderungen und Überforderungen, körperliche Veränderungen (z. B. Alterszeichen, Krankheitssymptome oder die Erfahrung körperlicher Leistungsgrenzen) und die Erfahrung einer ernsten Krankheit können ein Nachdenken über die eigene Gesundheit und über ihre Bedeutung im Leben einleiten, das nicht nur zu einem zunehmenden Gesundheitsbewusstsein führen, sondern grundlegende Werte, Überzeugungen, Lebenskonzepte und Prioritäten im Leben verändern kann (Faltermaier, Kühnlein & Burda-Viering, 1998).

3.3.7 Zentrale Konzepte der Entwicklung im Erwachsenenalter im Zusammenhang

Die Darstellung zentraler Konzepte und Themen der Entwicklung im Erwachsenenalter erfolgte zunächst getrennt voneinander. Wir gehen jedoch davon aus, dass diese Konzepte in vielfacher Weise zusammenhängen und daher in einem begrifflichen Netzwerk gedacht werden müssen. Ohne damit schon den Anspruch auf eine systematische Theorie zu verbinden, sollen am Ende dieses Kapitels auf der Grundlage der obigen Ausführungen einige Verknüpfungen zwischen den Konzepten angedeutet werden. In der ▸ Abb. 3.5 werden diese im Überblick dargestellt.

Wir gehen zunächst davon aus, dass Entwicklungsprozesse im Erwachsenenalter als ständige Interaktionen zwischen einer sich verändernden Person und einer sich permanent wandelnden Umwelt angemessen zu verstehen sind, also in einem dialektischen Modell der Entwicklung (▸ Kap. 2.3). Die Pfeile in ▸ Abb. 3.5 (oben) sollen diese Wechselwirkungen (Person-

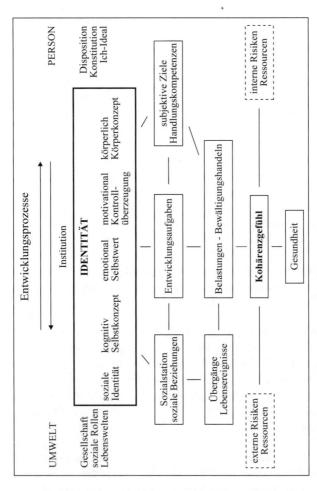

Abb. 3.5: Konzepte und Themen der Entwicklung im Erwachsenenalter

Umwelt-Interaktionen) symbolisieren. Es wird der Vorschlag gemacht, das theoretische Konstrukt der Identität heranzuziehen, um die Phänomene zu integrieren, die im Mittelpunkt einer Erklärung von Entwicklungsprozessen im Erwachsenenalter stehen. Das Konzept der Identität steht daher im Zentrum dieser Abbildung. Begrifflich werden zum einen kognitive, emotionale, motivationale und körperlichen Aspekte von Identität differenziert und diese mit in der Psychologie üblichen Termini als Selbstkonzept, Selbstwertgefühl, Kontrollüberzeugung und Körperkonzept benannt; zum anderen wird mit dem Begriff der sozialen Identität die enge Verbindung zwischen sozialen Prozessen bei der Identitätsentwicklung zum Ausdruck gebracht. Bei der Identität wird die aktuelle Zuschreibung eines Selbstbildes unterschieden von der retrospektiven und prospektiven Identitätsarbeit, also rückblickend die ständigen Rekonstruktion seiner Identität über die Lebensgeschichte und perspektivisch der Entwurf eines möglichen Selbstbildes (Ich-Ideals) in die eigene Zukunft.

Identität wird damit als ein übergreifendes Konzept gedacht, das allgemeiner als die anderen Konzepte (die in ► Abb. 3.5 darunter angeordnet sind) ansetzt und daher die von ihnen abgebildeten spezifischen Phänomene bündeln kann, um in ihrem Zusammenwirken Entwicklungsprozesse zu erklären. Schematisch werden in der linken Hälfte der Abbildung die Einflüsse aus der gesellschaftlichen Umwelt platziert (Lebenswelten, Sozialisation, soziale Beziehungen) und in der rechten Hälfte die Einflüsse der Person (Disposition, Ich-Ideal, subjektive Ziele und Handlungskompetenzen). In den wissenschaftlichen Konzepten wirken soziale, ökologische und gesellschaftliche Einflüsse einerseits und subjektive Einflüsse der Person andererseits mehr oder weniger zusammen. Idealtypisch werden im Konzept der Sozialisation jene Einflüsse der gesellschaftlichen Lebenswelt zusammengefasst, die über die Herausbildung einer sozialen Identität psychische Entwicklung bestimmen. Im Konzept der subjektiven Ziele und Handlungskompetenzen werden dagegen jene Einflüsse der Person erfasst, die über die Herausbildung einer personalen Identität die psychische Entwicklung bestimmen.

Da in der Regel die Einflüsse von gesellschaftlicher Umwelt und Person zusammenwirken, stehen die meisten Konzepte in der Mitte der Abbildung: Als zentral und jeweils leitend für spezifische Forschungsrichtungen werden die oben vorgestellten theoretischen Konzepte der Entwicklungsaufgaben, der Sozialisation, der Rollenübergänge und Lebensereignisse, der Belastungen und des darauf bezogenen Bewältigungshandelns sowie der subjektiven Ziele und Handlungskompetenzen gesehen. Die graphischen Verbindungen deuten die engen Zusammenhänge an und damit auch die Notwendigkeit, sie in ihrem Zusammenwirken zu verstehen. Die Verbindungen mit dem Konstrukt der Identität veranschaulichen, dass alle spezifischen Lebenserfahrungen und Erlebnisse in einem übergreifenden und für jede Person einzigartigen Konstrukt der Identität gebündelt und integriert werden. Im unteren Teil von ▶ Abb. 3.5 sind wissenschaftliche Konzepte angeordnet, die als Bedingungen für Gesundheit gelten: Gesundheitliche Risiken und Ressourcen, die jeweils in externe und interne differenziert werden, sowie das Konstrukt des Kohärenzgefühls (Sense of Coherence), das die auf Gesundheit und auf den Umgang mit Belastungen bezogenen Lebenserfahrungen bündelt und als Teil der Identität verstanden werden kann. Zwischen der Gesundheit und den Entwicklungsprozessen bestehen enge Verbindungen, was etwa daran zu erkennen ist, dass beide Phänomene durch ähnliche Bedingungen beeinflusst werden: Belastungen, Lebensereignissen, Krisen und Bewältigungsstilen sind zentrale erklärende Konzepte in Entwicklungspsychologie und Gesundheitspsychologie, viele gesundheitlichen Ressourcen können auch als Ressourcen für die personale Entwicklung verstanden werden. Und das gesundheitswissenschaftliche Kon-zept des Kohärenzgefühls steht in enger Verbindung mit Identitätsprozessen.

Zusammenfassung

Die Menschen haben in ihrer Geschichte immer wieder versucht, den Lebenslauf als Ganzes zu sehen und in eine Ordnung zu bringen. Auch die Wissenschaften haben Konzeptionen und umfassende Theorien der Lebensspanne vorgelegt, die auch für eine moderne Entwicklungspsychologie immer noch von Bedeutung sind, auch wenn ihre empirische Basis heute kritisch gesehen wird. Die Konzeptionen des Lebenslaufs und der Entwicklung von Bühler, Erikson und Havighurst wurden vorgestellt und in ihren Erkenntnissen und Grenzen diskutiert. Diese klassischen Theorien haben zentrale Themen und Prozesse der Entwicklung formuliert, die auch heute noch einen heuristischen Wert zum Verständnis und zur Erforschung des Erwachsenenalters haben. Dann wurde ein Überblick über spezifische Konzeptionen des Erwachsenenalters aus verschiedenen Theorie- und Forschungstraditionen gegeben. Insbesondere wurden psychodynamisch geprägte Theorien, umfassende Längsschnittstudien zur Veränderung der Persönlichkeit und moderne entwicklungspsychologische Ansätze herangezogen, die Veränderungen und Entwicklungsprozesse im Erwachsenenalter aus verschiedenen Perspektiven beschreiben und erklären wollen. Der Lebenslauf von Erwachsenen lässt sich aber auch aus der Perspektive der sozialen Veränderungen ordnen und ist dabei stärker von sozialwissenschaftlichen Ansätzen geprägt. Nur wenige Ansätze liegen vor, die die Entwicklung erwachsener Menschen aus dem Person-Umwelt-Verhältnis zu erklären versuchen. Da es heute kaum überzeugende und auch empirisch gestützte Konzeptionen des Erwachsenenalters als Gesamtes gibt, wurden in diesem Kapitel die zentralen Themen und Konzepte herausgestellt, mit denen sich die Entwicklung von Erwachsenen wissenschaftlich beschreiben lassen. Dabei standen im Mittelpunkt: Identität als integrierendes Konstrukt, die Entwicklung von und in sozialen Beziehungen, das Konzept der Sozialisation, die Forschungsrichtung, welche die Entwicklung im Erwachsenenalter an und über soziale Übergänge, Lebensereignisse und Krisen untersucht, die handlungs- und subjektorientierten Konzepte und Forschungen, die sich an Entwicklungszielen orientiert, und schließlich die Verbindung von Entwicklung mit der Gesundheit im Erwachsenenalter.

Weiterführende Literatur

Brandtstädter, J. & Lindenberger, U. (Hrsg.) (2007). *Entwicklungspsychologie der Lebensspanne*. Stuttgart: Kohlhammer.
Filipp, S.-H. & Aymanns, P. (2010). *Kritische Lebensereignisse und Lebenskrisen. Vom Umgang mit den Schattenseiten des Lebens*. Stuttgart: Kohlhammer.
Glück, J. & Heckhausen, J. (2006). Entwicklungspsychologie der Lebensspanne: Allgemeine Prinzipien und aktuelle Theorien. In W. Schneider & F. Wilkening (Hrsg.), *Theorien, Modelle und Methoden der Entwicklungspsychologie* (S. 677–737). Göttingen: Hogrefe.
Hurrelmann, K., Grundmann, M. & Walper, S. (Hrsg.) (2008). *Handbuch Sozialisationsforschung* (7. Auflage). Weinheim: Beltz.

Fragen zur Selbstüberprüfung

1. Welche klassischen Entwicklungsmodelle versuchen, die Entwicklung über die Lebensspanne in ihrer Gesamtheit zu beschreiben? Welchen Stellenwert haben diese historisch bedeutsamen Modelle für eine moderne Entwicklungspsychologie der Lebensspanne?

2. Was ist der Grundansatz der Entwicklungstheorie von Erikson? Welche Ansätze und Themen aus seiner Theorie halten Sie zur Beschreibung der Entwicklung von Erwachsenen für bedeutsam? Welche kritischen Punkte sehen Sie?

3. Welche Ansätze zur Beschreibung und Erklärung von Persönlichkeitsentwicklung im Erwachsenenalter kennen Sie? Diskutieren Sie unterschiedliche Ansätze nach ihren empirischen und theoretischen Möglichkeiten und Grenzen!

4. Beschreiben sie Konzepte und Erkenntnisse, welche die sozialen Veränderungen im Erwachsenenalter erfassen können?

5. Welche theoretischen Konzepte lassen sich als Orientierung zur Erforschung von Entwicklungsprozessen von Erwachsenen heranziehen? Wie passen diese spezifischen Konzepte zusammen?

6. Erklären Sie das theoretische Konstrukt der Identität und differenzieren Sie es in seinen verschiedenen Aspekten!

Welche Bedeutung würden Sie diesem Konstrukt für die Beschreibung von Entwicklung im Erwachsenenalter zuschreiben?

7. Wie kann man sich die Veränderungsprozesse der Identität von Erwachsenen vorstellen?

8. Welche sozialen Beziehungen (und ihre Veränderungen) sind wie und warum bedeutsam für das Erwachsenenalter?

9. Was wird unter dem Konstrukt der Sozialisation von Erwachsenen verstanden und welche Prozesse werden damit beschrieben?

10. Was sind Lebensereignisse, welche Forschungstraditionen sind damit verbunden und welche Bedeutung haben sie zur Erklärung von Entwicklungsprozessen im Erwachsenenalter?

4   Das frühe Erwachsenenalter

In diesem Kapitel wird zunächst der Übergang in das frühe Erwachsenenalter näher beschrieben und dann werden die zentralen Themen und die Entwicklungsaufgaben dieser Lebensphase dargestellt. Dabei wird auch auf eine neue wissenschaftliche Perspektive auf die erste Phase des Erwachsenenlebens eingegangen, die als »emerging adulthood« bezeichnet wird. In einer ersten Konzentration auf die Entwicklungschancen und -hindernisse in Arbeit und Beruf werden zunächst die Herausforderungen skizziert, denen sich junge Erwachsene bei der Berufswahl und in der Berufseinmündungsphase stellen müssen. Die Leser lernen äußere arbeitsmarktbedingte und innere psychische Faktoren kennen, die den Berufseinstieg und die Entwicklung im Beruf beeinflussen. Dabei wird insbesondere auf die komplexen Wechselwirkungsprozesse zwischen den Berufserfahrungen und der Persönlichkeitsentwicklung eingegangen sowie auch auf die Bedingungen, die Menschen psychisch gefährden können, die etwa in einen Burnout-Prozess münden können oder aus einer Arbeitslosigkeit folgen können. In einer zweiten Perspektive werden die Entwicklungschancen und -hindernisse in Partnerschaft und Familie beschrieben. Dabei wird zunächst auf die Bedeutung von Partnerschaft für die Persönlichkeitsentwicklung junger Erwachsener eingegangen, es werden aber auch die psychosozialen Ursachen und Folgen von Trennungs- und Scheidungsprozessen nachgezeichnet. Wir werden die Phasen der Elternschaft mit ihren psychischen Implikationen für junge Mütter und Väter beschreiben und neben der frühen Phase der Elternschaft auch die Herausforderungen skizzieren, die sich mit dem Heranwachsen der Kinder für die Entwicklung der Eltern ergeben.

4.1 Der Übergang ins Erwachsenenalter

Alle Gesellschaften sehen für den Lebenslauf ihrer Mitglieder eine Phase der *Vorbereitung* und eine Phase der vollen *Aktivität* vor. Die Heranwachsenden werden auf ihre zukünftigen Aufgaben in der Gesellschaft auf mannigfaltige Weise vorbereitet, sie werden für jene Funktionen und Tätigkeiten sozialisiert, die zur Aufrechterhaltung eines Gesellschaftssystems notwendig sind. Sind sie aber irgendwann »erwachsen«, dann erwartet man von ihnen, dass sie selbstständig und effektiv handeln können und das notwendige Wissen haben, um sich selbst am Leben und das soziale System am Laufen zu halten. In jeder Gesellschaft findet also ein *Übergang* im Leben ihrer Mitglieder statt vom Status des Lernenden, Unselbstständigen und Unmündigen zum Status des Selbstständigen, Mündigen und Ausgebildeten. Die Gesellschaften unterscheiden sich aber sehr stark darin, welche Leistungen sie von ihren erwachsenen Mitgliedern erwarten, welche Art der Vorbereitung sie vorsehen und wie viel Lebenszeit sie dafür einräumen. Unsere heutigen modernen Gesellschaften haben im Vergleich zu früheren Epochen und zu weniger komplex strukturierten Gesellschaften eine lange Phase des Lernens und der Bildung eingeplant; entsprechend lange ist auch die Übergangszeit angesetzt, bis ein Mensch als vollwertiges Mitglied der Gesellschaft gilt. Die Jugendphase wird als die große Übergangsperiode zwischen Kindheit und Erwachsensein angesehen. Wir werden uns hier nicht damit beschäftigen können, welche Besonderheiten und Probleme diese Lebensphase auszeichnet (vgl. etwa Grob & Jaschinski, 2003; Oerter & Dreher, 2008). Wir müssen uns aber doch die Frage stellen, wann die Lebensphase der Adoleszenz endet und wann das Erwachsenenalter beginnt.

Der juristische Begriff der *Volljährigkeit* macht den Beginn des Erwachsenenlebens relativ eindeutig am Alter fest; in unserer Gesellschaft sind wir mit dem 18. Lebensjahr volljährig und damit im juristischen Sinn voll verantwortlich für unsere Handlungen. Doch nicht alle Jugendliche werden automatisch mit 18 Jahren zu im psychologischen Sinn erwachsenen Menschen werden. Sie haben weder alle die »Reife«, die im Alltag gerne mit dem Erwachsensein verbunden wird, noch sind sie alle in der Lage, selbstständig und unabhängig zu leben und den eigenen Lebensunterhalt zu verdienen. Das Alter reicht also offensichtlich als Kriterium für Erwachsensein nicht aus. Die Übergangsphase reicht bis weit in ein Lebensalter hinein, in der ein Mensch im juristischen Sinn längst erwachsen ist.

Der *Übergangsprozess* ins Erwachsenenalter ist in unseren modernen Gesellschaften nicht nur eine relativ lange Lebensphase, sondern offenbar auch stark *individualisiert*. Das wird besonders deutlich im Vergleich zu den vorindustriellen Gesellschaften, die den Übergang normativ und symbolisch regelten, z. B. durch Initiationsriten. Diese verdichteten den Übergang in einer oft schmerzhaften, aber gemeinsam getragenen Zeremonie, die den Weg aus der Kinder- in die Erwachsenenwelt zu einem großen, aber schnellen Schritt machte. Eine derartig klare Regelung in einem kollektiven Akt ist heute in unserer Kultur nicht mehr gegeben. Entsprechend weist der Übergangsprozess beträchtliche interindividuelle Unterschiede auf und kann frühzeitig abgeschlossen sein oder bis in das vierte Lebensjahrzehnt reichen. Die Entwicklungen in den Erwachsenenstatus hinein verlaufen zudem *ungleichzeitig* und sind dadurch eine psychisch oft recht verunsichernde Phase im Leben. Einerseits haben 18-Jährige bereits viele formale Rechte (Geschäftsfähigkeit, Strafmündigkeit, Ehemündigkeit, Wahlrecht, etc.) und sind körperlich erwachsen. Andererseits sind sie oft noch weit davon entfernt, ihr Leben autonom und selbstständig gestalten zu können; sie sind zum Teil noch in Ausbildung, ökonomisch abhängig und haben noch keine verantwortliche Rolle in der Gesellschaft übernommen. Die verlängerte Ausbildungsphase und der für viele junge Menschen schwierige Einstieg in den Beruf, mit Phasen von Erwerbslosigkeit, von »Warteschleifen« oder »Nach- und Weiterqualifikationen« in Zweitausbildungen, verlegen für einen Teil der jungen Erwachsenen ein entscheidendes Kriterium für den Erwachsenenstatus, die *Berufstätigkeit*, weit nach hinten.

Erwachsen zu sein ist somit immer einer *gesellschaftlichen Bestimmung* unterworfen. Diese ist in unserer Gesellschaft aber vergleichsweise undeutlich geregelt. Es lassen sich daher nur schwer Normen und Entwicklungsaufgaben als Kriterien für die Erreichung des Erwachsenenstatus angeben: Der Auszug aus dem Elternhaus und Gründung eines eigenen Haushalts, das Erreichen einer finanziellen Unabhängigkeit, der Einstieg in das Berufsleben mit einem festen Arbeitsplatz, das Eingehen einer festen Partnerbindung und das Gründen einer Familie, die in normativen Entwicklungsmodellen (z. B. Havighurst, 1972) als Aufgaben des frühen Erwachsenenalters formuliert werden, sind heute kaum mehr allgemein verbindlich. Zu unterschiedlich sind die Wege ins Erwachsenenleben. Auch die oft im wissenschaftlichen und alltäglichen Verständnis angeführte »psychische Reife«, die Erwachsene erreichen sollen, ist schwer als Kriterium zu akzeptieren; zu unterschiedlich sind die Vorstellungen über die Merkmale einer reifen Persönlichkeit. Und auch das subjektive Gefühl, erwachsen zu sein, ist zweifelsohne variabel: Junge Erwachsene fühlen sich heute später erwachsen als frühere Generationen; jeder Fünfte fühlt sich am Ende des dritten Lebensjahrzehnts eher als jugendlich und noch nicht erwachsen (Gille, Sardei-Biermann, Gaiser & de Rijke, 2006). Typisch scheint vor allem für die Menschen in den zwanziger Jahren eine Ambiguität in der subjektiven Einschätzung zu sein: Sie fühlen sich nicht mehr als Jugendliche, aber auch noch nicht völlig als Erwachsene; erst am Ende der zwanziger Jahre und im Übergang zu den Dreißigern hat die deutliche Mehrheit das Gefühl, dass sie nun wirklich erwachsen geworden ist (Arnett, 2000).

Insgesamt lässt sich somit kein eindeutiges Kriterium für die Bestimmung des Erwachsenen angeben. Das Lebensalter, die Erfüllung von Entwicklungsaufgaben, die subjektive Einschätzung als Erwachsene oder die psychische Reife einer Person – jede Bestimmung für sich allein ist problematisch; sie könnten aber in ihrer Kombination eine Annäherung an die Kategorie »Erwachsen« darstellen.

Nach dem Entwicklungsmodell von Levinson (1979) hat sich der junge Mensch beim Übergang ins frühe Erwachsenenalter *zwei Hauptaufgaben* zu stellen: Er sollte erstens die Lebensstruktur der Adoleszenz zu Ende führen, sich insbesondere von seiner Herkunftsfamilie trennen. Dieser Prozess hat äußerliche Aspekte, nämlich aus dem Elternhaus auszuziehen, finanziell unabhängiger und durch neue soziale Rollen autonomer zu werden. Es geht aber auch um die innere Lösung von den Eltern, um allmählich eine größere psychische Unabhängigkeit von der Herkunftsfamilie zu erreichen, ein Prozess, der sich aber auch über das ganze Leben ziehen kann. Junge Erwachsene sollten zweitens erste Schritte in die Erwachsenenwelt wagen. Das heißt, sie sollten ihre neuen Möglichkeiten erkunden, eigene Wunschvorstellungen präzisieren, sich als Teil der Erwachsenenwelt vorstellen und allmählich eine erste Erwachsenenidentität aufbauen. Entscheidungen (in Beruf, Partnerbeziehung) weisen in dieser frühen Phase eine relative Vorläufigkeit auf und werden noch erprobt.

4.2 Zentrale Entwicklungsthemen des frühen Erwachsenenalters

4.2.1 Allgemeine Tendenzen

Wir wollen das frühe Erwachsenenalter provisorisch zwischen dem zwanzigsten und vierzigsten Lebensjahr ansiedeln. Absolute Altersgrenzen lassen sich aber, wie wir sahen, nicht angeben (Lang, Martin & Pinquart, 2012).

Insgesamt könnte man das frühe Erwachsenenalter als eine *entscheidende Phase* für die Bahnung des weiteren Lebenslaufs und für die Erwachsenenentwicklung verstehen. Junge Erwachsene investieren in der Regel viele Energien und Aktivitäten, um ihren Platz in der Gesellschaft zu finden. Sie stellen wahrscheinlich die Altersgruppe mit dem größten innovativen Potenzial für die Weiterentwicklung einer Gesellschaft dar. Diese große Bedeutung steht aber in auffallendem Kontrast zu der bisherigen Vernachlässigung dieser Phase in der entwicklungspsychologischen Forschung. In der Entwicklungspsychologie gibt es immer noch wenige systematische Bestandsaufnahmen dieser Lebensphase; in neuerer Zeit deutet sich aber ein wachsendes Interesse an (Krampen & Reichle, 2008; Hoff & Schraps, 2007) und neue Konzepte treten hervor. Die folgende

Darstellung stellt einen Versuch dar, einige zentrale Themen und Erfahrungsbereiche junger Erwachsener herauszugreifen und unter entwicklungspsychologischen Fragestellungen zu sichten.

Will man die Lebensphase des frühen Erwachsenenalters zusammenfassend beschreiben, so bietet die frühe Arbeit von Bocknek (1986) eine Charakterisierung auf drei Ebenen an:

1. Das zentrale *psychische* Thema dieser Phase ist die Partikularisierung des Selbst. Nachdem Jugendliche – zumindest vorläufig – ein neues Gefühl der Identität und der persönlichen Ganzheit erreicht haben, versuchen sie als junge Erwachsene, sich spezifischer zu definieren und ihr Selbst zu differenzieren. Sie nehmen jetzt verschiedene Komponenten ihres Selbst wahr, ihre Interessen, Meinungen, Fähigkeiten, Werte, Wünsche und Begabungen, und sie versuchen, diese weiterzuentwickeln.

2. Der *interpersonale* Schwerpunkt dieser Phase ist zum einen die Partnerschaft, zum anderen die Konkurrenz mit anderen Erwachsenen.

3. Die *gesellschaftlich-kulturellen Erwartungen* an junge Erwachsene sind die Gründung einer Familie und der Aufbau einer beruflichen Karriere. Die Auseinandersetzung mit diesen sozialen Erwartungen bestimmt wesentlich, welchen Platz sie in der Erwachsenenwelt einnehmen werden.

Das *körperliche Wachstum* ist nach etwa zwanzig Lebensjahren zu einem Abschluss gekommen. Nach einer Phase großer körperlicher Veränderungen in der Adoleszenz erreicht das Individuum nun eine Periode relativer körperlicher Stabilität; eine Ausnahme stellt die Schwangerschaft von Frauen dar, die einen gravierenden körperlichen Umbauprozess bedeutet. Die Körpergestalt des jungen Erwachsenen hat eine gewisse Ausgewogenheit und Harmonie erreicht und bleibt nun längere Zeit relativ unverändert. Die körperliche Leistungsfähigkeit und Vitalität ist im frühen Erwachsenenalter auf ihrem Höhepunkt angelangt. Sie gibt vielen jungen Menschen auch ein Gefühl der Stärke.

Vom *gesellschaftlichen Status* her haben junge Erwachsene eine Reihe von neuen Rechten erlangt. Sie haben jetzt zumindest formell den Status eines Erwachsenen und sind Teil der Erwachsenengesellschaft geworden. Angesichts der neuen Möglichkeiten und Chancen, die dieser soziale Raum verspricht, wächst ihr Selbstbewusstsein.

Lässt sich nun ein *psychologisches Bild* des Menschen in der Phase des frühen Erwachsenenalters skizzieren? Bocknek (1986) hat den Versuch gemacht, in Abhebung von der Lebensphase der Adoleszenz die *psychischen Tendenzen der jungen Erwachsenen* herauszuarbeiten:

- Junge Erwachsene haben ein *Gefühl der eigenen Stärke und Fähigkeiten* (»sense de pouvoir«), das heißt ein oft unterschwelliges Gefühl der inneren Kraft, das teilweise aus dem körperlichen Wohlbefinden, teilweise aus neuen befriedigenden Erfahrungen in der Erwachsenenwelt erwächst.
- Im Vergleich zur engeren Welt der Kindheit und zur starken Beschäftigung des Adoleszenten mit sich selbst, besitzen junge Erwachsene einen erweiterten Erfahrungshorizont. Sie entwickeln jetzt ein *Welt-Bewusstsein*, das heißt sie sehen die Verbindung ihres Lebens mit den Ereignissen ihrer unmittelbaren und weiteren Umwelt. Sie definieren sich in einem weiten Kontext von Beziehungen, interessieren sich zum Beispiel für das politische Geschehen, für soziale Fragen, für die Welt der Arbeit, und begreifen die Auswirkungen dieser Prozesse auf ihr persönliches Leben.
- Junge Erwachsene zeichnen sich weiterhin durch eine *aktivistische Orientierung* aus, das heißt, sie wollen ihre Ideen und Ziele auch verwirklichen, sich ihre Bedürfnisse auch erfüllen. Ihre Handlungsorientierung ist jedoch im Gegensatz zum Jugendlichen nicht mehr impulsiv, sondern stärker geplant und kontrolliert.
- Haben erwachsene Menschen eine feste Identität (Erikson) erreicht, dann sind sie in der Lage, sich selbst auch von außen zu betrachten und damit eine neue *Perspektive auf die eigene Person* einzunehmen. Sie können sich jetzt nicht mehr nur als Ganzes, sondern auch in einzelnen Merkmalen

beurteilen: Die Wahrnehmung einer Schwäche, einer negativen Eigenschaft an sich, wird nicht mehr dazu führen, die
ganze Persönlichkeit infrage zu stellen; so ist es ihnen möglich, auch an Fehlern zu arbeiten, sich selbst mit allen Stärken und Schwächen anzuerkennen.

- In der Lebensphase des jungen Erwachsenenalters sind Enttäuschungen nicht zu vermeiden. Desillusionierung und
Phasen von Niedergeschlagenheit sind daher häufige Erscheinungen. Junge Erwachsene besitzen jedoch in der
Regel ein großes *Reservoir an Selbstvertrauen*, das heißt
ein Zutrauen zu sich und ihren Fähigkeiten, das sie auch
schmerzliche Erfahrungen überwinden lässt. Dieses Reservoir gründet wahrscheinlich im Gefühl der körperlichen
Stärke und Energie, das sich manchmal fast zu einem Gefühl der Unverwundbarkeit entwickelt und die riskanten
Unternehmungen (etwa im Sport oder im Verkehr) erklären
könnte, die junge Erwachsene oft wagen.

- Junge Menschen werden oft als das idealistische Potenzial
einer Gesellschaft angesehen. Im Gegensatz zu dem noch
abstrakten Moralismus von Jugendlichen, versuchen junge
Erwachsene aber, ihre Ideale auch konkret in die Praxis
umzusetzen. Sie zeichnen sich dabei oft durch einen *kom-
promisslosen Idealismus* aus und versuchen manchmal, die
ganze Welt zu verbessern. Ihre Verpflichtung gegenüber großen menschlichen Idealen verbindet sich mit dem starken
Impetus, etwas zu tun, und dem Vertrauen in den Erfolg
ihrer Bemühungen. Es ist sicher kein Zufall, dass politische
(Protest-)Bewegungen gerade von jungen Erwachsenen getragen werden.

- Junge Erwachsene sind offen für neue Erfahrungen und
für Veränderungen. Sie sind bereit zu experimentieren und
auch unkonventionelle Dinge auszuprobieren. Sie besitzen
somit ein *innovatives Potenzial*, das auf die ganze Gesellschaft durchschlagen kann, sofern es zugelassen wird.

Diese von Bocknek beschriebenen psychologischen Tendenzen
ergeben ein recht plausibles, wenn auch vermutlich zu positives Bild von dieser Lebensphase. Wie etwa die Studie »Jugend

2000« (Deutsche Shell, 2000) für Deutschland zeigt, blickt die junge Generation heute stärker als früher optimistisch in die Zukunft; sie schätzt aber auch die eigenen Chancen realistisch ein und ist sich bewusst, dass die moderne Gesellschaft von ihnen große Anstrengungen und Leistungen fordert. Natürlich unterscheiden sich Menschen im frühen Erwachsenenalter in mannigfaltiger Weise voneinander; das Spektrum an individuellen Lebensentwürfen und Entwicklungen ist sehr groß und Individuen weichen in vieler Hinsicht von dieser idealtypischen Charakterisierung ab.

Das frühe Erwachsenenalter ist *keine einheitliche Lebensperiode*. Wir haben jedoch nur wenige Hinweise auf den zeitlichen Verlauf von Entwicklungsprozessen junger Erwachsener. In Levinsons (1979) Phasenmodell (vgl. ▶ Abb. 3.3) wird etwa nach dem Übergang von der Adoleszenz ins Erwachsenenleben der »Eintritt in die Erwachsenenwelt« als die erste stabilere Phase des frühen Erwachsenenalters betrachtet (etwa 22 bis 28 Jahre). In dieser Phase wird die erste stabile Lebensstruktur als Erwachsener geformt und erprobt. Zentrale Komponenten dieser Struktur sind in der Regel Beruf und Partnerschaft bzw. Familie. Im »Übergang in die Dreißigerjahre« kann er die Fehler und Einschränkungen dieser ersten Struktur des Erwachsenenlebens noch korrigieren. In den Jahren bis zur Lebensmitte (etwa 33 bis 40 Jahre) muss dann eine zweite Lebensstruktur aufgebaut werden, die Levinson als »Sesshaft-Werden« bezeichnet. In dieser Phase widmet er sich ganz den für ihn wichtigsten Komponenten seiner Lebensstruktur, seien es Beruf, Familie, Freundschaften, Freizeit oder Gemeinde. Er versucht in dieser Zeit, seine Ziele und jugendlichen Träume zu verwirklichen sowie einen festen Platz in der Gesellschaft zu erringen.

Der US-amerikanische Entwicklungspsychologe Jeffrey J. Arnett (2000) hat den Vorschlag gemacht, nach Abschluss der Adoleszenz eine eigene Entwicklungsphase zu konzipieren, die er »*emerging adulthood*« nennt. Er hat damit große Aufmerksamkeit erhalten. Wir werden uns näher mit seiner Konzeption des »emerging adulthood« auseinandersetzen. Arnett (2000) argumentiert, dass es nach der Adoleszenz eine eigenständige und davon getrennte Phase eines allmählich hervor-

tretenden (»emerging«) Erwachsenenalters gibt, die er in der
Altersspanne zwischen 18 und 25 Jahren ansetzt. In den letzten 50 Jahren haben sich in allen Industrieländern deutliche
demographische Veränderungen ergeben, die Ausbildungszei-
ten haben sich verlängert sowie das Heiratsalter und das Alter
bei der Geburt des ersten Kindes deutlich nach hinten in die
späten Zwanziger geschoben. Dadurch hat sich die Lebenssituation von jungen Menschen um die Zwanzig stark verändert
und individualisiert, auch die sozialen Erwartungen an sie sind
deutlich offener geworden. Arnett verwendet den Begriff der
»rollenlosen Rolle« für diese Phase des »emerging adulthood«,
um das weitgehende Fehlen einer gesellschaftlichen Regelung
zu kennzeichnen. »Die Jahre des hervortretenden Erwachsenenalters sind gekennzeichnet durch einen hohen Grad an
demographischer Diversität und Instabilität, die Schwerpunkte
liegen auf Veränderung und Exploration« (Arnett, 2000, p. 471,
Übersetzung d. Verf.). Die jungen Menschen fühlen sich in
dieser Zeit eindeutig nicht mehr als Jugendliche, aber auch
noch nicht voll als Erwachsene. Ihre Identität ist noch nicht
erarbeitet im Sinne von Marcia, sondern noch in einer Phase
der Exploration, was die zentralen Themen der Liebe, Arbeit
und Weltanschauung betrifft. Ein Experimentieren ist weiter
möglich, aber die Explorationen sind nun deutlich ernsthafter
und gezielter als in der Jugendphase. Erst am Ende der zwanziger und zu Beginn der dreißiger Jahre tritt wieder eine klare
normative Regelung ein, weil nun die Mehrheit der jungen
Menschen ihre Ausbildung beendet hat, in stabilen Partnerschaften lebt und teilweise auch bereits Eltern geworden ist.
Die Arbeiten von Arnett (2000) sind insofern von großer Bedeutung, als sie eine neue zeitliche Strukturierung des frühen
Erwachsenenalters andeuten, die auf der Basis der aktuellen
gesellschaftlichen Veränderungen im Zuge der Individualisierung erfolgt ist. Junge Menschen haben dadurch auch nach der
Jugendphase noch in eine längere Phase der Exploration erhalten, die relativ wenig normativ geregelt ist, die also in gewisser
Weise das »Moratorium« der Jugendphase verlängert; dadurch
ergeben sich große individuelle Unterschiede und heterogene
Entwicklungsverläufe.

Eine deutsche Längsschnittsstudie von Seiffge-Krenke und
Gelhaar (2006) konnte diese Tendenz an einer Stichprobe von
23-Jährigen (N = 102) bestätigen; im Umgang mit Entwicklungsaufgaben zeigte sich große Heterogenität. Insbesondere
die Entwicklungsaufgaben des Aufbaus einer Partnerschaft, des
Auszugs aus dem Elternhaus und des Einstiegs in die Berufstätigkeit wurden subjektiv als zentral eingeschätzt, die Varianz
war bei diesen Aufgaben aber auch am größten. In Einklang
mit Levinson (1979) sieht Arnett dann auch in den Dreißiger-
jahren diese Phase der Instabilität beendet; die Entscheidungen für einen beruflichen Weg und für eine Partnerschaft sind
dann für die meisten jungen Menschen gefallen und werden
verbindlich, die Phase der Exploration ist vorbei, die aufge-
baute Lebensstruktur wird nun gelebt.

In der Phase des frühen Erwachsenenalters fallen wesentliche Entscheidungen, die den weiteren Lebensweg bahnen
und nur mehr beschränkt revidierbar sind. Die jungen Erwachsenen gehen Verpflichtungen und soziale Verantwortung
ein, im Beruf, in der Partnerbeziehung oder durch die Geburt
von Kindern. Lebensentscheidungen im frühen Erwachsenenalter sind wesentliche Determinanten für die Stabilität eines
Lebenslaufs. Doch um persönliche Ziele verfolgen zu können,
bedarf es immer aktiver Prozesse der Gestaltung und Selbstregulation. Selbstregulative Prozesse im Entwicklungsprozess
waren in den letzten Jahrzehnten häufiger ein Gegenstand der
Entwicklungspsychologie der Lebensspanne. Die Lebensziele
und das Ausmaß, in welchem es gelingt, diese Ziele zu realisieren, haben Einfluss auf Lebenszufriedenheit und psychische Gesundheit (Brunstein, Maier & Dargel, 2007). Auch im
Konstrukt des »Doing continuity« (Keddi, 2011) wird die aktive Rolle des Individuums in der Herstellung von Stabilität im
Lebenslauf betont. Männer und Frauen verfolgen ihre Lebensthemen und stellen die roten Fäden in ihrer Biographie aktiv
her. Dies wird gestützt durch neuronale Prozesse im biographischen Gedächtnis, durch Prozesse der Entwicklung relativ
stabiler Persönlichkeitsmerkmale (wie etwa den »big five«)
sowie durch die Entwicklung von Stabilität in den sozialen
Beziehungen.

4.2.2 Entwicklungsthemen

Folgen wir dem Phasenmodell von Erikson (1988), so haben sich junge Erwachsene vor allem mit einem Thema auseinanderzusetzen, nämlich auf der Basis einer in der Adoleszenz erreichten Identität eine *intime Bindung* zu einem Menschen einzugehen. Gelingt ihnen das nicht, so droht soziale Isolierung. Havighurst (1972) nennt mehrere konkrete Aufgaben, die im frühen Erwachsenenalter anstehen: Einen Lebenspartner bzw. eine Lebenspartnerin zu suchen, das Zusammenleben in einer engen Beziehung zu lernen, eine Familie zu gründen, Kinder zu erziehen, den eigenen Hausstand zu führen, den Einstieg in einen Beruf zu schaffen, öffentliche Verantwortung zu übernehmen und eine passende soziale Bezugsgruppe zu finden. Neuere Studien (z. B. Seiffge-Krenke & Gelhaar, 2006) kommen zu dem Ergebnis, dass diese klassischen Entwicklungsaufgaben auch für die jungen Erwachsenen von heute noch erstaunlich aktuell sind, insbesondere werden von ihnen der Auszug aus dem Elternhaus, der Aufbau einer Partnerschaft und der Einstieg in die Berufstätigkeit hoch gewichtet. Levinson (1979) bezeichnet diese erste Phase des Erwachsenenalters als *Lehrzeit.* Diese Lebensperiode sei durch eine Reihe von Aufgaben gekennzeichnet, mit denen sich der junge Mann und die junge Frau beschäftigen müssen. Die vier wichtigsten Herausforderungen sind aus der Sicht von Levinson: Einen (Lebens-)Traum zu entwickeln und zu verwirklichen; Beziehungen zu einem »Mentor«, also einem etwas älteren Ratgeber und Förderer, anzuknüpfen; eine berufliche Tätigkeit auszubauen; schließlich eine Liebesbeziehung einzugehen sowie Ehe und Familie zu gestalten.

Haben diese Klassiker oft unausgesprochen die männliche Entwicklung im Auge, so betont Gilligan (1984) die Unterschiedlichkeit der Themen und Konflikte von Frauen und Männern im frühen Erwachsenenalter. Sie sieht die Identitätsentwicklung in dieser Lebensphase keinesfalls als abgeschlossen an und weist darauf hin, dass zwar Beziehungen und Bindungen für beide Geschlechter eine zentrale Rolle spielen, jedoch mit ganz unterschiedlichen Schwerpunkten. Während

für Männer die von Erikson postulierte Abfolge von Krisen, die
Auseinandersetzung mit der eigenen Identität und dann mit
intimen Beziehungen, zutreffen mag, sieht Gilligan für Frauen
eine Verschmelzung beider Konflikte: Frauen definieren ihre
Identität gerade über *soziale Beziehungen* und die *Sorge für andere*. Männer definieren sich über eigene Leistungen und Erfolge, betonen dabei eher das Trennende und die Distanz zu
anderen Menschen. Frauen trennen dagegen ihr Selbst nicht
von Beziehungen; daher wird es für sie im frühen Erwachsenenalter notwendig, eigene Bedürfnisse zu erkennen und sich
von anderen abzugrenzen.

Als *zentrale Lebensthemen* des jungen Erwachsenen werden
wir im Folgenden die Weiterentwicklung der Identität, die Entwicklung intimer Beziehungen, die Sozialisation in die zentralen Rollen von Beruf und Familie, die Auseinandersetzung mit
normativen Übergängen und mit kritischen Lebensereignissen
sowie die Entwicklung und Verfolgung von bedeutsamen Lebenszielen betrachten.

Identitätsentwicklung

Wir müssen davon ausgehen, dass die Bildung einer festen
Identität heute nicht mehr mit dem Jugendalter abgeschlossen wird. Eine verlängerte Jugendphase und ein ungleichzeitig
verlaufender Übergangsprozess in die Erwachsenenwelt tragen
dazu bei, dass die psychosoziale Krise einer Identitätsfindung
im Sinne von Erikson vielfach erst in einem Alter bearbeitet
werden kann, das weit in die Phase des frühen Erwachsenenalters hineinreicht. Diese Schlussfolgerung legt auch der Ansatz
von Arnett (2000) nahe, der die Phase des »emerging adulthood« wesentlich geprägt sieht durch Exploration der eigenen Identität und dabei sogar noch mehr Gelegenheiten bietet als die Adoleszenz. Zentrale Fragen des Selbstkonzepts sind
im hervortretenden Erwachsenenalter besser zu bearbeiten als
in der Jugend, weil sie auf realistischerer Basis und mehr Erfahrungen beruhen; sie stellen sich etwa die Fragen, in welcher beruflichen Tätigkeit bin ich wirklich gut oder welche befriedigt
mich langfristig am meisten, oder welche Partner passen am

besten zu mir und mit welchen kann ich mir eine längerfristige Beziehung vorstellen.

Wenn wir von dem Modell einer ständigen Weiterentwicklung und Differenzierung der Identität im Erwachsenenalter ausgehen, wie es Whitbourne und Weinstock (1982) vorgeschlagen haben (► Kap. 3.2), dann sind es vor allem neue Anforderungen und Erfahrungen, die eine Entwicklung vorantreiben. Der junge Mensch muss eine Balance zwischen Anpassung und Selbstverwirklichung finden, um in der neuen sozialen Umwelt akzeptiert zu werden und gleichzeitig seine Individualität weiterzuentwickeln. Betont er die induktive Differenzierung seiner Identität zu stark (vgl. ► Abb. 3.4), so wird er in die Gefahr geraten, dass sein Selbst nur ein Fähnchen im Wind wechselnder sozialer Anpassungsforderungen wird; im Extremfall droht ihm eine Spaltung oder ein Verlust seiner Identität. Betont er die deduktive Differenzierung seiner Identität zu stark, so wird er in die Gefahr geraten, seine individuellen Gestaltungsmöglichkeiten zu überschätzen, die Realität und ihre Grenzen zu verleugnen und eigene Misserfolge zu verdrängen; im Extremfall drohen ihm narzisstische Überschätzung und Realitätsverlust.

Im Gegensatz zum relativen Schonraum der Adoleszenz sind nun die Anforderungen an die jungen Erwachsenen sehr ernst und die Folgen seiner Handlungen und Entscheidungen in der Regel schwer wiegend und weit reichend. Zudem ist ihre Lebenswelt sehr komplex geworden und umfasst eine Fülle von sich überlappenden, aber auch segmentierten Erfahrungsbereichen: die eigene Herkunftsfamilie, die aus der Jugend erhaltenen sozialen Netzwerke und Freizeitaktivitäten, die Ausbildungslaufbahn, aber auch die neuen Sphären der Berufswelt, um sie herum entstehende Beziehungen und Aktivitäten, neue und intensivere soziale Bindungen, die Absicherung und den Ausbau einer ökonomischen Basis usw. – sie alle müssen integriert werden. Identitätsarbeit meint gerade diese Integrationsleistung des Subjekts, die Konsistenz seines Selbstbildes über verschiedene Lebensbereiche hinweg zu erleben und eine gewisse Kontinuität seiner Biographie zu erlangen. Es spricht einiges dafür, dass in der gegenwärtigen gesellschaftlich-historischen Phase diese Identitätsarbeit schwieriger geworden ist, weil die Lebenswelt segmentierter und in sich widersprüchlicher, der Lebenslauf veränderlicher und bruchstückhaft geworden ist. Die postulierte »Patchwork-Identität« (Keupp et al., 1999) eines spätmodernen Subjekts trifft wohl in besonderem Maße auf den jungen Erwachsenen zu. Er wird mit einer Berufswelt konfrontiert, die ihm den Einstieg in ein volles, unbefristetes Erwerbsverhältnis oft nur über eine Reihe von Vorstufen ermöglicht, die seine Lebenssituation längere Zeit labilisieren und flexibilisieren. Gleichzeitig hat er die Wahl zwischen einer Vielfalt an Lebensformen und Freizeitstilen, ist konfrontiert mit einer bunten Konsumwelt, die ihm scheinbar alles bietet, wenn er es nur bezahlen kann. Der junge Mann und die junge Frau können sich anscheinend ihr Leben so »basteln« wie sie es wollen. Junge Erwachsenen haben, vor allem wenn sie auch noch erfolgreich und attraktiv sind, in einer an »Jugendlichkeit« orientierten Lebenskultur scheinbar alle Möglichkeiten. Doch sie geraten leicht in die Gefahr, rastlos von einer Aktivität in die andere zu springen, von einem Lebenssegment in ein anderes, von einer Rolle in die andere. Überall werden sie nur dann akzeptiert und gefördert, wenn sie sich an die herrschenden Regeln halten: erfolgreich, dynamisch, modisch, schön, sportlich, reich, wissend und vor allem »in« müssen sie sein. Es gibt viele Risiken in der Entwicklung und viele Möglichkeiten des Scheiterns an diesen vorgespielten Idealbildern. Die Integrität einer eigenen Persönlichkeit zu erhalten, ist unter diesen Bedingungen nicht einfach. Identitätskrisen werden wahrscheinlich, wenn sich die Menschen in diesen Verhältnissen selbst nicht mehr finden, wenn ihnen in einem Lebensbereich der Erfolg versagt bleibt oder wenn sie »out« sind. Das Risiko zu scheitern fällt dann aber auf das Subjekt zurück. Das ist umso gravierender, als zunehmend die sozialen Einbindungen fehlen, die Risiken für das Individuum abfedern könnten (Beck, 1986).

In der ersten Phase des frühen Erwachsenenalters, dem »emerging adulthood«, werden auch die höchsten Raten an riskanten Lebensstilen beobachtet: Riskantes Verhalten im Verkehr, im Konsum von Alkohol und Drogen oder im ungeschützten Geschlechtsverkehr haben ihre Spitzen nicht im Jugendalter, sondern im »emerging adulthood« (Arnett, 2000). Sie können auch als Teil der beschriebenen Explorationstendenz verstanden werden, junge Menschen möchten sich ausprobieren und möglichst vielfältige und intensive Erfahrungen sammeln, bevor sie sich dann beruflich festlegen und familiär binden. Das Risikoverhalten kann damit auch als Teil des Identitätsfindungsprozesses in dieser Lebensphase interpretiert werden (ebd.). Somit treten in dieser Altersphase, die eigentlich mit bester Gesundheit assoziiert ist, doch ernste gesundheitliche Probleme auf, die lange Zeit auf die Jugendphase attribuiert wurden und erst allmählich stärker mit dem frühen Erwachsenenalter verknüpft und dort untersucht werden; die Prävalenzraten an Todesfällen, Unfällen, Gewalthandlungen und Suiziden, an Verletzungen und im Konsum von legalen und illegalen Drogen sowie an psychischen Störungen sind im frühen Erwachsenenalter noch deutlich höher als in der Adoleszenz (Park, Mulye, Adams et al., 2006).

Entwicklung in sozialen Beziehungen

In Eriksons Entwicklungsmodell (▶ Kap. 3) wird die Intimität in sozialen Beziehungen als die dominierende Thematik des frühen Erwachsenenalters postuliert: Junge Erwachsene müssen die Fähigkeit entfalten, eine emotionale, persönliche und sexuelle Bindung einzugehen, um sich weiterzuentwickeln. Erikson hat die Entwicklungsaufgabe der Intimität ursprünglich in einer Bedeutung formuliert, die stark den sexuellen Anteil einer intimen Paarbeziehung betont. Aber sie ist natürlich nicht darauf beschränkt. Für George Vaillant (1993), der in seiner Arbeit stark auf Eriksons Modell aufbaute, sind der Geschlechtsverkehr und der Orgasmus vielmehr »eine Metapher für die Bereitschaft des erwachsenen Menschen, sich für die Verwundbarkeit einer anderen Person verantwortlich zu fühlen und ihr gleichzeitig Reziprozität in der Beziehung zu ermöglichen (...).« (S. 152) Körperliche Nähe, sexuelle Erfüllung und gegenseitige Verantwortung charakterisieren in diesem Sinne eine intime Partnerbeziehung. Partnerbeziehungen

werden typischerweise im frühen Erwachsenenalter zum ersten Mal mit einer größeren Stabilität und Dauer sowie mit
starker emotionaler Intensität und Verbindlichkeit eingegangen. Die gesellschaftliche Institution der Ehe sichert bis heute
durch ein System normativer Erwartungen, dass heterosexuelle Partnerbindungen in dieser Lebensphase eingegangen und
gesetzlich wie auch kirchlich legitimiert werden. Wie wir aber
wissen, ist dieses Modell »Ehe« heute in den modernen Industriegesellschaften nicht mehr allseits akzeptiert. Nicht nur ist
seine Stabilität zunehmend geringer geworden, wie sich etwa
an der deutlichen Zunahme von Ehescheidungen zeigen lässt.
Es ist auch eine Vielzahl neuer Lebensformen entstanden: Viele
junge Paare leben ohne Trauschein zusammen, führen eine
»Fortsetzungs-Ehe« nach einer Scheidung, leben in homosexuellen Partnerschaften, in getrennten Einpersonenhaushalten
oder in Wohngemeinschaften. Das Bedürfnis nach Liebe, Geborgenheit, Vertrautheit und Nähe scheint sich heute in verschiedenen Beziehungskonstellationen verwirklichen zu lassen;
die Ehe ist auch als Versorgungsinstitution nicht mehr obligatorisch. Damit sind sexuelle Beziehungen auch nicht mehr an
stabile Partnerbeziehungen gebunden. Der Abbau von sozialen Normen, die Erfahrungen der Intimität eng mit der Ehe
verknüpft haben, erleichtert heute die Beendigung von unbefriedigenden und konfliktreichen Beziehungen und den Aufbau von neuen, zufrieden stellenden Paarbeziehungen. Diese
neuen Freiheiten machen intime Beziehungen aber auch unverbindlicher und damit sexuelle Kontakte beliebiger. Gleichzeitig bestehen heute die Wünsche nach der »großen romantischen Liebe« und nach der Stabilität von Beziehungen fort,
auch und gerade bei jungen Erwachsenen. Zweifellos sind Partnerbeziehungen und das Erleben von Intimität und befriedigender Sexualität wesentlich für die psychische Entwicklung
im frühen Erwachsenenalter. Leider haben sich aber bisher nur
wenige empirische Studien mit der positiven Bedeutung von
intimen und sexuellen Beziehungen für die Weiterentwicklung
von erwachsenen Menschen auseinander gesetzt, um solide
Aussagen für die heutige junge Generation machen zu können
(vgl. zusammenfassend Krampen & Reichle, 2008). Wir wer

den in ▶ Kap. 4.5 noch ausführlicher auf dieses Entwicklungsthema eingehen.

Diese Veränderungen in den Beziehungsmustern hängen
mit einer tief greifenden Freisetzung des Individuums aus der
sozialen Einbindung in traditionelle Klassen-, Familien- und
Geschlechtslagen zusammen, die wir mit Beck (1986) als Individualisierungsprozess gekennzeichnet haben. Mit der Veränderung der Verhältnisse zwischen den Geschlechtern hat sich vor
allem für *Frauen* ein Umbruch in ihrer Lebenssituation ergeben.
Die Verbesserung der Bildungschancen, die selbstverständliche
Erwerbstätigkeit, die Liberalisierung in der Sexualität, die Emp-
fängnisverhütung und Veränderungen in der Partnerbeziehung
haben für Frauen insgesamt mehr Gestaltungsmöglichkeiten
in ihrem Leben erbracht. Sie sind jetzt weniger abhängig von
und in Beziehungen. Diese Veränderungen bringen aber auch
neue Unsicherheiten, Konflikte und Zwänge für die Einzelne
mit sich. Für junge Frauen besteht immer noch eine *Diskrepanz
zwischen Anspruch und Wirklichkeit*, die bewältigt werden muss
(Cornelissen, Rusconi & Becker, 2011). Die sich gesellschaftlich
immer mehr durchsetzenden Vorstellungen von der Gleichberechtigung der Geschlechter lassen für Frauen eine Vorstellung
vom eigenen Leben und von ihrer Gleichberechtigung in der
Paarbeziehung entstehen. Die Ehe- und Beziehungsrealität entspricht jedoch nicht immer diesen Idealen (Jurczyk & Oechsle,
2008). Diese Veränderungen lassen auch die Männer in den
Beziehungen nicht unberührt. Wenn die Geschlechterfrage
auch in ihre intime Partnerbeziehung eindringt, dann sind sie
keineswegs unverwundbar, weil davon ihre Identität als Mann
tangiert wird. Die Aufkündigung einer qua Geschlecht festge-
legten Aufgabenverteilung durch die Frau stellt die männliche
Rolle in der Beziehung infrage. Diese Herausforderung kann
jedoch durchaus als Entwicklungsgelegenheit für den Mann
gesehen werden, der dadurch die Chance erhält, seine eigene
Identität zu reflektieren und sich von den Restriktionen einer
männlichen Sozialisation und Rollenfestlegung zu befreien. Die
intime Beziehung zwischen Mann und Frau könnte derart neu
definiert und in einer Form ausgehandelt werden, dass sie den
Bedürfnissen und Fähigkeiten beider Partner besser entspricht.

Soziale Beziehungen spielen im frühen Erwachsenenalter jedoch nicht nur als Partnerbeziehungen eine Rolle. Wohl in kaum
einer Lebensphase werden so viele *neue Beziehungen* eingegangen: zu Freunden, zu Arbeitskollegen, zu den eigenen Kindern,
zu Nachbarn. Vielfach bekommen dauerhafte familiäre Beziehungen im Erwachsenenalter eine völlig neue Qualität: Die Beziehung zu den Eltern verändert sich stark, wenn der junge
Erwachsene auf eigenen Beinen steht und eigene Verantwortung übernommen hat; sie muss nun aus einer abhängigen in
eine gleichberechtigte Beziehung umgestaltet werden. Ebenso
verändern sich die Beziehungen zu den Geschwistern und zu
Freunden aus Kindheit und Jugend einschneidend, wenn sie
nicht ganz abkühlen und auslaufen. Der junge Erwachsene muss
heute das *Netzwerk* seiner sozialen Beziehungen *aktiv gestalten* und dazu haben die neuen Kommunikationstechnologien
(Internet, Mobiltelefon) völlig neue Möglichkeiten und Formen
sowie soziale Netzwerke entstehen lassen, die gerade von jungen Erwachsenen sehr intensiv genutzt werden. Ob diese virtuellen sozialen Interaktionen und Beziehungen die Funktionen
von realen sozialen Beziehungen übernehmen können, das bedarf erst einer näheren Untersuchung. Das Individuum findet
sich in einer individualisierten Gesellschaft nicht mehr selbstverständlich in Familien- und Verwandtschaftsbezügen eingebunden. Diese sind oftmals nur mehr rudimentär vorhanden
oder sie werden wegen ihrer Einschränkungen abgelehnt. Diese
Freisetzung des Individuums gibt ihm die Chance, seine sozialen Beziehungen stärker nach eigenen Interessen und Bedürfnissen einzugehen. Aber sie setzt es auch unter Handlungs-
zwang: Es muss sich ein befriedigendes soziales Netzwerk
aufbauen, will es nicht isoliert leben. Neue Wege einer Herstellung von Kontakten mit anderen ergeben sich durch virtuelle
Netzwerke wie etwa Facebook oder Twitter.

Sozialisation in Beruf und Familie

Im frühen Erwachsenenalter werden die Sozialisationsprozesse
aus der Adoleszenz in gewisser Weise fortgesetzt; die Sozialisation von moralischen Vorstellungen, von Geschlechtsrollen,

von Motiven und Idealen hat jeweils bereits eine längere Geschichte. Die neue Qualität einer Erwachsenensozialisation besteht aber darin, dass erworbene Fähigkeiten, Werthaltungen und Einstellungen jetzt stärker handlungsrelevant werden, dass aus dem Probehandeln eine selbstständige und eigenverantwortliche Lebenstätigkeit wird. Die Schwierigkeiten junger Erwachsener bestehen heute wohl zum einen in der Vielzahl und Unterschiedlichkeit von sozialen Erwartungen, die keine klare Orientierung für den Lebensweg, sondern eher ein buntes Muster von Angeboten ergeben. Sie sind ständig gezwungen zu entscheiden, obwohl sie vielleicht noch gar nicht die Voraussetzungen dafür haben; aber Fehlentscheidungen fallen immer auf den Einzelnen zurück. Zum anderen können durch die Schnelligkeit des gesellschaftlichen Wandels die Lebensbedingungen und Erwartungen, auf die hin ein Heranwachsender sozialisiert wurde, bereits entscheidend andere sein, wenn er das Erwachsenenalter erreicht hat. Die Lebensmodelle, die junge Menschen im Kopf haben, passen möglicherweise nicht mehr in die Verhältnisse, die sie dann vorfinden.

Die beiden *zentralen Aufgaben*, die von jungen Erwachsenen immer noch sozial erwartet werden, sind die Aufnahme einer Erwerbstätigkeit und die Gründung einer Familie. Der *Eintritt in die Berufswelt* ist ein wesentlicher Schritt, der bestimmt, welche soziale Position ein Mensch im gesellschaftlichen Ganzen einnimmt, und der gleichzeitig auf seine Selbstdefinition zurückwirkt, weil sich die Identität von Erwachsenen in starkem Maße über die Arbeit bestimmt. Die Verfügung über Geld ist eine entscheidende Voraussetzung zur Teilhabe an weiteren Bereichen der Erwachsenenwelt, z.B. angemessener zu wohnen oder einen altersentsprechenden Lebensstil mit dazugehörigen Ressourcen bzw. Statussymbolen (z.B. Auto, Kleidung, Freizeitaktivitäten) zu führen. Es ist gleichzeitig aber auch ein wichtiges Mittel zur Ablösung von der Herkunftsfamilie, da es ökonomische Unabhängigkeit ermöglicht. Die erwarteten sozialen Rollen im Familienbereich umfassen zunächst das Eingehen einer *stabilen Partnerbeziehung* sowie die Gründung eines eigenen Hausstandes und einer *Familie*. Die Etablierung eines Familienverbandes mit Kindern zieht in der Übernahme der Elternrolle

eine Reihe weiterer Sozialisationsprozesse und Ereignisse im
Familienzyklus nach sich, die sich aus den Anforderungen an
die Erziehung von Kindern in unterschiedlichen Altersphasen
ergeben (► Kap. 4.5). Die zentralen Rollen in Beruf und Familie schaffen mit den entsprechenden Altersnormen normative
Erwartungen, die wir als *Normalbiographie* gekennzeichnet haben und die geschlechtsspezifisch ausgeprägt ist (► Kap. 3.2.3).
Aber die gesellschaftliche Regelung des frühen Erwachsenenalters ist heute schwächer geworden, der Gestaltungsspielraum
des Individuums größer. Die Altersvarianz für den Eintritt in
ein stabiles Erwerbsverhältnis zeigt z. B. eine große Bandbreite.
Berufsbiographien sind nicht nur im gesellschaftlichen Wandel begriffen (Hohner & Hoff, 2008), sie zeigen auch eine zunehmende Vielfalt von Verlaufsformen in Abhängigkeit von
Geschlecht, Schicht, Qualifikationsniveau, Beschäftigungsbe-
reich, Arbeitsmarktchancen, technologischen Entwicklungen,
regionalen Strukturen u. a. (ebd.). Durch die Flexibilisierung
von Arbeitszeit und Arbeitsvertrag entstehen zunehmend diskontinuierliche Berufsverläufe; Berufs- und Arbeitsplatzwech-
sel werden häufiger, Phasen von Erwerbslosigkeit und Unterbeschäftigung wechseln mit Phasen von Vollzeitbeschäftigung
und Weiterqualifizierung ab. Die Individualisierung und Flexibilisierung des Berufslebens trifft den jungen Erwachsenen im
besonderen Maße und labilisiert seinen Lebenslauf (► Kap. 4.4).
Auf der anderen Seite wird – bedingt durch den demographischen Wandel – immer häufiger ein Fachkräftemangel in vielen
Bereichen der Wirtschaft beklagt: qualifizierte junge Leute werden künftig dringender denn je gesucht werden, da ihr Anteil
an der Bevölkerung immer kleiner wird.

Sozialisationsprozesse finden ebenso in anderen Lebensbereichen statt. Gesellschaftliche Erwartungen an den jungen
Erwachsenen spielen heute auch im *Freizeitbereich* eine größere Rolle. Mit der Verringerung der Arbeitszeiten wurde die
arbeitsfreie Zeit von der bloßen Erholungsfunktion zu einer
Lebenssphäre mit eigener Wertigkeit ausgebaut. Sie ist nur
scheinbar ein Bereich der ganz persönlichen Bedürfnisbefrie-
digung. Mit der Entstehung einer Freizeit- und Konsumindus-
trie, mit der Vermarktung von Sport und Kultur ist das Indi-

viduum mit vielfältigen sozialen Erwartungen konfrontiert,
die insgesamt darauf hinauslaufen, sein Selbst auch in seiner
Freizeit der Konkurrenz zu stellen und entsprechend effektvoll
zu inszenieren. Diese Erwartungen sind meist milieu- und geschlechtsspezifisch differenziert; die Anforderungen bestehen
in der Regel in der Anpassung an Modewellen, sei es in der
Kleidung, im Sport oder in der Kultur; vom Einzelnen wird erwartet, Teil der jeweiligen Bezugskultur zu sein. Der junge Erwachsene muss hier seinen eigenen Weg finden, einen Lebensstil, der nicht in die kritiklose Anpassung an seine Clique, aber
auch nicht in die soziale Isolation führt. Ein wichtiger Soziali-
sationsprozess kann für junge Erwachsene im Bereich von *Öffentlichkeit* und *Politik* stattfinden. Wenn sie sich in politischen
oder in sozialen Organisationen engagieren, dann können daraus wichtige neue Kompetenzen entstehen: die Fähigkeit zur
Selbstorganisation für ein gemeinsames Ziel, der Umgang mit
Macht (eigener und fremder), der Umgang mit einer Medien-
öffentlichkeit, das Agieren in großen Gruppen, das Aushandeln
von Kompromissen, aber auch die Erfahrung einer Überidenti-
fikation mit einer Gruppe oder des Aus-den-Augen-Verlierens
hehrer Ideale (▶ Kap. 4.4).

Auseinandersetzung mit Übergängen und kritischen Ereignissen

Der Sozialisationsbedarf ist in der Regel beim Übergang zwischen sozialen Rollen am größten. Das frühe Erwachsenenalter
ist – wie oben beschrieben – durch den Eintritt in zwei zentrale gesellschaftliche Bereiche geprägt: die Arbeitswelt und die
Familie. Die Übergangsphase vom Bildungssystem in den Beruf und die Übergangsschritte vom Status eines Ledigen in den
eines Verheirateten bis in die Elternrolle sind die wichtigsten
normativen Erwartungen an junge Erwachsene. Der Umgang
damit und der Ablauf und Ausgang dieses Übergangsprozes-
ses werden wesentliche Bedingungen der persönlichen Entwicklung sein und den weiteren Lebensweg bestimmen. Diese
Übergänge sind altersnormiert, jedoch ist die Altersvarianz,
beispielsweise des Übergangs in den Beruf und noch mehr die

Gründung einer Familie, heute sehr groß. Es lassen sich jedoch deutliche Grenzen erkennen: Der Erwachsene um die
Dreißig, der diese Übergänge noch nicht vollzogen hat, wird
wahrscheinlich häufiger mit Fragen und dem Druck seiner
sozialen Umgebung konfrontiert werden. Dennoch ist insgesamt die Normierung dieser Lebensphase geringer geworden,
der eigene Gestaltungsspielraum des Subjekts für diese Übergänge größer. Die junge Frau kann sich heute in entsprechenden sozialen Milieus dagegen entscheiden, Kinder in die Welt
zu setzen, ohne sozial stigmatisiert zu werden; bei ihren eigenen Eltern und Verwandten stößt sie aber eventuell auf völliges
Unverständnis. Der junge Mann, der mit 27 Jahren sein Stu-
dium beendet und nach mehreren befristeten Halbtagsstellen
mit 30 Jahren seine erste »feste Stelle« antritt, entspricht zwar
nicht der Norm, trifft in seiner sozialen Umgebung aber vermutlich auf Akzeptanz; ein gleichaltriger Facharbeiter, der bereits seit zehn Jahren im Beruf ist und auf eine feste berufliche
und familiäre Position verweisen kann, wird sich möglicherweise darüber wundern.

Das frühe Erwachsenenalter ist weiterhin durch *nicht-
normative Ereignisse* gekennzeichnet, die unerwartet und sozial meist unerwünscht sind. Ein nicht gelungener Einstieg in
den Beruf, ein Arbeitsplatzverlust, berufliche Misserfolge, die
Trennung einer längerfristigen Partnerbeziehung, eine unerwünschte Schwangerschaft, die ernste Krankheit eines Kindes sind Beispiele für Ereignisse, die junge Erwachsene häufiger betreffen. Sie können dann kritisch werden, wenn sie die
Lebensperspektive einer Person bedrohen und schwer zu bewältigen sind. Nicht selten brechen durch solche unerwartete
Ereignisse in die optimistische Grundstimmung des jungen
Erwachsenen erste Trübungen und Enttäuschungen ein. Sie
stellen große Herausforderungen dar, an denen ein Mensch
wachsen, aber auch zerbrechen kann. Die Lebenserfahrungen,
die er aus dem Bewältigen dieser kritischen Lebenssituationen gewinnt, prägen oft den weiteren Lebensweg. Sie können
Einschnitte und Wendepunkte im Lebenslauf werden. Und sie
können zu einer Weiterentwicklung seiner Bewältigungskompetenzen und Persönlichkeit beitragen.

Entwicklung von Lebenszielen

Eine der wesentlichsten Aufgaben des frühen Erwachsenenalters ist die Entwicklung realistischer Lebensziele und der Versuch, sein Leben entsprechend zu gestalten. Levinson (1979)
spricht vom Lebenstraum und Bühler (1933) von der Lebensbestimmung, die Menschen in dieser Lebensphase für sich zu
finden haben. Diese Ziele hätten eine gewisse innere Verpflichtung zur Voraussetzung und oft äußere Entscheidungen zur
Folge. Es ist wohl anzunehmen, dass die zentralen Entscheidungen des jungen Erwachsenen ihn in gewissem Maße festlegen, den weiteren Lebensweg bahnen und nur begrenzt revidierbar sind. Sie bilden eine erste stabile Lebensstruktur im
Sinne von Levinson; diese solle allerdings zunächst Alternativen offen halten und korrigierbar bleiben.

Sicher sind jungen Menschen ihre Lebensziele nicht immer
bewusst. Junge Erwachsene werden sich auch darin unterscheiden, ob sie ihr Leben überhaupt für nach eigenen Vorstellungen
gestaltbar halten; in Forschungen zum Kontrollbewusstsein
versucht man, sich dieser interessanten Frage zu nähern (vgl.
Brunstein, Maier & Dargel, 2007). Die individuelle Gestaltung
eines Lebenslaufs wird allerdings zu einer objektiv immer wich-
tigeren Frage. Denn die Spielräume für diese subjektive Konstruktion werden in dem Maße größer, wie sich die Biographien
individualisieren und flexibilisieren. Es besteht daher nahezu
ein Gestaltungszwang, vom Individuum werden Entscheidungen sozial abgefordert, es muss biographische Teilstücke zu-
sammenbauen und für sich integrieren. Sein Spielraum ist aber
insofern eingeschränkt, als es für seine Lebenssicherung immer
entscheidend vom Arbeitsmarkt abhängig ist. Zudem stellt sich
die in dieser Situation paradoxe Frage, ob junge Erwachsene
heute überhaupt noch in längerfristigen Perspektiven denken
und ihr Leben planen können, ob hinter der Alltagsbewältigung auch noch utopische Lebensentwürfe entwickelt werden
können.

Bevor die Bedeutsamkeit der Entwicklung in den zentralen
Lebensbereiche im frühen Erwachsenenalter, Arbeit und Beruf
auf der einen Seite, Partnerschaft, Familie und freiwilliges En-

gagement auf der anderen Seite, näher beleuchtet wird, fragen
wir im Folgenden nach den Wünschen und Lebensentwürfen
junger Erwachsener im Spiegel empirischer Untersuchungen.

4.3 Lebensentwürfe und Lebensgefühl junger Erwachsener

Welche Vorstellungen entwickeln junge Erwachsene über die –
meistens parallel gedachte – Realisierung ihrer Wünsche in Beruf, Familie, Freizeit und ehrenamtlicher Arbeit? Wie gelingt
es ihnen, eine Balance zwischen den Lebensbereichen zu finden und zu erhalten? In ihren Lebensentwürfen unterscheiden sich Männer und Frauen immer weniger, in der Realisierung der Vorstellungen zeigen sich jedoch nach wie vor klare
geschlechtstypische Muster. Dies zeigen die nachfolgend vorgestellten Studien.

4.3.1 Lebensentwürfe und Rollenbilder

Während noch in den 1980er Jahren von einem »doppelten«
Lebensentwurf von Frauen ausgegangen wurde, der die Vereinbarkeit von Familie und Beruf in den Mittelpunkt stellte, kristallisieren sich inzwischen neue Lebensthemen junger Frauen
heraus, die sich nicht mehr ausschließlich auf die beiden bislang strukturgebenden Lebensbereiche beziehen. In einer
Längsschnittuntersuchung (Keddi, Pfeil, Strehmel & Wittmann, 1999) wurden 125 anfangs 19–27-jährige junge Frauen
über einen Zeitraum von sieben Jahren viermal befragt. Die Ergebnisse dieser qualitativen Studie zeigen, dass nur ein Teil der
jungen Frauengeneration das Leben weiterhin im Sinne eines
»doppelte Lebensentwurfs« gestaltet, also die Balance zwischen
Beruf und Familie (und damit verbundene Kompromisse) in
den Mittelpunkt ihrer Lebensplanung und Lebensführung
stellt. Stattdessen gewinnen Themen wie das Finden eines
»eigenen Weges« zur Erprobung und Verwirklichung persönlicher Potenziale oder die Entwicklung eines »gemeinsamen Weges« mit einem Partner, aber ohne Kinder, an Bedeutung. Junge

Frauen mit einer zentralen Orientierung auf den Beruf schließen Kinder nicht aus, setzen ihre Prioritäten aber eindeutig auf
die Realisierung ihrer beruflichen Ziele und organisieren das
Familienleben in diesem Sinne. Junge Frauen mit dem Lebensthema »Familie« wollen sich dagegen zuallererst um ihre Familie kümmern, sie gehen aber dennoch von einer lebenslangen,
wenn auch unterbrochenen Erwerbstätigkeit aus. Eine bisher
wenig wahrgenommene Gruppe junger Frauen sucht im frühen Erwachsenenalter über lange Zeit vergeblich nach Orientierung. Ihnen gelingt es nicht, ihre Wünsche und Zukunftsvor-
stellungen zu realisieren und wichtige Entwicklungsaufgaben
(z. B. die Ablösung von den Eltern) zu bewältigen, oft aufgrund
mangelnder persönlicher, sozialer oder materieller Ressourcen oder auch bedingt durch chronische gesundheitliche Beeinträchtigungen, die ihren Alltag wie auch ihre Zukunftsperspektiven dominieren. Bei jungen Männern zeigen sich ähnliche
Themen und Wertpräferenzen wie bei den Frauen, in der Um-
setzung ergeben sich jedoch weiterhin unterschiedliche Konsequenzen: Frauen richten ihre Lebensplanung und -gestaltung
nach wie vor stärker als Männer an familiären Vorstellungen
aus und gehen entsprechende Kompromisse ein (ebd.). Die
Vielfalt weiblicher Lebensentwürfe geht mit dem Trend einher,
dass immer mehr junge Frauen den Kinderwunsch später realisieren wollen oder – auch bewusst – kinderlos bleiben (Statistisches Bundesamt, 2012, ▶ Kap. 4.5).

Auch in den Ergebnissen einer qualitativ-ethnomethodolo-
gischen Studie mit 20-jährigen Frauen und Männern (BMFSFJ,
2007) zeichnen sich neue Rollenbilder und Lebensentwürfe
junger Erwachsener ab. So stellen sich junge Frauen mit Abitur
als selbstbewusst und optimistisch und mit dem Bewusstsein
dar, für die Realisierung ihrer Vorstellungen in Beruf, Partnerschaft und Familie sowie für die Ausbalancierung der Lebensbereiche selbst verantwortlich zu sein. Männer mit gleicher
Bildung erleben hingegen eine tiefe Ambivalenz: »Sie teilen ra-
tional und ideell die Maximen der Gleichberechtigung. Gleichzeitig sind sie geplagt von einer fundamentalen Unsicherheit
in Bezug auf gleichaltrige Frauen: diese sind für sie zugleich
attraktiv und suspekt, gerade weil sie ein massives Selbstbe-

wusstsein demonstrieren, ein modernes Rollenbild haben und
keine Schwäche (mehr) zeigen« (BMFSFJ 2007, S. 9). Den jungen Männern fehlen Vorbilder und positive Visionen für ihre
neue Rolle als Mann und Partner. Männer wie auch Frauen
mit einer mittleren und geringen Bildung scheinen sich eher
auf eine traditionelle Rollenverteilungen einlassen zu wollen
und empfinden hohe Ansprüche an eine Gleichstellung von
Frauen und Männern eher als Anstrengung und Zumutung
(ebd.).

4.3.2   Entwicklungsziele und biographisches Handeln

Berufliche und private Ziele können auf drei Ebenen biographischen Handelns angesiedelt sein: auf der Ebene *biographisch
bedeutsamen Handelns*, des *alltagsübergreifenden Handelns* und
der Ebene der *Organisation des Alltags* (vgl. Hoff, 2008). Biographisch bedeutsames Handeln ist zum Beispiel die Entscheidung für oder gegen Kinder, für den Bau eines Hauses oder für
die Annahme einer Stelle in einer anderen Stadt. Alltagsüber-
greifende Ziele beziehen sich auf Verabredungen über Aufgabenteilung und Regeln für die Organisation des Alltags: wer
z. B. Einkaufen geht oder sich um das Auto kümmert. Auf der
dritten Ebene geht es um das Alltagshandeln. Hier können sich
Spannungen aus Unklarheiten in der Alltagsorganisation oder
durch Unvorhergesehenes ergeben. Konflikte zwischen Berufs-
und Privatleben können auf allen Ebenen und zwischen den
Ebenen entstehen. Fällt zum Beispiel auf der Ebene biographisch bedeutsamen Handelns die Entscheidung für ein Kind,
so zieht dies bestimmte mögliche Konfliktfelder auf den anderen Ebenen nach sich. Dann muss geklärt werden: wer arbeitet
wie viel und wann, wer holt die Kinder vom Kindergarten ab,
spricht mit der Lehrerin, bleibt zu Hause, wenn das Kind krank
ist, usw. Hieran können sich auf der Ebene des Alltagshandelns
Konfliktsituationen entzünden, wenn Ereignisse eintreten, die
ungeregelt sind: wenn z. B. die Tagesmutter ausfällt oder das
Auto kaputt geht. Die Ausbalancierung der Lebensbereiche ist
verbunden mit einem abgestimmten Zeitmanagement. »Stö-

rungen« der sensiblen Balance erfordern nicht nur flexible Bewältigungsstrategien im Alltag, sondern stellen oft genug biographisch relevante Ziele infrage. Für das Ausbalancieren der Lebensbereiche hat die Gruppe um Hoff verschiedene Muster herausgearbeitet(vgl. Hoff & Schraps, 2007, S. 205). Ziele in Beruf und Privatleben können auf drei Ebenen aufeinander treffen: Bei einer *Segmentation* von beruflichen und privaten Zielen laufen die Handlungsstränge parallel, ohne sich gegenseitig zu behindern. Dabei können berufliche oder private Ziele dominieren. Eher selten ist eine dauerhafte Sicherung der Ziele in beiden Bereichen. Das zweite Muster, die *Integration* beruflicher und privater Ziele, bedeutet die Koordination von Handlungssträngen durch die Bildung von Integrationszielen. Dies gelingt nur durch Abstriche in beruflichen oder privaten Zielen oder in beiden Bereichen. Je nachdem wie flexibel Individuen mit der Bewältigung von Konflikten zwischen den Lebensbereichen umgehen, müssen Abstriche aber auch nicht dauerhaft sein. Als dritte Form zeigten sich Formen der *Entgrenzung* und Verschmelzung von Lebenssphären, wenn etwa mit Strategien der Alltagsbewältigung berufliche und private Ziele gleichzeitig bedient werden können. Wie junge Erwachsene die zahlreichen Herausforderungen einer Balance zwischen den Lebensbereichen und Handlungebenen meistern und welche Muster sie dabei zeigen, dürfte von den Rahmenbedingungen und Gelegenheitsstrukturen abhängen, in denen sie ihre Biographie und ihren Alltag gestalten können.

Der Ausgang der Bewältigungsversuche von Konflikten zwischen beruflichen und privaten Zielen mündet in verschiedene Formen des Entwicklungserlebens. Wie Personen ihre eigene Entwicklung erleben ist Ergebnis und Ausgangspunkt biographischen Handelns. Strehmel (1999) fand in einer Studie mit hochqualifizierten Frauen mit kleinen Kindern fünf Formen des Entwicklungserlebens, die sich danach unterschieden, wie zufrieden die Frauen mit der Realisierung ihrer Entwicklungsziele waren und in welchem Ausmaß sie das Gefühl hatten, diese Realisierung selbst in der Hand zu haben, also im psychologischen Sinne zu kontrollieren. Dabei spielen Gelegenheitsstrukturen und Ressourcen zur Realisierung von Entwicklungszielen

(z. B. Unterstützung durch den Partner, Kinderbetreuungsmöglichkeiten) eine wichtige Rolle. Die *progressiv Zufriedenen*
erleben keine Diskrepanz zwischen Entwicklungszielen und
den Möglichkeiten, diese auch umzusetzen. Bei ihnen kumulie-
ren günstige Gelegenheitsstrukturen, die es ihnen ermöglichen,
sich im Beruf zu entfalten und eigene Fähigkeiten auszuschöp-
fen. Selbstachtung erlangen sie durch eine aktive Auseinandersetzung mit Herausforderungen. *Resignativ zufriedene* Frauen
haben Ansprüche aufgegeben und dadurch Ist-Soll-Diskrepan-
zen reduziert, d. h. sie erleben keinen Konflikt mehr. Sie haben
berufliche Ziele nicht aufgegeben, teilweise aber deutlich reduziert bzw. ihre Ziele an die jeweiligen Rahmenbedingungen
angepasst. *Konstruktiv Unzufriedene* erleben eine Diskrepanz
zwischen ihren Zielen und ihren Realisierungsmöglichkeiten,
setzen sich mit Karrierewünschen, Rahmenbedingungen und
konfligierenden Werten aktiv auseinander und versuchen,
zwischen den widerstreitenden Ansprüchen eine Balance zu
finden. *Stagnierend Unzufriedene* haben bei einer Ist-Soll-Dis-
krepanz zunächst an ihren Zielen festgehalten, unternehmen
aber keine aktiven Bewältigungsversuche mehr und kommen
in der Lösung ihrer Probleme nicht weiter. Und *Pseudo-Ent-
wicklungszufriedene* schließlich haben die bestehende Diskrepanz zwischen eigenen Vorstellungen und dem Realisierbaren
abgewehrt und sich gegen sie so weit immunisiert, dass sie
diese selbst nicht mehr wahrnehmen und sich äußerlich mit
ihrer persönlichen Entwicklung zufrieden geben. Innerlich
fühlen Sie sich aber zutiefst entmutigt und demoralisiert und
zweifeln am Sinn ihre Anstrengungen, die eigene Entwicklung
zu gestalten. Häufig mündet ihre Abwehr gegen die erlebten
Widersprüche in Depressionen und psychosomatischen Beschwerden (ebd.).

Das Entwicklungserleben bahnt die Entwicklungspfade,
die von den jungen Erwachsenen aktiv gestaltet werden.
Es ist Ergebnis und Ausgangspunkt für die Bewältigung der
sich immer neu stellenden Konflikte zwischen beruflichen und
privaten Zielen im Verlauf ihrer persönlichen Entwicklung
und variiert je nach individuellen Bewältigungskompetenzen
und den jeweiligen Gelegenheitsstrukturen, d. h. der Ressour-

cen, welche die Realisierung von Entwicklungszielen unterstützen.

4.4 Entwicklungschancen und -hindernisse in Arbeit und Beruf

Die Persönlichkeitsentwicklung Erwachsener vollzieht sich zu einem großen Teil in der Auseinandersetzung mit ihrer Arbeit. Fähigkeiten, Motive und Verhaltensweisen verändern sich *in der* und *durch die* Arbeit. Alle Formen der Arbeit – Erwerbsarbeit, Hausarbeit, ehrenamtliche oder politische Arbeit – bieten Lernanlässe und Lerngelegenheiten. Neue Kompetenzen werden sowohl bei der Tätigkeit selbst als auch im sozialen Kontext von Arbeit erworben (vgl. Hoff, 1998). Die Bedingungen und Anforderungen der Erwerbsarbeit stecken den Rahmen für die Entwicklungsmöglichkeiten der Person im Beruf ab. Wie Arbeitsbedingungen und die individuellen Voraussetzungen für die Erwerbsarbeit (fachliche Qualifikation, Persönlichkeit, soziale Kompetenzen usw.) über die Zeit zusammenspielen, ist eine Kernfrage der Entwicklungspsychologie des Erwachsenenalters im beruflichen Bereich. Die Phasen im Verlauf einer Berufsbiographie gehen Hand in Hand mit den psychischen Prozessen der persönlichen Entwicklung.

Die Möglichkeiten für berufliche Entwicklungsprozesse stehen in Abhängigkeit von den gesellschaftlichen Rahmenbedingungen von Arbeit. Der gesellschaftliche Wandel schlägt sich in den Arbeitserfahrungen und damit auch in den Entwicklungsverläufen junger Erwachsener verschiedener Generationen in unterschiedlicher Weise nieder. Daher soll zuerst kurz auf aktuelle Veränderungen und Herausforderungen in der Arbeitswelt eingegangen werden. Dann werden die einzelnen Phasen der beruflichen Entwicklung beschrieben: Berufswahl, Berufseinstieg, Berufsverlauf. Als kritisches Ereignis in der Berufsbiographie wird es auch um das Erleben und Bewältigen eines Arbeitsplatzverlustes gehen, ebenfalls verbunden mit langfristigen Auswirkungen auf die Persönlichkeitsentwicklung. Wir gehen dann auch auf die Arbeit jenseits der Erwerbsarbeit ein:

auf die Familien- und Hausarbeit sowie auf freiwilliges Engagement in ehrenamtlicher Arbeit.

4.4.1 Junge Erwachsene im Beruf: gesellschaftliche Trends

Junge Erwachsene befinden sich in unterschiedlichen Phasen ihres Berufslebens: Während einige schon im Jugendalter ihren Beruf gewählt und ihre Ausbildung beendet haben, somit bereits mit Mitte zwanzig über einige Jahre Berufserfahrung verfügen, ist bei anderen in diesem Alter der Prozess der Berufswahl noch in vollem Gange. Auf dem Arbeitsmarkt treffen junge Erwachsene je nach Region und Branche, in der sie arbeiten möchten, auf sehr unterschiedliche Ausbildungs- und Arbeitsplatzangebote. Vor allem für Jugendliche und junge Erwachsene mit weniger guten schulischen Qualifikationen ist es schwierig, einen Ausbildungsplatz zu finden. Sie durchlaufen – insbesondere bei geringer Grundbildung – häufig Warteschleifen in Qualifizierungsmaßnahmen der Jugendberufshilfe oder sind mit Erwerbslosigkeit konfrontiert, bevor sie eine Berufsausbildung erhalten, die ihnen auf längere Sicht eine ökonomische Eigenständigkeit ermöglicht. Der Abschluss einer Ausbildung ist aber die Voraussetzung für den Einstieg in einen Beruf, der heute in fast allen Bereichen lebenslange Weiterbildung und ständige Auseinandersetzung mit sich verändernden Qualitätsanforderungen und neuen Technologien erfordert.

Die Rahmenbedingungen von Arbeit haben sich verändert. So gibt es immer weniger sogenannte Normalarbeitsverhältnisse (unbefristete Vollzeitstellen), dafür haben prekäre Beschäftigungsverhältnisse zugenommen. Dies geht einher mit einer Neubewertung von Arbeit, die in den 1970er Jahren eingesetzt hat (von Rosenstiel, 2006, Wieland und Krajewski, 2007). Postmaterielle Werte gewannen zunächst gegenüber materiellen an Bedeutung, neben der Arbeit wurden Partnerschaft und Familie, Freizeit und Lebensgenuss immer wichtiger. Inzwischen sind aber gegenläufige Tendenzen erkennbar bzw. es kristallisieren sich differentielle Muster heraus, die nach Bildung und Berufserfahrungen der Individuen bzw. ihrer persönlichen Arbeitssituation wie auch der gesellschaftlichen und globalen Wirtschaftslage variieren (von Rosenstiel, 2006).

Auf der Ebene der Organisationen und Unternehmen haben sich im Zuge neuer Arbeitsorganisations- und Beschäftigungs- formen und durch die Ausbreitung des Internet veränderter Anforderungsprofile und Belastungsmuster herauskristalli- siert. Für die Beschäftigten ist lebenslanges Lernen verbunden mit permanenter Kompetenzentwicklung on-the-job wie auch durch Fort- und Weiterbildung immer wichtiger geworden. Berufsbiographien werden diskontinuierlicher und nähern sich in ihren Mustern bislang typisch weiblichen Berufsbio- graphien an. Darin wechseln sich verschiedene Formen und Konstellationen der Erwerbsarbeit mit Phasen der Erwerbs- losigkeit – bei Frauen häufig verbunden mit Kindererziehung und Familienarbeit – ab (Mohr & Otto, 2007, S. 655). Von den meisten jungen Erwachsenen wird heute eine hohe Flexibilität und Mobilität im Beruf erwartet, ihre beruflichen Lebensläufe sind durch Veränderungen und Unterbrechungen gekenn- zeichnet. Dadurch werden neue berufliche Orientierungen und ständige Lernprozesse erforderlich. Junge Erwachsene werden mit Unsicherheiten in ihrer gesamten Lebensplanung konfron- tiert, denn eine geringe Planbarkeit im beruflichen Bereich tan- giert auch Entscheidungsprozesse in Partnerschaft und Fami- lie. Junge Erwachsene mit Kindern – und insbesondere immer noch eher die Frauen – haben sich nicht nur mit veränderten Arbeitsmarktstrukturen auseinanderzusetzen, sondern auch in der Organisation ihres Alltags besondere Probleme zu be- wältigen. Immer noch führen Entwicklungsaufgaben und -ziele in Beruf und Familie gerade bei Frauen zu Konflikten. Der ge- sellschaftliche Wandel und die damit verbundene Veränderung von Erwerbsbiographien haben auch in der psychologischen Forschung über die Entwicklungsprozesse durch Arbeit und Beruf zu einer stärkeren Berücksichtigung von historischen und biographischen Perspektiven geführt (Wiese, 2000). Die diskontinuierlicher werdenden Berufsbiographien sind eng verflochten mit anderen Lebensbereichen: Partnerschaft und familiale Strukturen, Freizeitgestaltung, Lebensstil oder politi- sches Engagement wirken auch auf die Entwicklungsprozesse

im Beruf zurück und tragen somit in komplexen Wechselwirkungen zur personalen Entwicklung bei.

4.4.2   Berufsfindung und Berufseinstieg

Das frühe Erwachsenenalter ist für die meisten jungen Erwachsenen die Zeit des Einstiegs in den Beruf. Die Entwicklung
einer beruflichen Identität beginnt aber schon viel früher: Bereits in den ersten Schuljahren machen sich Kinder Vorstellungen von einem späteren Beruf, ihre Interessen konzentrieren
sich auf bestimmte Gegenstände und Tätigkeiten und erwachsene Bezugspersonen werden möglicherweise zu Vorbildern
für die eigene berufliche Zukunft. Neben den persönlichen Vorlieben spielen verschiedene Sozialisationsinstanzen (Familie,
Schule, Peers, Medien usw.) im Prozess der Berufsfindung eine
große Rolle. Orientierungsprozesse werden dadurch erschwert,
dass es immer weniger klare Berufsbilder gibt. Durch den raschen technologischen Wandel verschwinden ganze Berufsfel-
der und es entstehen neue mit ganz anderen Anforderungspro-
filen. Verbunden mit der Europäisierung der Ausbildungswege
(z.B. dem Bologna-Prozess) und des Arbeitsmarktes (z.B.
durch die internationale Anerkennung von Studien- und Be-
rufsabschlüssen) sind Ausbildungsmöglichkeiten vielfältiger,
aber auch unübersichtlicher geworden.

Mit der sich wandelnden Arbeitswelt ändern sich auch
die Bedingungen und Vorzeichen für die *Berufswahl*: Es geht
immer weniger darum, einen »Beruf fürs Leben« zu finden,
vielmehr richtet sich die Entscheidung für eine berufliche
Ausbildung immer mehr nach den Möglichkeiten, eine Basis-
qualifikation zu erlangen, die ausbaufähig ist und die Chance
gibt, in zukunftsträchtigen Bereichen eine Arbeit zu finden.
Lebenslanges Lernen im Beruf ist heute zur Selbstverständlichkeit geworden. Jugendliche und junge Erwachsene sind herausgefordert, sich gründlich zu orientieren und mit dem Finden
eines adäquaten Ausbildungsplatzes, der ihren Interessen und
Fähigkeiten entspricht, die »*erste Schwelle*«, d.h. den Einstieg
in das Berufsleben, zu überwinden. Die Chancen dazu sind
in unserer Gesellschaft ungleich verteilt. Neben Bildungsvor-

aussetzungen spielen Geschlecht und Herkunft eine wichtige Rolle. Die »*zweite Schwelle*« auf dem Weg ins Berufsleben ist die Stellensuche nach einer abgeschlossenen Ausbildung. Der nahtlose Übergang von einem Ausbildungs- in ein normales Beschäftigungsverhältnis ist längst nicht mehr selbstverständlich. Jugendliche und junge Erwachsene müssen nach ihrer Ausbildung häufig längere Phasen in ungesicherten und kurzfristigen Beschäftigungsverhältnissen in Kauf nehmen, bevor sie eine feste Anstellung finden, für welche oft schon Berufserfahrungen vorausgesetzt werden.

Spätestens beim *Berufseinstieg* in der Berufseinmündungsphase wird das Geschlecht bedeutsam, denn mit ihm verbinden sich immer noch unterschiedliche Karriereoptionen. Nach einer Längsschnittuntersuchung, die Hochschulabsolventinnen und Hochschulabsolventen verschiedener Fachrichtungen auf ihrem Weg ins Berufsleben begleitet hat, erhalten Frauen *weniger häufig* und *später* als Männer eine ausbildungsadäquate Stelle (Abele, Hoff & Hohner, 2003). Sie haben in der Regel ein niedrigeres berufliches Selbstvertrauen als Männer; doch auch Frauen mit einem hohen Selbstvertrauen erhalten seltener eine Stelle als Männer. Bei Frauen spielt ihre Einstellung zur Vereinbarkeit von Familie und Beruf eine wichtige Rolle: Je positiver diese ist, desto größer ist die Wahrscheinlichkeit, dass sie eine ausbildungsadäquate Position erhalten. Frauen, die einer Vereinbarkeit von Beruf und Familie ambivalent gegenüberstehen, verfolgen offensichtlich weniger erfolgreiche Arbeitsmarktstrategien, sie antizipieren oft Konflikte und gehen von vornherein Kompromisse zu Ungunsten ihrer beruflichen Karriere ein. Dennoch ist für junge Frauen heute eine *lebenslange Berufstätigkeit* eine selbstverständliche Perspektive geworden. Bei der Geburt von Kindern werden mehr oder weniger lange Unterbrechungen eingeplant, ein völliger Rückzug aus dem Erwerbsleben in eine »Hausfrauenehe« kommt für junge Frauen so gut wie nicht mehr infrage (Keddi et al., 1999). Im Hinblick auf ihre persönlichen Wertpräferenzen unterscheiden sich Männer und Frauen allerdings nicht: Liebe, Leistung und Freundschaft werden gleichermaßen als sehr wichtig eingeschätzt (ebd.).

Die Sozialisation in der Ausbildungsphase sowie Prozesse der Selbstselektion (die Bewerbung bei bestimmten Stellen) und der Fremdselektion (die Auswahl durch die Arbeitgeber) tragen dazu bei, dass junge Erwachsene einen Arbeitsplatz finden, der mit ihrer Persönlichkeit sowie ihren Werten und Zielen »verträglich« ist. Eine Studie mit jungen Akademikerinnen und Akademikern (v. Rosenstiel, Nerdinger, Spieß & Stengel, 1989) zeigt, dass »karriereorientierte« junge Leute häufiger in Großunternehmen ihre erste Stelle bekommen und dort auch bleiben. »Alternativ Orientierte«, die bei einem hohen beruflichen Engagement großen Wert auf die Mitmenschlichkeit im Betrieb und/oder die Umweltverträglichkeit der Produkte legen, geraten eher mit den Zielen großer Organisationen in Konflikt. Im Verlauf ihrer beruflichen Sozialisation verändern junge Erwachsene dann nicht selten ihre Wertorientierungen, sie distanzieren sich zum Beispiel von den Zielen der Organisation (»innere Kündigung«), konzentrieren sich stärker auf andere Lebensbereiche, und versuchen, eine Stelle zu finden, die besser mit ihren Wertorientierungen und Interessen in Einklang steht (ebd.). In neuerer Zeit bewegen sich die Wertorientierungen von jungen Erwachsenen und von Unternehmen aufeinander zu: Die Organisationen begegnen dem Wertewandel mit umwelt- und sozialverträglichen Leitbildern, wie zum Beispiel Nachhaltigkeit (»sustainability«) oder sozialer Verantwortung (»Corporate Social Responsibility«), und unterstützen die organisationale Sozialisation der beruflichen Neulinge zum Beispiel mit Einarbeitungsmaßnahmen und Mentoring-Programmen (Moser & Schmoock, 2006). Auf der anderen Seite ist der relative Anteil alternativ Engagierter bei jungen Berufseinsteigerinnen und Berufseinsteigern zurückgegangen (von Rosenstiel, 2006).

4.4.3   Arbeit und Persönlichkeitsentwicklung

Mit dem Eintritt in das Berufsleben eröffnet sich für die jungen Erwachsenen ein neues Erfahrungsfeld, das sie prägt und mit dem sie sich über einige Jahrzehnte intensiv auseinandersetzen werden. Der gesellschaftliche Status einer Person wird wesentlich durch ihren Beruf bestimmt. Der Arbeitsalltag gibt eine feste Zeitstruktur im Tagesablauf vor und schafft Regelmäßigkeit. Die Erwerbsarbeit ermöglicht Erfahrungen in Bereichen, die weniger emotional als Familienbeziehungen besetzt sind; und sie bedeutet Teilhabe an Zielen und Anstrengungen größerer sozialer Einheiten (Jahoda, 1983). Der Beruf erhält dadurch einen entscheidenden Einfluss auf die Persönlichkeitsentwicklung und wird für die meisten Erwachsenen zu einem wichtigen Bestandteil ihrer Identität.

Wechselbeziehungen zwischen den Arbeitserfahrungen einer Person und ihrer individuellen Entwicklung werden sowohl von der Arbeitspsychologie als auch von der Entwicklungspsychologie thematisiert. Beide Fachrichtungen zielen mit unterschiedlichen Schwerpunkten auf die Frage, wie Arbeitsbedingungen so gestaltet werden können, dass die Arbeitenden dabei in ihrer personalen Entwicklung gefördert werden und dass psychosoziale Probleme und gesundheitliche Beeinträchtigungen vermieden werden können (vgl. Ulich, 2006). Als günstige Arbeitsbedingungen gelten solche mit einem hohen Anteil an selbstständiger und schöpferischer Tätigkeit sowie mit vielfältigen Anforderungen und Lerngelegenheiten. Die Arbeitsaufgaben müssen prinzipiell zu bewältigen sein und dürfen die Personen nicht überfordern, damit die Arbeit nicht zu nachhaltigen Beeinträchtigungen von Gesundheit und Wohlbefinden führt. Eine wachsende Zahl von Studien belegt die positiven Zusammenhänge zwischen einer betrieblichen Gesundheitsförderung und der Leistungsfähigkeit der beschäftigten Personen und damit der gesamten Organisation (z. B. Kramer, Sockoll & Bödeker, 2009). Ein gesundheitsförderliches Management legt Wert auf die Erhaltung und Förderung der seelischen, sozialen und physischen Gesundheit der Mitarbeiterinnen und Mitarbeiter eines Betriebs. Positive Effekte zeigen sich in Gesundheitsindikatoren wie Wohlbefinden und Leistungsfähigkeit, aber auch in geringen körperlichen und psychischen Beeinträchtigungen sowie in geringen Fehlzeiten der Mitarbeiterinnen und Mitarbeiter (Badura et al., 2011). Zur Prävention und Gesundheitsförderung im Betrieb werden neben Maßnahmen zum Arbeitsschutz und zur Arbeitssicherheit auch systemische Maßnahmen zur Stressprävention, zur ergonomischen Gestaltung sowie zur Personal- und Organisationsentwicklung eingesetzt (Ulich & Wülser, 2009).

Die schon klassische Längsschnittuntersuchung von Kohn und Schooler (1983) weist den Zusammenhang zwischen Arbeitsbedingungen und Persönlichkeitsentwicklung als einen reziproken Prozess aus, als einen Prozess wechselseitiger Beeinflussung: Einerseits prägen Arbeitsbedingungen die persönliche Entwicklung, andererseits sucht das Individuum seinen Fähigkeiten entsprechende Arbeitsplätze und gestaltet langfristig seine Arbeitsbedingungen mit. Kohn und Schooler (1983) untersuchten eine große Stichprobe von Männern zweimal im Abstand von zehn Jahren. Sie erfassten als Arbeitsbedingungen die Stellung der Person in der Organisationsstruktur, objektive Möglichkeiten der Selbstbestimmung, spezifische Arbeitsanforderungen (z. B. Zeitdruck) sowie extrinsische Belohnungen und Risiken (z. B. Gefahr des Arbeitsplatzverlustes). Als Merkmale der Person untersuchten sie das Ausmaß der intellektuellen Flexibilität, den subjektiven Anspruch auf Selbstbestimmung (vs. Konformität mit externen Autoritäten), Selbstkonzept und soziale Orientierungen sowie das Ausmaß an erlebtem Stress. Die Ergebnisse der Studie zeigen, dass für die persönliche Entwicklung der Männer vor allem die Möglichkeit der Selbstbestimmung im Arbeitsprozess höchst bedeutsam war. Über Indikatoren wie große inhaltliche Komplexität der Tätigkeit, hohes Maß an Selbstständigkeit und Eigenverantwortung und wenig Routinetätigkeiten zeigte sich, dass komplexe Arbeitsbedingungen die Weiterentwicklung der intellektuellen Flexibilität fördern und das Selbstkonzept positiv beeinflussen. Personen, die ihre Arbeitstätigkeit weniger selbst bestimmen können, erlebten dagegen größeren Stress und waren in ihren Entwicklungsmöglichkeiten eingeschränkt. Umgekehrt gibt es jedoch auch Prozesse einer selektiven Rekrutierung: Menschen mit einer hohen intellektuellen Flexibilität können ihre Berufsbiographie häufiger so gestalten, dass sie ihre Stärken besser zur Geltung bringen und hinzulernen. Sie finden durch Stellenwechsel solche Arbeitsplätze, auf denen sie ihre Fähigkeiten, z. B. mit komplexen Anforderungen umzugehen, noch besser einsetzen können und sich dadurch weiterentwickeln. Durch solche sich selbst verstärkenden Prozesse können die Arbeitsbedingungen zu Beginn einer Berufskarriere einen nachhaltigen und langfristigen Einfluss auf die Persönlichkeitsentwicklung gewinnen (Kohn & Schooler, 1983). Es ist vorstellbar, dass Personen mit gleicher intellektueller Flexibilität, die ihre Karriere mit nur geringfügig unterschiedlicher Komplexität ihrer Arbeit beginnen, sich auf die Dauer immer stärker auseinander entwickeln. Wer sich von Berufsbeginn an mit komplexeren Arbeitsanforderungen auseinanderzusetzen hat, wird in seiner intellektuellen Flexibilität stärker gefördert und kann nicht zuletzt dadurch im späteren Berufsleben Arbeitsstellen mit anspruchsvollem und selbstbestimmtem Aufgabenprofil ausfüllen, die ihn weiter fördern. Dagegen behindern Arbeitsbedingungen, die wenig Selbstbestimmung zulassen, die Entfaltung von persönlichen Potenzialen. Arbeiter, die über wenig Kontrolle in ihrer Arbeitssituation verfügen, erleben mehr Stress, entwickeln weniger Selbstvertrauen und haben häufiger psychosomatische Symptome als Personen mit größeren Gestaltungsspielräumen. Die Häufung psychischer und körperlicher Störungen bei wenig qualifizierten Arbeitern hängt auch mit ihren geringen Selbstbestimmungs- und Kontrollmöglichkeiten am Arbeitsplatz zusammen (Zapf & Semmer, 2004).

Differentielle Entwicklungsverläufe in Persönlichkeitsmerkmalen und beruflichen Kompetenzen sind das Resultat individueller Lernprozesse in verschiedenen Arbeitskontexten (zusammenfassend Hoff & Schraps, 2007). Die Art der Arbeitstätigkeit fordert Menschen in unterschiedlichen Bereichen ihrer Persönlichkeit. Je nachdem ob sie in technischen, handwerklichen, sozialen, kreativen Berufen oder im Dienstleistungsbereich tätig sind, ergeben sich Möglichkeiten zur Weiterentwicklung in verschiedenen Persönlichkeitsbereichen, z. B. im logischen Denken, in organisatorischen Fähigkeiten oder in sozialen Kompetenzen. Aus der Sozialisationsforschung gab es schon früh Hinweise, dass sich etwa die Arbeitsbedingungen von Vätern in ihrem Erziehungsverhalten niederschlagen. Männer, die Selbstbestimmung in der Arbeit erfahren, legen auch bei der Erziehung ihrer Kinder größeren Wert darauf, dass diese Eigeninitiative entwickeln und selbst Entscheidungen treffen. Dagegen kontrollieren Väter, die in ihrer Arbeit einer strengen Überwachung unterworfen sind, auch ihre Kinder stärker, lassen ihnen weniger Freiraum und schränken sie in ihren Entwicklungsmöglichkeiten ein (v. Rosenstiel, 2006).

Das Zusammenwirken von Arbeitsbiographie und Persönlichkeitsentwicklung wird durch Entwicklungsmechanismen der Sozialisation bzw. Selektion erklärt: Nach der Sozialisationshypothese passen sich Individuen mit ihren Fähigkeiten an die Anforderungen im Beruf an. Selektionsprozesse sind dann zu beobachten, wenn Personen aktiv geeignete Arbeitsumwelten auswählen, in denen sie ihre Potenziale entfalten und Kompetenzen weiterentwickeln können (Hoff & Schraps, 2007, S. 201). Während Kohn und Schooler (1983) Sozialisation und Selektion als reziproken Wechselwirkungsprozess beschreiben, weisen neuere Studien auf die Dominanz von Selektionsprozessen durch die arbeitenden Personen hin. Dies mag mit der Individualisierung und damit einhergehenden Veränderungen der Arbeitswelt zusammenhängen: Arbeitnehmer erleben zunehmend Brüche in ihrer Berufsbiographie und sind dadurch häufiger gefordert, ihre Berufsorientierung zu überdenken und sich für neue Tätigkeitsbereiche zu entscheiden (vgl. Hoff & Schraps, 2007, S. 201).

Arbeitsanforderungen können nicht immer erfolgreich bewältigt werden. Steigende Raten von Krankschreibungen wegen psychischer Erkrankungen können nicht nur darauf zurückgeführt werden, dass sich Diagnosen in den Arztpraxen verändert haben (Meyer, Stallauke & Weihrauch, 2011, S. 247 f.), sondern auch darauf, dass sich Arbeitsprozesse verdichtet und beschleunigt haben und Arbeitsverhältnisse prekärer geworden sind. Damit verbunden ist auch das Risiko für Burnout gewachsen (Ulich & Wülser, 2009). Burnout, das »Ausbrennen« in der beruflichen Arbeit, wurde vor allem bei Personen festgestellt, die anfangs hochmotiviert, »mit Feuer und Flamme« in ihrem Beruf arbeiten, dabei aber zunehmend eigene Bedürfnisse vernachlässigen und auftretende Probleme verleugnen. Der Zustand, der daraus entstehen kann, ist gekennzeichnet durch emotionale Erschöpfung, reduzierte Leistungsfähigkeit und die zunehmende Unfähigkeit, Beziehungen zu anderen Menschen empathisch und achtsam zu gestalten. Burnout kann aber auch auftreten, wenn die Person wiederholt erlebt, dass sie ihre Vorstellungen nicht umsetzen kann, frustriert wird, »Kontrollverlust« erlebt und sich mit ihren verfügbaren Bewältigungsstrategien vor den negativen Folgen dieser Erfahrung nicht ausreichend schützen kann (Burisch, 2006, S. 197 ff.). Dadurch entsteht ein »Misfit«, eine fehlende Passung zwischen Anforderungen und Ressourcen, welche – über längere Zeit aufrechterhalten – zur Erschöpfung der psychischen Ressourcen führen kann.

Bislang galten Beschäftige in sozialen Dienstleistungsberufen – wie zum Beispiel Therapeutinnen und Therapeuten, Lehrkräfte oder Fachkräfte in der Sozialen Arbeit oder Pflege – als am stärksten gefährdet für Burnoutprozesse. Diese sozialen, pädagogischen und helfenden Berufe erfordern meist ein hohes Engagement und die Fähigkeit, auf die emotionalen Bedürfnisse anderer Menschen einzugehen und sie in vieler Hinsicht nach fachlichen Standards zu unterstützen. Emotionale und soziale Anforderungen einer professionellen Beziehungsarbeit geben Impulse für die persönliche Weiterentwicklung für die in diesen Feldern Tätigen, insbesondere dann, wenn diese als sinnvoll erlebt werden, gut bewältigbar sind und die belastenden sozialen Interaktionsprozesse systematisch reflektiert werden können (z. B. durch Supervision). Häufig bringt jedoch die Arbeit in diesen Berufen große Konflikte zwischen hohen beruflichen Idealen und einer Berufsrealität mit hohen psychischen Belastungen und Überforderungen sowie zahlreichen Erfahrungen von Kontrollverlust mit sich, die im Berufsverlauf zu einer Gefährdung der psychischen Gesundheit beitragen können. Mittlerweile werden Burnoutprozesse auch in anderen Berufen beobachtet, insbesondere in solchen, in welchen ein hohes Maß an »Emotionsarbeit« geleistet werden muss (v. Rosenstiel, 2006, S. 31). Emotionsarbeit bedeutet, zur Erfüllung der Arbeitsaufgabe einen Emotionsausdruck zeigen zu müssen – Freundlichkeit, Empathie und Engagement – der nicht immer den eigenen Befindlichkeiten entspricht. So erfordern beispielsweise personenbezogene Dienstleistungen in der Flugbegleitung, in Call-Centern oder im Verkauf eine bewusste Kontrolle und Steuerung des Emotionsausdrucks und sind mit einem erhöhten Risiko von Burnout verbunden.

4.4.4 Erwerbslosigkeit

Mit Arbeitslosigkeit ist im allgemeinen Erwerbslosigkeit gemeint: das Fehlen einer bezahlten Tätigkeit, welches nicht ausschließt, das die Betroffenen anderen Arbeitstätigkeiten wie Hausarbeit oder ehrenamtlicher Arbeit nachgehen. Die psychologische Erwerbslosenforschung konnte vielfach zeigen, dass Erwerbslosigkeit die Betroffenen in ihrer gesamten Lebenssituation beeinträchtigt und *psychisch erheblich belastet.* Der Verlust des Arbeitsplatzes ist für die meisten Menschen ein kritisches Lebensereignis, das ihre Lebensentwürfe infrage stellt und ihre Identität bedroht. Das durch die Arbeit erhaltene Gefühl der eigenen Wichtigkeit geht verloren; es fehlt die Zeitstruktur im Alltag, die durch eine Berufstätigkeit vorgegeben ist, Erwerbslose haben meist finanzielle Probleme und sind sozial weniger eingebunden. Insbesondere für junge Erwachsene werden wichtige Lebensziele infrage gestellt, die Zukunft ist für sie nicht mehr planbar. Diese Belastungen können die Betroffenen aus dem seelischen Gleichgewicht bringen: Ein Verlust an Selbstvertrauen, steigende Depressivität, Apathie und Passivität, aber auch gesundheitliche Beeinträchtigungen sind empirisch belegte Folgen (vgl. Mohr, 2010).

Die Erwerbslosigkeit wird jedoch nicht von allen Menschen gleich erlebt und bewältigt. Für Jugendliche und junge Erwachsene, die den Einstieg in das Berufsleben vielleicht noch gar nicht ganz gefunden haben, hat Erwerbslosigkeit beispielsweise eine völlig andere Bedeutung als für ältere Personen, die etwa nach langjähriger Betriebszugehörigkeit von einer Betriebsschließung betroffen sind (Strehmel & Ulich, 1998). Die *Bewältigungsprozesse* werden durch unterschiedliche Konstellationen in der Lebenssituation beeinflusst, z. B. durch soziale Ressourcen und Stressoren in Partnerschaft und Familie oder durch finanzielle Rahmenbedingungen. Je nach den psychischen Ressourcen und Verletzbarkeiten der Betroffenen wird die Situation unterschiedlich erlebt. Es bedarf daher einer differentiellen Erwerbslosigkeitsforschung, die das breite Spektrum der Verläufe in unterschiedlichen Bevölkerungsgruppen zum Beispiel nach Alter, Geschlecht, ethnischer Herkunft sowie Berufszugehörigkeit beschreibt und die persönlichen Dispositionen zur Bewältigung kritischer Ereignisse mit in den Blick nimmt (Filipp & Aymanns, 2010). Als psychosoziale Moderatoren wirken Selbstvertrauen und Kontrollerwartung, die Arbeits- und Berufsorientierung, berufliche Interessen, Attribuierungsmuster, frühere Erwerbslosigkeitserfahrungen und die Arbeitsbedingungen an der zuletzt ausgeübten Stelle; sie haben sich als bedeutsam dafür erwiesen, wie die Betroffenen ihre Erwerbslosigkeit bewältigen und welche Risiken, aber auch Chancen sich langfristig für ihre berufliche Identität und ihre persönliche Weiterentwicklung ergeben. Dauer und Verlauf der Erwerbslosigkeit sowie die Qualität von neu aufgenommenen Arbeitsverhältnissen sind weitere Einflussgrößen (Mohr, 2010).

Je nach Alter, Geschlecht, Qualifikation und sozialem Kontext erleben die Betroffenen ihre Erwerbslosensituation unterschiedlich, sie entwickeln Bewältigungsstrategien, die spezifische Konsequenzen für ihre persönliche Entwicklung haben. Die Bewältigungsprozesse münden in unterschiedliche Berufsbiographien und persönliche »Entwicklungspfade«. Langfristig spürbare negative Konsequenzen aus lang anhaltenden Erwerbslosigkeitsprozessen für die psychische Gesundheit konnten in verschiedenen Längsschnittuntersuchungen aufgezeigt werden (vgl. im Überblick Mohr, 2010). So zeigten beispielsweise arbeitslose Lehrer, die über Jahre gar nicht oder nur geringfügig und befristet erwerbstätig waren, auch nach Wiederaufnahme eines stabilen Beschäftigungsverhältnisses noch höhere Demoralisierungswerte als diejenigen die nach maximal einem Jahr wieder eine Stelle gefunden hatten. Sie verspürten nach langen Jahren der Unsicherheit trotz ihrer (meist auch qualifizierten) Erwerbstätigkeit weniger Vertrauen in ihre eigenen Fähigkeiten und fühlten sich häufiger hilflos und hoffnungslos (Strehmel, 1993).

Im Verlauf der Erwerbslosigkeit kann sich in »Teufelskreisen« eine negative Eigendynamik entwickeln (vgl. Strehmel & Ulich, 1998): Ein *aktionaler* Teufelskreis entsteht, wenn ein Individuum mit seinen Bewältigungsversuchen mehrfach scheitert und daraufhin immer weniger neue Versuche unternimmt, um die belastende Situation zu verändern. Die Person setzt sich dann nicht mehr aktiv mit ihrer Situation auseinander, wird passiv und apathisch und auf Dauer steigen die Belastungen weiter an. Ein *emotionaler* Teufelskreis entsteht, wenn eine Person, die stark belastet ist, vorwiegend emotionsbezogene Bewältigungsversuche wie z. B. Selbstbeschwichtigung einsetzt. Diese verändern aber die bestehende Situation nicht, führen letztlich nur zu höheren emotionalen Belastungen, die wiederum verstärkt emotionsbezogene Bewältigungsversuche erfordern. In einem *kognitiven* Teufelskreis werden Erwartungen eigener Hilflosigkeit als »self-fullfilling-prophecy« bestätigt und verstärkt. Wenn eine Person davon ausgeht, ihre Situation nicht selbst ändern zu können, wird sie kaum noch Versuche unternehmen, Kontrolle darüber zu erlangen. Bei Andauern der belastenden Situation verfestigen sich diese Überzeugungen der eigener Ohnmacht. In einem *motivationalen* Teufelskreis entwickeln die Betroffenen, deren berufliches Engagement ins Leere lief und durch die Erwerbslosigkeit enttäuscht wurde, zunehmend eine »Jobmentalität«. Ökonomische Motive treten stärker in den Vordergrund, während berufliche Interessen und das Sich-Einlassen auf neue berufliche Inhalte zunehmend als bedrohlich erlebt werden. Erwerbslose suchen infolgedessen immer weniger zielstrebig nach einer sie auf Dauer befriedigenden Arbeit. Durch die Erwerbslosigkeit verlieren die Betroffenen häufig einen Teil ihres sozialen Unterstützungsnetzwerks. Insbesondere Erwerbslose mit wenig ausgeprägten sozialen Kompetenzen laufen dann Gefahr, in einen *sozialen Teufelskreis* in Richtung sozialer Isolation zu geraten. Sie nutzen die Potenziale ihres sozialen Netzwerkes weniger und erleben soziale Beziehungen zunehmend als ambivalent und belastend. Dies geht mit Beeinträchtigungen ihres psychischen Befindens einher und trägt dazu bei, dass Erwerbslose sich mehr und mehr aus dem sozialen Leben zurückziehen

(Strehmel, 1993). Diese Teufelskreise können in ernste Lebenskrisen münden und zu Hilflosigkeit und Depression führen.
Sie können durchbrochen werden, wenn es den Erwerbslosen
gelingt, sich durch erfolgreiche Bewältigungsstrategien neue
Optionen und Chancen zu erschließen. Dies bedarf jedoch bei
länger dauernder Erwerbslosigkeit meist einer professionellen
Hilfe. Dauererwerbslosigkeit, aber auch fortgesetzte Unsicherheit in immer wieder befristeten Beschäftigungsverhältnissen,
kann somit die persönliche Entwicklung gefährden und unter
ungünstigen Bedingungen zu ernsten Lebenskrisen führen
(Strehmel & Ulich, 1998).

Langfristige Konsequenzen für Befinden und Persönlichkeitsentwicklung nach einer Phase der Erwerbslosigkeit ergeben sich aus Art, Status, Umfang und Bezahlung der Tätigkeit.
Eine Rückkehr ins Erwerbsleben in so genannte »bad jobs«
sind für die Beschäftigten unbefriedigend, wenn sie z. B. unter
dem Qualifikationsniveau der Betroffenen liegen oder mit anderen Einschränkungen – z. B. niedriger Bezahlung, geringer
Stundenumfang oder Befristung – behaftet sind. Sie tragen
dann nicht entscheidend zur Verbesserung der Befindlichkeit
bei (vgl. Mohr & Otto, 2007).

4.4.5   Arbeit jenseits der Erwerbsarbeit: Hausarbeit –
Familienarbeit – Ehrenamtliche Arbeit

Bei einer Berufsunterbrechung aus familialen Gründen hören
Frauen nicht auf zu »arbeiten«. Die Arbeitstätigkeiten in Haushalt und Familie wurden von Resch (1991) aus arbeitspsycho-
logischer Sicht analysiert. Die *Haus- und Familienarbeit* setzt
sich zusammen aus umweltverändernden und gemeinschaft-
lichen Haushaltungsaufgaben, Versorgungsaufgaben, Betreu-
ungs- und Pflegeaufgaben sowie pädagogischen Aufgaben. Die
Aufgaben der Kinderbetreuung werden meist in hohem Maße
ambivalent erlebt: Die Betreuung eines Babys oder Kleinkindes ist auf der einen Seite abwechslungsreich, ganzheitlich und
verantwortungsvoll, und sie kann individuell ausgestaltet werden. Auf der anderen Seite erfordert die Tätigkeit dauernde Aufmerksamkeit und körperliche Anstrengung wie z. B. durch das

Herumtragen des Kindes, sie ist in ihrem zeitlichen Ablauf an den Bedürfnissen des Kindes orientiert und erfordert häufige »Nachtarbeit«; die Arbeitszeit ist insgesamt sehr lang und im psychologischen Sinne schwer kontrollierbar (Strehmel, 1999).

Ochel (1989) kennzeichnet die Licht- und Schattenseiten der Familien- und Hausarbeit auf der Grundlage einer qualitativen empirischen Studie: Positiv erleben die Frauen den Freiraum, die eigene Arbeit selbst gestalten und organisieren zu können, und einige Aspekte der »Beziehungsarbeit«, wie zum Beispiel den Umgang mit geliebten Menschen und die Herstellung eines positiven Familienklimas. Als negativ nehmen die Hausfrauen wahr, dass sie von ihren Partnern nicht nur in finanzieller Hinsicht, sondern auch psychisch und sozial abhängig sind. Sie erhalten für ihre Arbeit wenig Anerkennung, sind häufig sozial isoliert und in ihrer Arbeit geistig unter-, emotional aber überfordert.

Weibliche Erwerbsbiographien und Arbeitserfahrungen sind stärker mit dem Familienzyklus verwoben, sie sind widersprüchlicher und verlaufen bunter und diskontinuierlicher. Eine Berufstätigkeit fördert mehr als die Haus- und Familienarbeit die Entwicklung von fachlichen Qualifikationen und von kommunikativen Kompetenzen im öffentlichen Raum. Sie ermöglicht erst die für die Selbstwertentwicklung so wichtige ökonomische Unabhängigkeit. Die Berufstätigkeit ist für Frauen heute ein wichtiger und selbstverständlicher Bestandteil ihres Lebens geworden. Angesichts der vielfältigen Konflikte, mit denen sich Frauen, insbesondere wenn sie Kinder haben, auseinandersetzen müssen, sind jedoch die Entwicklungsmöglichkeiten durch die Berufstätigkeit für Frauen immer noch begrenzter als für Männer.

Zu den Entwicklungsaufgaben im frühen Erwachsenenalter gehört auch die Übernahme gesellschaftlicher Verantwortung. Diese zeigt sich z. B. in der Mitwirkung in Mitarbeitervertretungen, im Elternbeirat, in einer politischen Partei oder Bürgerinitiative oder in der ehrenamtlichen Mitarbeit z. B. in sozialen Diensten. Erst in jüngerer Zeit kommt die biographische Bedeutung eines solchen freiwilligen Engagements in den Blick der Forschung. Freiwilliges Engagement umfasst praktische – häufig soziale – Arbeit, z. B. in der Pflege, Betreuung und Beratung anderer Menschen, die gemeinschaftliche Erstellung von Dienstleistungsangeboten im Sinne geteilter Ziele und Werte, die Vertretung von Interessen benachteiligter Menschen sowie die Mitwirkung in Gremien bis hin zur Übernahme von Verantwortung in Führungspositionen gemeinnütziger Organisationen. Im freiwilligen Engagement begeben sich junge Erwachsene in Rollen, die weniger vorgezeichnet sind als in Beruf und Familie. Sie erschließen sich soziale Netzwerke, die nicht durch einen Betrieb oder beruflichen Aufgabenzusammenhang bzw. die Verwandtschaft vorgegeben sind. Dies erfordert einerseits hohe Kompetenzen in der Orientierung, um sich für einen Bereich zu entscheiden und entsprechende Aktivitäten in Angriff zu nehmen, andererseits erwerben junge Erwachsene durch freiwilliges Engagement neue – insbesondere soziale – Kompetenzen hinzu (Brandtstädter, 2007b).

Aus entwicklungspsychologischer Perspektive sind Motive für das freiwillige Engagement, Qualifizierungsaspekte sowie damit verbundenen Entwicklungsgelegenheiten kaum erforscht. Eine neuere Studie (Beher, Krimmer, Rauschenbach & Zimmer, 2008) nahm erstmals – überwiegend ehrenamtlich tätige – Führungskräfte in gemeinnützigen Organisationen als die »vergessene Elite« in den Blick und befragte diese auch nach subjektiven Hintergründen ihrer Arbeit. Danach wird ehrenamtliches Engagement in der Regel getragen von einem hohen Idealismus und dem Motiv, eigene Werte in einem spezifischen Bereich der Gesellschaft zu verwirklichen. Für junge Erwachsene, die sich freiwillig engagieren, scheinen das Elternhaus sowie der frühe Eintritt in eine Organisation – häufig schon ab dem Jugendalter – prägend zu sein. Viele steigen im kirchlichen Bereich, in der außerschulischen Kinder- und Jugendarbeit oder über Sportvereine in die ehrenamtliche Arbeit ein. Ihre Motive sind, sich für andere Menschen und gesellschaftlich wichtige Anliegen einzusetzen, Teil einer Gruppe zu sein, die durch eine gemeinsame Sache verbunden ist, eine Tätigkeit zu übernehmen, die Spaß macht, persönlichen Vorstellungen und Interessen nachzugehen und gesellschaftlich Einfluss auszuüben (ebd. S. 138). Zugleich verbinden sich mit einem ehrenamtlichen Engagement auch individuelle Strate-

gien zur Gestaltung der eigenen Biographie und nicht-altruisti-
sche Motive wie der Aufbau von Kontakten sowie der Gewinn
an Prestige und individuellen Handlungskompetenzen, die in
anderen Bereichen – vor allem im Beruf – von Nutzen sein
können. Ehrenamtliche Tätigkeit bietet in aller Regel große
Handlungsspielräume und die Möglichkeit, eigene Potenziale
zu erproben, in einem sozialen Kontext mit Gleichgesinnten zu
experimentieren und Strukturen im Sinne gemeinsamer Ziele
zu gestalten – dies in anderer Weise, als es für die meisten Menschen in der Erwerbsarbeit möglich ist. Aus der Untersuchung
wird deutlich, dass junge Erwachsene, die frühe Erfahrungen
mit ehrenamtlichem Engagement gemacht und die Entwicklungsgelegenheiten in diesem Bereich kennengelernt haben,
die Entwicklungsmöglichkeiten auch später über lange Phasen
ihrer Biographie aufgreifen, nutzen und ausbauen.

4.5 Entwicklungschancen und -hindernisse in Partnerschaft und Familie

4.5.1 Partnerschaft – eine Entwicklungsgelegenheit?

Partnerschaften entspringen in unserem Kulturkreis aus dem
Bedürfnis nach Liebe, Geborgenheit und Nähe. Sie sind eine
mögliche Lebensform, durch die psychisches und physisches
Wohlbefinden und persönliches Wachstum erreicht werden
kann. Die Partnerbeziehung wurde in der Psychologie allerdings lange Zeit nur unter dem Aspekt von Krise und Konflikt
thematisiert und zu wenig unter der Frage, welche persönliche
Entwicklung durch sie möglich wird. Eine nicht gelingende und
stark belastende Partnerbeziehung wurde als wesentliche Ursache für psychische Probleme und als Anlass für eine psychologische Beratung oder Psychotherapie verstanden. Für junge Erwachsene wurde Partnerschaft vor allem unter dem Aspekt der
Familiengründung thematisiert. Immer weniger junge Erwachsene leben aber überhaupt noch in einer Partnerschaft. Lebensformen sind vielfältiger geworden und Partnerschaften kurz-
lebiger und eine große Zahl junger Erwachsener lebt allein.

Immer mehr junge Frauen und Männer bleiben auch gewollt kinderlos, mit steigender Tendenz. Erwachsene durchlaufen immer mehr verschiedene Lebensformen und Beziehungskonstellationen, die nur für einen Lebensabschnitt gelten.

Eine Partnerschaft kann die Weiterentwicklung einer Person vor allem dadurch fördern, dass diese sich mit einer anderen Persönlichkeit, mit deren Erfahrungen, Gewohnheiten, Interessen und Fähigkeiten sehr intensiv auseinander setzt, und dass sie über die Intimität in einer sexuellen Beziehung einzigartige Erfahrungen der körperlichen und emotionalen Vereinigung möglich macht. Das enge Vertrauensverhältnis mit einem anderen Menschen kann zudem eine gute Grundlage dafür sein, sich neuen Anforderungen im Leben zu stellen und Probleme gemeinsam zu bewältigen. Schließlich können in einer Partnerschaft auch neue gemeinsame Entwicklungsziele entstehen und in Angriff genommen werden. Damit verbunden sind immer auch Entscheidungen für gemeinsame Optionen und gegen andere mögliche Entwicklungswege, dies setzt Prozesse der gegenseitigen Orientierung und Koordination voraus (Felser, 2007, S. 447).

Wie verlaufen Partnerschaften? *Partnerwahl* und die anschließende *Festigung einer Partnerbeziehung* kann als Prozess beschrieben werden, bei dem zunächst durch das Gefühl des Zueinanderpassens, die gegenseitige Attraktion und die Erfahrungen von Gemeinsamkeit eine erste sichere Basis geschaffen wird. Dabei spielen auch soziale und gesellschaftliche Faktoren, wie z. B. ähnlicher Bildungsstand und Herkunftsmilieu, vor allem aber ähnliche persönliche Merkmale, wie z. B. Einstellungen, Interessen und Wertorientierungen sowie die gegenseitige Attraktivität eine Rolle (Felser, 2007). Die Ansprüche an eine Partnerschaft haben sich heute im Zuge des gesellschaftlichen Individualisierungsprozesses verändert: Traditionelle Geschlechterrollen und früher bedeutsame Werte wie die Sicherheit und Geborgenheit in einer sozialen Gemeinschaft werden zunehmend infrage gestellt, dafür ist die gemeinsame Suche nach Lebenssinn und Identität wichtiger geworden (Beck & Beck-Gernsheim, 1990). Diese neuen Ansprüche machen das Leben in einer Paarbeziehung mühsamer: Die Rollen und – sofern das Paar zusammenlebt – die Arbeitsteilung in der Partnerschaft müssen immer wieder neu ausgehandelt werden; dadurch treten Gegensätze zwischen den Partnern klarer zutage und Konflikte müssen aktiv bearbeitet werden. Das betrifft auch den Bereich der Sexualität.

In der frühen Phase der Beziehung geht es darum, das Zusammenleben zu gestalten, sich aufeinander einzustellen, unterschiedliche Gewohnheiten und Vorlieben zu akzeptieren bzw. Kompromisse zu finden und – bei einer gemeinsamen Wohnung – die Aufgabenteilung im Haushalt zu klären. Junge Frauen und Männer sind herausgefordert, einen eigenen Lebensstil zu entwickeln, und es stellen sich finanzielle Fragen. Zudem stellt sich bei jungen Paaren die Kinderfrage. Nach einer Vielzahl empirischer Befunde (vgl. im Überblick Felser, 2007, Schneewind 2010) sinkt die Partnerschaftszufriedenheit nach einer Phase der ersten Euphorie wieder ab. Unzufriedenheit mit der Partnerschaft führt jedoch nicht notwendig zu einer Trennung. Durch gelingende Bewältigungsprozesse bei Belastungen und Krisen in der Partnerbeziehung kann sich die Zufriedenheit auch wieder verbessern. Manchmal entwickeln sich stabile, aber unglückliche Partnerschaften mit »giftigen« Beziehungen, in denen oft keine Versuche mehr unternommen werden, schwelende Konflikte zu lösen (Schneewind, 2010, S. 158 f.). Häufig werden solche Beziehungen durch äußere Umstände (z. B. ökonomische Abhängigkeiten), gemeinsame Verpflichtungen (z. B. gegenüber Kindern) oder gesellschaftliche Normen zusammengehalten. Als wichtigste Einflussgrößen auf die *Qualität der Partnerschaft* erweisen sich individuelle und dyadische *Kompetenzen*, insbesondere die Problemlösefähigkeit beider Partner, ihre Interaktions- und Kommunikationsfertigkeiten und der adäquate Ausdruck von Gefühlen. Eine zusätzliche prognostische Bedeutung der Partnerschaft haben die körperliche Attraktivität, gemeinsame Einstellungen und Erwartungen sowie psychische und somatische Befindlichkeiten der Partner (Bodenmann, 1999). Empirische Untersuchungen über Partnerschaftsverläufe und deren Stabilität erbringen wenig konsistente Befunde, zu vielfältig sind die Einflussfaktoren sowie die individuellen Strategien beider Partner im Umgang mit den Herausforderungen ihrer Beziehung und der Gestaltung des Zusammenlebens und eines gemeinsamen Lebensweges (Felser, 2007, S. 475 f.). Partnerschaftsqualität und Paardynamik sind Resultat aktiver Konstruktionsprozesse zweier Menschen, die auch in Längsschnittstudien nur näherungsweise abzubilden sind.

Schneewind (2010) stellt in einem Systemmodell der Familienentwicklung horizontale und vertikale Ressourcen und Stressoren als Einflussfaktoren auf die Partnerschaftsentwicklung dar. Vertikale Ressourcen und Stressoren meinen die gewonnenen Erfahrungen auf den Ebenen des einzelnen Individuums, des Paares, des Familiensystems sowie der Gesellschaft. Daraus resultieren auf der einen Seite Ressourcen wie etwa Selbstwirksamkeitserwartungen und Vertrauen in den Partner, emotionale Unterstützungssysteme durch Familie und Freunde sowie Orientierungen durch Werte und Traditionen. Auf der anderen Seite stehen Verletzbarkeiten durch negative Erfahrungen aus früheren Beziehungen, in der Bildungskarriere oder im Beruf und durch subjektiv als einengend empfundene kulturelle Normen. Die vertikalen Faktoren sind Ausgangspunkt für die gemeinsame Bewältigung alltäglicher Stresssituationen

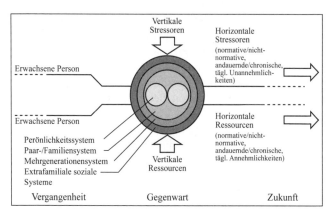

Abb. 4.1: Systemmodell der Familienentwicklung unter Berücksichtigung von Stressoren und Ressourcen (Schneewind, 2010, S. 128)

(daily hassles) sowie neuer Herausforderungen und kritischer Lebensereignisse durch das Paar. Horizontale Stressoren und Ressourcen meinen Herausforderungen und Ereignisse im zeitlichen Verlauf von Paar- und Familienbeziehungen.

Neben der gemeinsamen Gestaltung des täglichen Lebens haben Paare und Familien immer wieder auch schwierige Lebenssituationen durch normative und nicht-normative Ereignisse zu bewältigen (wie z. B. Geburt eines Kindes, Erwerbslosigkeit eines Partners, Unfall eines Familienmitglieds). *Andauernde Belastungen* können durch hohe berufliche und finanzielle Verpflichtungen oder chronische Erkrankungen eines Familienmitglieds entstehen. Der Alltag und die Familienbeziehungen werden weiterhin von *Mikrostressoren* im Alltag (wie z. B. Ärger mit einer kaputten Waschmaschine) oder auch kleinen positiven Ereignissen (das unverhoffte Wiedersehen eines Freundes, ein aufmunterndes Gespräch) geprägt. Die Art des Umgangs mit diesen Ereignissen kann Bindungen stärken oder zu ihrer allmählichen Erosion beitragen. Der Bewältigungsprozess, der schon bei einer einzelnen Person sehr komplex erscheint, wird im sozialen System einer Partnerschaft noch um vieles komplizierter: So können die Bewältigungsstile der beiden Partnern ähnlich, komplementär (sich gegenseitig ergänzend) oder auch konträr (die Partner arbeiten eher gegeneinander) sein. Die Paare können dazu neigen, sich über ihre Probleme auszutauschen, oder sie können jede Auseinandersetzung vermeiden, um nur einige Aspekte des Bewältigungsgeschehens zu nennen. Wesentliche Voraussetzungen für eine erfolgreiche Bewältigung von Belastungen in einer Partnerschaft sind die grundsätzliche Übereinstimmung in ihren Zielen und in der Wahrnehmung relevanter Situationsmerkmale sowie die Art und Weise, wie die Bewältigungsversuche beider Partner aufeinander abgestimmt sind (ebd.).

Trennung und Scheidung

Nicht immer gelingt es also, eine Beziehung herzustellen und aufrechtzuerhalten, die beiden Partnern für ihre individuelle persönliche Entwicklung genügend Raum lässt. Paarbeziehungen sind heute immer weniger stabil. Als Gründe werden dafür gesellschaftliche, ökonomische, juristische und psychische Faktoren angeführt. Partnerschaften sind wenig stabil, wenn die Partner in ihren grundlegenden Einstellungen, Wünschen und Lebensvorstellungen nicht übereinstimmen. Das zeigte auch eine qualitative Längsschnittstudie mit jungen Frauen und ihren Partnern, die aus den Interviews ihre »Lebensthemen« rekonstruierte (Keddi et al., 1999). Partnerschaften von jungen Frauen und Männern mit gleichen oder sich ergänzenden Lebensthemen, die sich wie ein »roter Faden« durch deren Lebensentwürfe und biographische Entscheidungen zogen, erwiesen sich als stabiler als Partnerschaften, in denen die Lebensthemen ganz unterschiedlich oder *inkompatibel* waren. Partnerschaften verlaufen beispielsweise dann stabiler, wenn beide Partner das Thema Familie favorisieren oder beide eine berufliche Karriere planen. Trennend sind hingegen Konstellationen von Lebensthemen, die unvereinbar erscheinen: Wenn zum Beispiel die Frau dem Familienleben den Vorrang gibt, ihr Partner aber vor allem berufliche Karriereziele verfolgt; oder wenn zum Beispiel ein Partner seinen eigenen Weg der Selbstverwirklichung sucht und einen alternativen Lebensstil verwirklichen möchte, während der andere eine berufliche Karriere plant oder ein traditionelles Familienleben vorzieht (ebd.). Insgesamt lässt sich resümieren, dass für das Scheidungsrisiko weniger soziodemographische Merkmale als vielmehr psychosoziale Faktoren wie kommunikative Fertigkeiten, Stressbewältigungskompetenzen und die Kompatibilität der Lebensthemen der beiden Partner ausschlaggebend sind.

Die wichtigsten psychologischen *Ursachen für Trennungen* liegen in der Unzufriedenheit mit dem Partner, in Kommunikationsproblemen und Rollenkonflikten, in sexuellen Problemen, Untreue und in der Abnahme der emotionalen Bindung an den Partner (Bodenmann, 1999). Risikofaktoren für die Instabilität von Partnerschaften und für die Scheidung sind vor allem mangelnde kommunikative Kompetenzen der Partner sowie ein hohes Ausmaß an Stress in der Beziehung bei gleichzeitig fehlenden Bewältigungskompetenzen. In der partnerschaftlichen Kommunikation erwiesen sich insbesondere destruktive Formen der Kritik, verächtliche Kommunikation, Defensivität und Rückzugstendenzen als dysfunktional für die Beziehung. Defizite in der Bewältigung von partnerschaftlichem Stress zeigen sich in Strategien wie Vermeidung, Passivität, Selbstabwertung, Verleugnung und Grübeln. Ein weiterer ungünstiger Umgangsstil mit Beziehungsproblemen ist die Flucht in den Alkohol- oder Drogenkonsum, weil dieser in ganz besonderer Weise zu einer Eskalation von Partnerschaftskonflikten bis hin zu gewalttätigen Auseinandersetzungen (mit physischer und psychischer Gewalt) beitragen kann. Demgegenüber zeigen sich Bewältigungsstile wie zum Beispiel positive Selbstgespräche, kognitive Umbewertung, Entspannung, aktive Beeinflussung der Problemsituation, Offenheit und Optimismus als für die Partnerschaft zuträglich (ebd.).

Hinsichtlich der Beschreibung von Paarverläufen zeigen sich empirisch auch in Trennungsprozessen große interindividuelle Unterschiede in den Bewältigungsstrategien und den psychischen Folgen bei Eltern und Kindern. Mit der Trennung sind für die Partner gravierende seelische Kränkungen und Trauer über die gescheiterte Beziehung verbunden wie auch in der Regel eine neue Wohn- und Lebenssituation, oft mit finanziellen Einbußen. Wenn Kinder da sind, so haben diese einerseits die Verminderung oder sogar den Verlust des Kontaktes zu einem Elternteil zu verkraften und sind häufig durch die Konflikte der Eltern belastet. Kinder finden, da die Eltern selbst gestresst sind, weniger Aufmerksamkeit und Unterstützung durch ihre Mütter und Väter. Andererseits nimmt häufig auch die elterliche Kontrolle ab und in Familien, in denen sich die Eltern über lange Zeit häufig stritten, kann die Trennung auch eine Erleichterung für die Kinder bedeuten. Für die Eltern hat der Prozess der Trennung häufig Auswirkungen auf ihr psychisches Befinden, auf ihre Gesundheit und ihre Leistungsfähigkeit. Sie können – je nach Bewältigungsstrategie und dafür zur Verfügung stehenden persönlichen und sozialen Ressourcen – neben negativen Folgen aber auch persönliche Kompetenzen hinzu gewinnen und ihr Leben selbstbestimmter als vorher in die Hand nehmen (Amato, 2000, zitiert nach Schwarz, 2007, S. 275). Nachhaltige negative Folgen für Eltern und Kinder zeigten sich in deutschsprachigen Längschnittuntersuchungen nur in geringem Ausmaß, doch gab es deutliche Unterschiede in den Bewältigungsverläufen nach einer Trennung und Scheidung je nachdem, welche Ressourcen und Risikofaktoren bereits vor der Trennung in der Familie zu verzeichnen waren (zusammenfassend Schwarz, 2007). Für die positive Bewältigung der Belastungen einer Trennung oder Scheidung erweisen sich psychische Ressourcen wie ein hohes Selbstvertrauen, ein positives Selbstkonzept und eine wenig konservative Einstellung zu Partnerschaft als günstige Voraussetzungen. Wichtig sind ebenso soziale Unterstützungspotenziale durch Freunde und Bekannte, was jedoch in dem Fall Schwierigkeiten mit sich bringen kann, wenn die beiden Partner einen überwiegend gemeinsamen Freundeskreis hatten (ebd.).

4.5.2 Familiengründung als Wendepunkt im Lebenslauf

Familien als biologisch begründete Lebensgemeinschaften, die mindestens zwei Generationen umfassen, werden in unterschiedlichen Formen gelebt: neben der traditionellen Kleinfamilie, in der die biologischen Eltern mit ihrem Nachwuchs eine Haushaltsgemeinschaft bilden, leben junge Erwachsene allein mit ihren Kindern zusammen (Ein-Eltern-Familien), in neuen Familienkonstellationen als Patchworkfamilien oder in anderen familienähnlichen Konstellationen wie etwa in gleichgeschlechtlichen Partnerschaften mit Kindern. Angesichts der Fülle verschiedener Lebensformen versucht die Familienpsychologie, sich dieser Vielfalt über verschiedene Varianten subjektiver Bedeutungen anzunähern (Schneewind, 2010, S. 21 f.). Junge Erwachsene entscheiden sich häufig bewusst für eine Familiengründung, die nur eine Option möglicher Lebensformen darstellt.

Der Kinderwunsch

Eigene Kinder zu haben ist heute keine Selbstverständlichkeit mehr. Durch die Möglichkeiten der Verhütung wird Elternschaft planbar und sogar ungewollte Kinderlosigkeit kann unter bestimmten Voraussetzungen medizinisch überwunden werden. Die Entscheidung für oder gegen eigene Kinder, sowie über Zahl und Zeitpunkt der Kinder wird von jungen Erwachsenen immer häufiger bewusst gefällt. Die Entwicklungsaufgabe heißt nicht mehr »eigene Kinder haben«, sondern »Auseinandersetzung mit den verschiedenen Möglichkeiten generativen Verhaltens«.

Welche *Motive* haben junge Erwachsene für ihren Kinderwunsch? Die oft vagen und unbewussten, nur schwer verbalisierbaren Motive, Kinder bekommen zu wollen, sind wissenschaftlich nicht einfach zu fassen. Spieß, von Rosenstiel, Stengel und Nerdinger (1984) interpretieren das »generative Verhalten« als Ausdruck von Wertorientierungen. Bei ihrer Befragung von jungen Paaren erwiesen sich extrinsische, instrumentelle Werte für die Realisierung des Kinderwunsches als besonders wichtig: Kinder werden vor allem in ihrer Bedeutung für die Entwicklung der Partnerbeziehung und für die individuelle Persönlichkeitsentwicklung gesehen, sie sind damit mit Vorstellungen von einer bestimmten Lebensform verbunden. Die extrinsischen Motive haben nach den Ergebnissen dieser Untersuchung einen höheren Stellenwert als intrinsische Werte wie etwa die Freude am Zusammenleben mit Kindern und die Lust, mit Kindern die Welt neu zu entdecken. Der Kinderwunsch wird indessen nur selten eindeutig formuliert, er umfasst fast immer auch konflikthafte und *ambivalente* Anteile, er ist mit vielen Wenns und Abers verbunden. Motive für oder gegen Kinder variieren in Abhängigkeit von den Bedürfnissen und Erfahrungen, der Lebenssituation sowie der Lebensphase und Lebensplanung einer Person. Fragt man junge Erwachsene, warum sie eigene Kinder haben wollen, so geben sie beispielsweise folgende Motive an: Um durch ein Kind eine Aufgabe zu bekommen, um Neues zu lernen, einen Lebenssinn zu erhalten oder um die Entwicklung eines Kindes mitzuerleben. Gleichzeitig werden aber auch Ängste und Bedenken laut (vgl. Seidenspinner et al., 1996): Das Gefühl, der Aufgabe und Verantwortung nicht gewachsen zu sein; die Befürchtung, durch ein Kind zu sehr eingeschränkt zu sein, andere Pläne nicht verwirklichen zu können und zu wenig Unterstützung zu erhalten; die Angst vor Schwangerschaft und Geburt oder vor einer schweren Erkrankung oder Behinderung des Kindes; schließlich erscheint ein Leben mit Kindern mit vielen Unwägbarkeiten behaftet und auch die Überzeugung, unter den gegebenen gesellschaftlichen oder ökologischen Bedingungen sei es unverantwortlich, Kinder in die Welt zu setzen, wird ins Feld geführt. In die Überlegungen der jungen Erwachsenen fließen außerdem die Stabilität und Sicherheit ihrer beruflichen und materiellen Situation, berufliche Ziele (vor allem bei den Frauen), die Wohnsituation, die Qualität der Partnerbeziehung oder Bedenken wegen der wahrgenommenen Kinderfeindlichkeit in der Gesellschaft. Ferner sind die biographischen Erfahrungen in der Herkunftsfamilie und die Beziehungen zu den eigenen Eltern und Geschwistern für den Kinderwunsch von großer Bedeutung (ebd.).

Die Entscheidung für oder gegen Kinder ist immer auch beeinflusst von der gesellschaftlichen Situation und den darin wahrgenommenen Perspektiven und Gelegenheitsstrukturen für verschiedene Lebensentwürfe. Dies zeigt sich beispielsweise deutlich im Geburtsverhalten in Ost- und Westdeutschland nach der Wende 1989: Das durchschnittliche Alter bei der Geburt des ersten Kindes liegt in Deutschland bei Ende 20 und hat sich insbesondere bei den ostdeutschen Frauen deutlich erhöht: bekamen diese ihr erstes Kind vor der Wende durchschnittlich mit Anfang 20, sind sie inzwischen bei diesem Ereignis im Mittel 27 Jahre alt, westdeutsche Frauen sind durchschnittlich etwa 29 Jahre alt. Die auch im internationalen Vergleich niedrige Geburtenziffer deutscher Frauen liegt insgesamt bei 1,36. Während die Geburtenrate in Westdeutschland seit etwa 20 Jahren auf diesem niedrigen Niveau liegt, sank die Zahl der Geburten in den ostdeutschen Bundesländern nach der Wende dramatisch und hat sich inzwischen dem Niveau der alten Bundesländer angeglichen (Statistisches Bundesamt, 2012).

Verhütung und Familienplanung lagen traditionell in der Verantwortung der Frau, doch verändern sich gerade bei jungen Erwachsenen die Partnerschaftsstile in einer Weise, dass die Verantwortung stärker gemeinsam übernommen wird. Frauen und Männer brauchen dazu aber ein hohes Maß an Sensibilität für den Partner und große kommunikative Kompetenzen im Bereich der Sexualität (Fichtner, 1999). Die Entscheidung für oder gegen Kinder kann nicht beliebig hinausgeschoben werden, aber in jedem Fall stellt sie die Weichen für den weiteren Lebenslauf der Erwachsenen. Biographische Stränge und Phasen in der Partnerschaft, in der sexuellen Beziehung (Fruchtbarkeit und Kontrazeption) sowie in Ausbildung und Beruf überlagern sich und verlaufen teilweise asynchron, sie sind nicht leicht in Einklang zu bringen (Helfferich, 1999). Psychische Konflikte und Ambivalenzen in Bezug auf den Kinderwunsch können Konzeption, Kontrazeption, Schwangerschaft, Geburt, Wochenbett und die Beziehung zu dem neu geborenen Kind wesentlich beeinflussen.

»Schwangerschaftskarrieren« sind gekennzeichnet durch Phasen von der ersten konkreten Vorstellung davon, Kinder zu haben, über die »Gewolltheit« der Schwangerschaft von Mann und Frau, den Eintritt einer Schwangerschaft (auch unter Verhütung), die emotionale Reaktion auf die eingetretene Schwangerschaft und schließlich den Ausgang der Schwangerschaft als Akzeptanz oder Abbruch (Helfferich, Klindworth und Rose, 2005a). Dabei zeigen sich bei der Mehrzahl der Schwangerschaften ein breiter »Pfad der Gewolltheit«. Bis zu einem Viertel der jungen Erwachsenen setzt sich aber auch erst bei eingetretener Schwangerschaft mit der Vorstellung auseinander, mit Kindern zu leben und akzeptieren meistens die Aussicht, ein Kind zu haben. Über die Hälfte der Schwangerschaften, die nicht gewollt sind und unter Verhütung eintreten, werden dennoch ausgetragen. Bei belastenden beruflichen und partnerschaftlichen Situationen oder einem zu jungen Alter des Mannes treten Schwangerschaften seltener gewollt ein, in diesen Fällen verläuft die berufliche Entwicklung und die Entwicklung der Partnerschaften nach der Geburt des Kindes auch eher negativ (Helfferich, Klindworth und Rose, 2005b).

Immer mehr junge Erwachsene bleiben mittlerweile kinderlos, mit steigender Tendenz. Mehr als jede fünfte Frau bleibt in Deutschland kinderlos, von den akademisch ausgebildeten Frauen verzichtet jede vierte auf Kinder (Statistisches Bundesamt, 2012). Bei einem Teil der jungen Erwachsenen ist dies so gewollt, denn sie setzen andere Prioritäten in ihrem Leben. Manche verpassen die biologisch begrenzte Gelegenheit, eigene Kinder zu bekommen, und bei anderen bleibt der Kinderwunsch unerfüllt. Die *ungewollte Kinderlosigkeit* ist manchmal körperlich, sehr oft aber auch psychisch (mit)bedingt (Fränznik & Wieners, 1996). Als Gründe für eine psychogene Sterilität werden tiefe Ambivalenzen beim Kinderwunsch, Partnerschaftskonflikte und Ängste vor der Schwangerschaft oder vor einem behinderten Kind angenommen. Auch biographische Konflikte, wie etwa eine schlechte Beziehung zu den eigenen Eltern und negative Erinnerungen an die eigene Kindheit spielen eine Rolle. Sterilität kann manchmal ein biologisch sinnvoller Abwehrmechanismus sein, wenn zum Beispiel eine schwierige Partnerbeziehung oder andere Stresssituationen durch ein Kind nur noch weiter kompliziert würden. Die Erfolgsquoten von medizinischen Verfahren zur Behandlung der Sterilität sind nicht gerade hoch. Die Hoffnungen, die sich Paare dadurch aber häufig vergeblich machen, behindern oftmals eine adäquatere psychische Bewältigung, wie z. B. die Bearbeitung von unbewussten Abwehrhaltungen gegen ein Kind und von Partnerkonflikten oder auch das Akzeptieren der eigenen Kinderlosigkeit, die Trauerarbeit und die Suche nach neuen Lebensperspektiven und Lebensinhalten (Onnen-Isemann, 2000). Belastungen zeigen sich bei ungewollt kinderlosen Paaren vor allem in der Lebenszufriedenheit, Gesundheit und Partnerschaftszufriedenheit, langfristig kann auch die Qualität der Beziehung beeinträchtigt werden. Für die langfristige Bewältigung einer ungewollten Kinderlosigkeit spielen vor allem Kontrollüberzeugungen, soziale Unterstützungspotenziale (auch die Beziehung zu Kindern) sowie die Fähigkeiten, eigene Lebenspläne umzustrukturieren, eine wichtige Rolle (Wischmann & Stammer, 2001; Bengel, Carl, Mild & Strauß, 2000).

Zusammenfassend entsteht aus diesen Forschungsergebnissen einerseits das Bild eines jungen Erwachsenen, der sich über die Entscheidung, eigene Kinder in die Welt zu setzen, als Gestalter seiner eigenen persönlichen Entwicklung sieht.

Andererseits müssen sich junge Paare oft mit normativen Erwartungen ihrer Umwelt auseinandersetzen, eigene Kinder zu bekommen und sie in einer bestimmten Rollenverteilung großzuziehen. Sie antizipieren oftmals objektive Einschränkungen ihres Lebens durch die Kinder, die ihren Lebensentwürfen möglicherweise zuwiderlaufen. Ambivalenzen in Bezug auf den Kinderwunsch bleiben somit deutlich sichtbar.

Schwangerschaftskonflikte und Schwangerschaftsabbruch

Eine ungewollte Schwangerschaft bedeutet für die betroffene Frau oft eine ernste persönliche Krise. Der Abbruch einer Schwangerschaft gilt in Deutschland als Rechtsbruch, der unter bestimmten Voraussetzungen aber straffrei bleibt (§ 218 STGB). Zieht die Frau einen Schwangerschaftsabbruch in Erwägung, so ist sie dazu verpflichtet, sich darüber beraten zu lassen, letztlich kann (und muss) sie sich aber selbst für oder gegen eine Abtreibung entscheiden. Der Abbruch bleibt straffrei, wenn sie eine Beratung durch eine anerkannte Stelle für Schwangerschaftskonfliktberatung mit einer Bescheinigung nachweisen kann. Sie kann für ihre Entscheidung soziale Gründe geltend machen, wenn die Gefahr einer sozialen Notlage besteht. Außerdem können Straftatbestände (Vergewaltigung) oder medizinische Gründe (wenn z. B. eine Behinderung des Kindes zu erwarten ist) angeführt werden. Die Entscheidung für das Kind oder für den Abbruch der Schwangerschaft muss von den Frauen unter äußerstem Zeitdruck und oft auch unter dem sozialen Druck von Partner, Eltern, Freunden und Bekannten gefällt werden. Die Schwangerschaftskonfliktberatung soll der Frau in dieser kritischen Situation helfen, ihre Motive und Wünsche, ihre innerpsychischen Konflikte und die Probleme mit Partner, Eltern oder Beruf zu verstehen und damit eine bessere Grundlage für ihre Entscheidung zu haben.

Für die *medizinische Indikation* werfen neue Verfahren der pränatalen Diagnostik brisante ethische Fragen auf. Für immer mehr Erbkrankheiten können genetische Anlagen bereits in der Schwangerschaft festgestellt werden, auch von Störungen oder

Behinderungen, deren Ausprägung und Schwere nicht sicher vorhergesagt werden können oder die erst im späteren Lebensalter auftreten (Petermann, Widebusch & Quante, 1997). Die werdenden Mütter (und ihre Partner) sind durch diese Informationen vor neue schwer wiegende Entscheidungen zwischen gleichermaßen bedrohlichen und beängstigenden Alternativen gestellt (Beck-Gernsheim, 1995). Ein Abbruch aus medizinischen Gründen ist noch bei einer weit fortgeschrittenen Schwangerschaft (bis zur 22. Schwangerschaftswoche) straffrei. Ein später Eingriff geht häufig mit höheren Belastungen einher, da die Schwangere schon die Bewegungen des Kindes spürt und eine stärkere Beziehung zu ihm aufgebaut hat.

In der Schwangerschaftskonfliktberatung kommen vor allem *soziale Gründe* zur Sprache (Bauernschmitt, 1998), so zum Beispiel finanzielle Probleme (Wohnungsnot, Arbeitslosigkeit, Schulden), Probleme im Beziehungsbereich (Partnerkonflikte, allein erziehen), das soziale Umfeld (sozialer Druck, fehlende Kinderbetreuungsmöglichkeiten) oder das Alter der Schwangeren (eine gefährdete Ausbildung). Schwangerschaftskonflikte von Frauen mit Migrationshintergrund sind häufig zusätzlich durch Zukunftsängste, soziale Isolation und ausländerrechtliche Probleme gekennzeichnet.

Frauen orientieren sich bei der Entscheidung über einen Schwangerschaftsabbruch weniger an abstrakten Rechten, Regeln und ethischen Prinzipien, sondern sie fassen die moralische Entscheidung als eine Frage von Anteilnahme und Verantwortung für sich und andere auf (Gilligan, 1984). Die Entscheidung für oder gegen einen Schwangerschaftsabbruch löst bestehende Konflikte nicht unbedingt auf. Sie stellt jedoch sehr deutlich die Weichen für den weiteren Lebensweg der betroffenen Frau bzw. des Paares.

4.5.3   Schwangerschaft, Geburt und frühe Elternschaft als kritische Lebensphase

Das Erleben und Bewältigen von Schwangerschaft, Geburt und früher Elternschaft werden idealtypisch im Phasenmodell von Gloger-Tippelt (2007, S. 515) beschrieben (vgl. ▶ Abb. 4.2).

1. Verunsicherung (ca. bis 12. Schwangerschaftswoche)
2. Anpassung (ca. 12.-20. Schwangerschaftswoche)
3. Konkretisierung (20.- 32. Schwangerschaftswoche)
4. Antizipation und Vorbereitung auf die Geburt (ca. 33. Woche bis zur Geburt)
5. Geburtsphase
6. Überwältigung und Erschöpfung (ca. 4. – 8. Lebenswoche des Kindes)
7. Herausforderung und Umorientierung (Dauer unterschiedlich)

Abb. 4.2: Schritte des Übergangs zur Elternschaft (nach Gloger-Tippelt, 2007)

Nach der Feststellung einer Schwangerschaft tritt zunächst eine Phase der *Verunsicherung* ein. Die werdenden Eltern müssen sich mit einer Vielzahl neuer Anforderungen und einer veränderten Zukunftsperspektive auseinandersetzen, die auch andere Lebenspläne infrage stellen kann. Dies kann positiv oder negativ erlebt werden, z. B. je nachdem, ob das Kind geplant und erwünscht ist oder nicht. In dieser Phase erlebt die Mutter die meisten körperlichen Umstellungen. Ab dem vierten Schwangerschaftsmonat tritt eine ruhigere *Phase der Anpassung* ein. Die anfänglichen körperlichen Beschwerden nehmen ab, die Frauen und Männer akzeptieren die veränderte Lebensperspektive und entwickeln ein neues Selbstkonzept als künftige Mutter und künftiger Vater. Mit der Wahrnehmung der ersten Kindsbewegungen in der 19. bis 22. Schwangerschaftswoche setzt eine *Konkretisierungsphase* ein. Ängste erreichen das niedrigste Niveau und das Wohlbefinden der Mütter steigt. Ab der 33. Schwangerschaftswoche treten wieder vermehrt körperliche Belastungen auf. Die letzten Wochen sind als Phase der *Antizipation und Vorbereitung auf die Geburt* gekennzeichnet (ebd.).

Die Geburt

Für Verlauf und Erleben der Geburt spielen sowohl körperliche als auch ökologische und psychosoziale Faktoren eine entscheidende Rolle. Von diesen Faktoren hängt es ab, wie viel

Kontrolle und Eigenaktivität der Gebärenden zugestanden wird, wie weit sie ihre individuellen Bedürfnisse und Kompetenzen in die Situation einbringen kann, wie sie sich infolgedessen selbst dabei erlebt und das Ereignis letztlich bewältigen kann. Im Hinblick auf die ökologischen Bedingungen ist es z. B. wesentlich, ob eine Geburt zu Hause in vertrauter Umgebung oder in einer Klinik stattfindet, ob in einem wohnlich wirkenden Geburtszimmer oder einem sterilen Kreißsaal. Für die psychosozialen Bedingungen einer Geburt ist es wesentlich, ob der Partner oder eine vertraute Person anwesend ist, ob Hebamme und Ärzte bekannt sind und die werdenden Eltern Vertrauen zu ihnen haben, inwieweit sich das Paar auch innerlich auf die Geburt vorbereitet hat, aber auch welche technischen Routinen und medizinische Kontrollen zum Einsatz kommen.

Die Phase der frühen Elternschaft

Nach der Geburt tritt bei den meisten jungen Eltern zunächst eine Phase der Überwältigung und Erschöpfung trotz ersten Glücks über das Kind ein (Gloger-Tippelt, 2007). Die Eltern müssen sich auf die Bedürfnisse des Neugeborenen einstellen, ihr Alltag wird dadurch radikal verändert, und die neuen Anforderungen sind körperlich und psychisch belastend. Die erste Zeit mit dem Baby ist einerseits noch durch Unsicherheit im Umgang mit dem Neugeborenen und durch körperliche Erschöpfung, andererseits durch Freude und Stolz (»Baby Honeymoon«) gekennzeichnet. In der nachfolgenden Phase der Herausforderung und Umstellung bilden sich allmählich elterliche Strategien im Umgang mit dem Baby heraus, Routinen schleifen sich ein und der Alltag erhält wieder etwas mehr Regelmäßigkeit. Die Partnerbeziehung erfährt in dieser Zeit oft massive Veränderungen: In der Regel verändert sich die Rollenaufteilung dahingehend, dass die Frau die Hauptverantwortung für die Versorgung des Kindes und des Haushalts übernimmt, während der Mann wieder seinem Beruf nachgeht. Somit findet in der Regel eine Rückkehr zu den traditionellen Geschlechterrollen statt. Die partnerschaftliche Zufriedenheit sinkt in dieser Zeit häufig rapide ab. Die Bewältigung der neuen Herausforderungen gelingt in unterschiedlichem Maße. Vieles hängt davon ab, welche innerpsychischen Konflikte und Beziehungsprobleme vorher bestanden und auf welche Weise sie bearbeitet wurden. In der Phase der Gewöhnung gewinnen die Eltern noch mehr an Sicherheit, die neuen Interaktionsformen spielen sich weiter ein. In dieser Phase wird deutlicher, dass sich im Freundes- und Bekanntenkreis der jungen Eltern starke Veränderungen vollziehen: Treffen mit kinderlosen Freunden und Bekannten nehmen ab, dafür ergeben sich häufig neue Kontakte mit anderen Familien mit kleinen Kindern. Die eigenen Herkunftsfamilien (Großeltern, Geschwister) gewinnen jetzt im Beziehungsnetz der jungen Eltern wieder an Bedeutung (ebd.).

Psychische *Belastungen* treten für Mütter und Väter in unterschiedlicher Weise und in verschiedenen Phasen des Übergangs zur Elternschaft auf (vgl. zum Überblick: Reichle & Werneck, 1999). Die Mütter erfahren Belastungen vor allem durch die körperliche Erschöpfung, das permanente Schlafdefizit und häufig auch durch die soziale Isolation mit einem Neugeborenen; andererseits vermittelt ihnen das Kind viel Freude und sie gewinnen meist schnell Gelassenheit und Routine im Umgang mit dem Baby. Die Väter fühlen sich häufig nach einigen Monaten durch die gleichzeitigen Anforderungen in Beruf und Familie überfordert; zudem belastet sie oft die neue Verantwortung für ihre eigene Familie. Im kind- und familienzentrierten Alltag bleibt kaum noch Zeit für die Gestaltung der Paarbeziehung; die Interaktionen mit dem Kind und über das Kind stehen im Vordergrund. Die Partnerschaft wird dadurch oft vernachlässigt und die Zufriedenheit sinkt, daher kann es allmählich zu einer »Erosion« der Paarbeziehung kommen (Fthenakis, Kalicki & Peitz, 2002).

4.5.4   Lebensphase Elternschaft

Die Elternschaft kann zu einem Gelingen der Entwicklungsstufe der Generativität sensu Erikson beitragen, sie hinterlässt in der Persönlichkeit von Männern und Frauen deutliche Spuren. Junge Erwachsene stellen sich mit der Übernahme der

Elternrolle neuen Aufgaben: Sie sind verantwortlich für die Pflege, den Schutz und die Fürsorge für das Kind, sie sollen Vorbild sein und sich über die Erziehung ihres Kindes Gedanken machen, die kindlichen Bedürfnisse wahrnehmen sowie Lerngelegenheiten für den Nachwuchs arrangieren (vgl. Schneewind, 2010). Beim Aufziehen ihrer Kinder werden Eltern von Institutionen des Gesundheits- und des Bildungssystems begleitet, unterstützt und gefordert. Von ihnen wird erwartet, dass sie sich mit medizinischen Fragen auseinandersetzen, Vorsorgeuntersuchungen wahrnehmen, über Impfungen entscheiden, eine Kindertagesbetreuung auswählen und organisieren, sich mit pädagogischen Fachkräften über Erziehungsfragen verständigen sowie den schulischen Werdegang ihres Kindes engagiert verfolgen und fördern sowie mit den Lehrkräften kooperieren.

In der öffentlichen Diskussion werden die richtigen Umgangsweisen von Eltern mit ihren Kindern thematisiert und Störungen im Verhalten häufig auf »problematisches« elterliches Verhalten zurückgeführt. Erziehungsfragen werden in Erziehungsratgebern und auch TV-Serien aufgegriffen und unter Fachleuten äußerst kontrovers diskutiert (vgl. z. B. Wahl & Hees, 2007). All dies zeigt die große Verunsicherung von Eltern und Fachleuten hinsichtlich aktueller Erziehungs- und Bildungsfragen, auch vor dem Hintergrund der PISA-Studie, welche die Qualität des Bildungssystems in Deutschland nachdrücklich infrage stellte und damit Besorgnis bei den Eltern hervorrief.

Welche Konsequenzen sich aus der Elternschaft für die persönliche Entwicklung ergeben, hängt stark von den materiellen, lebensweltlichen und sozialen Bedingungen ab, die in dieser Lebensphase vorherrschen. Aus der ökonomischen Situation der Eltern in verschiedenen Altersphasen des Kindes, aus der Lebensform der Eltern und ihren Veränderungen (z. B. bei Trennung der Eltern oder in Fortsetzungsfamilien) und aus der ethnischen Herkunft der Familie ergeben sich unterschiedliche Bedingungen für das Aufziehen von Kindern und für die Bewältigung von Erziehungsproblemen. Die Bewältigung der elterlichen Entwicklungsaufgaben kann einerseits erschwert

sein bei psychosozialen Problemen der Eltern, z.B. bei Partnerschaftskonflikten, der Sorge um den Arbeitsplatz oder
Arbeitsplatzverlust, bei gesundheitlichen Beeinträchtigungen
der Eltern oder Suchtproblemen (Lenz, 2005). Auf der anderen Seite stellt eine chronische Krankheit oder Behinderung
des Kindes für die Eltern ganz erhebliche und andauernde
Belastungen dar, die auch ihre eigenen Entwicklungschancen
beeinflussen. Die Eltern bedürfen in diesem Fall häufig einer
professionellen psychologischen oder sozialen Unterstützung
(Noeker, 2002).

Der Alltag mit jungen Kindern

Zu den elterlichen Entwicklungsaufgaben werden der Aufbau
einer sicheren Bindung, die Vermittlung von Regeln des Zusammenlebens sowie das Arrangement von Lern- und Entwicklungsgelegenheiten für das Kind gezählt (Schneewind, 2010,
S. 132 ff.). Das Aufziehen kleiner Kindern kann im Alltag sehr
anstrengend und belastend sein. Nicht erst durch die gewachsenen gesellschaftlichen Erwartungen stehen Mütter und Väter
hohen Anforderungen gegenüber und haben das Gefühl, immer
für das Kind da sein und dabei meistens »*auf dem Sprung sein*«
zu müssen: Die Betreuungspersonen müssen ihre Aufmerksamkeit ständig dem Kind widmen und es vor Gefahren schützen;
sie können sich selten ungeteilt anderen Dingen zuwenden. Einmal angefangene Handlungen können kaum zusammenhängend zu Ende geführt werden, weil das Kind immer wieder Bedürfnisse anmeldet. Ihre »Handlungsbögen« werden dadurch
permanent zerbrochen und zerstört (Sichtermann, 1987).

Hinzu kommen *körperliche Anstrengung und eine veränderte
Erfahrung von Zeit*: Lange Zeit orientiert sich der Tagesablauf
der Eltern am physiologischen Rhythmus und den körperlichen Bedürfnissen des Kindes. Tag und Nacht melden sie Bedürfnisse an, wollen getragen werden und fordern Zuwendung.
Dies kann insbesondere in der ersten Zeit mit dem Kind und
vor allem bei den Müttern zu Erschöpfung und erheblichem
Schlafmangel führen (Fthenakis, Kalicki & Peitz, 2002). Inwieweit das soziale Netzwerk in der Situation mit kleinen Kindern

eine Bewältigungsressource darstellt, hängt weniger von den strukturellen Merkmalen des sozialen Netzwerks ab als vielmehr von der Qualität der Beziehungen und ihrer Kontrollierbarkeit (Fthenakis, Kalicki & Pätz, 2002, S. 64 f.). So können Hilfsangebote von Eltern, Verwandten sowie Freundinnen und Freunden entlastend sein, wenn die jungen Eltern sie aktiv aufgreifen können – aber nicht müssen – und wenn sie den Personen vertrauen. Insgesamt wird die Betreuung eines Babys oder Kleinkindes meist als *ambivalent* erlebt. Auf der einen Seite ist die Tätigkeit abwechslungsreich, ganzheitlich und kann in einem gewissen Rahmen individuell ausgestaltet werden. Sie ist in hohem Maße verantwortungsvoll und meist auch sehr befriedigend, weil kleine Kinder viel positives Feedback geben. Auf der anderen Seite erfordert die Tätigkeit dauernde Aufmerksamkeit, sie ist in ihrem zeitlichen Ablauf wenig selbstbestimmt, da sie von den Bedürfnissen des Kindes nach Schlaf, Nahrung und Zuwendung abhängig ist (Strehmel, 1999). Werden die Bedürfnisse des Kindes nicht befriedigt, müssen die Eltern mit den protestierenden Reaktionen des Kindes (Quengeln, Schreien) zurechtkommen, was in der Öffentlichkeit noch belastender sein kann als zu Hause. Mütter, die ihre kleinen Kinder rund um die Uhr betreuen, haben tagsüber oft sehr wenig Kontakt zu erwachsenen Personen und vermissen diese Kommunikation. Sie erfahren oft wenig Unterstützung und Anerkennung für ihre Familienarbeit. Wenn sie ihre Berufstätigkeit unterbrechen, so verzichten sie in dieser Zeit auf ihre ökonomische Eigenständigkeit: Das Erziehungsgeld ist niedrig und nach kurzer Zeit abhängig vom Einkommen des Partners, Rentenansprüche werden durch eine Berufsunterbrechung deutlich gemindert.

Durch die Anforderungen eines Lebens mit kleinen Kindern entwickeln Mütter und Väter aber oft auch ein hohes Maß an Flexibilität und Gelassenheit im Umgang mit den alltäglichen kleineren und größeren Katastrophen und Auseinandersetzungen. Sie genießen das Zusammensein mit ihren Kindern, deren Phantasie, Charme, Fröhlichkeit und Unbefangenheit, sowie deren besondere Interpretation der Welt. Sie erleben ihre Kinder zugleich als Spiegel ihrer selbst und sind dadurch her-

ausgefordert, sich mit eigenen Verhaltensweisen auseinanderzusetzen und sich selbst immer wieder infrage zu stellen.

Die Arbeit der Eltern beim Großziehen ihrer Kinder dürfte
sich auf die Entwicklung der Gesamtpersönlichkeit ähnlich
prägend auswirken wie die Berufsarbeit. Mütter und Väter
können auf der einen Seite sehr intensive Gefühle zu ihrem
Kind entwickeln; sie können an der Verantwortung für ihr
Kind wachsen, Sinnhaftigkeit erfahren, sich als unentbehrlich
erleben und im Zusammensein mit dem Kind neue Kräfte und
Fähigkeiten aufbauen. Auf der anderen Seite müssen sie sich
mit Verlusten und Einschränkungen auseinandersetzen: Über-
einstimmend berichten Studien über Veränderungen in den
Paarbeziehungen der junger Eltern in der geschlechtsspezifischen Arbeitsteilung in einer traditionellen Richtung, zunehmenden ökonomischen Belastungen, Einschränkungen in der
Freizeit insbesondere bei den Müttern, weniger Kommunikation und gemeinsam verfügbare Zeit für das Paar und Beeinträchtigungen der Sexualität (Gloger-Tippelt, 2007, S. 519). Die
Partnerschaftszufriedenheit nimmt ab, jedoch ist das Ausmaß
dieser Entwicklung abhängig von der Partnerschaftsqualität
zwischen den jungen Eltern vor der Geburt und davon, wie ihnen die Bewältigung der neuen Herausforderungen im Alltag
gelingt (ebd.). Letztlich erleben daher viele Paare die Zeit mit
ihrem Neugeborenen immer noch als glücklich, denn den vielfältigen Belastungen steht die Freude über das Kind gegenüber.
Wie die Aufgaben verteilt werden und wie die neue Konstella-
tion erlebt wird, ist abhängig vom jeweiligen Rollenverständnis
der jungen Mütter und Väter, davon wie die jungen Erwachsenen ihre Aufgaben in der Familie auffassen, inwieweit gegenseitige Erwartungen erfüllt werden und wie Konflikte und Enttäuschungen bewältigt werden können. So können unerfüllte
Hoffnungen von Müttern, die wieder in den Beruf einsteigen
wollen, zu Doppelbelastungen, verbunden mit Gefühlen der
Frustration und Überforderung, führen und in Partnerschafts-
problemen münden. Sieht die Frau hingegen ihre Mutterrolle
als zentralen Teil ihrer Identität, so dürfte sie weniger Wert auf
die Beteiligung des Vaters legen (Fthenakis, Kalicki & Peitz,
2002).

Vereinbarkeit von Familie und Beruf für Mütter und Väter

Insbesondere junge Mütter in Westdeutschland geben nach der Geburt eines Kindes ihren Beruf für einige Jahre auf – häufig aus Mangel an Betreuungsplätzen. Zwar haben sich die Einstellungen von Männern und Frauen zur Arbeitsteilung in der Familie, zur Betreuung der Kinder und zur Berufstätigkeit einander angenähert, doch werden die Voraussetzungen für eine Vereinbarkeit von Familie und Beruf erst in jüngster Zeit Schritt für Schritt verbessert. (vgl. Bien, Rauschenbach & Riedel, 2006). So wurde 2008 mit dem »Gesetz zur Förderung von Kindern unter drei Jahren in Tageseinrichtungen und in der Kindertagespflege« (KiföG) der schrittweise einzuführende Rechtsanspruch auf frühe Bildung, Betreuung und Erziehung ab dem vollendeten ersten Lebensjahr festgelegt und damit ein gewaltiger Ausbau des Angebots an Krippenplätzen angestoßen.

Väter artikulieren in neuerer Zeit verstärkt den Wunsch, eine intensivere Beziehung zu ihren Kindern aufzubauen und sich ausgiebig mit ihnen zu beschäftigen. Unterstützt wird dies durch eine neue Gesetzgebung, nach der staatliche Hilfen nur dann in voller Höhe in Anspruch genommen werden können, wenn beide Eltern sich an der Erziehungszeit beteiligen. Von der Ablösung traditioneller Muster durch eine »neue Väterlichkeit« erhoffen sich vor allem Frauen Entlastung. Für die Kinder bringt das größere Engagement von Vätern eine größere Vielfalt an Erfahrungen mit sich. Väter sehen darin neue Möglichkeiten der Selbsterfahrung insbesondere im emotionalen Bereich. Wie Männer ihre Vaterrolle ausüben, ist weit weniger durch kulturelle Normen geprägt als die Mutterrolle. Väter spielen gerne mit ihren Kindern, halten sich jedoch bei anderen Aufgaben in der Versorgung der Kinder eher zurück (Fthenakis, Kalicki & Peitz, 2002, S. 171 f.). Wird eine neue Rollenverteilung gelebt, so hat dies Konsequenzen für die Interaktionsprozesse in Partnerschaft und Familie und für die Entwicklung einzelner Familienmitglieder. Die Realisierung neuer Modelle der Elternschaft wird in jüngster Zeit durch Regierungsprogramme gefördert, doch werden sie erst zögernd auch in der Arbeitswelt akzeptiert. So liegt es nach der Rück-

kehr zu den eher traditionellen Rollen in der Partnerbeziehung
meist an der Frau, sich von den Einschränkungen ihrer Rolle
als Mutter wieder ein Stück weit zu befreien, um für sich auch
Entwicklungsmöglichkeiten in anderen Bereichen zu erschließen. In der Realisierung der Lebensentwürfe gabeln sich mit
der Geburt eines Kindes immer noch die beruflichen Wege von
Frauen und Männern. Während Männer in der Regel in ihrer
beruflichen Karriere fortfahren und darin noch stärker gefordert und gefördert werden, unterbrechen Frauen häufig ihre
Berufstätigkeit bzw. führen sie eingeschränkt (etwa in Teilzeit)
fort, dies ist oft mit negativen Konsequenzen für ihre berufliche
Entwicklung verbunden.

Die gleichzeitige Realisierung von Beruf und Familie erfordert – insbesondere, solange die Kinder klein sind – ein durch-
dachtes Alltagsmanagement, das aber immer wieder gefährdet
ist. Krankheiten der Kinder, verspätete Babysitter und Ferien-
zeiten in Kindergarten oder Schule stellen erwerbstätige Mütter immer wieder vor neue organisatorische Probleme. Trotz
der manchmal starken Belastungen weisen berufstätige Mütter gegenüber Hausfrauen und »Vollzeitmüttern« ein besseres
psychisches Befinden und weniger Depressivität auf (Fthenakis, Kalicki & Peitz, 2002). Erwerbstätige Mütter können aus
multiplen Rollen in unterschiedlichen Lebensbereichen Bestä-
tigung und Kraft schöpfen, und sie können Belastungen durch
die Vielfalt und Unterschiedlichkeit der Erfahrungen besser
kompensieren als »Nur-Hausfrauen«. Die Anerkennung im
Beruf und die finanzielle Eigenständigkeit tragen außerdem zu
einem höheren Selbstwertgefühl und psychosozialem Wohlbefinden der Frauen bei.

Neue Herausforderungen mit dem Heranwachsen der Kinder

Die elterlichen Entwicklungsaufgaben verändern sich mit dem
Heranwachsen der Kinder. Bereits im Krippen- und Kindergartenalter nehmen Mädchen und Jungen Kontakte mit Gleichaltrigen auf, schließen Freundschaften, entwickeln ihre eigenen Interessen und bewegen sich mehr und mehr außerhalb

der Familie. Die Eltern sind zunehmend gefordert, ihre Söhne und Töchter auf die neue Selbständigkeit vorzubereiten, ihnen Spielräume einzuräumen und sich selbst zurückzunehmen. Nicht selten ist das »Flügge-Werden« der Kinder nicht nur mit Stolz, sondern auch mit Ängsten und Unsicherheiten der Eltern begleitet. Mit dem Heranwachsen verläuft die Entwicklung der Kinder immer mehr außerhalb ihres Einflussbereiches. Dies beginnt schon dann, wenn die Kinder in Kinderkrippe und Kindergarten zeitweise anderen Personen zur Betreuung übergeben werden. Die ersten Trennungserfahrungen bei einer außerfamilialen Betreuung sind nicht nur für die Kinder neu und ungewohnt, auch den Eltern fällt es häufig schwer, ihre Kleinen anderen Personen anzuvertrauen. Sie müssen sich außerdem jetzt mit neuen Anforderungen und den sozialen Erwartungen der Erzieher/innen und Erziehungsinstitutionen auseinandersetzen: Ist ihr Kind schon selbstständig genug? Bewährt sich ihre bisherige Erziehung soweit, dass das Kind auch außerhalb der Familie zurechtkommt?

Mittlerweile wird die parallele Realisierung von Familie und Beruf – und damit auch die frühe Rückkehr der Eltern – insbesondere der Mütter – in den Beruf auch vom Gesetzgeber als selbstverständlich angesehen, so etwa im Scheidungsrecht. Die Vereinbarkeit wird von staatlicher Seite durch den Ausbau der Kindertagesbetreuung für ganz kleine Kinder in Krippen und in der Tagespflege unterstützt. Diese neue Entwicklung wird von jungen Eltern einerseits als Erleichterung empfunden, andererseits werden damit neue Normen gesetzt, so dass Mütter ihre kleinen Kinder auch früher abgeben sollen an fremde, wenn auch fachlich qualifizierte Betreuungspersonen. Internationale Längsschnittuntersuchungen zeigen, dass sich durch eine Betreuung außerhalb der Familie für die Entwicklung der Kinder keine negativen, sondern vielmehr positive Effekte ergeben – eine gute Qualität der Betreuung vorausgesetzt. Dies ist, neben den zusätzlichen Anregungen und Lerngelegenheiten, die außerfamiliäre Betreuungssettings für die Kinder bieten, auch vermittelt durch eine größere Zufriedenheit der Mütter und eine bessere ökonomische Situation der Familien (Harvey, 1999; vgl. zum Überblick Strehmel, 2008).

Was geben junge Eltern an ihre Kinder weiter? Mütter und Väter orientieren sich bei der Gestaltung der Elternschaft an ihren eigenen Sozialisationserfahrungen. Die Ergebnisse einer Längsschnittstudie mit 8- bis 13-jährigen Kindern und ihren Eltern (Silbereisen & Zinnecker, 1999) zeigen, dass die *geschlechtsspezifischen Leitbilder* der Eltern durch die unterschiedlichen Familienrollen der Mütter und Väter zum Tragen kommen. Im Erziehungsverhalten von Eltern gegenüber ihren Söhnen oder Töchtern ist zwar kaum noch eine Geschlechterdifferenzierung auszumachen, die Weitergabe von geschlechtsspezifischen Leitbildern äußert sich aber subtil darin, was Söhnen und Töchtern zugeschrieben und zugetraut wird (Eickhoff, Hasenberg & Zinnecker, 1999).

Mütter und Väter geben ihren Kindern gleichermaßen kulturelle Anregungen und leisten ähnliche Servicedienste (z. B. die Kinder mit dem Auto zu einem Termin fahren), die Mütter unternehmen aber insgesamt mehr mit den Kindern, helfen ihnen häufiger bei alltagspraktischen Dingen und stehen ihnen mit Rat und Tat zur Seite (Zinnecker, 1998). Wissensbestände sind in den Familien natürlich zwischen Eltern und Kindern ungleich verteilt, aber nicht mehr nur in dem Sinne, dass Eltern in allen Bereichen einen Vorsprung haben. Eltern verfügen durch ihre Bildung und Lebenserfahrung über mehr Weltwissen und Kenntnisse des Zeitgeschehens, im Wissen über Medien und neue Technologien sind ihnen die heranwachsenden Kinder aber immer häufiger voraus (ebd.) und als »Natives« des Computerzeitalters in ihrer »computer literacy« weit überlegen.

Mit dem Beginn der Pubertät sind die Eltern zunehmend gefordert, ihren Kindern Individuationsprozesse zu ermöglichen und in der Findung ihrer Identität zu unterstützen; sie müssen ihnen jetzt einerseits mehr Selbstständigkeit gewähren und andererseits die Verbundenheit mit ihnen aufrecht erhalten (Fend, 2003). Die Eltern werden über ihre heranwachsenden Jugendlichen mit neuen Themen und Problemen konfrontiert. Sie müssen sich mit den Chancen und Gefahren von gesellschaftlichen Entwicklungen für ihre Kinder und Jugendlichen auseinandersetzen, z. B. mit den neuen Medien und Technologien, mit Fragen von Sexualität und Religion, mit Drogen oder vielen Formen abweichenden Verhaltens. Wie die Eltern damit umgehen, ob sie bereit sind, auch von ihrem Nachwuchs zu lernen, wie sie sich mit ihren Problemen auseinandersetzen, ob die Auseinandersetzung in der Familie bleibt, ob mit anderen darüber gesprochen wird und ob bei Erziehungsschwierigkeiten auch professionelle Beratung in Anspruch genommen wird, das hängt gleichermaßen von individuellen, kulturellen und gesellschaftlichen Bedingungen ab. Dabei spielen insbesondere die Beziehung zwischen Eltern und Kindern eine wesentliche Rolle, ihre jeweiligen kommunikativen Kompetenzen, ihre verfügbaren Informationen, die gesellschaftliche oder familiäre Tabuisierung eines Themas oder Ängste der Eltern (Kracke & Noack, 2008). Die Fragen, mit denen sich Eltern und Kinder in dieser Phase auseinandersetzen müssen, wechseln von Generation zu Generation. Immer häufiger wird dabei nicht nur Wissen von den Älteren an die Jüngeren weitergegeben, sondern auch umgekehrt werden Eltern und Erziehende durch den Nachwuchs mit neuem Wissen und neuen Fragen konfrontiert. Durch die neuen Technologien erschließen sich die Jugendlichen Welten, die ihre erwachsenen Eltern oft noch nicht kennen, sie eignen sich selbstständig Wissen und Fähigkeiten an, die ihren Eltern manchmal völlig fremd sind und knüpfen in virtuellen sozialen Netzwerken weltweit Kontakte, die für ihre Eltern weder sichtbar noch kontrollierbar sind. Kinder und erst recht Jugendliche haben auf diese Weise den Erziehenden auch Wissen und Kompetenzen voraus. Das Verhältnis der Generationen verändert sich dadurch nachhaltig. Auch auf diese Weise eröffnen sich für Eltern und für andere Erwachsene, die viel mit Kindern und Jugendlichen zu tun haben, neue Entwicklungsgelegenheiten.

Politische Ereignisse, Umweltkatastrophen und die Zerstörung der Umwelt werden von Erwachsenen, die als Eltern Verantwortung für die nächste Generation und deren Zukunft tragen, vermutlich anders erlebt und bewertet als von jungen Frauen und Männern, die keine Kinder haben. Elternschaft kann insofern auch die Sicht auf die Welt verändern und zukunftsrelevante Entwicklungen stärker in den Vordergrund rücken. Dic »Mütter gegen Atomkraft«, die sich 1986 nach dem Atomreaktorunfall in Tschernobyl zusammenschlossen, sind ein frühes Beispiel dafür, wie Elternschaft auch politisches Engagement hervorbringen kann. Durch die Reaktorkatastrophe in Fukushima ist das Thema der Bedrohung der Gesundheit der Kinder (und Erwachsenen) durch riskante Technologien wieder aktuell geworden. Auch heute werden viele junge Eltern politisch aktiv, wenn sie die Gesundheit oder auch die Bildungschancen ihres Nachwuchses durch politische Entscheidungen gefährdet sehen.

Die hier berichteten Trends beziehen sich weitgehend auf Studien über Entwicklungsprozesse von Eltern deutscher Herkunft. Junge Eltern mit Migrationshintergrund wurden von der entwicklungspsychologischen Forschung bislang kaum in den Blick genommen, obwohl in den Metropolregionen bereits über die Hälfte der Kinder im Kindergartenalter einen Migrationshintergrund aufweisen. Sie leben also in Familien mit Migrationsgeschichte, kommen in der Regel aus einem anderen als dem mitteleuropäischen Kulturkreis und sind in den Familienrollen, Werten und Traditionen sowie in ihren sozialen Interaktionsformen und Umgangsweisen mit Konflikten durch ihre jeweiligen Kulturen geprägt. Zwar stehen theoretische Konzepte zur Untersuchung der kulturellen Bedingtheit von Entwicklungskonzepten zur Verfügung (vgl. Tesch-Römer & Kondratowitz, 2007), doch sind die ehelichen und elterlichen Rollen sowie die Entwicklungsverläufe junger Frauen und Männer in Migrationsfamilien kaum erforscht. Empirische Ergebnisse aus dem Kinderpanel des Deutschen Jugendinstituts weisen jedoch darauf hin, dass kulturspezifische Sozialisationsstile eine weniger bedeutsame Rolle für das Erziehungsverhalten der Eltern einnehmen als angenommen. Vielmehr ist der Erziehungsstil geprägt durch die Persönlichkeitsmerkmale der Mütter. Wie junge Frauen ihre Kinder erziehen und wie sie ihnen soziale Verhaltensmuster vorleben, hängt wesentlich davon ab, wie selbstwirksam sie sich selbst erleben und wie sie mit Problemen im Alltag und im sozialen Kontext umgehen (Nauck, 2006).

Zusammenfassung

Das frühe Erwachsenenalter ist eine bedeutsame Phase für die Bahnung des weiteren Lebensweges und der persönlichen Entwicklungsmöglichkeiten. Der Übergang von der Jugendphase in das Erwachsenenalter verläuft oft ungleichzeitig und ist in modernen Gesellschaften stark individualisiert. Es scheint, dass sich junge Menschen auch durch eine verlängerte Ausbildungsphase erst allmählich dem Status von Erwachsenen nähern. Dennoch lassen sich allgemeine Tendenzen dieser Lebensphase benennen und als Entwicklungsaufgaben sind auch heute noch der *Aufbau einer Partnerschaft, der Auszug aus dem Elternhaus und der Einstieg in die Berufstätigkeit zentral.* In diesem Kapitel wurden Entwicklungsprozesse beschrieben, die sich im Kontext von Arbeit, Partnerschaft und Familie vollziehen. Junge Erwachsene haben sich bei der Berufswahl, in ihrer Ausbildung und beim Berufseinstieg einer Vielzahl von Herausforderungen zu stellen; sie reflektieren dabei ihre eigene Interessen und Orientierung in Bezug auf die Vielfalt beruflicher Optionen und Restriktionen und gehen erste Schritte in eine berufliche Praxis. Im Arbeitsprozess prägen die beruflichen Anforderungen, Sozialisationsprozesse und Entwicklungsgelegenheiten die Persönlichkeitsentwicklung junger Erwachsener nachhaltig. Persönlichkeitsförderliche Arbeit ist gekennzeichnet durch Handlungsspielräume und eine gesundheitsförderliche Gestaltung der Arbeitsbedingungen und -prozesse. Als wachsendes Problem wird die Entstehung von Burnout diskutiert, welches im Kontext einer Emotionsarbeit in der Dienstleistungsgesellschaft steht. Die Erfahrung von Erwerbslosigkeit bringt vielfältige Belastungen mit sich und kann gravierende negative Folgen für die persönliche Entwicklung der Betroffenen haben. Familien werden heute nicht mehr selbstverständlich und immer weniger in der traditionellen Form gegründet. Junge Erwachsene setzen sich mit den verschiedenen Optionen generativen Verhaltens auseinander. Sie wägen ab, versuchen günstige Zeitfenster auszumachen und antizipieren die Konsequenzen einer Familiengründung in Partnerschaft und Familie. Dies geht einerseits damit einher, dass Kinder immer häufiger gewollt und gewünscht sind, andererseits verzichten immer mehr junge Paare auf Kinder. Schwangerschaft, Geburt und frühe Elternschaft verlaufen in typischen Phasen. Mit der Geburt eines Kindes verändert sich die Lebenssituation der jungen Eltern ebenso wie das Rollengefüge in der Partnerschaft gravierend. Auch wenn die Partnerschaftsqualität sinkt und die Anforderungen im Alltag mit einem Säugling erheblich sind, erleben junge Frauen und Männer die erste Zeit mit einem Neugeborenen meist als glücklich. Auch immer mehr Väter legen Wert darauf, ihrer neuen Rolle aktiv nachzukommen. Mit dem Heranwachsen der Kinder verändern sich die elterlichen Entwicklungsaufgaben. Junge Eltern müssen sich nun mit Bildungs- und Betreuungsinstitutionen und mit der zunehmenden Selbstständigkeit der Kinder auseinandersetzen. Die jungen Erwachsenen suchen aktiv Gelegenheitsstrukturen auf, in denen sie ihre Lebensentwürfe realisieren können. Sie verfolgen verschiedene Strategien, um ihre privaten und beruflichen Interessen auszubalancieren.

Weiterführende Literatur

Arnett, J.J. (2000). Emerging adulthood. A theory of development from the late teens through the twenties. *American Psychologist*, 55, 5, 469–480.

Fthenakis, W. Kalicki, B. & Peitz, G. (2002). *Paare werden Eltern. Die Ergebnisse der LBS-Familienstudie.* Opladen: Leske und Budrich.

Hoff, H.-E. & Schraps, U. (2007). Frühes Erwachsenenalter: Berufliche Entwicklung und Lebensgestaltung. In M. Hasselhorn & W. Schneider (Hrsg.), *Handbuch der Entwicklungspsychologie* (S. 198–207). Göttingen: Hogrefe.

Krampen, G. & Reichle, B. (2008). Entwicklungsaufgaben im frühen Erwachsenenalter. In R. Oerter & L. Montada (Hrsg.), *Entwicklungspsychologie* (6., vollst. überarbeitete Auflage, S. 333–365). Weinheim: Beltz.

Schneewind, K. A. (2010). *Familienpsychologie* (3., überarbeitete und erweiterte Auflage). Stuttgart: Kohlhammer .

Fragen zur Selbstüberprüfung

1. Welche psychischen Tendenzen lassen sich im frühen Erwachsenenalter feststellen?
2. Was bedeutet »emerging adulthood«?
3. Welche Entwicklungsaufgaben dominieren im frühen Erwachsenenalter?
4. Inwiefern prägt die Berufsarbeit die persönliche Entwicklung junger Erwachsener in verschiedenen Phasen ihrer Berufsbiographie?
5. Beschreiben Sie die Wechselwirkung zwischen Arbeitsanforderungen und persönlicher Entwicklung junger Erwachsener.
6. Wie entsteht Burnout? Welche jungen Erwachsenen sind besonders gefährdet für Burnout?
7. Welche langfristigen Folgen kann Erwerbslosigkeit für die Persönlichkeitsentwicklung junger Erwachsener haben?
8. Welche Faktoren tragen zu einer stabilen und gelingenden Partnerschaft bei?
9. Welche persönlichen Merkmale und welche Interaktionsmuster zwischen den Partnern erhöhen das Risiko für Trennung und Scheidung?
10. Welche negativen und positiven Folgen können Trennung und Scheidung für die Eltern und Kinder mit sich bringen?
11. Wie erleben junge Eltern Schwangerschaft, Geburt und die erste Zeit mit dem Kind?
12. Wie verändern sich die Anforderungen junger Eltern im Zuge des Aufwachsens ihrer Kinder?
13. Welche Lebensthemen verfolgen junge Erwachsene und welchen Stellenwert haben Kinder in den Lebensentwürfen junger Frauen und Männer?

5   Das mittlere Erwachsenenalter

Das Kapitel zeigt zunächst, dass durch die »Entdeckung« einer »midlife crisis« im Lebenslauf von Männern verstärkt empirische Forschung auf das mittlere Erwachsenenalter gerichtet wurde. Nachfolgende Studien konnten eine solche generelle Krise allerdings nicht bestätigen und lenkten den Blick mehr auf die spezifischen Veränderungsprozesse in unterschiedlichen Lebensbereichen. In diesem Kapitel werden die zentralen Entwicklungsaufgaben des mittleren Erwachsenenalters beschrieben, die vor allem im beruflichen und familiären Bereich angesiedelt sind. Im beruflichen Bereich geht es um die Gestaltung der Karriere und der letzten Berufsjahre, für Frauen oft auch um den beruflichen Wiedereinstieg nach der Kinderphase. Im familiären Bereich steht die Gestaltung der Beziehungen zu den Kindern, oft aber auch die zunehmende Verantwortung gegenüber den eigenen Eltern und ihre Pflege im Vordergrund. Aber auch im gesundheitlichen Bereich sind Menschen im mittleren Erwachsenenalter mit Veränderungsprozessen konfrontiert, die bedeutsam für ihre Entwicklung sind. Weiterhin werden Forschungen zur Bewältigung von kritischen Lebensereignissen berichtet, die für das mittlere Erwachsenenalter typisch sind, der Schulabschluss der Kinder, die Menopause, der Auszug der Kinder aus dem Elternhaus oder die Großelternschaft. Viele neuere Untersuchungen haben sich Identitäts- und Persönlichkeitsveränderungen zugewandt.

Die Beschreibungen einer psychischen Krise in der Mitte des Lebenslaufs reichen weit zurück, wie der Beginn von Dantes Göttlicher Komödie zeigt:

Wohl in der Mitte unseres Lebensweges
geriet ich tief in einen dunklen Wald,
so dass vom graden Pfade ich verirrte.
Oh, schwer wird's mir, zu sagen, wie er war,
der wilde Wald, so finster und so rau;
Angst fasst aufs neue mich, wenn ich dran denke;
so schmerzlich, dass der Tod kaum bittrer ist.

Im Gegensatz dazu war für die Psychologie das mittlere Erwachsenenalter, also vor allem die Zeit zwischen dem 40. und 60. Lebensjahr, lange Zeit Niemandsland. Das Erwachsenwerden sei abgeschlossen, der Mensch durchlebe – in der Blüte seines Lebens – nun eine Phase der Konstanz. Erst am Übergang in das Alter würden sich wieder wichtige Veränderungen im Lebenslauf ereignen. Dieses Denken wurde spätestens in den 1970er Jahren durch die Postulierung einer »midlife crisis« brüchig, und diese Forschungen unterstützten auch das Konzept der lebenslangen Entwicklung (Lehr, 1978; ▶ Kap. 2). Die meisten nachfolgenden Untersuchungen konnten jedoch eine universelle, jeden Menschen betreffende Krise nicht bestätigt finden und führen uns wieder zur Notwendigkeit einer differentiellen Sichtweise des Erwachsenenalters. Die Untersuchungen zur »midlife crisis« sind so zum Kristallisationspunkt der Entwicklungspsychologie des mittleren Erwachsenenalters geworden. Es soll zunächst darauf eingegangen werden, bevor wir anhand von zentralen Entwicklungsthemen und wichtigen Lebensbereichen auf das gesamte mittlere Erwachsenenalter zu sprechen kommen. Bis heute gilt jedoch in gewisser Hinsicht, dass dieser Bereich das letzte unerforschte Gebiet des Lebenslaufes darstellt (Brim, Ryff & Kessler, 2004, S. 1).

5.1 Die »Entdeckung« des mittleren Erwachsenenalters

Es waren einerseits klassische entwicklungspsychologische Studien in den USA (Neugarten, Havighurst, Levinson, Gould,

Vaillant, siehe unten), andererseits populärwissenschaftliche Bestseller, die das Augenmerk auf das mittlere Erwachsenenalter lenkten. Vor allem für Männer sei das fünfte Lebensjahrzehnt eine Krisenzeit, eine Zeit des kritischen Rückblicks auf das eigene Leben, eine Phase des grundsätzlichen Infragestellens der bisherigen Lebensinhalte. So konnte Brim bereits 1976 sieben *Erklärungsansätze* für eine »midlife crisis« zusammenfassen:

1. Eine Abnahme der Geschlechtshormonproduktion bei Frauen und auch Männern kann zu kritischen Umstellungen im psycho-physischen Gleichgewicht führen.
2. Langfristige Lebensziele (vor allem aus dem beruflichen Bereich), die im frühen Erwachsenenalter gesetzt wurden, werden in der Lebensmitte oft als unrealistisch erkannt und müssen korrigiert werden.
3. Oft tauchen lange vernachlässigte Lebensziele (›Träume‹, Levinson, 1979) aus dem frühen Erwachsenenalter in dieser Lebensphase auf und stellen das bisherige Leben in Frage.
4. Dem Einzelnen stellen sich typische Entwicklungsaufgaben wie Generativität und Produktivität in Verantwortung für die nachfolgenden Generationen (Erikson, ▶ Kap. 5.3.1), an denen er auch scheitern kann.
5. Oft setzt zum ersten Mal im mittleren Erwachsenenalter eine Auseinandersetzung mit der Endlichkeit des Daseins, mit dem Tode ein.
6. In diesem Lebensabschnitt finden in der Regel kritische Veränderungen der Familienbeziehungen statt, wie z. B. der Auszug der Kinder aus dem Elternhaus.
7. In der Lebensmitte wird der Einzelne oft mit einschneidenden Lebensereignissen konfrontiert, den Beruf, die Familie oder die eigene Gesundheit betreffend, die eine Umstrukturierung der Lebenssituation nach sich ziehen.

Vor diesem Hintergrund erschien in den 1970er Jahren das mittlere Erwachsenenalter sogar krisenhafter, belastungsreicher als andere Altersstufen. Der Wert dieser Forschungen liegt vor allem darin, dass sie Entwicklungsprozesse auch im mittleren Erwachsenenalter aufzeigen und so ein neues Forschungsfeld eröffnet haben. Die wichtigsten entwicklungspsychologischen Untersuchungen dazu sollen im Folgenden kurz vorgestellt werden.

Die Arbeiten des Psychiaters Roger L. Gould waren hier bahnbrechend. Er sammelte 1968 Tonbandaufnahmen von Patientenlebensläufen aus dem psychiatrischen Ambulatorium der University of California in Los Angeles und wertete sie mit unabhängigen Beurteilern nach alterstypischen Problemen aus. Für den Altersabschnitt von 35 bis 43 Jahren fand er ein grundsätzliches, oft verzweifeltes Fragen nach den Zielen des Lebens, die Auseinandersetzung mit der Endlichkeit des Daseins und ein neuerliches Aufkommen von Elternkonflikten. Er vertiefte die Ergebnisse in einer anschließenden Fragebogenuntersuchung mit einer nicht-klinischen Gruppe von 524 Personen zwischen 16 und 60 Jahren. Auf der Grundlage seiner Erkenntnisse und seinem psychoanalytischen Theoriehintergrund konzipierte er das Erwachsenenalter als das Streben nach unabhängigem, vollen Erwachsenenbewusstsein, in das aber immer wieder das vergangene Kindheitsbewusstsein eindringt. Die »Dämonen der Kindheit« werden erst sehr allmählich aufgegeben. Solche Kindheitsillusionen, die in der Zeit zwischen 35 und 45 Jahren (nach Gould dem Jahrzehnt der Lebensmitte) aufgegeben bzw. bearbeitet werden müssen, stehen unter dem Motto: »Es gibt das Böse und den Tod nicht auf der Welt. Das Unheilvolle ist vernichtet worden« (Gould, 1979, S. 223 ff.). Diese Formulierungen sind zwar sehr plakativ, stark verallgemeinernd und empirisch nur ungenügend abgesichert; sie geben aber trotzdem einen ersten Eindruck von möglichen Ursachen von Veränderungsprozessen. So differenziert Gould (1979) weiter *fünf Teilannahmen* des zu überwindenden Kindheitsbewusstseins für die Zeit der Lebensmitte:

• *Die Illusion der Sicherheit durch die Eltern.* In der Lebensmitte müssen wir lernen, dass der Schutz durch die Eltern endgültig verloren ist. Es findet sogar eine Umkehr der Rollen statt; wir nehmen allmählich den Platz unserer Eltern ein, sind für ihr Wohlergehen mit verantwortlich.

- *Die Illusion der Unsterblichkeit.* Durch schwere Krankheiten oder den Tod der eigenen Eltern werden wir mit der Begrenztheit der Lebensspanne konfrontiert, während im frühen Erwachsenenalter meist die Tendenz besteht, Gedanken an den Tod zu verdrängen. Oft suchen, so Gould, vor allem Männer Ablenkung und Schutz vor dieser Auseinandersetzung in der Berufsarbeit. Aber auch dies muss sich als Illusion erweisen, wenn der Einzelne die Grenzen seiner beruflichen Leistungsfähigkeit erfährt.

- *Die Illusion des männlichen Beschützers.* Für Frauen hat sich nach Gould in unserer Gesellschaft im Erwachsenenalter meist die Vorstellung aufgebaut, in jeder Lebenslage Hilfe und Schutz eines Mannes erfahren zu können. Gerade durch familiäre und berufliche Veränderungen in der Lebensmitte lernen Frauen, dieses Bewusstsein zu überwinden.

- *Die Illusion der Familienwelt.* Während wir im frühen Erwachsenenalter in der Regel sehr stark auf die eigene Familie zentriert sind, müssen wir in der Lebensmitte lernen, dass es auch ein Leben außerhalb der Familie gibt. Andernfalls kann sich dies lähmend für die eigene Entwicklung und die Partnerschaft auswirken.

- *Die Illusion der Unschuld.* Die Versuche einer tiefen Selbsterneuerung in der Lebensmitte führen uns schließlich dazu, auch »schlechte« Eigenschaften in uns zu erkennen und zu akzeptieren. Gefühle der Gier, des Hasses, der Eifersucht, des Neides müssen als zu unserem Leben dazugehörig erkannt wer-den. Auf diesem Hintergrund erscheint die Lebensmitte für Gould als mindestens ebenso turbulent wie die Adoleszenz.

Auch Daniel J. Levinson (1979) hat eine überraschende Altersspezifität von Problemen im Erwachsenenalter gefunden (► Kap. 3.1.2). Er untersuchte 40 Männer zwischen 35 und 45 Jahren (je 10 Facharbeiter, leitende Angestellte, Universitätsangehörige, Schriftsteller) mit einer Serie ausführlicher biographischer Interviews und verglich sein Material mit Biographien aus der Literatur. Das von ihm entwickelte Stufenmodell (► Abb. 3.3) ist zwar wegen seiner mangelnden Berücksichtigung differentieller Entwicklungsaspekte problematisch, veranschaulicht aber sehr gut mögliche Veränderungsprozesse in diesem früher als konstant eingeschätzten Lebensabschnitt. Levinson hat v*ier Perioden im mittleren Erwachsenenalter* bei Männern beschrieben.

- *40–45 Jahre: Der Übergang zur Lebensmitte.* Die bisherige Lebensstruktur wird ganz grundsätzlich infrage gestellt: »Was habe ich aus meinem Leben gemacht? Was gebe ich eigentlich und was bekomme ich von meiner Frau, meinen Kindern, meinen Freunden, meinem Beruf, meiner Gemeinde – und meinem Selbst? Was will ich denn wirklich für mich und für andere« (Levinson, 1979, S. 97)? Es geht hier vor allem darum, sich selbst neu zu definieren innerhalb der Polaritäten von jung und alt, von Destruktion und schöpferischer Tätigkeit, von maskulin und feminin, von Verbundenheit und Abkapselung.
- *45–50 Jahre: Der Eintritt ins mittlere Erwachsenenalter.* Das Leben ist nun neu taxiert, neue Wege sind gesucht, Entscheidungen erprobt worden. Es besteht zwar noch weiterhin die Gelegenheit, das bisherige Leben infrage zu stellen; aber nun ist die Zeit, die neue Lebensstruktur auszubauen und zu festigen.
- *50–55 Jahre: Der Übergang in die Fünfzigerjahre.* In dieser Zeit wird die neu gebildete Lebensstruktur weiter modifiziert. Vor allem diejenigen, die sich im Übergang zur Lebensmitte zu wenig verändert haben oder zu einer nur unbefriedigenden Lebensstruktur gefunden haben, werden nun eine Krisenzeit erleben.
- *55–60 Jahre: Der Höhepunkt des mittleren Erwachsenenalters.* Eine zweite, jetzt modifizierte Lebensstruktur des mittleren Erwachsenenalters wurde nun entwickelt und führt in eine stabile Lebensphase, die die Vollendung dieses Lebensabschnittes darstellt. Sie entspricht dem Sesshaft-Werden im frühen Erwachsenenalter.

Diese Veränderungen im mittleren Erwachsenenalter erscheinen krisenhaft. Unter Krise wollen wir eine Konfrontation des Subjekts mit einer gefährdenden Situation verstehen, die die

Bewältigungsmöglichkeiten ernsthaft herausfordert (Ulich, 1987). Levinson hat in 80 Prozent der von ihm analysierten Fälle heftige Kämpfe in dieser Phase gefunden. »Nach unserer Meinung ist es nicht möglich, die mittleren Erwachsenenjahre hinter sich zu bringen, ohne zumindest eine leichte Krise zu erleben, entweder im Übergang zur Lebensmitte oder im Übergang in die Fünfzigerjahre« (Levinson, 1979, S. 100).

Diese Untersuchungen waren eine starke Anregung für weitere Forschungen, müssen aber auch kritisiert werden. Die Gould-Untersuchung erscheint uns heute sehr spekulativ in ihren Interpretationen und von der Datenbasis noch zu ungesichert (kein Längsschnitt). Die Levinson-Studie stützt sich auf nur wenige Fälle, nur Männer, und ist ebenfalls sehr verallgemeinernd in ihren Schlussfolgerungen. Die im nächsten Abschnitt (5.2) vorgestellten neueren Untersuchungen konnten keine universelle Krise in der Lebensmitte mehr nachweisen.

Was bleibt also übrig von der »midlife crisis«? Entspricht sie nur dem »Bedürfnis einzelner Psychoanalytiker und Journalisten, eigenes Verhalten zu rechtfertigen, indem man dieses aufgrund eines gesetzmäßig erfolgenden Entwicklungsablaufes, der zum ›Werden der Person‹ geradezu notwendig sei, erklärt und somit aufwertet« (Lehr, 1978, S. 153)? Weniger polemisch ist die Hypothese, dass die frühen Studien einem Kohorteneffekt aufgesessen sind. Untersucht wurden nämlich von ihnen vor allem um 1930 geborene Jahrgänge, die die große Depression in den USA als Kinder erlebten, die im Nachkriegsboom berufstätig wurden und dann zwischen 1960 und 1970 eine gesellschaftliche Liberalisierung erlebten, die ihnen Anlass zum kritischen Bilanzieren ihrer Lebensinhalte gab. Andere Kohorten, die diesen historischen Bedingungen nicht unterlagen, zeigen deshalb vielleicht auch nicht so global Krisenphänomene. Wir können das mittlere Erwachsenenalter also nicht generell als krisenhaft bezeichnen; wir müssen vielmehr herausfinden, bei welchen Personen es unter welchen Bedingungen zu welchen krisenhaften Veränderungen kommt (differentielle Perspektive).

5.2 Differentielle Forschung zur »midlife crisis«

Da die »midlife crisis« ursprünglich nur für Männer postuliert wurde, wollen wir hier zunächst Studien zur Situation des Mannes in der Lebensmitte nachgehen. Tamir (1982) hat eine Reanalyse von Daten aus amerikanischen Repräsentativuntersuchungen vorgelegt. Danach sieht er bei den 40- bis 50-jährigen verheirateten Vätern eine Abnahme der Bedeutung des Berufes, obwohl der berufliche Status meist gestiegen ist, sowie ein höheres Verantwortungsgefühl wichtigen Bezugspersonen, der Gesellschaft und sich selbst gegenüber. Diese psychischen Veränderungen können vor allem in der Mittelschicht zu krisenhaften Erscheinungen führen; in der Mittelschicht zeigt sich eine höhere Rate von Krisensymptomen wie Alkoholismus, Ängsten und Krankheiten im Vergleich zu niedrigeren Sozialschichten. Andererseits interpretiert Tamir dies als Zeichen einer Umstrukturierung, einer Reorganisation der Prioritäten von Arbeit, Familie und Sozialbereich und nicht als gravierende Lebenskrise.

Eine methodisch sehr breit angelegte Studie zur Lebensmitte von Männern, die durch ihre Kombination von ausführlichen Interviews, Fallanalysen und Testdaten an einer repräsentativen Stichprobe beeindruckt, haben Farrell & Rosenberg (1981) durchgeführt. Die Ergebnisse stützen die differentielle Perspektive in der Analyse der Lebensmitte. Denn sie sehen das mittlere Erwachsenenalter nicht als einheitliches Geschehen an, sondern stellen ganz unterschiedliche Wege der Entwicklung (»paths of development«) fest, die sie in vier Gruppen zusammenfassen:

- Bei 12 Prozent ihrer Probanden sehen sie Krisenmerkmale wie hohe Unzufriedenheit, Entfremdungsgefühle und ein Ringen um Identität.
- Bei 32 Prozent sehen sie eine erfolgreiche Lebensmeisterung mit nur wenig Anzeichen von Belastung, mit hoher Zufriedenheit, hohem emotionalen Engagement und einem Gefühl der Kontrolle über das eigene Schicksal.

- 26 Prozent der Probanden sind zwar vordergründig zufrieden, überspielen aber die Belastungen in ihrem Leben durch
  Rigidität und Autoritarismus; sie verneinen Gefühle und
  neigen zu Depressivität und Ängstlichkeit.
- 30 Prozent der Probanden sind verbittert und vom Leben
  enttäuscht, sind unzufrieden mit ihrer äußeren Lebenssituation, verhalten sich der Umwelt gegenüber aggressiv und
  haben Konflikte mit den eigenen Kindern, die jetzt im Jugendalter sind.

Die ersten beiden Gruppen setzen sich dabei offen mit den kritischen Lebensereignissen und Belastungen im mittleren Erwachsenenalter auseinander, die letzten beiden Gruppen gehen
den Belastungen eher aus dem Weg.

Eine weitere Studie (Boylan & Hawkes, 1988) ging der beruflichen Situation von Männern zwischen 38 und 49 Jahren
(Staatsangestellte der mittleren Ebene) nach. Sie hat bei dieser
Stichprobe zwar einen Prozess der Wende zum Realismus in
der Berufslaufbahn festgestellt; aber nur 39 Prozent sahen sich
in dieser Zeit in einer »midlife crisis«. Der Großteil der Probanden zeigte zwar einen Rückgang der Aufstiegsorientierung,
dafür gelangten sie mehr zur Einstellung, dass es viel wichtiger sei, »einfach nur gute Arbeit zu tun«. Diejenigen, die keine
beruflichen Aufstiegserwartungen mehr hatten (58 Prozent der
Probanden), fanden die Arbeit auch nicht mehr so wichtig. Für
sie gewannen die persönliche Erholung und die Sozialkontakte
mehr an Bedeutung. Die Ernüchterungen im Beruf, auch wenn
sie vom Einzelnen als »midlife crisis« tituliert werden, führen
also nicht zu einer generellen Unzufriedenheit mit dem gegenwärtigen Leben.

Ein schillerndes Bild ergibt die USA-repräsentative Studie
des »MacArthur Foundation Research Network on Successfull
Midlife Development«, die über 15 Jahre hinweg im interdiszi-
plinären Team arbeiteten (Brim, Ryff & Kessler, 2004). Sie kon-
struierten einen eigenen Fragebogen zur Entwicklung im mittleren Lebensalter und setzten ihn an einer Stichprobe von über
3000 Amerikanerinnen und Amerikanern zwischen 25 und
74 Jahren ein. Nur ein Viertel der Personen zwischen 40 und

60 Jahren sieht danach eine Krise bei sich, verbindet sie aber nicht mit dem Alter. Es werden Gewinne (Krise als positiver Anreiz zur Weiterentwicklung, hohes soziales Wohlbefinden, hohe Lebensqualität, hohes affektives subjektives Wohlbefinden) und Verluste (mehr alltäglicher Stress, Verschlechterung der körperlichen Gesundheit vor allem bei niedrigem sozioökonomischen Status, Probleme mit Isolation, Krankheit, Armut) ausgemacht.

Die Lebensmitte ergibt also bei Männern ein äußerst differenziertes Bild. Das Gleiche gilt natürlich auch für die Frau. In einer Studie mit fast 1000 Frauen zwischen 35 und 55 Jahren (Jacobson, 1995) zeigte sich kein Einschnitt, der durch Unzufriedenheit, Ängstlichkeit oder gesundheitliche Belastungen gekennzeichnet wäre. Wir werden dies weiter unten auch unter den Stichwörtern ›empty nest« und Klimakterium verdeutlichen.

Diese Untersuchungen zeigen *zusammenfassend*, dass die Frage nach einer universellen Krise im mittleren Erwachsenenalter eindeutig zu verneinen ist. Die Diskussion um die »midlife crisis« hat uns gezeigt, dass Entwicklungsprozesse im mittleren Erwachsenenalter nur kohortenspezifisch, geschlechtsspezifisch und lebensbereichsspezifisch beschreibbar sind, dass von interindividuell unterschiedlichen Wegen der Entwicklung auszugehen ist. So soll im nächsten Kapitel der Frage nachgegangen werden, *was* sich *wie* im mittleren Erwachsenenalter verändern kann, es werden also zentrale Entwicklungsthemen und Lebensbereiche näher behandelt.

5.3 Entwicklungsthemen im mittleren Erwachsenenalter

Um Entwicklungsprozesse beschreibbar zu machen, müssen wir zwischen einzelnen Themen der Entwicklung unterscheiden (▶ Kap. 3.2). So soll hier nun auf Entwicklungsaufgaben, auf die Bewältigung von kritischen Lebensereignissen sowie auf Veränderungen der Identität, des Wohlbefindens und der Persönlichkeit im mittleren Erwachsenenalter eingegangen werden.

5.3.1 Entwicklungsaufgaben

Wissenschaftshistorisch ist dieses Konzept eines der älteren Kriterien zur Beschreibung von Entwicklungsprozessen (► Kap. 3.1.1). Mit Entwicklungsaufgaben sind die auf den individuellen Möglichkeiten aufbauenden gesellschaftlichen Entwicklungserwartungen gemeint. ► Abb. 5.1 gibt einen Überblick über Entwicklungsaufgaben des mittleren Erwachsenenalters.

Autor	Entwicklungsaufgaben
Erikson (1988)	– Generativität bzw. schöpferische Tätigkeit versus Stagnation (verantwortungsvolle Besorgtheit als Ziel)
Havighurst (1972)	– Den Kindern zum reifen Erwachsensein verhelfen; – Soziale und politische Verantwortung entwickeln; – Befriedigende berufliche Entwicklung; – Freizeitinteressen entwickeln; – Akzeptieren physiologischer Veränderungen.
Peck (1972)	– Die Bewertung der Weisheit statt Hochschätzung körperlicher Kräfte; – Sozialisierung statt Sexualisierung in den menschlichen Beziehungen; – Flexibilität in emotionalen Bindungen statt emotionaler Verarmung; – Geistige Beweglichkeit statt Starre.

Abb. 5.1: Entwicklungsaufgaben im mittleren Erwachsenenalter

Havighurst, auf den dieses Konzept zurückgeht, sieht sich dabei wesentlich beeinflusst von Erikson, dessen Formulierung der Generativität bzw. schöpferischen Tätigkeit als zentrales Thema des mittleren Erwachsenenalters wir bereits erläutert haben (► Kap. 3.1.2).

Havighurst (1972) sieht *fünf zentrale Entwicklungsaufgaben* in dieser Lebensphase:

1. Die Eltern müssen ihren Kindern dabei assistieren, emotional selbstständige, reife, verantwortungsvolle und glückli-

che Erwachsene zu werden. Dazu ist es wichtig, den Kindern Einsicht in das eigene emotionale Leben zu geben und ein positives Vorbild zu sein.

2. Das Engagement als Bürger im sozialen und politischen Raum ist eine Hauptaufgabe des mittleren Erwachsenenalters, wenn auch diese Verpflichtung in verschiedenen sozialen Klassen unterschiedlich gesehen wird. Letztlich ist aber die Übernahme sozialer und politischer Verantwortung überlebenswichtig für eine Demokratie.

3. Ein weiteres Ziel besteht darin, die berufliche Entwicklung zur eigenen Zufriedenheit zu gestalten. Das kann heißen, den Höhepunkt der Karriere zu erreichen oder zu bewahren. Es kann aber auch bedeuten, berufliche Flexibilität (bei erzwungenem Berufswechsel oder bei zusätzlichen Familienpflichten) zu entwickeln.

4. Weiter geht es darum, Freizeitaktivitäten zu entfalten, die dem mittleren Erwachsenenalter gemäß sind, die befriedigend sind, den eigenen Interessen entsprechen und auch bis ins hohe Alter beibehalten werden können.

5. Schließlich muss man lernen, mit den physiologischen Veränderungen im mittleren Erwachsenenalter umzugehen. Damit sind die ersten Anzeichen einer Leistungsabnahme auf den verschiedenen Gebieten (Sehen, Hören), hormonelle Veränderungen (vor allem bei der Frau), aber auch die ersten grauen Haare gemeint.

Auch Peck (1972) hat die Charakterisierung des mittleren Erwachsenenalters von Erikson als zu undifferenziert kritisiert und stattdessen *vier zentrale Entwicklungsaufgaben* formuliert:

1. Man soll lernen, die geistige Entwicklung und Urteilskraft höher zu bewerten als die körperlichen Kräfte; nicht Stärke, sondern Weisheit ist das Ziel.

2. Man soll lernen, die Sozialbeziehungen weniger über sexuelle Inhalte als über befriedigenden sozialen Austausch und emotionale Geborgenheit zu definieren.

3. Im mittleren Erwachsenenalter gehen durch Umzüge und Todesfälle viele weit zurückreichende soziale Beziehungen

verloren; man soll lernen, diese emotionalen Bindungen auf neue Menschen zu übertragen.

4. Man soll lernen, mehr über das eigene Leben selbst zu bestimmen und geistig beweglich zu sein als sich nur von anderen Menschen oder der äußeren Lebenssituation abhängig zu machen und in geistige Starrheit zu verfallen.

Das Konzept der Entwicklungsaufgaben gibt uns wichtige Erkenntnisse über das mittlere Erwachsenenalter. Es zeigt sich, dass dies eine Zeit neuer und hoher Anforderungen ist. War das frühe Erwachsenenalter vor allem von »Aufbauarbeiten« geprägt, so finden jetzt wichtige Bewertungen, Rücküberprüfungen und Modifizierungen von Lebenszielen statt. Die Formulierungen von Entwicklungsaufgaben müssen aber auch kritisch gesehen werden. Zunächst fällt auf, wie wenig inhaltliche Übereinstimmung zwischen diesen Ansätzen herrscht; sie erscheinen damit etwas beliebig, und in der Tat ist die empirische Basis meist sehr schwach. So hat Tesch (1985) in einer Querschnittsstudie über das Erwachsenenalter keine Korrelation von Generativität und dem Lebensalter gefunden. Novak (1985–86) hat anhand der von Erikson selbst verwendeten Fallanalysen (Luther, Gandhi) gezeigt, dass die zeitlichen Zuordnungen nicht haltbar sind. Luther war beispielsweise im mittleren Erwachsenenalter mehr mit adoleszenten Entwicklungsaufgaben beschäftigt. Vor allem was Havighurst und Peck angeht, zeigt sich die Kultur- und Mittelschichtspezifität der formulierten Entwicklungsaufgaben. Es ist zum Beispiel wenig einsichtig, warum Weisheit und soziales Engagement erst im mittleren Erwachsenenalter ein Ziel sein sollen. Entwicklungsaufgaben müssen also offener formuliert, empirisch besser fundiert und für unterschiedliche kulturelle und soziale Milieus differenziert werden (vgl. dazu Dreher & Dreher, 2008).

5.3.2 Bewältigung von kritischen Lebensereignissen

Welche Belastungen treten typischerweise im mittleren Erwachsenenalter auf? Wie können Menschen damit umgehen? Der Blick auf Belastungs-Bewältigungs-Prozesse bringt sehr differenzierte Erkenntnisse gerade über das Erwachsenenalter (▶ Kap. 3.2.4). Dabei stehen zunächst die kritischen Lebensereignisse im Vordergrund, wenn auch die Forschung darauf hinweist, dass Dauerbelastungen und alltägliche Ärgernisse (»daily hassles«) ebenfalls Gegenstand der Bewältigungsforschung sein müssen (vgl. Filipp & Staudinger, 2005). Als *zentrale kritische Lebensereignisse* im mittleren Erwachsenenalter wurden bisher hauptsächlich thematisiert:

- *Schulabschluss der Kinder.* Wenn die Kinder in den Beruf oder eine weiterführende Ausbildung wechseln, so geht damit meist eine neue, gleichberechtigtere Gestaltung der Eltern-Kind-Beziehung einher. Flatten-Ernst (1985) hat in einer Untersuchung gezeigt, dass diese Veränderungen für beide Seiten überwiegend positiv bewertet werden und mit höherer Zufriedenheit einhergehen. Für gut 40 Prozent der von ihr untersuchten Mütter bedeutete der Eintritt ihrer 15- bis 17-jährigen Kinder in den Beruf oder eine weiterführende Schule höchstens geringe Veränderungen.
- *Menopause.* Das Ende der Gebärfähigkeit der Frau aufgrund der hormonellen Umstellungen in den Wechseljahren und die damit einhergehenden Veränderungen stellen einen entscheidenden Lebenseinschnitt dar. Sie werden aber aufgrund neuerer Forschung nicht global negativ gesehen (Formanek, 1988; Arnim-Baas, 1995), vor allem wenn die Frau mit den körperlichen Symptomen (Hitzewallungen etc.) bewusst umgehen kann und die Menopause auch als Befreiung von der Angst vor ungewollter Schwangerschaft bewertet (vgl. dazu auch ▶ Kap. 5.4.3). In der US-amerikanischen Repräsentativstudie von Brim, Ryff & Kessler (2004) wird die Menopause von den meisten Frauen als »only relief«, also als Entlastung und Befreiung, bezeichnet.
- *»empty nest«.* Auch der Auszug des letzten Kindes aus dem Elternhaushalt, also die Umstellung der Familie von der Phase der Kindererziehung in die nachelterliche Partnerschaft, wird in der neueren entwicklungspsychologischen Literatur zwar als kritisches Lebensereignis, aber nicht als

global negativ eingestuft. Der Auszug der Kinder aus dem Elternhaus bringt zwar einige zum Teil einschneidende Veränderungen der familiären Situation mit sich, für die Eltern muss das aber nicht generell mit einer krisenhaften Verschlechterung der Beziehung einhergehen (vgl. Fahrenberg, 1986; Ryff & Seltzer, 1996; Papastefanou, 1997). Wir werden in ▶ Kap. 5.4.1 noch näher drauf eingehen.

- *Großelternschaft.* Ein normatives Lebensereignis des mittleren Erwachsenenalters stellt das Großeltern-Werden dar, das heute oft bereits vor dem 50. Lebensjahr stattfindet (Lehr, 1987; Lüdeke, 2009). Auch hier zeigt sich ein interessanter Forschungstrend: Während die Großelternrolle früher oft verherrlicht wurde als Freude des Älterwerdens, wird heute auch auf Belastungen hingewiesen. Vor allem dann, wenn die Erziehungsnormen der Großeltern und ihrer Kinder auseinander gehen, kann es zu starken Konflikten und Abgrenzungen kommen. So ist heute eine differentielle Sichtweise der Großelternschaft vorherrschend: Schon Neugarten und Weinstein (1964) haben unterschieden zwischen distanzierter oder formeller Großelternschaft und Großeltern als Ersatzeltern, weisen Ratgebern oder »Freudensuchern«. Die Großelternschaft kann auch Prozesse der Weiterentwicklung, des konstruktiven Alterns auslösen (Saup, 1991). Szinovacz (1997) betont, dass die Großelternschaft zwar vielfältige Veränderungen für alle beteiligten Familienmitglieder mit sich bringt, sie müsse insgesamt aber mehr als dynamischer Transitionsprozess aufgefasst werden. Entscheidend für seine Entwicklungskonsequenzen sind neben den ökonomischen Rahmenbedingungen die bisherigen Interaktionsstile in der Familie und die normativen Erwartungen zwischen den Generationen.
- *Pensionierung des Partners.* In traditionellen Partnerschaften ist die Frau heute um das 55. Lebensjahr von der Pensionierung ihres Ehemanns betroffen. Untersuchungen zeigen, dass dies eine große Belastung für sie darstellen kann (Keating & Cole, 1980). Denn die Frau muss nun oft ihren Tagesablauf auf den Partner neu einstellen, während sie bei den Haushaltsaufgaben in der Regel wenig Entlastung erfährt.

Ehekonflikte sind in der Folge durchaus möglich (zur Pensionierung ▸ Kap. 6). Peterson (1990) zeigte in einer Interviewstudie, dass etwa die Hälfte der Frauen in dieser letzten Phase der Partnerschaft über ein Ungleichgewicht der Rollenaufteilung klagen. Dabei wäre gerade jetzt die Möglichkeit, Haushaltsrollen neu auszuhandeln. Backes (1985) zeigt an 10 Fallstudien über Frauen nach der Frühpensionierung des Ehepartners, dass bei dieser Gruppe starke Belastungen auftreten können: »Frühausgliederung von Männern aus dem Erwerbsleben bedeutet für die Ehefrauen vielschichtige, gravierende Umstellungen, Belastungen und Einschränkungen. Sie stellt eine soziale Gefährdung in allen Lebensbereichen dar« (Backes, 1985, S. 333). Backes schildert Einschränkungen der Partnerin in Bezug auf Einkommen, Status, soziale Integration bei gleichzeitig höheren Anforderungen. Wenn allerdings beide Partner neben ihrer typischen Tätigkeit weitere Orientierungen entwickelt haben (z. B. Berufsarbeit der Frau, Ehrenämter des Mannes), dann könne die Pensionierung auch Anlass für eine produktive Neuorientierung beider Partner sein. Dierks (1997) schildert in einer qualitativen Studie mit 14 Frauen, dass die Zeit vor der Pensionierung des Partners von Erschütterungen des Selbstbildes gekennzeichnet sein kann. Künftige weniger traditionelle Partnerschaften, so resümiert er am Ende der Studie, werden wohl neue Konfliktfelder aufreißen, da mehr Erwartungen an die nachberufliche Partnerschaft gestellt werden (vgl. Buchebner-Ferstl, 2009; vgl. zu weiteren Veränderungsprozessen im gesellschaftlichen Rahmen Kohli, 2005).

Neben diesen normativen Lebensereignissen können aber auch *nonnormative* kritische Einschnitte wie eine Scheidung oder eine schwere Krankheit entwicklungsbedeutsam werden. Entscheidend für die weitere Entwicklung ist dabei immer, wie der Einzelne mit solchen Belastungen oder Lebensveränderungen umgeht, wie er sie bewältigt. In der Studie von Vaillant (1980) wurde gezeigt, dass dabei nicht nur einzelne Belastungen isoliert bewältigt werden, sondern sich im Erwachsenenalter auch allgemeine Stile der Lebensbewältigung herausbilden. Vaillant stützt sich in seiner Untersuchung auf Längsschnittdaten über 30 Jahre hinweg (20- bis 50-jährige Männer), in denen er die dominanten Bewältigungsstile im Sinne von psychoanalytisch definierten Abwehrmechanismen herausfiltert. Danach nehmen die von ihm als reif eingeschätzten Abwehrstile (Humor, Antizipation, Sublimierung, Altruismus und Unterdrückung) im mittleren Erwachsenenalter zu, während unreife Abwehrstile (Ausagieren, Phantasie, passive Aggression, Hypochondrie und Projektion) abnehmen. Seelische Gesundheit, so zeigt er auch anhand von illustrativen Einzelfallstudien, bedeutet also nicht das Fehlen von Problemen, sondern die kompetente Art und Weise, mit ihnen umzugehen.

Neben der Analyse einzelner kritischer Einschnitte im mittleren Erwachsenenalter kommt es immer auch auf die Zusammenhänge zwischen Lebensereignissen an. Denn negative Auswirkungen sind vor allem dann zu erwarten, wenn mehrere kritische Lebensereignisse gleichzeitig stattfinden und schwer zu bewältigen sind (Palmore, Cleveland, Nowlin et al., 1979, Filipp & Staudinger, 2005).

5.3.3 Identität

Wir haben bereits darauf hingewiesen (► Kap. 3.3.1), dass die Identitätsentwicklung heute als lebenslanger Prozess aufgefasst wird. Gerade durch Untersuchungen zur Identitätsentwicklung im Erwachsenenalter wurde ein einseitiges Phasenmodell (z. B. Erikson, 1988) infrage gestellt. Die Identität eines Erwachsenen ist vielmehr ständigen Veränderungen unterworfen, die in unterschiedlichen Lebensbereichen auch unterschiedliche Verläufe annehmen kann. So betonen Whitbourne und Weinstock (1982), dass es zu einer »midlife crisis« gerade dadurch kommen kann, dass das Individuum notwendige Identitätsveränderungen zu wenig erprobt und vollzogen hat. Veränderungen der Identität, auch krisenhafte Verläufe, können dabei im Erwachsenenalter sowohl durch externe Einflüsse wie atomare Bedrohung, politische Umbrüche und Umweltzerstörung als auch durch biographische Ereignisse wie Arbeitslosigkeit oder

Partnerverlust auftreten. Identitätsentwicklungen können aber auch vom Individuum selbst eingeleitet werden, wie Siegert und Chapman (1987) an einer Stichprobe vom 35- bis 50-jährigen Erwachsenen beschrieben haben, die vom Christentum zur indischen Baghwan-Sekte konvertiert sind.

Identitätsentwicklungen laufen dabei nicht völlig regellos ab. Gerade im Laufe des mittleren Erwachsenenalters stabilisieren sich Identitätsstile, wie Whitbourne (1987) in einer empirischen Studie gezeigt hat. Danach kann beim Einzelnen entweder die Offenheit für neue Erfahrungen (akkommodativer Identitätsstil) oder das Festhalten an bisherigen Maßstäben und die Negation oder Umdeutung widersprüchlicher Erfahrungen (assimilativer Identitätsstil) überwiegen. Der Einzelne kann aber auch versuchen, beide Elemente im Gleichgewicht zu halten (balancierter Identitätsstil). Whitbourne hat diese Identitätsstile am Beispiel der Konfrontation mit dem Älterwerden, einem typischen Problem im mittleren Erwachsenenalter, verdeutlicht. Danach zeigt sich ein akkommodativer Identitätsstil eher in einer Überreaktion auf die ersten physischen Abbausymptome, was andererseits eine realistischere Sicht der zweiten Lebenshälfte zulässt. Ein assimilativer Identitätsstil würde sich eher im Ignorieren von Altersveränderungen zeigen, was zwar eine optimistische Selbstwahrnehmung nach sich zieht, aber eine realistische Auseinandersetzung und Kompensation von Altersprozessen (▶ Kap. 6) behindert. Ein balancierter Identitätsstil würde es nach Whitbourne sein, wenn der Einzelne sich aktiv mit Abbauerscheinungen in der Lebensmitte auseinander setzt und dabei versucht, Verluste durch präventives und therapeutisches Gesundheitsverhalten zu kompensieren und sich dabei eine realistische Selbstwahrnehmung zu erhalten.

Greve (2005) weist darauf hin, dass im Rahmen einer lebenslangen Selbstentwicklung in den mittleren Lebensjahren eine Zunahme von Stabilität festzustellen sei. Aufgrund von zunehmender Lebenserfahrung wird die Selbstregulation erfolgreicher (»Lebenskunst«), können Identitätsziele besser verwirklicht werden, verfestigen sich aber auch die Selbstdarstellungsprozesse.

5.3.4 Glück und Wohlbefinden

Glück und Wohlbefinden als Kriterien zur Beschreibung von
Entwicklungsverläufen haben in der Gerontologie eine lange
Tradition. Dort hat man Lebenszufriedenheit und Glück als Kriterien erfolgreichen Alterns häufiger untersucht (vgl. Thomae,
1988), wobei Lebenszufriedenheit den eher kognitive Aspekt
(Abwägen positiver und negativer Lebensaspekte) und Glück
den eher affektive Aspekt (tiefes Wohlgefühl) bezeichnet (Mayring, 1991). Aber auch im mittleren Erwachsenenalter lassen
sich wichtige Entwicklungen beschreiben. Die grundlegende
Erkenntnis der Wohlbefindensforschung ist dabei, dass die Freiheit von Belastungen nicht automatisch Wohlbefinden bedeutet, dass positive und negative Befindensfaktoren unabhängig
voneinander variieren können. Deshalb ist eine eigenständige
Wohlbefindensanalyse notwendig (zum Überblick Mayring,
1991; 2009; Kahnemann, Diener & Schwarz, 1999).

Die bisherigen empirischen Analysen von Glück und Wohlbefinden im Lebenslauf haben keinen eindeutigen linearen Al-
terstrend, also weder eine kontinuierliche Verbesserung noch
eine Verschlechterung des Befindens nachweisen können (vgl.
Mroczek & Kolarz, 1998). Es muss differenziert vorgegangen
werden; einzelne Wohlbefindensvariablen (z. B. Glück, Zufriedenheit, Freude) und einzelne Lebensphasen müssen unterschieden, Geschlechtsunterschiede müssen untersucht werden. Dies ist in der klassischen Untersuchung von Lowenthal,
Thurnher und Chiriboga (1975) versucht worden, indem Erwachsene in vier Lebensabschnitten (High School-Absolven-
ten; Jungverheiratete; Eltern im mittleren Alter; Personen vor
der Pensionierung) mit Hilfe von insgesamt achtstündigen
Intensivinterviews untersucht wurden. Da das Wohlbefinden
differenziert nach Glück, Lebenszufriedenheit, positiven und
negativen Lebensgefühlen erfasst wurde, zeigten sich in den
verschiedenen Altersgruppen unterschiedliche Befindens-
strukturen. Der Prozentsatz an Glücklichen und Zufriedenen
ist besonders hoch bei den Jungverheirateten und stützt sich
auf starke positive Lebensgefühle (wie Freude, Stolz auf eigene
Leistungen). Zu Beginn des mittleren Erwachsenenalters ist

der Prozentsatz Glücklicher und Zufriedener eher niedrig und steigt dann wieder im auslaufenden mittleren Erwachsenenalter; dann aber stützt er sich weniger auf positive Lebensgefühle als vielmehr auf besonders niedrig ausgeprägte negative Lebensgefühle (wie Einsamkeit, Depressivität, Langeweile). Im frühen Erwachsenenalter sind die Frauen, im mittleren Erwachsenenalter dagegen die Männer zufriedener und glücklicher. Dieser Befund wird durch eine neuere Studie von Plagnol & Easterlin (2008) bestätigt, die den Effekt darauf zurückführen, dass im frühen Erwachsenenalter eher Frauen ihre Ziele und Erwartungen erfüllen (Familie), im mittleren Erwachsenenalter eher Männer (Beruf). Bei positiven wie negativen Lebensgefühlen liegen die Frauen jeweils etwas höher.

Dies deutet darauf hin, dass die Veränderung von Wohlbefinden mit dem Alter davon abhängt, welcher Wohlbefindensaspekt betrachtet wird. Diener, Oishi & Lucas (2003) haben an einem internationalen Sample aus 40 Nationen gezeigt, dass die positive affektive Komponente des Wohlbefindens mit dem Alter abnimmt, während die kognitive Komponente (Lebenszufriedenheit) wenig Veränderung aufweist. Eine aktuellere Metaanalyse (Blanchflower & Oswald, 2008), die Daten aus 70 Ländern mit rund 2 Millionen Untersuchungspersonen zusammengefasst hat, meint wiederum einen Tiefpunkt von »happiness« und Wohlbefinden in den 40er Jahren des Lebenslaufes feststellen zu können und spricht von einer U-Kurve des Wohlbefindens im Lebenslauf, wobei andere demographische Variablen (z. B. Einkommen) regressionsanalytisch konstant gehalten wurden.

Die Ergebnisse dieser Studie dürfen jedoch nicht vorschnell verallgemeinert werden, vor allem da sie nicht auf Längsschnittdaten basieren. Hier sind noch umfangreiche Forschungen notwendig. So ist eine frühe Untersuchung im deutschsprachigen Raum (Wittkowski & Zobel, 1982) den Korrelaten von Lebenszufriedenheit (Faktoren, die mit Lebenszufriedenheit korrelieren) im mittleren Erwachsenenalter nachgegangen. Vor allem Verlustereignisse und andere negative biographische Erfahrungen gingen mit niedriger Lebenszufriedenheit einher. Die Autoren meinen, dass die Kumulation von nega-

tiven biographischen Erfahrungen eine Variable psychologischen Alters darstellt und – stärker als das chronologische Alter – die Lebenszufriedenheit beeinflusst. Bei der Frage nach
Veränderungen von Glück und Wohlbefinden im Lebenslauf ist
auch zentral, welche Vorstellungen sich Menschen über das Befinden in einzelnen Altersabschnitten machen, welche subjektiven Alternstheorien sie vertreten. In einer Fragebogenstudie
mit 410 Personen hat Fliege (1996) gezeigt, dass das mittlere
Erwachsenenalter eher mit Zufriedenheit assoziiert wird, während glückliche Momente mehr im frühen Erwachsenenalter
gesehen werden.

5.3.5   Persönlichkeitsveränderungen

Untersuchungen zur Persönlichkeitsveränderung im mittleren
Erwachsenenalter, also zu Veränderungen überdauernder Per-
soneigenschaften wie Emotionale Stabilität, Extraversion, Offenheit, Verträglichkeit, Gewissenhaftigkeit, zeigen ein bekann-
tes Muster:

- Einige klassische, frühe Untersuchungen belegen drastische
  Veränderungen in der Lebensmitte;
- neuere Untersuchungen weisen eher Konstanz der Persönlichkeit im Erwachsenenalter nach;
- viele Studien zeigen große interindividuelle Unterschiede in
  der Persönlichkeitsentwicklung.

So ist zunächst in den Chicagoer Untersuchungen unter der
Leitung von Neugarten in mehreren repräsentativen Quer-
und Längsschnittuntersuchungen ein Prozess der Interiorisie-
rung im Alter von etwa 50 Jahren belegt worden (z. B. Neugarten & McDonald, 1975): Es findet eine Verschiebung von
aktiver zu passiver Lebensführung statt, zu weniger Risikobe-
reitschaft, mehr Konformität und Anpassungsfähigkeit, weniger starken emotionalen Bindungen, mehr Beschäftigung
mit sich selbst, einer gesteigerten Verinnerlichung. Diese In-
teriorisierung bedeutet aber keine Abnahme des Wohlbefindens oder der Aktivität. Die Ergebnisse erinnern an den von
C. G. Jung (1967) beschriebenen Prozess der Individuation in

der zweiten Lebenshälfte. Jung beschreibt die »Lebenswende« mit dem Gleichnis der Sonne, die nun den Zenit überschritten hat. Verhaltensprinzipien, die sich bewährt haben, verfestigen sich nun auf Kosten der Variabilität und Vielfalt der Persönlichkeit. Auch die Berkeley-Längsschnittuntersuchungen (Eichhorn et al., 1981 zum Überblick) weisen in eine ähnliche Richtung. Mehrere hundert Personen wurden ab der Geburt (in den 1920er Jahren) zum Teil jährlich bis ins mittlere Erwachsenenalter untersucht. Es zeigte sich in der Lebensmitte eine stärkere geistige Beschäftigung (z. B. mit philosophischen Themen), eher mehr Selbstvertrauen und eine größere Offenheit auch sich selbst gegenüber (vgl. auch Filipp, 1998).

Den nachfolgenden Untersuchungen sind solche eindeutigen Resultate nicht mehr gelungen. Schon eine deutsche Replikationsstudie der Chicagoer Untersuchung (Tismer, Tismer-Puschner & Erlenmeier, 1975) konnte sie nur zu geringen Teilen bestätigen. Einen Prozess der stärkeren Wendung der Person auf die Innenwelt fanden sie in ihren Daten nur sehr schwach ausgeprägt und weniger im mittleren Erwachsenenalter als zu Beginn des späten Erwachsenenalters. Costa und McCrae (1984) haben groß angelegte Längsschnittuntersuchungen zur Persönlichkeit im Erwachsenenalter durchgeführt und nur geringe Veränderungen gefunden. Sie berichten z. B. von Korrelationen zwischen klassischen Persönlichkeitsmaßen (Extraversion, Neurotizismus) von $r = 0{,}70$ über einen Zeitraum von 30 Jahren, berechnet zwischen den Erhebungszeitpunkten. Auch Greve (2005) sieht in seinen Analysen der Persönlichkeitsentwicklung im mittleren Erwachsenenalter eher Konstanz und Stabilität. Allerdings muss darauf hingewiesen werden, dass hier von einer Konzeption von Persönlichkeit als Bündel überdauernder Persönlichkeitszüge (»traits«) ausgegangen wird, die auch eher Stabilität erwarten lässt (vgl. auch Filipp, 1998). Eine universelle (alle Menschen betreffende) und globale (die ganze Persönlichkeit betreffende) Umstrukturierung der Persönlichkeit im mittleren Erwachsenenalter scheint es also nicht zu geben. Wohl aber gibt es große interindividuelle Differenzen in der Persönlichkeitsentwicklung im Erwachsenenalter. Durch die aktive Auseinandersetzung mit der sich verändernden Le-

benssituation stabilisieren oder verändern sich Persönlichkeitsmerkmale im Kontext der individuellen Biographie und führen
so zu unterschiedlichen Verläufen (Lehr, 1978).

5.4 Zentrale Lebensbereiche im mittleren Erwachsenenalter

Nachdem versucht worden ist, Entwicklungsverläufe im mittleren Erwachsenenalter anhand bestimmter Entwicklungsthemen zu analysieren, soll nun auf drei Lebensbereiche näher
eingegangen werden, in denen entwicklungsbedeutsame Veränderungen in der Lebensmitte stattfinden: Familie, Gesundheit und Beruf.

5.4.1 Veränderungen im familiären Bereich

Wir haben bereits mehrfach darauf hingewiesen (z.B.
► Kap. 3.3.3), dass durch die Individualisierung der Lebensläufe
heute der Familienlebenszyklus weniger standardisiert abläuft.
Es gibt eine immer größer werdende Zahl von Menschen, die
ohne Kinder leben, als Alleinerziehende oder in alternativen
Formen des Zusammenlebens mit ganz spezifischen Entwicklungsverläufen auch im mittleren Erwachsenenalter (vgl. z.B.
Innerhofer et al., 1993). Ryff und Seltzer (1996) haben bei Familien im mittleren Erwachsenenalter auf zwei zentrale Punkte
hingewiesen und diese durch Studien belegt: die Diversivität
des Elternseins und die Interdependenz der Entwicklungen von
Eltern und Kindern. Für die traditionelle Familie ist diese Lebensphase von einem wesentlichen Einschnitt gekennzeichnet,
dem Auszug der Kinder aus dem Elternhaus, der Umstellung
auf eine nachelterliche Partnerschaft. Ende der 1960er Jahre
wurde dafür in den USA der Begriff »empty nest syndrom« geprägt (zum Überblick Fahrenberg, 1986; Papastefanou, 1997).

Auszug der Kinder aus dem Elternhaushalt

Unter »empty nest syndrom« verstand man zunächst einen
Komplex vorwiegend depressiven Verhaltens bei Frauen als

Folge des Auszugs der Kinder aus dem Elternhaus. Frauen, so sagte man, haben ihr Leben so stark auf die Kinder konzentriert, da sie ja auch den Großteil der Kindererziehung und -versorgung geleistet haben, dass deren Auszug ein Verlusterlebnis mit negativen psychischen Folgen darstelle. Andere haben betont, dass die Ursachen dafür nicht primär bei der Frau zu finden seien, sondern beim System sozialer Rollen und gesellschaftlicher Strukturen, die eine Identitätsentwicklung von Frauen in Bereichen außerhalb der Familie behindern.

In der Folge wurden jedoch zunehmend Forschungsergebnisse vorgestellt, die das »empty nest« *als positives Lebensereignis* für die Familie erscheinen lassen. So hat Rubin (1980) Tiefeninterviews mit 160 Frauen in der »empty nest«-Situation geführt und nur bei einer einzigen Frau die klassischen depressiven Symptome gefunden. Es wurden zwar auch Erfahrungen von Trauer und Verlust berichtet, sie dauerten aber nur wenige Tage oder Wochen an. Im Grunde war der Auszug der Kinder für die meisten Frauen eher eine Befreiung; viele erlebten nun das erste Mal einen Zugewinn an persönlicher Freiheit und finanzieller Entlastung. Der Mythos, dass das Mutterdasein die »heilige Bestimmung der Frau« sei, zwingt aber viele Frauen, so Borland (1982), Erleichterungsgefühle zu verstecken, zu verdrängen. Die späteren Untersuchungen zur »empty nest«-Situation (vgl. Fahrenberg, 1986) führen wieder zur *differentiellen* Forschung. Es wird untersucht, von welchen Faktoren es abhängt, ob der Auszug der Kinder positiv oder negativ erlebt wird. Danach wird das ›leere Nest‹ vor allem dann als wenig belastend empfunden, wenn der Auszug des (der) Kindes(r) im gegenseitigen Einverständnis stattfindet und mit positiven Erwartungen und Einstellungen der künftigen Lebenssituation gegenüber verbunden wird. Die Verarbeitung der neuen Familienstruktur findet dabei auf dem Hintergrund der gesamten Lebenssituation der Familienmitglieder statt, der Partnerschaft, der Rollenverteilung, der Kinderzahl, der sozialen Schicht. Negatives Erleben ist in diesen Untersuchungen öfter in der Mittelschicht gefunden worden. Eine größere Umstellung bedeutet weiterhin der Auszug des einzigen bzw. des letzten Kindes, also des eigentlichen Überganges ins ›leere Nest‹. Aber auch schon frühere Auszüge, wenn mehrere Kinder in der Familie leben, können Ablösungsprobleme nach sich ziehen. Die »empty nest«-Situation wird dagegen wenig belastend von Müttern erlebt, die bei guter Gesundheit und mit ihrem Leben ganz allgemein sehr zufrieden sind. Fahrenberg (1986) hat die wesentlichen Variablen der »empty nest«-Situation in ▶ Abb. 5.2 noch einmal zusammengefasst.

Probleme sind vor allem dann zu erwarten, wenn sowohl die Situation der Mutter (z. B. schlechte Partnerschaft, Unzufriedenheit mit der eigenen Rolle) als auch die Situation des Kindes (z. B. Schwierigkeiten des Kindes, Auszug im Streit) ungünstig sind. Oft wird das Erleben auch als ambivalent beschrieben, d. h. positive und negative Gefühle treten gleichzeitig auf. Bovey (1998) hat etwa herausgearbeitet, dass sich in diesem Ablösungsprozess die Mutter-Tochter-Beziehung schwierig gestalten kann. Mütter tendieren dazu, sich selbst in ihren Töchtern wiederzuerkennen, sich stark mit ihnen zu identifizieren, und sie geben ihnen dabei oft wenig Raum, zu ihrer eigenen Weiblichkeit zu finden. Schneewind & Grandegger (2005) betonen in ihrer Zusammenfassung neuerer Studien, dass die Phase der nachelterlichen Gefährtenschaft eine Neudefinition des eigenen

Situation der Mutter	*Situation des Kindes*
Alter, soziale Schicht, Familienstand, soziales Netzwerk der Mutter	Alter, Geschlecht, Gesundheit, soziales Netzwerk des Kindes
Rollen (Hausfrau, Berufstätigkeit, andere Aufgaben usw.)	Stellung in der Geschwisterreihe, Reihenfolge des Auszugs
Partnerschaft	Zeitpunkt des Auszugs
Gesundheit (psychisches und körperliches Befinden)	Selbständigkeit und Status des Kindes
Lebenszufriedenheit	Emotionale Tönung des Auszugs
Erwartungen, Einstellungen zur gegenwärtigen und künftigen Lebensspanne	

Abb. 5.2: Zentrale Variablen, die das Erleben des Auszugs der Kinder aus dem Elternhaus beeinflussen (nach Fahrenberg, 1986)

Lebenskonzeptes, ein Neuaushandeln des Partnersystems und auch den Aufbau neuer Beziehungsformen in Erwachsenenqualität zu den eigenen Kindern bedeute. Im Zusammenhang mit den vielfältigen Studien zum »empty nest« hat bereits Borland (1982) auf einen möglichen Kohorteneffekt hingewiesen. Krisenerscheinungen wurden vorwiegend bei Mittelschichtfrauen festgestellt, deren Familiengründung in die Zeit familialistischer Ideologien nach dem 2. Weltkrieg fiel, die deshalb keine oder eine schlechte Berufsausbildung haben, denen dann in der »empty nest«-Phase ein beruflicher Wiedereinstieg nicht gelungen ist.

Pflege der hochbetagten Eltern in der Familie

Während der »empty nest«-Übergang nicht mehr so dramatisch und negativ gesehen wird, entwickelt sich die Pflege hochbetagter Angehöriger in der Familie immer mehr zu einer großen Belastung vor allem für die Frauen im mittleren Erwachsenenalter. Schon früher haben zwar (vorwiegend) Töchter ihre Eltern und Schwiegereltern bei Pflegebedürftigkeit versorgt; heute haben sich jedoch einige Rahmenbedingungen verändert:

- Durch die geringeren Geburtenraten und die längere Lebenserwartung hat sich das durchschnittliche zahlenmäßige Verhältnis pflegebedürftiger Älterer zu pflegefähigen Familienangehörigen drastisch verschlechtert.
- Ein Großteil der pflegenden Frauen ist gleichzeitig berufstätig, was dann zu Doppelbelastungen führt.
- Die Großfamilie ist nicht mehr die Norm; es haben sich andere Formen des Zusammenlebens entwickelt mit zum Teil sehr unterschiedlichen Lebensstilen zwischen den verschiedenen Generationen.
- Viele Menschen leben heute in für Familienpflege ungeeigneten Wohnverhältnissen und können sich eine Verbesserung finanziell nicht leisten.

Aus diesen Gründen wird die Familienpflege heute zunehmend problembeladen. Nach aktuellen Daten des Gesundheitsberichtes für Deutschland (Bundesministerium für Gesundheit, 2006) sind 2,5 Prozent der Bevölkerung pflegebedürftig, das sind mehr als 2 Millionen Personen. Eine der häufigsten Ursachen ist dabei die Demenz (35 Prozent der über 80-Jährigen). 69 Prozent der Pflegebedürftigen wird zu Hause gepflegt, in der Regel von Personen im mittleren und höheren Erwachsenenalter, zu drei Vierteln von Frauen (28 Prozent Ehepartner, 26 Prozent Tochter, 12 Prozent Mutter, 10 Prozent Sohn, 24 Prozent Sonstige). Die Hauptpflegepersonen sind zum großen Teil (64 Prozent) voll mit der Familienpflege ausgelastet (durchschnittlich 37 Stunden pro Woche), sie berichten zu 83 Prozent über starke oder sehr starke Belastung durch die Pflege. Die pflegenden Familienangehörigen haben in der Regel keine Pflegeausbildung, nur 7 Prozent tauschen sich regelmäßig mit professionellen Fachkräften aus. Zeitlich trifft der Beginn der Pflege oft mit dem Auszug der Kinder zusammen, so dass viele Frauen nach der Versorgung ihrer Kinder fast nahtlos zur Versorgung ihrer Eltern übergehen.

Untersuchungen zur Situation der pflegenden Töchter, vor allem bei den sehr pflegeintensiven Fällen dementer Erkrankungen (zum Überblick Schröppel, 1991; Halsig, 1998; Geister, 2004), haben ergeben, dass es bei der Mehrzahl zwar auch positive Aspekte gibt (z. B. das Gefühl, gebraucht zu werden, der soziale Kontakt), aber es dominieren schwere *psychische Belastungen*:

- Rivalitäten, Schuldgefühle und Ungerechtigkeitsgefühle zwischen den verantwortlichen Geschwistern;
- Spannungen in der Beziehung zur pflegebedürftigen Person;
- eine »doppelte Wirklichkeit« für die Pflegeperson, da viele (vor allem demente) ältere Menschen stark vergangenheitsfixiert sind;
- Spannungen in der Partnerschaft der pflegenden Töchter: Die Männer fühlen sich oft vernachlässigt, die Frauen sehen meist zu wenig Mithilfe bei der Pflege;
- Spannungen zu den eigenen Kindern: Die Großeltern mischen sich oft zu stark in die Erziehung ein; die pflegenden Töchter befürchten oft, ihre eigenen Kinder zu vernachlässigen;

- Doppelbelastung durch Berufstätigkeit: Mehr als ein Viertel der pflegenden Töchter sind gleichzeitig berufstätig;
- Einschränkung von außerfamiliären Sozialkontakten und Urlaub; Isolation.

In einer einzelfallintensiven Biographiestudie zeigt Geister (2004), dass es große interindividuelle Unterschiede gibt. Die Tochter-Mutter-Pflegebeziehung ist von der seit der Kindheit gewachsenen Mutter-Tochter-Beziehung geprägt, aber auch von frühzeitigen Abmachungen und Entscheidungen zur Pflege.

Viele Frauen sind also im mittleren Erwachsenenalter mit starken Belastungen durch eine Familienpflege konfrontiert. Die gesamte Lebensplanung der Frau (aber auch der anderen Familienangehörigen) wird von diesen Pflegeverpflichtungen betroffen. Wie die Familie damit fertig wird, hängt entscheidend von ihren materiellen, sozialen und psychischen Ressourcen ab, aber auch von sozialpolitischen Rahmenbedingungen und Entlastungen (z. B. ambulante Dienste) sowie von dem notwendigen stärkeren Engagement der Männer.

5.4.2 Veränderungen im beruflichen Bereich

In vielen entwicklungspsychologischen Studien wurde der berufliche Bereich einseitig männerorientiert und einseitig mittelschichtorientiert analysiert. So erschien das mittlere Erwachsenenalter als beruflicher Höhepunkt, als Glanzzeit der Karriere. Levinson (1979) sah in dieser Zeit höchstens die Anforderungen, sich von seinem beruflichen Mentor, den man beim Karriereaufbau gefunden hat, zu emanzipieren und die beruflichen Ziele neu zu überdenken. Dabei wurde übersehen, dass für einen Großteil von einfachen Arbeitern und Angestellten die letzten Berufsjahre eher Stagnation, beruflicher Abstieg, das Gefühl, »aufs Abstellgleis geschoben zu werden«, bedeuten. Zudem bedeutet die Transformation der Arbeitsgesellschaft der letzten Jahrzehnte (wachsender Dienstleistungssektor, neue Technologien) ein schnelles Veralten von Berufsqualifikationen. Neue Beschäftigungsformen und diskontinuierliche Berufsbiographien haben sich entwickelt und stellen eine besondere Herausforderung für Personen im mittleren Erwachsenenalter dar (Hoff, 2005).

Die letzten Berufsjahre

Die Arbeitsplatzstruktur und -gestaltung war in westlichen Industrienationen lange Zeit auf das frühe Erwachsenenalter ausgerichtet. So formulierte Lehr (1981): »Die Zuordnung eines Menschen zur Gruppe der ›älteren Mitarbeiter‹ bedeutet heute – sehr zu Unrecht – von vornherein eine Zuordnung zur Gruppe der angeblich Leistungsschwächeren oder Leistungsgeminderten, zur Gruppe der Problemfälle« (S. 911). Arbeitgeber gingen davon aus, dass ältere Mitarbeiter

- eine sinkende Arbeitsproduktivität,
- eine höhere Unfallhäufigkeit,
- höhere Fehlzeiten infolge Krankheit,
- einen Rückgang intellektueller und körperlicher Fähigkeiten,
- geringere Bereitschaft zur Weiterbildung und Umschulung und
- geringeres Selbstvertrauen, Mangel an Dynamik und Initiative aufweisen (Lehr, 1981, S. 912).

Solche stereotypen Einschätzungen konnten aber bereits früh durch gerontologische Forschungen widerlegt werden (Lehr, 1981). Das berufliche Leistungsvermögen kann nicht generell als mit dem Alter abnehmend gesehen werden. Manche Fertigkeiten verschlechtern sich zwar, wie zum Beispiel das Bewältigen komplexer neuartiger Lernaufgaben unter Zeitdruck. Eine Reihe beruflicher Fähigkeiten verbessert sich jedoch im Alter, wie z. B. das Beurteilen von Situationen aufgrund von Erfahrungen, das Vermeiden von Risiken (Unfallrisiken). In beruflichen Lern-prozessen, bei denen Lernmaterial in bekannte Sinnzusammenhänge einzuordnen ist, sind die Leistungen älterer Arbeitnehmer nicht schlechter. Und es gibt sogar Untersuchungen, die zeigen, dass über 60-jährige Schwerarbeiter ein höheres Leistungsvermögen haben als Untrainierte oder an Muskelarbeit nicht angepasste jüngere Vergleichspersonen (Lehr, 1981, S. 917). Die Propagierung eines neuen Altersbildes der über 50-Jährigen als *Best Agers* oder *Silver Agers* baut darauf auf.

Trotzdem hat sich das negative Stigma des älteren Arbeitnehmers wohl eher verstärkt (Dohse, Jürgens & Russig, 1982; Amann & Kolland, 2008). Rationalisierungsbestrebungen der Betriebe durch eine Personalverjüngung, Personalabbau sind Anzeichen für diesen Prozess, auch wenn Modelle der Verlängerung der Lebensarbeitszeit dem entgegenzulaufen scheinen. So sind die Chancen auf dem Arbeitsmarkt für ältere Arbeitslose heute gering. Nur einzelne Berufsgruppen bilden hier eine Ausnahme (Politiker, Professoren). Kohli (1982) hat herausgearbeitet, dass der durchschnittliche Arbeitnehmer in der Lebensmitte feststellen muss, dass seine berufliche Entwicklung irreversibel ist. Was er am Anfang der Laufbahn nicht in den Beruf investiert hat, ist jetzt in aller Regel nicht mehr nachholbar. Der berufliche Bereich stellt also im mittleren Erwachsenenalter eine Phase der kritischen Bilanzierung, des Konfrontiertwerdens mit Grenzen, mit Stigmatisierungen und der Auseinandersetzung mit möglichen Abbauprozessen dar. Dies betrifft vor allem die Arbeiter. In einer Studie der Wiener Arbeiterkammer an 607 Arbeitnehmer/innen über 45 Jahre (Schönbauer, 2006) zeigte sich, dass Verunsicherung und Resignation zwar auch bei 20 Prozent der Angestellten, jedoch bei 50 Prozent der Arbeiter/innen vorherrschen.

Aus diesem Grunde sind auch Maßnahmen beruflicher Weiterbildung im mittleren Erwachsenenalter besonders wichtig. Das Deutsche Institut für Erwachsenenbildung (2008) stellt einen leicht steigenden Anteil von Personen mittleren Alters in Weiterbildungsmaßnahmen fest, sieht allerdings den Zugang zu geringer qualifizierten Gruppen immer noch als sehr problematisch an. Die Finanzierung und Förderung solcher Maßnahmen ist heute angesichts wirtschaftlicher Probleme eher rückläufig. Hier kommt es darauf an, maßgeschneiderte Angebote zu entwickeln. Eine teilnehmerorientierte und biographieorientierte Erwachsenenbildung (Bittner, 2001) könnte helfen, in der zunehmend komplexen Arbeitswelt dem Einzelnen neue Chancen zu eröffnen.

Beruflicher Wiedereinstieg von Frauen

Für Frauen sieht dies oft ganz anders aus. Viele Frauen, die mit dem ersten Kind mit Berufstätigkeit ausgesetzt haben, versuchen in der Zeit nach der Kindererziehung wieder einen Einstieg in den Beruf. Derzeit sind in der Bundesrepublik Deutschland 66 Prozent der Frauen zwischen dem Abschluss der Ausbildung und dem Ruhestand berufstätig, 34 Prozent in Vollzeitbeschäftigungen (Wippermann & Wippermann, 2008). Die Berufstätigkeit wird dabei nicht nur als Einkommensquelle gesehen, sondern als Mittel zu neuer Sinnfindung und Selbstverwirklichung. Das haben bereits die frühen biographischen Analysen von Lehr (1969) gezeigt, aber auch neuere Studien belegen dies. Coleman und Antonucci (1983) haben mit Daten einer amerikanischen Repräsentativuntersuchung gezeigt, dass berufstätige Frauen im mittleren Erwachsenenalter

- ein höheres Selbstwertgefühl,
- weniger Angstgefühle,
- eine bessere physische Gesundheit,
- eine höhere Ehezufriedenheit,
- mehr Glück und allgemeine Lebenszufriedenheit

als reine Hausfrauen aufwiesen (für das frühe Erwachsenenalter ► Kap. 4.4.4).

Durch die veränderten demographischen Faktoren (geringere Kinderzahl, verkürzte Familienphase, Lebenserwartung der Frau bei fast 80 Jahren) wird heute von vielen Frauen, die während der Kinderbetreuungsphase ihren Beruf aufgegeben hatten, ein beruflicher Wiedereinstieg angestrebt. Sie sehen darin Chancen für größere persönliche Entfaltung und Unabhängigkeit.

Herlyn und Vogel (1988) haben jedoch auch die Problematik von Frauen herausgearbeitet, die einen beruflichen Wiedereinstieg im mittleren Erwachsenenalter versuchen. Die untersuchte Kohorte war in der Regel vor der Kinderphase nur kurz berufstätig, hat somit meist niedrige Qualifikation und hat den Beruf beim ersten Kind meist ganz aufgegeben. Die nachfolgenden Frauengenerationen haben ihnen ein stärkeres berufliches

Engagement vorgelebt und den Wunsch nach neuer Berufstätigkeit geweckt. Jedoch sind die Arbeitsmarktbedingungen
einerseits und die Berufsqualifikationen andererseits für diese
Frauen heute sehr ungünstig. Die Autorinnen bezeichnen diese
Kohorte als Sandwich-Generation zwischen traditionellen und
neueren Formen der Integration von Beruf und Familie mit
ganz spezifischen Anforderungen und Belastungen.

Wie der berufliche Wiedereinstieg von Frauen heute gesehen wird, hängt stark vom Bildungsniveau ab (Wippermann
& Wippermann, 2008): Frauen geringeren und mittleren Bil-
dungsniveaus sehen Berufs- und Familienplanung relativ unabhängig. Sie streben eine Berufstätigkeit an, anknüpfend am
gelernten Beruf, um aus der Familie »herauszukommen« und
eigenes Geld zu verdienen, sind dabei mit Halbtagsbeschäfti-
gungen oder Mini-Jobs zufrieden. Frauen mit höherem Bildungsniveau haben oft bereits vor der Geburt des ersten Kindes die Karriereplanung festgelegt, haben die Berufsrückkehr
vorbereitet und wollen sich im Beruf weiterentwickeln, in Balance mit dem Familienleben. Besonders sie stoßen dabei immer wieder auf Unverständnis und mangelnde Unterstützung
(Wippermann & Wippermann, 2008).

5.4.3 Veränderungen im gesundheitlichen Bereich

Die Frage, ob das mittlere Erwachsenenalter von besonderen
gesundheitlichen Problemen oder Veränderungen geprägt ist,
wurde bereits mehrfach angeschnitten. Ein ganzheitlicher Ge-
sundheitsbegriff ist im heutigen Verständnis nicht nur durch
gesundheitliche Beschwerden und Krankheiten, sondern auch
durch positive Ausprägungen bestimmt, etwa des körperlichen und psychischen Wohlbefindens oder der Leistungs- und
Handlungsfähigkeit (Antonovsky, 1987; Faltermaier, 2005a).

Insgesamt gesehen scheint das mittlere Erwachsenenalter
kein Altersabschnitt zu sein, der von besonderen gesundheitlichen Einschränkungen geprägt ist. Allerdings lassen sich einige
gesundheitlichen Besonderheiten in dieser Lebensphase feststellen. Der Gesundheitsbericht für Deutschland (Bundesministerium für Gesundheit, 2006) hebt folgende Punkte hervor:

- Rund zwei Drittel (Frauen 68 Prozent, Männer 69 Prozent) aller Personen zwischen 45 und 64 Jahren schätzen die eigene Gesundheit als gut bis sehr gut ein. Der Prozentsatz beträgt allerdings in der Altersgruppe 18 bis 29 Jahre bei Frauen 87 Prozent, bei Männern 90 Prozent.

- Wegen schwieriger wirtschaftlicher Rahmenbedingungen und anhaltend hoher Arbeitslosigkeit haben Armutsrisiken und damit zusammenhängend Gesundheitsrisiken zugenommen. Herz-Kreislauferkrankungen und psychische Erkrankungen stehen dabei an der Spitze.

- Übergewicht ist im mittleren Erwachsenenalter (und im höheren Erwachsenenalter) stärker ausgeprägt, während tägliches Rauchen und Alkoholmissbrauch tendenziell geringer als im frühen Erwachsenenalter registriert werden (22 Prozent der Frauen und 26 Prozent der Männer zwischen 45 und 64 Jahren raucht täglich; zwischen 18 und 29 Jahren sind es 34 Prozent Frauen und 39 Prozent Männer).

- Die Bereitschaft zur gesundheitlichen Vorsorge ist relativ gering ausgeprägt. Nur 10 Prozent der 40- bis 60-Jährigen erreicht die aktuellen Empfehlungen zu körperlichen Aktivitäten (fast 25 Prozent der 18- bis 30-Jährigen), nur 14 Prozent der 40- bis 59-Jährigen nimmt an gesundheitsfördernden Maßnahmen teil, nur 18 Prozent der 45- bis 65-Jährigen geht zu Gesundheitsuntersuchungen, wobei Frauen hier aktiver als Männer sind.

Diese Ergebnisse zeigen, dass man den medizinisch feststellbaren Gesundheitszustand, die subjektiven Einstellungen der Bevölkerung zur Gesundheit und zu Gesundheitsrisiken sowie das tatsächliche Gesundheitshandeln im Alltag unterscheiden muss. Im Gesundheitswissen und Gesundheitsbewusstsein der Bevölkerung hat sich in den letzten Jahrzehnten eine deutliche Zunahme gezeigt. Die subjektiven Vorstellungen von Gesundheit sind differenzierter geworden; Gesundheit bedeutet für den größeren Teil der Bevölkerung inzwischen mehr als die Abwesenheit von Krankheit und viele Menschen haben komplexe subjektive Theorien darüber, was ihre Gesundheit schützt oder gefährdet (Faltermaier, 2005b). *Gesundheitsvorstellungen* sind auch im Lebenslauf einem Wandel unterworfen. Während im frühen Erwachsenenalter die Gesundheit mehr als körperliche Fitness verstanden wird, scheint in der mittleren Lebensphase die Gesundheit zunehmend über das psychische Befinden (wie Zufriedenheit, Lebensfreude, Wohlbefinden) und die persönliche Leistungsfähigkeit bestimmt zu werden (Blaxter, 1990). Sensibilisierungen für die Gesundheit und damit die Motivation, mehr für die eigene Gesundheit zu tun, steigen in der Mitte des Lebens an, weil den Menschen das eigene Altern und die Grenzen der körperlichen und psychischen Leistungsfähigkeit allmählich bewusster werden; zudem können mittelbare (über nahe stehende Menschen) und unmittelbare Erfahrungen mit Krankheiten Reflexionsprozesse über Gesundheit anregen und so langfristig den Stellenwert von Gesundheit in der Lebensgestaltung erhöhen (Faltermaier et al., 1998).

Eine spezifische gesundheitsrelevante Veränderung im mittleren Erwachsenenalter haben wir bereits mit der *Menopause* der Frau (▶ Kap. 5.3.2) angesprochen. Diese körperlichen Veränderungen, die im Leben der Frau im Alter zwischen 45 und 55 Jahren infolge hormoneller Veränderungen einsetzen, werden als klimakterisches Syndrom beschrieben (Arnim-Baas, 1995); sie umfassen Beschwerden wie minutenlange Hitzewallungen, Rötungen, Schwindelgefühle, Tachykardien, einen Blutdruckanstieg, Schweißausbrüche, Schlafstörungen, Haut- und Schleimhautveränderungen sowie eine Tendenz zur Osteoporose. Es wird vermutet, dass durch den Östrogenentzug eine Irritation des Temperaturregulationszentrums im Zwischenhirn ausgelöst wird, die zu entsprechenden Symptomen führt (Arnim-Baas, 1995). Entscheidend aber ist, wie solche körperlichen Veränderungen erlebt und bewertet werden. Arnim-Baas (1995) zeigte in ihrer Studie an Frauen im Klimakterium, dass viele der Betroffenen den Symptomen keine besondere Bedeutung zumaßen oder sie negierten, und dass die körperlichen Veränderungen sich nicht automatisch in psychosomatische Beschwerden niederschlugen. Jacobson (1995) belegt mit ihrer Studie an knapp 1000 Frauen im mittleren Erwachsenenalter, dass das Befinden in dieser Zeit wesentlich davon abhängt,

- ob die Frau mit ihrer beruflichen Tätigkeit und ihrem beruflichen Status zufrieden ist,
- ob die Frau mit ihrer Partnerbeziehung und ihrer familiären Situation zufrieden ist und
- wie der allgemeine Gesundheitszustand der Frau ist.

Vielfach wurde belegt (vgl. von Sydow, 1992), dass bei Frauen im Klimakterium keine Abnahme der sexuellen Wünsche und Fähigkeiten oder des sexuellen Erlebens verbunden ist. Wichtig für Frauen in der Menopause ist es, die körperlichen Veränderungen bewusst wahrzunehmen und anzunehmen, sich selbst zu beobachten und sich darüber auch mit anderen Betroffenen auszutauschen.

Neuerdings werden klimakterische Symptome auch im Leben des Mannes beschrieben (Klimacterium virile) und auf einen leichten Abfall des Testosteronspiegels ab dem mittleren Erwachsenenalter zurückgeführt. Auch ein partielles Androgendefizit des alternden Mannes (PADAM) wird beschrieben (vgl. Fügemann, 2005). Degenhardt (1993) stellte in einer Studie an 240 klinisch unauffälligen Männern im Alter von 35 bis 65 Jahren fest, dass von mehr als der Hälfte der Befragten typische Klimakteriumsbeschwerden berichtet wurden, allerdings in der Selbsteinschätzung. Ein eigenes Messinstrument (Klimacterium Virile Inventar) wurde daraufhin entwickelt, das in einer Studie von Linde (2007) in zwei, allerdings recht unsystematischen Stichproben eingesetzt wurde, jedoch keine Unterschiede zwischen 40- bis 45-jährigen und 55- bis 65-jährigen Männern messen konnte. Auch die Studien (vier Teilstudien zum Beschwerdeerleben von Männern im Vergleich der 40- bis 45-Jährigen mit den 55- bis 60-Jährigen) von Fügemann (2005) finden keine Belege für »männliche Wechseljahre«.

So wie wir zu Beginn dieses Kapitels die männliche »Midlife Crisis« als Mythos zurückgewiesen haben, so können wir auch eine allgemeine Krise der Frauen im Klimakterium als widerlegt betrachten. Frauen wie Männer durchlaufen das mittlere Erwachsenenalter auf interindividuell sehr unterschiedlichen »Entwicklungspfaden«, deren Verlauf von individuellen Ressourcen, von der familiären und sozialen Situation und den historischen, gesellschaftlichen Rahmenbedingungen abhängig ist. Eine Betrachtung nur unter Krisenaspekten wäre unzureichend, da in den mittleren Lebensjahren, in Abhängigkeit von einer guten sozialen und materiellen Situation, auch der Höhepunkt des Lebens liegen kann. Brim, Ryff & Kessler (2004) fassen ihre Studien mit der Einschätzung zusammen, dass das mittlere Erwachsenenalter »both a time of crisis and the prime of life« (24) sei. Willis & Martin (2005) summieren ihre Analysen des mittleren Erwachsenenalters unter den beiden gegenläufigen Perspektiven »first declines and highest performances«. Dies mag erklären, warum bis heute die Forschungsergebnisse zu diesem Altersabschnitt so heterogen, schillernd und zum Teil widersprüchlich erscheinen. Der Art und Weise, wie im mittleren Erwachsenenalter mit Lebensbedingungen, Belastungen und Entwicklungsaufgaben umgegangen wird, kommt entscheidende Bedeutung für das Leben im späten Erwachsenenalter zu.

Zusammenfassung

Das mittlere Erwachsenenalter wurde in der Entwicklungspsychologie lange Zeit vernachlässigt. Erst die Postulierung einer »midlife crisis« hat systematische empirische Forschungen angeregt. Dabei hat sich gezeigt, dass nicht von einer globalen, alle Personen gleich treffenden Krise mit einheitlichen Auswirkungen auszugehen ist. Bereits die frühen Studien von Gould und Levinson stellen das mittlere Erwachsenenalter in den Zusammenhang mit dem gesamten Lebenslauf. Eine Reihe von spezifischen Entwicklungsaufgaben wie Unterstützung der eigenen Kinder im Selbständigwerden, kommunales Engagement, berufliche Karriere bzw. Flexibilität, Entwicklung von langfristigen Freizeitinteressen sowie Umgang mit ersten gesundheitlichen Einschränkungen bzw. Veränderungen wurden formuliert (Havighurst). Im familiären Lebensbereich steht für viele die Auseinandersetzung mit kritischen Lebensereignissen und Belastungen wie der Auszug der Kinder (»empty nest«) oder die Pflege hochbetagter Eltern im Vordergrund.

Im beruflichen Bereich können die letzten Berufsjahre Probleme mit sich bringen, auch der berufliche Wiedereinstieg von Frauen nach der Familienphase kann zu Schwierigkeiten führen. Im gesundheitlichen Bereich sind im mittleren Erwachsenenalter neben der Zunahme von Gesundheitsrisiken, aber auch einer Sensibilisierung für gesundheitliche Themen, vor allem hormonelle Umstellungen (Menopause) relevant. Die präsentierten Forschungsergebnisse zeigen jedoch, dass die interindividuellen Unterschiede im Erleben und Verarbeiten des mittleren Erwachsenenalters oft größer als die Gemeinsamkeiten sind, was auf eine differentielle Sichtweise und eine stärkere Berücksichtigung der Kontextbedingungen, *auch gesellschaftlichen Rahmenbedingungen*, hinweist.

Weiterführende Literatur

Willis, S.L. & Martin, M. (Eds.) (2005). *Middle adulthood. A lifespan perspective*. Thousand Oaks: Sage.

Filipp, S.-H. & Staudinger, U.M. (Hrsg.). (2005). *Entwicklungspsychologie des mittleren und höheren Erwachsenenalters*. Enzyklopädie der Psychologie C, V, 6. Göttingen: Hogrefe.

Brim, O.G., Ryff, C.D. & Kessler, R.C. (Eds.). (2004). *How healthy we are. A national study of well-being at midlife*. Chicago: University of Chicago Press.

Fragen zum Selbststudium

1. Mit welchen Argumenten wurde anfangs für eine »midlife crisis« plädiert?
2. Wie ist der heutige Stand zur Existenz einer globalen »midlife crisis«?
3. Was sind die Grundaussagen der bahnbrechenden Studie von Gould?
4. Welche typischen Entwicklungsausgaben wurden für das mittlere Erwachsenenalter postuliert?
5. Mit welchen kritischen Lebensereignissen können Personen in diesem Lebensabschnitt konfrontiert sein?
6. Welche Veränderungen ergeben sich typischerweise für Frauen und Männer im mittleren Erwachsenalter?

7. Stellen Sie eine Liste der zentralen Problemlagen im mittleren Erwachsenenalter zusammen und diskutieren Sie jeweils darauf bezogene Präventionsansätze.

6   Das späte Erwachsenenalter

In diesem Kapitel werden zunächst die Schwierigkeiten einer genauen Abgrenzung der Altersphase thematisiert. Anschließend werden zentrale Theorieansätze zur Beschreibung dieser Lebensphase vorgestellt. Altern wird als konstruktiver Entwicklungsprozess verstanden, in dem aber auch Verlustereignisse bewältigt werden müssen. Veränderungen im gesundheitlichen Bereich, in den Wahrnehmungsfähigkeiten, psychomotorischen Leistungen und kognitiven Fähigkeiten werden dargestellt. Wichtige kritische Lebensereignisse im Alter stellen das Ausscheiden aus dem Erwerbsleben und die Verwitwung dar. Im höheren Alter sind es Prozesse der Entscheidung und der Adaption an eine Übersiedlung in Alters- oder Pflegeheim bzw. in Formen betreuten Wohnens, die viele Menschen bewältigen müssen. Dazu treten oft Krankheiten auf, die zu Pflegebedürftigkeit führen. Auf Demenzerkrankungen als einem der folgenreichsten kritischen Lebensereignisse im Alter wird gesondert eingegangen. Das Kapitel schließt mit einer Diskussion der Prozesse der Auseinandersetzung mit der Endlichkeit des eigenen Lebens.

6.1   Altern und Alter

6.1.1   Abgrenzung der Altersphase

Die Beschreibung des menschlichen Lebenslaufs erfolgt auch in der Psychologie gerne nach verschiedenen Lebenslaufphasen: ›Kindheit‹, ›Jugend‹, ›Erwachsenenalter‹ und ›Alter‹ werden dabei meist als die Hauptphasen des Lebenslaufs differenziert (vgl. Problematisierung derartiger Einteilungsversuche in ►Kap. 3.1). Wann im menschlichen Lebenslauf endet also das mittlere Erwachsenenalter und wann beginnt das Alter? Auch wenn diese Frage nicht eindeutig beantwortet werden kann, so lässt sie sich sowohl aus biologisch-medizinischer als auch aus sozial- und verhaltenswissenschaftlicher Perspektive erörtern. Dabei können verschiedene *Abgrenzungskriterien* diskutiert werden. In ▶ Abb. 6.1 sind Beispiele für biophysische Veränderungen des menschlichen Organismus und für bedeutsame Ereignisse im Lebenslauf zusammengestellt, die Hinweise auf den Beginn des Alters liefern könnten.

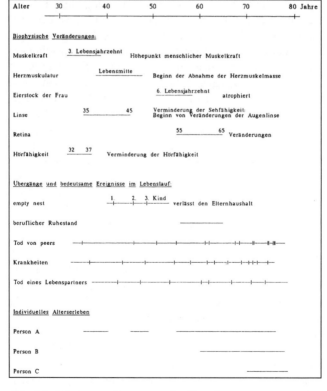

Abb. 6.1: Kriterien zur Abgrenzung der Altersphase

Betrachtet man die biophysische Kompetenz, so fällt auf, dass
sich bereits im 3. bis 6. Lebensjahrzehnt einige wichtige Veränderungen zeigen: Im dritten Lebensjahrzehnt erreicht die
menschliche Muskelkraft ihren Höhepunkt. Um die Lebensmitte beginnt die Herzmuskelmasse abzunehmen. Im sechs-
ten Lebensjahrzehnt atrophiert der Eierstock der Frau. Strukturelle Veränderungen des Auges können bereits zwischen dem
30. und 40. Lebensjahr zu einer Verminderung der Sehfähigkeit führen. Eine Verminderung der Hörfähigkeit tritt bereits
im mittleren Erwachsenenalter ein; bei Männern verschlechtert sich ca. ab dem 32., bei Frauen ca. ab dem 37. Lebensjahr
die Hörfähigkeit.

Auch durch Bezug auf wichtige Übergänge und Lebensereignisse im Erwachsenenalter könnte versucht werden, den
Eintritt in die Altersphase zu markieren. Der Auszug des jüngs-
ten Kindes aus dem Elternhaushalt, der in der psychologischen Literatur unter dem Stichwort ›empty nest‹ (▶ Kap. 5.4.1)
thematisiert wird, leitet wohl die postfamiliale Lebensphase
ein, aber keineswegs die Lebensperiode des Alters. Der Zeitpunkt, an dem dieser potenzielle Wendepunkt im Lebenslauf eintritt, kann interindividuell beträchtlich variieren. Der
Tod von Gleichaltrigen und die Konfrontation mit Krankheiten könnten weitere Ereignisse sein, um den Beginn des Alters
zu bestimmen. Aber auch hierdurch erhält man keine klaren
Orientierungsmarken; wohl werden mit zunehmendem Alter
Personen häufiger mit Krankheiten und dem Tod von Gleichaltrigen konfrontiert, doch fallen derartige Ereignisse nicht
selten bereits ins frühe und mittlere Erwachsenenalter. Auch
der Eintritt in den beruflichen Ruhestand liefert kein eindeutiges Kriterium zur Abgrenzung von mittlerem und spätem Erwachsenenalter. Durch unterschiedliche – historisch sich immer wieder ändernde – Ruhestandregelungen ist der Zeitpunkt
von Verrentung oder Pensionierung innerhalb gewisser zeitli-
cher Grenzen variabel.

Vom Standpunkt der Psychologie aus könnte darüber hinaus versucht werden, durch das individuelle Alterserleben Hinweise auf den Beginn des Alters zu gewinnen. Aber in jedem
Lebensjahrzehnt können Ereignisse vorkommen, die den An-

stoß für subjektives Alterserleben geben können. Sich jährende Hochzeitstage, der Vergleich mit den Leistungskapazitäten von Jüngeren, die Erfahrung des Auftretens von körperlichen Beschwerden und ähnliche Ereignisse können – weitgehend unabhängig vom kalendarischen Alter – zum subjektiven Alterserleben beitragen.

Weder Sozial- und Verhaltenswissenschaften noch Biologie und Medizin liefern somit eindeutige Kriterien, nach denen sich der Beginn des Alters markieren ließe. Stattdessen sind es *sozialadministrative Regelungen*, nach denen in unserer Sozietät der Eintritt in die Altersphase festgelegt wird. Mit Erreichen eines bestimmten kalendarischen Alters besteht die Möglichkeit, aus dem Erwerbsleben auszuscheiden und ein Altersruhegeld zu beziehen. Auch kann man nun in den Genuss bestimmter Vergünstigungen, wie z. B. verbilligter Senioren-Karten bei der Bundesbahn, kommen. In unserer Gesellschaft markiert in der Hauptsache also der Austritt aus dem Berufsleben den Übergang in die Altersphase. Die Festlegung einer gesetzlichen Altersgrenze, die meist zwischen 60 und 67 Jahren liegt, mag pragmatisch-administrativ brauchbar sein, dennoch stellt sie ein unzulängliches Kriterium dar.

Gegen eine Verknüpfung von kalendarischem Alter und gesetzlicher Altersgrenze lassen sich eine Reihe von Gründen nennen: Weder theoretische Überlegungen noch empirische Evidenz sprechen dafür, dass mit dem 63., 65. oder 67. Lebensjahr die persönliche Entwicklung einer Person endet. Auch findet kein universeller Verfall, weder von körperlichen noch von seelischen Funktionen, statt. Im Ausmaß alterskorrelierter Veränderungen sind intraindividuell unterschiedliche Veränderungsmuster beobachtbar, d. h., bei einer bestimmten Person können Veränderungen der Wahrnehmung, der Intelligenz oder der motorischen Fertigkeiten sehr unterschiedlich verlaufen. Anstelle eines allgemeinen Abfalls lässt sich eher ein differentielles Veränderungsmuster feststellen. Darüber hinaus gibt es bedeutende interindividuelle Unterschiede im Ausmaß und im Verlauf alterskorrelierter Veränderungen, d. h. bei verschiedenen Personen sind Unterschiede hinsichtlich Beginn, Geschwindigkeit und Gleichmäßigkeit von psychischen Veränderungen feststellbar. Und schließlich bestehen Kompensationsmöglichkeiten für Einbußen in einzelnen Funktionsbereichen, so dass z. B. bei einem älteren Arbeitnehmer körperliche Leistungseinbußen durch einen gut ausgebildeten Erfahrungshintergrund ausgeglichen werden können (vgl. Fischer, 2007; Kastenbaum, 1980; vgl. das Modell selektiver und kompensierender Anpassung, ► Kap. 6.2.1).

6.1.2   Altern als Entwicklungsprozess

Während sich der Begriff ›Alter‹ auf eine Spanne im individuellen Lebenslauf bezieht, kennzeichnet der Begriff ›Altern‹ einen Veränderungsprozess. Aus psychologischer Perspektive betrachtet, lässt sich ›Altern‹ als Entwicklungsvorgang konzeptualisieren und durch eine Reihe von Merkmalen näher charakterisieren. Entgegen stereotypen Vorstellungen ist der Alternsprozess nicht identisch mit einem Abbauprozess. Altern kann mit einer Reduktion von sozialen Rollen, mit einer Verminderung von Leistungen in verschiedenen psychischen Funktionsbereichen oder mit einer Einschränkung von individuellen Kompetenzen einhergehen, ›Altern‹ muss aber nicht zwangsläufig zu derartigen Verlusten führen, es kann auch zur Kompensation von Verlusten, Kompetenzerweiterung oder Wachstum der Persönlichkeit kommen.

Orientiert man sich bei der Präzisierung des Alternsbegriffs an einer modernen Auffassung von Entwicklung, wie sie in der neueren lebensspannenbezogenen Entwicklungspsychologie durch eine differentiell-pluralistische Entwicklungskonzeption (► Kap. 2.2) zum Ausdruck kommt, so lassen sich eine Reihe von *Bestimmungsmerkmalen des Alternsprozesses* unterscheiden:

1. *Altern als Prozess intraindividueller Veränderungen:* Bei einer Person kommt es zu intraindividuellen, überdauernden, regelhaften Veränderungen des Verhaltens und Erlebens. Allerdings brauchen sich diese Veränderungen nicht auf alle Subsysteme der Person beziehen. Es ist möglich, dass bei einem Individuum in manchen Persönlichkeitsbereichen

Veränderungen feststellbar sind, während in anderen Bereichen eine Konstanz besteht.

2. *Altern als multidimensionaler Prozess:* Alternsprozesse verlaufen multidimensional, d. h. sie betreffen unterschiedliche
   Verhaltens- und Persönlichkeitsbereiche. Veränderungen
   können sich in der geistigen Leistungsfähigkeit, Psychomo-
   torik, emotionalen Gestimmtheit, Neugier, Formen der Lebensbewältigung, Kontrollüberzeugungen usw. zeigen. Dabei können Abbauprozesse, expansive Tendenzen als auch
   Konstanz bei einem Individuum gleichzeitig bestehen.

3. *Altern als multidirektionaler Prozess:* Alternsprozesse verlaufen keineswegs generell in Richtung einer Verminderung
   psychischer Kompetenzen. Altern bedeutet multidirektio-
   nale Veränderung, d. h. Veränderungen können auf ganz
   unterschiedliche Endpunkte hinlaufen. Mit den begrifflichen Gegensatzpaaren ›Weiter- und Fehlentwicklung‹, ›Le-
   benserfüllung und -verfehlung‹ oder ›growth‹ und ›decline‹
   werden idealtypische Pole aufgezeigt, auf welche sich Veränderungen im Alter hinbewegen können.

4. *Altern als multikausaler Prozess:* Alternsprozesse sind nicht
   einfaktoriell bedingt; sie sind durch eine multikausale Be-
   dingungskonstellation aus biologischen, sozialen, ökologischen, ökonomischen, historischen und psychologischen
   Faktoren begründet. Welche dieser Faktorenbündel in den
   einzelnen Erklärungsversuchen favorisiert und welche vernachlässigt werden, hängt oft von der professionellen Zugehörigkeit und den rahmentheoretischen Orientierungen der
   Forschenden ab.

Halten wir also fest, dass wir unter ›Altern‹ einen Entwicklungsvorgang, d. h. lebensalterbezogene, relativ überdauernde
Veränderungen zentraler Erlebens- und Verhaltensbereiche
einer Person, verstehen, der multidimensional und multidirektional verläuft und multifaktoriell bedingt ist. Wie andere Autoren (z. B. Baltes, 1987; Lehr, 1980; Thomae, 1978) vertreten
wir eine differentielle Perspektive; wir sind also der Auffassung,
dass weniger die Suche nach universellen Gesetzmäßigkeiten,
als vielmehr die Erklärung differentieller Alternsverläufe und

Altersformen im Zentrum einer (Entwicklungs-)Psychologie des späten Erwachsenenalters stehen sollte. Darüber hinaus favorisieren wir eine Sichtweise über das Altern, die betont, dass mit dem Eintritt in die Lebensperiode des Alters die persönliche Entwicklung einer Person nicht abbricht, sondern – wie in den Jahren vorher – kontinuierlich oder diskontinuierlich weiterverläuft. Der ältere Mensch ist dabei nicht Spielball seiner äußeren Lebensumstände oder biographischen Erfahrungen, sondern hat die Möglichkeit, seinen Alternsprozess aktiv mitzugestalten, er hat durch die Auseinandersetzung mit Anforderungen, mit denen er in der Altersphase konfrontiert wird, die Chance zum ›Konstruktiven Altern‹ (Saup, 1991).

6.1.3   Ältere Menschen – eine sehr heterogene Bevölkerungsgruppe

Gegenwärtig leben in Deutschland rund 82 Millionen Menschen; davon sind etwa 16 Millionen 65 Jahre und älter. Zukünftig wird ihre Zahl noch weiter ansteigen, auf über 22 Millionen im Jahr 2030 und auf 23 Millionen im Jahr 2050 (vgl. BiB 2008; GeroStat, 2000). Über 16 Millionen zählen also – bevölkerungsstatistisch betrachtet – zur Bevölkerungsgruppe der älteren Menschen. Rund sechzehn Millionen Menschen stellen keine homogene Personengruppe dar! Genauso wenig wie es sinnvoll wäre, generalisierende Aussagen über die Entwicklung in Kindheit und Jugend (oder Empfehlungen für Erziehungspraktiken usw.) auf die Gruppe der Millionen unter 20-Jährigen zu beziehen, genauso wenig wäre es für ein besseres Verständnis des Alterns (oder z. B. für sozialpolitische Lösungsansätze von Versorgungsproblemen im Alter) nützlich, undifferenzierte Aussagen über 16 Millionen ältere Menschen treffen zu wollen. Sowohl für wissenschaftliche Fragestellungen als auch für sozialpolitische Zwecke erscheint es notwendig, die sehr heterogene Gruppe der älteren Menschen in *verschiedene Untergruppen* aufzugliedern. Die individuellen Merkmale und die Lebenssituation von rüstigen jüngeren Senioren können z. B. vollkommen verschieden sein von den Charakteristika und den Problemlagen hilfe- oder pflegebedürftiger Hochbetagter! Nach welchen grundlegenden

Kriterien sollten verschiedene Gruppen von älteren Menschen differenziert werden? Einige eher globale als spezifische *Unterscheidungsmerkmale* lassen sich dabei heranziehen:

1. Kalendarisches Alter

Zur Unterscheidung nach dem Lebensalter lassen sich einige Begriffe angeben, die wohl nicht eindeutig definiert sind, für die es aber eine allgemeingebräuchliche Sprachregelung gibt. In ▶ Abb. 6.2 werden für verschiedene Altersgruppen die Bezeichnungen jüngere Senioren, Hochbetagte, Höchstbetagte und Langlebige eingeführt.

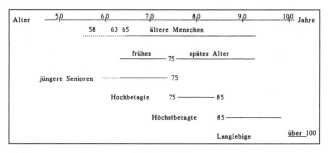

Abb. 6.2: Bezeichnung verschiedener Altersgruppen

2. Gesundheitszustand

Der physische und psychische Gesundheitszustand stellt ein zentrales Merkmal zur Beschreibung älterer Menschen dar. Unterschieden werden können u. a. körperlich und seelisch Rüstige, Personen mit Bagatell-, leichten oder schweren Erkrankungen, akut oder chronisch Erkrankte, Personen mit mehreren Krankheiten, Hilfe- und Pflegebedürftige. Spezifischere Deskriptoren unterscheiden z. B. Personen mit Depression, mit Alzheimer-Demenz, mit vaskulärer Demenz u. a. m.

3. Familien-, Haushalts- und Wohnsituation

Eine weitere wichtige Typisierung älterer Menschen wäre die nach ihrer Familien- und Haushaltssituation. Die häufig verwendete Charakterisierung nach dem Familienstand (ledig, verheiratet, verwitwet, geschieden) und der Haushaltszusammensetzung (Ein-, Zwei-, Dreipersonenhaushalt) erscheint die reale Lebenssituation aber nur unzureichend zu kennzeichnen. Was kann der sozialstatistisch häufig benutzten Angabe, ein älterer Mensch wohne in einem Einpersonenhaushalt, denn eigentlich entnommen werden? Besagt dieses Merkmal, dass die Person

- die allein stehend ist, keine Kinder hat, vereinsamt lebt?
- als ›Untermieter‹ in der Einliegerwohnung im Haus eines Kindes wohnt und am alltäglichen Lebensgeschehen der Filialgeneration partizipiert?
- seit dem Tod des Ehepartners in der bisherigen Drei-Zimmer-Wohnung lebt und sich dadurch zu den auch am gleichen Ort lebenden Kindern eine ›innere Nähe durch äußere Distanz‹ erhält?

Oder wissen wir aus der Angabe ›im Zwei- oder Mehr-Personenhaushalt lebend‹, dass die ältere Person

- mit ihrem rüstigen Partner zusammenlebt?
- mit ihrem hilfebedürftigen Ehemann wohnt und durch dessen Pflege persönlich überfordert und psychisch sehr belastet ist?
- selbst pflegebedürftig ist und im Haushalt der Tochter, von der sie sich als sehr abhängig erlebt, versorgt wird?

Über die Unterscheidung nach dem Familienstand und der Haushaltssituation hinaus müsste eine differenzierte Charakterisierung der Wohnsituation bezüglich des Lebens in einer Normalwohnung, in einer sog. »neuen« Wohnform wie dem »Betreuten Wohnen« (vgl. Saup, 2001) oder in einem Alten- und Pflegeheim als auch des sozialen Netzwerkes einer älteren Person erfolgen. Erst hierdurch kann der reale Umfang und die Qualität von Kontakt-, Hilfe- und Unterstützungschancen abgeschätzt werden.

6.2　Theoretische Perspektiven über das Alter(n)

Von den an der Alter(n)sforschung partizipierenden wissenschaftlichen Disziplinen (wie z. B. Biologie, Medizin, Psychologie, Soziologie, Pädagogik, Anthropologie) wurden Modellvorstellungen über das Alter(n) entwickelt. Dabei finden sich in jeder der einzelnen Disziplinen jeweils verschiedene theoretische Akzentsetzungen. Dies gilt auch für die psychologische Alter(n)wissenschaft. Einige Autoren formulieren theoretische Vorstellungen, die sich vor allem auf kognitive Leistungsbereiche und -veränderungen im Alter beziehen, andere fokussieren entwicklungsbedeutsame Persönlichkeitsveränderungen älterer Menschen oder motivationale und kognitive Systeme der Person. Einige theoretische Perspektiven über das Alter(n) sind explizit mit einem universalistischen Anspruch formuliert. Theorien haben eine heuristische Funktion; sie lenken die Aufmerksamkeit des Wissenschaftlers auf ganz bestimmte Ausschnitte der Wirklichkeit und veranlassen ihn, die eingegrenzten Sachverhalte, ihre Charakteristika, Bedingungen und Funktionen spezifischer zu untersuchen. Auch die nachfolgend vorgestellten ›Theorien zum Alter(n)‹ sollten in diesem Sinne verstanden werden; sie sind ›Scheinwerfer‹, die jeweils spezifische Aspekte des Alternsprozesses ›ausleuchten‹.

6.2.1　Prozess der selektiven und kompensierenden Anpassung

Baltes und Baltes (1989) stellen ein psychologisches Modell des erfolgreichen oder ›guten‹ Alterns vor. Für sie ist Altern und Erfolg kein Widerspruch, denn Altern lasse sich nicht mit Verlust, Abbau und nahendem Tod gleichsetzen, sondern biete auch die Möglichkeit, aktiv gestaltend in diesen Prozess einzugreifen. Erfolgreiches Altern wird funktional betrachtet und über das Kriterium der psychologischen Anpassungsfähigkeit oder Verhaltensplastizität des Organismus festgelegt.

Ausgangspunkt der Überlegungen von Baltes und Baltes zum Alternsprozess ist die empirisch fundierte These von der

altersbedingten Verringerung der Bandbreite von Leistungspotenzialen oder *Kapazitätsreserven* des Organismus. Wie jüngere haben auch ältere Menschen über die im Alltag aktuali-
sierten kognitiven und verhaltensbezogenen Leistungen und
adaptiven Fähigkeiten hinaus beträchtliche ›stille‹ Reserven,
die sich durch Übung, Lernen oder gezieltes Training akti-
vieren lassen. Doch für dieses noch ungenutzte und entwick-
lungsfähige Leistungspotenzial scheint es altersbedingte Grenzen zu geben: Die Grenzen dieser Kapazitätsreserven werden
im Alter zunehmend enger gesteckt, und die Verluste beginnen die positiven Veränderungen der adaptiven Fähigkeiten zu
überwiegen. Ältere Menschen können trotz derartiger negativer Veränderungen in ihren Leistungspotenzialen und trotz zunehmender körperlicher Anfälligkeiten ein positives Selbstbild
aufrechterhalten und eine große subjektive Zufriedenheit sowie
persönliche Einflussnahme und Kontrolle über ihr Lebensge-
schick erleben. Dies erklären sich die Autoren durch einen adaptiven Verhaltensprozess, bei dem die Teilkomponenten und
-prozesse der *Optimierung, Selektion* und *Kompensation* miteinander in Wechselwirkung stehen. Die Komponente ›Optimierung‹ des Modells von Baltes und Baltes unterstellt, »dass Menschen sich so verhalten, dass sie das allgemeine Niveau ihrer
Kapazitätsreserven zu heben und die gewählten Lebenswege in
Quantität und Qualität zu verbessern suchen« (S. 96). Hierzu
tragen die Verhaltensstrategien der ›Selektion‹ und ›Kompensation‹ bei. Bei beiden handelt es sich um adaptive Leistungen;
eine Selektion besteht darin, sich auf solche Bereiche zu konzentrieren, die hohe subjektive Bedeutsamkeit besitzen, und in
denen Anforderungen aus der Umwelt der Motivierung, den
psychosozialen Fertigkeiten und der physischen Leistungsfähigkeit einer Person entsprechen. Wenn bestimmte Ver-
haltenskapazitäten ausgefallen sind oder nicht in ausreichendem Ausmaß vorhanden sind, um Umweltanforderungen zu
begegnen, setzen kompensierende Bemühungen ein; die beschränkten oder fehlenden Kapazitäten in einem Bereich werden durch andere Leistungen oder den Rückgriff auf Ressourcen zu substituieren versucht. »Die Strategie der Optimierung
durch Selektion und Kompensation erlaubt alten Menschen

also, trotz reduzierter körperlicher und geistiger Energien oder Reserven Lebensaufgaben zu bewältigen, die ihnen wichtig sind« (S. 98 f.).

Das von Baltes und Baltes formulierte psychologische Modell erfolgreichen Alterns ist universalistisch angelegt (▶ Kap. 3.2). Besondere Bedeutung hat es vor allem für das vorgerückte Alter, in dem körperliche Anfälligkeiten und psychophysische Leistungseinbußen wahrscheinlicher werden. Dennoch sind Selektion und Kompensation als adaptive Strategien für Fertigkeits- und Kapazitätsverminderungen auch in anderen Lebensphasen relevant. Optimierung durch Selektion und Kompensation beschreibt weniger einen spezifisch alterspsychologisch relevanten Prozess als vielmehr ein allgemeines Verhaltensprinzip, das vor allem dort zum Tragen kommt, wo psychophysische Leistungseinbußen bestehen (z. B. auch bei körperlich Behinderten). Anwendbar scheint das Modell hauptsächlich im körperlichen und psychologischen Leistungsbereich.

6.2.2   Gleichgewicht zwischen kognitivem und motivationalem System

Thomae (1970) formuliert seine Überlegungen zur Psychodynamik des Alters aus der Perspektive einer *kognitiven Persönlichkeitstheorie*. Den Hintergrund seiner Hypothesen zum Alternsprozess bilden zum einen die Prämisse, dass eine Veränderung des Verhaltens stärker mit erlebter Veränderung als mit der objektiven Veränderung einer Situation kovariiert, und zum anderen die Annahme, dass die Wahrnehmung einer Situation entscheidend durch motivationale Variablen wie Bedürfnisse oder Erwartungen einer Person mitbestimmt ist. Eine Anpassung an die biophysischen, sozialen und sonstigen mit dem Alter einhergehenden Veränderungen der Person und ihrer Lebenssituation, wie z. B. nachlassende physische Kräfte oder der Verlust sozialer Rollen, ist möglich, wenn es der Person gelingt, ein Gleichgewicht zwischen kognitiven und motivationalen Systemen – stark vereinfacht könnte man auch sagen, zwischen ›Gewünschtem‹ und ›Erreichtem‹ – herzustellen. Dazu tragen vor allem eine Reihe von *intrapsychischen Ver-*

arbeitungsprozessen, wie z. B. die kognitive Umstrukturierung
einer Situation, bei. Die Kernannahme des Ansatzes lautet wie
folgt: »Die entscheidende Voraussetzung eines erfolgreichen
Alterns (ist) ein Gleichgewichtszustand zwischen der kognitiven Struktur und dem Bedürfnissystem des Individuums. Anpassung an das Altern setzt danach voraus, dass die mit diesem
Prozess verbundenen Änderungen in einer Weise wahrgenommen werden können, welche mit der aktuellen oder habituel-
len Motivationsstruktur des Individuums vereinbar ist« (Thomae, 1970, S. 13).

Ein Beispiel soll das Verständnis des Gedankengangs von
Thomae erleichtern: Eine Person hat in ihrem Leben beruflich nicht das erreicht, was sie sich vornahm. Diese Diskrepanz
zwischen Wunsch und (erlebter) Wirklichkeit kann sie z. B.
dadurch zu überwinden versuchen, dass sie sich mit der beruflichen oder wirtschaftlichen Situation der Kinder oder En-
kelkinder identifiziert. »Indem man den Aufstieg der Nach-
kommen ganz als den eigenen empfindet, wird oft ein etwa
bestehendes Ungleichgewicht zwischen den eigenen früheren
Plänen und dem Erreichten ausgeglichen und die Anpassung
an den Ruhestand erreicht« (Thomae, 1980, S. 14). Andererseits
könnte die Person die Diskrepanz auch durch eine ›kognitive
Umstrukturierung‹ aufzuheben versuchen, d. h. sie wird eine
›Retusche‹ an ihrer beruflichen Vergangenheit vornehmen, um
in ihrem Erleben eine Kongruenz zwischen Wunsch und Wirklichkeit herzustellen.

Intrapsychische Prozesse wie die beschriebene ›kognitive
Umstrukturierung der Situation‹ tragen zu einer Erhaltung
und Neustrukturierung des Gleichgewichts zwischen kognitiven und motivationalen Systemen der Person bei und ermöglichen so ein ›erfolgreiches‹ Altern. In der Vorstellung von Thomae sind derartige psychodynamische Vorgänge deshalb für
eine Anpassung an die Veränderungen des Alters bedeutsam,
weil er der Auffassung zu sein scheint, dass ein älterer Mensch
kaum mehr in der Lage ist, seine faktischen Lebensumstände
zu beeinflussen oder sein Bedürfnissystem grundlegend zu verändern: »Der ältere Mensch in unserer Gesellschaft muss dieses Gleichgewicht mehr und mehr durch eine Revidierung der

kognitiven Systeme (z. B. der eigenen Erwartungen oder des Selbstbildes) erreichen, da Änderungen der ›objektiven‹ Situation (z. B. Beschäftigungsmöglichkeiten für den älteren Arbeitnehmer) oder im Bedürfnissystem unwahrscheinlich sind« (Thomae, 1970, S. 15).

Thomaes kognitive Theorie des Alterns ist ein Alternskonzept des ›*subjektiven* Lebensraumes‹. Umwelt- und Lebensbedingungen (auch im Alter) wird kein von der sie wahrnehmenden Person unabhängiger Status eingeräumt. Das vorgeschlagene Modell einer Interpretation der Vorgänge des Alterns misst den faktischen Lebensumständen für einen gelingenden Daseinsvollzug im Alter kaum eine Bedeutung bei. Unzufriedenheit und Probleme im Alter scheinen vor allem durch eine nicht erfolgte Angleichung von Gewünschtem und Erreichtem, durch ein fehlendes Gleichgewicht zwischen kognitiven und motivationalen Systemen des Individuums, bedingt zu sein. Dass Probleme im Alter häufig auch durch eine sozial ungleiche Verteilung von Lebensressourcen oder durch eine an den Verhaltensmöglichkeiten von Jüngeren orientierte Umweltgestaltung hervorgerufen oder verstärkt werden, findet in diesem Ansatz keine Beachtung. Da die Bedeutung intrapsychischer Vorgänge für ein ›erfolgreiches‹ Altern so sehr in den Vordergrund gestellt wird, sind Überlegungen über eine altersfreundliche Lebens- und Umweltgestaltung – also über die Veränderung der faktischen Lebensumstände – diesem Ansatz fremd.

6.2.3 Altern als Bewältigung von Entwicklungsaufgaben

Aus der Sicht des Entwicklungsaufgabenkonzepts von Havighurst (1972) lässt sich Altern als die Bearbeitung einer Sequenz von Entwicklungsaufgaben auffassen. Von den Anforderungen in anderen Phasen des Lebenslaufs unterscheiden sich Entwicklungsaufgaben im Alter nach Havighurst (1972; S. 108 ff.) grundlegend darin, dass sie von der Person einen Rückzug (›disengagement‹) von den sich stärker durch Aktivität auszeichnenden Rollen des (frühen und mittleren) Er-

wachsenenalters fordern, ihr dabei aber eine Substitutions-
möglichkeit durch ein Engagement in anderen Rollenbereichen
(z. B. Großvaterrolle) offerieren. Havighurst, der vor allem die
Anpassungsnotwendigkeit an die veränderten Lebensumstände herausstellt, nennt folgende *Entwicklungsaufgaben des
Alters*:

1. Anpassung an abnehmende körperliche Leistungsfähigkeit
   und Gesundheit,
2. Anpassung an den beruflichen Ruhestand und an ein ver-
   mindertes Einkommen (z. B. durch die Ausweitung von
   Freizeitbeschäftigungen),
3. Anpassung an den Partnerverlust (z. B. durch eine Intensivierung von Kontakten zu den Kindern oder zu Freunden),
4. ein Akzeptieren des Umstandes, dass der Status eines älteren
   Menschen erlangt ist, und eine Bejahung der Zugehörigkeit
   zu dieser Altersgruppe,
5. flexible Veränderung des Rollenrepertoires (z. B. durch eine
   Intensivierung familienbezogener Rollen).

Vergleicht man die von Havighurst Ende der 1940er Jahre für
das Alter postulierten Entwicklungsaufgaben mit späteren Auf-
listungsversuchen von Anforderungen, dann sind keineswegs
nur differenzierende Lösungsansätze vorfindbar.

Barrett (1972) unterscheidet zwischen *regressiven* und *kompensatorischen Entwicklungsaufgaben* im Alter. Er nennt folgende sechs regressive Aufgaben:

1. Akzeptieren und Anpassung an einen geschwächten Körper,
2. Anpassung an eine Veränderung und Einschränkung der
   Sexualität,
3. Neuorientierung der Lebensweise im Hinblick auf die Dimension Abhängigkeit – Unabhängigkeit,
4. Annahme einer neuen Rolle innerhalb der Familie,
5. Akzeptieren, dass man zunehmend von der Rolle des Ge-
   benden in die Rolle des Nehmenden wechselt,
6. Rückorientierung auf die primäre soziale Gruppe hin.

Diese Aufstellung regressiver Aufgaben wird von Barrett ergänzt durch eine Sammlung von kompensatorischen Entwicklungsaufgaben:

1. die Entwicklung neuer Freizeitbeschäftigungen in Abstim-
   mung auf die veränderten Fähigkeiten,
2. Entwicklung neuer beschäftigungs- und tätigkeitsbezogener
   Kompetenzen,
3. Anpassung der Ernährungsgewohnheiten an veränderte Er-
   fordernisse,
4. Anpassung an veränderte Umweltgegebenheiten,
5. Anpassung an veränderte soziale Gewohnheiten und Sitten,
6. Suche nach einem neuen sozialen Status,
7. Veränderung des Selbstkonzepts.

Die genannten kompensatorischen Aufgaben werden von Barrett als einzigartig für die Lebensphase des Alters angesehen; er
betont, dass die Entwicklungsaufgaben des Alters unabhängig
sind von der Bewältigung von Entwicklungsaufgaben der vorausgegangenen Lebenslaufphasen. Und »wenn alle wichtigen
regressiven und kompensatorischen Entwicklungsaufgaben in
ausreichendem Umfang bewältigt werden« – so argumentiert
Barrett (1972, S. 27) –, dann »wird die Anpassung im höheren
Lebensalter mit großer Wahrscheinlichkeit gelingen«.
    Versucht man das Entwicklungsaufgaben-Konzept im Hin-
blick auf seine Relevanz als theoretischen Erklärungsversuch
zum Altern einzuschätzen, so fallen über die allgemeine Kritik-
punkte hinaus (▶ Kap. 3.1) folgende auf das Altern bezogenen
Aspekte auf: Die für das höhere Erwachsenenalter von Havighurst (1972) und Barrett (1972) genannten Entwicklungsaufgaben lassen deutlich ein negatives Altersstereotyp erkennen. Der
Vielfalt möglicher altersrelevanter interner und externer Anforderungen sowie den verschiedenen Alternsformen wird das
Konzept nicht gerecht; die konkrete Person mit ihren individuellen Bemühungen, die Anforderungen ihres Alterns in der
ihr eigenen Art und Weise zu meistern, gerät aus dem Blickfeld. Umso erstaunlicher erscheint es, dass das Konzept von
Havighurst selbst bei Befürwortern einer ›differentiellen‹ Ge-

rontologie als (Entwicklungs-)Modell des menschlichen Alterns mit großem Interesse und Erwartungen verbunden diskutiert wurde.

6.2.4 Altern als Hindurchgehen durch Krisen

Altern wird von einigen Autoren als ein Hindurchgehen durch Krisen konzeptualisiert. Erikson (1968, 1988) vertritt die Auffassung, der gesamte Lebenslauf sei eine laufende Auseinandersetzung und Bewältigung von psychosozialen Aufgaben, Konflikten oder Krisen, die sich dem Individuum in einzelnen Lebens- oder Altersphasen stellen (▶ Kap. 3). Im höheren Erwachsenenalter muss sich der Mensch mit der psychosozialen Krise ›Ich-Integrität vs. Verzweiflung‹ auseinandersetzen. Die Erfahrung von ›Verzweiflung‹ stellt sich nach Erikson dann bei einem älteren Menschen ein, wenn ihm deutlich wird, dass ihm nicht mehr genügend Zeit in seinem Leben bleibt, um vergangene Fehler und Irrtümer in seiner Lebensgestaltung zu korrigieren. Zur ›Ich-Integrität‹ wird ein älterer Mensch finden, der – sich selbst und seine Lebensführung bejahend – zu einer positiven *Bilanzierung* seines Lebens kommt.

Peck (1972) lehnt sich eng an die Konzeption von Erikson an. Im höheren Erwachsenenalter und Alter betrachtet er die Konflikte zwischen ›Ich-Differenzierung vs. Verhaftetsein in der Berufsrolle‹, ›Transzendenz des Körperlichen vs. Verhaftetsein in körperlichen Beschwerden‹ sowie ›Ich-Transzendenz vs. Ich-Befangenheit‹ als dominante Themen. Auch Lieberman (1975) favorisiert bei seinen theoretischen Überlegungen am Alternsprozess ein Krisenmodell, das jedoch im Vergleich zu den Konzeptionen von Erikson und Peck prozesshaft angelegt ist. Für Lieberman sind ›Verlustereignisse‹ (wie der Verlust von Personen, Orten oder Dingen) und eine ›grundlegende Veränderung der Lebensumstände‹ zwei zentrale Voraussetzungen für Krisen im Alter. In seinem Krisenbewältigungsmodell werden die Erweiterung der Kompetenzen einer Person als positive Folgen und misslungene Anpassungsversuche als negative Folgen einer Auseinandersetzung mit Krisen angesehen. Lieberman integriert in seinem Modell eine Reihe potenziell für die Auseinandersetzung mit Krisen bedeutsame Faktoren wie individuelle Ressourcen, Konfliktbewältigungstechniken, aktuelle Prozesse der Situationsbewertung, das Ausmaß des erlittenen Verlustes oder der Veränderung von Lebensumständen.

Wie andere theoretische Überlegungen zum Altern fokussiert der krisentheoretische Ansatz auch nur einen spezifischen Ausschnitt des Alternsprozesses. Das Fehlen von Krisen oder Konflikten in vielen Lebensgeschichten deutet darauf hin, dass Altern auch ohne das Durchlaufen von Krisen stattfinden kann. Die Auseinandersetzung mit Anforderungen und Konflikten im höheren Erwachsenenalter dürfte sich bei vielen älteren Menschen aber nicht auf die von Erikson und Peck genannten, zudem stark verallgemeinerten psychosozialen Krisen beschränken, sondern eine größere thematische Vielfalt aufweisen.

6.2.5 ›Konstruktives‹ Altern

Aus entwicklungspsychologischer Perspektive formuliert Saup (1991) ein Modell des ›konstruktiven‹ Alterns. Dieser Ansatz geht von der empirischen Evidenz aus, dass Altern und Altsein nicht zwangsläufig körperlicher und geistiger Abbau und psychosozialer Rückzug bedeuten und dass die persönliche Entwicklung einer Person nicht notwendig im Alter endet. Im höheren Erwachsenenalter kommen auch entwicklungsbedeutsame Persönlichkeitsveränderungen im Sinne der Erweiterung des Verhaltensrepertoires, der Ausweitung und Vertiefung von Erlebnismöglichkeiten, der Zunahme von Interessen, des Ausprobierens neuer Aktivitäten oder einer abwechslungsreicheren Lebensführung, der Ausweitung von Kontakten zu Mitmenschen usw. vor. Die Konzeption des ›konstruktiven‹ Alterns unterstellt, dass die Konfrontation und Auseinandersetzung mit lebenslaufspezifischen Anforderungen und Belastungen sowie mit bedeutsamen oder kritischen Lebensereignissen entscheidend zu derartigen Veränderungen beitragen kann. Hierdurch können sich also ›*Entwicklungsgelegenheiten*‹ ergeben. Entwicklungsbedeutsam werden Lebensereignisse im Alter oder Übergänge in der späten Phase des Lebenslaufs deshalb, weil die mit ihnen einhergehenden Veränderungen der ökologischen und sozialen Lebenssituation nicht mehr routinemäßig – etwa durch habitualisierte Formen der Lebensbewältigung und chronifizierte Verhaltenssysteme – beantwortet werden können, sondern eine Erweiterung des Verhaltensrepertoires und eine Modifikation der bisherigen Kognitions-, Einstellungs- und Überzeugungssysteme der Person notwendig machen können.

Durch das Modell des ›konstruktiven‹ Alterns, das sowohl *Anforderungen* und Belastungen im höheren Erwachsenenalter als auch die *adaptiven Prozesse* älterer Menschen zur Bearbeitung und Bewältigung in den Mittelpunkt rückt, wird Gegenposition bezogen zu einer Verlustperspektive des Alterns, welche das Alter(n) vorwiegend mit Rollen-, Funktions- und Kompetenzverlusten gleichsetzt. Es wird nicht geleugnet, dass Menschen in der Altersphase mit mannigfachen Verlusten konfrontiert sein können; hervorgehoben werden soll allerdings, dass im Alter ebenso Zugewinnereignisse (wie z. B. Großelternschaft, eine Wiederheirat, eine neue Freundschaft) auftreten bzw. geschaffen werden können. Durch die Berücksichtigung der individuellen Formen einer Auseinandersetzung mit den vielfältigen Veränderungen wird betont, dass für ältere Menschen auch Möglichkeiten zur Verarbeitung und konstruktiven Bewältigung belastender oder herausfordernder Veränderungen bestehen. Das Modell will damit zugleich auf die Möglichkeit zur Mit- oder Selbstgestaltung des Alter(n)s aufmerksam machen.

Das Konzept des ›konstruktiven‹ Alterns stellt bislang ein Rahmenmodell dar, das für die Generierung von neuen Forschungsfragen zum Altern fruchtbar gemacht werden kann. Diskutiert wurde die Nützlichkeit des Ansatzes für Überlegungen der Altenbildung zur Vorbereitung auf ein gelingendes Altern (Saup & Tietgens 1992). Das Konzept des ›konstruktiven‹ Alterns lässt sich als ein differentieller Ansatz betrachten, der der Unterschiedlichkeit individueller Lebensereignisbiographien älterer Menschen und ihren idiokratischen Formen der Lebensbewältigung Rechnung tragen kann.

6.3   Gerontologisch bedeutsame Entwicklungsbereiche

Das höhere Erwachsenenalter oder Alter ist nicht eine Lebensphase der Stagnation, und ›Altern‹ kann nicht mit einem Abbauprozess gleichgesetzt werden – diese Einsicht hat sich in der psychologischen Gerontologie in den letzten Jahrzehnten mehr und mehr durchgesetzt. Eine derartige Sichtweise hat auch in theoretischen Beiträgen und empirischen Forschungsarbeiten ihren Niederschlag gefunden. Vertreter einer ›differentielle Gerontologie‹ (z. B. Thomae, 1983) betonen, dass Menschen – je nach biographischen, situativen, gesellschaftlichen oder historischen Bedingungen und Begleitumständen – das Älterwerden ganz unterschiedlich erleben. Aber es bestehen nicht nur große interindividuelle Unterschiede im Erleben und in den Formen des Älterwerdens, es sind auch beträchtliche intraindividuelle Unterschiede in einzelnen Entwicklungsbereichen beobachtbar. So können sich mit dem Älterwerden bei einer Person in unterschiedlichen Persönlichkeitsbereichen Entwicklungsprozesse sowohl im Sinne einer Reduktion als auch einer Erweiterung von psychischen Funktionen und Kompetenzen ergeben, aber es kann sich auch Konstanz in psychischen Leistungsbereichen zeigen. Die ▶ Abb. 6.3 soll beispielhaft zeigen, dass im Alter tatsächlich entwicklungsbedeutsame Persönlichkeitsveränderungen vorkommen und dass diese sich nicht auf einen spezifischen Entwicklungs- oder Funktionsbereich (z. B. kognitive Funktionen und Leistungsfähigkeit wie Intelligenz oder Problemlösefähigkeiten) beschränken, sondern multidimensional beschrieben werden müssen; es ist zudem ersichtlich, dass sowohl Aufbau- und Abbauprozesse als auch Konstanz in Entwicklungsbereichen beobachtbar sind, manchmal sogar gleichzeitig. Die Angaben entstammen einer Studie von Saup (1991), in der 134 Frauen des Geburtsjahrgangs 1921 untersucht wurden; diese 65- bzw. 66-jährigen Frauen beschrieben in Interviews, wie sie sich in den letzten Jahren persönlich verändert hatten.

Auch wenn im frühen und späten Alter psychische Veränderungen in unterschiedlichen Bereichen stattfinden, haben

Veränderung von Interessen   Emotionale Veränderungen

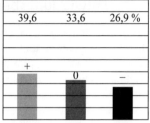

59,7	34,3	6,0 %

Verbreiterung vs. Verengung des   zunehmend freierer vs. reservier-
Interessenhorizonts   terer Gefühlsausdruck

Veränderung der Lebenseinstellung Veränderung sozialer Kontakte

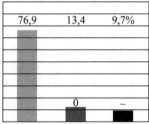
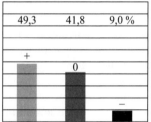

zunehmend gelassenere vs. unaus-   Suche vs. Vermeidung und
geglichenere Lebenshaltung   Rückzug von zwischenmenschl.
                                        Begegnungen

Veränderung der Alltagsgestaltung Ausschöpfung persönl. Potenziale

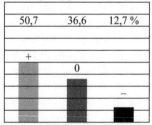

abwechslungsreicherer vs. gleich-   Entdeckung eigener Talente vs.
förmiger Lebensstil   abnehmbares Interesse, Talente
                                        zu suchen

Abb. 6.3: Entwicklungsbedeutsame Veränderungen bei 134 älteren
Frauen des Geburtsjahrgangs 1921 (+ positive / o keine / –
negative Veränderungen)

in der empirischen Forschung nicht alle Veränderungen gleich große Aufmerksamkeit gefunden. Das Schwergewicht der Forschungsbeiträge lag in den letzten Jahrzehnten insbesondere auf der Untersuchung kognitiver Funktionen und Leistungsveränderungen im Alter, wie z. B. der Veränderung der Intelligenz, von Gedächtnisleistungen, der Lernfähigkeit oder der Wissensentwicklung. Auch die Erforschung der Veränderung bestimmter empirischer Persönlichkeitsmerkmale bei älteren Menschen, wie z. B. Ängstlichkeit, Rigidität, Introversion, Extraversion, kann zu den eher klassischen Untersuchungsbereichen gezählt werden. Dagegen sind Weisheit, Kontrollüberzeugungen, Coping, Identitätsentwicklung oder die Veränderung der Emotionalität im Alter Themenbereiche, mit denen sich Alterspsychologen seit einigen Jahren intensiver beschäftigt haben (vgl. Mayring & Saup, 1990). Nachfolgend wird auf eine Auswahl gerontologisch bedeutsamer Entwicklungsbereiche näher eingegangen.

6.3.1 Wahrnehmungsprozesse

Durch die Sinnesorgane werden lebenswichtige Informationen über die physikalische und soziale Umwelt aufgenommen. Die alltägliche Umwelt – z. B. der Wohnbereich, der Arbeitsplatz oder das Nachbarschaftsgebiet – wird durch sensorische Prozesse bewusst. Anforderungen aus der Umwelt, z. B. das Signal einer Verkehrsampel, verlangen häufig ein schnelles und sicheres Wahrnehmen und Reagieren. Im Erwachsenenalter ergeben sich verschiedene Veränderungen in den Leistungen der Sinnesorgane; dabei sind besonders Auge und Ohr betroffen. Beeinträchtigungen der Sinnesfunktionen erfordern Anpassungs- und Kompensationsmaßnahmen, damit trotz derartiger Leistungseinbußen ein normaler Vollzug von Alltagshandlungen möglich ist (vgl. Kruse & Lehr, 1999; Wahl & Heyl, 2007).

Veränderung der Sehfähigkeit

Im mittleren und insbesondere im höheren Erwachsenenalter kommt es zu einer Reihe von strukturellen Veränderungen des

Auges; mit diesen gehen funktionelle Veränderungen des Seh-
vermögens einher (vgl. Fozard et al., 1977; Schieber 2006). Zu
Veränderungen der Augenlinse kommt es etwa zwischen dem
35. und 45. Lebensjahr; die Linse wird in ihrem Zentrum dich-
ter, die Linsensubstanz wird zunehmend härter, und zudem
wird die Linse etwas gelblich. Veränderungen der Retina beginnen sich zwischen dem 50. und 60. Lebensjahr zu zeigen. In
der Konsequenz haben Erwachsene ab etwa 35 einen vermehr-
ten Lichtbedarf, um Gegenstände klar erkennen zu können. Zudem besteht insbesondere im Alter ab 40 Jahren eine höhere
Blendempfindlichkeit. Die Linsentrübung führt mit zunehmendem Alter auch zu einer schlechteren Farbwahrnehmung.
Ab etwa dem 40. Lebensjahr verändert sich die Konsistenz der
Linse; sie verdickt sich und wird weniger elastisch. Dadurch
ändern sich Akkomodationsfähigkeit und Nahpunkt-Distanz.
Die Wahrnehmung naher Gegenstände – beispielsweise das Lesen einer Zeitung – kann dadurch beeinträchtigt sein; eine be-
einträchtigte Tiefenwahrnehmung kann damit einhergehen, so
dass es zunehmend schwieriger werden kann, Entfernungen
und die Ausdehnung dreidimensionaler Gegenstände richtig
einzuschätzen. Die Auswirkungen von Veränderungen der Retina machen sich vor allem von der Mitte des 6. Lebensjahrzehnts an deutlicher bemerkbar. Eine verzögerte Dunkelanpas-
sung führt dazu, dass ältere Menschen beim Wechsel von einem
hell erleuchteten Raum in einen schwach beleuchteten Raum im
Allgemeinen länger brauchen, sich an die Dunkelheit zu »ge-
wöhnen«. Ab etwa 55 Lebensjahren kommt es auch zu einer
Einengung des Gesichtsfeldes, also zu einer Begrenzung des von
einem Auge aus sichtbaren Bereiches der Umwelt. Insbesondere
nach dem 6. Lebensjahrzehnt kommt es zu einer Verminderung
der Sehschärfe. Dabei ist die dynamische Sehschärfe (Detailse-
hen von sich bewegenden Objekten) von einer stärkeren Alters-
verminderung betroffen als die statische Sehschärfe.

Veränderung der Hörfähigkeit

Mit zunehmendem Lebensalter kommt es zu strukturellen
Veränderungen des Ohrs; dadurch ergeben sich Veränderungen der Hörfähigkeit im Erwachsenenalter (vgl. Corso, 1977;

Olsho, Harkins & Lenhardt, 1985; Tesch-Römer, 2001). Bei
Männern setzt ungefähr ab dem 32. Lebensjahr und bei Frauen
ab dem 37. Lebensjahr eine Verminderung der Hörfähigkeit
ein. Sehr hohe Töne werden besonders dann schlechter gehört,
wenn diese leise sind. Von altersbedingten Leistungseinbußen
in der Hörfähigkeit von Hochfrequenztönen sind Männer häufiger betroffen als Frauen. Die Abnutzungserscheinungen des
Innenohrs sind der Grund dafür, dass ältere Menschen die
Telefonklingel oft nicht hören. Während Jugendliche im Allgemeinen ohne große Schwierigkeiten in der Lage sind, beim
Hören einer Unterhaltung störende Geräusche auszuschalten
und die Mitteilung des Gesprächspartners aus einer Schallviel-
falt herauszufiltern, haben Erwachsene mit steigendem Lebensalter oft zunehmend Schwierigkeiten, einer zwischenmensch-
lichen Unterhaltung uneingeschränkt zu folgen, insbesondere
wenn schnell und undeutlich gesprochen wird oder wenn Hin-
tergrundgeräusche (z. B. angeschaltetes Fernsehgerät oder eine
Unterhaltung am Nebentisch) das Gespräch stören. In Untersuchungen zu den Auswirkungen störender Hintergrundgeräu-
sche auf das Sprachverstehen konnten bereits bei Personen im
5. Lebensjahrzehnt erste Beeinträchtigungen festgestellt werden. Von einer leichten Schwerhörigkeit sind etwa ein Drittel
der über 60-Jährigen und rund 60 Prozent der über 70-Jähri-
gen betroffen.

Die Veränderungen in den Wahrnehmungsleistungen vollziehen sich allmählich, und deshalb werden sie im Allgemeinen nicht sofort bemerkt. Diese Veränderungen beginnen aber
bereits im mittleren Erwachsenenalter und nicht erst in der Altersphase. Auch verlaufen sie nicht nach einem für alle Personen gleichartigen Muster und mit gleichartiger Geschwindigkeit; es gibt große interindividuelle Unterschiede im Ausmaß
der Leistungsveränderungen. Kleinere Verminderungen in den
Wahrnehmungsfähigkeiten können im Allgemeinen von den
betroffenen Personen gut kompensiert werden; zum einen
durch prothetische Hilfen (wie Lesebrille, Bevorzugung größerer Schrifttypen, größere Fernsehschirme, Anpassung von
Hörgeräten), zum anderen durch individuelle Ausgleichsleis-
tungen, wie z. B. dadurch, dass der Gesprächspartner gebeten

wird, langsamer und deutlicher zu sprechen. Extreme Einbußen in Wahrnehmungsleistungen oder ein ungünstiges Profil
von Leistungseinbußen andererseits können zu Problemen bei
der Durchführung von basalen Aktivitäten des täglichen Lebens (insbesondere bei Sehbeeinträchtigungen), zu Problemen
in Kommunikationssituationen sowie zu Hilfe- und Pflegebedürftigkeit im höheren Erwachsenenalter führen.

6.3.2 Psychomotorische Leistungen

Bei vielen Anforderungen des Alltagslebens ist es nötig, dass
nach der sensorischen Erfassung einer Situation mit ihren
räumlichen und sozialen Merkmalen und ihren Verhaltensanforderungen rasch eine Antwort des motorischen Systems
folgt. Beispielsweise ist von einem älteren Fußgänger, der einen
Zebrastreifen überqueren möchte, eine psychomotorische Leistung gefordert. Er nimmt das Signal der Fußgängerampel wahr
und reagiert unmittelbar darauf, indem er – je nach Ampel-
farbe – stehen bleibt oder loszugehen beginnt oder indem er
die Überquerung des Zebrastreifens beschleunigt fortsetzt. Ältere Menschen reagieren auf Reize aus ihrer Umwelt im Allgemeinen bedächtiger und weniger schnell, als sie es in jüngeren
Jahren taten. Sie haben z. B. im Straßenverkehr eine verlängerte ›Schrecksekunde‹. Sie können Handgriffe, bei denen es
auf prompte Reaktionen ankommt, nicht mehr so schnell aus-
führen wie früher. Mit zunehmendem Alter kommt es zu einer
Verlangsamung der Reaktionsgeschwindigkeit (vgl. Birren, Cunningham & Yamamoto, 1983; Whitbourne & Weinstock, 1982).
Der Hauptgrund für die abnehmende Reaktionsgeschwindigkeit scheint dabei weniger durch ein Nachlassen der Leistungsfähigkeit der Sinnesorgane bedingt zu sein, sondern eher in der
unterschiedlichen Art und Weise, mit der das zentrale Ner-
vensystem mit zunehmendem Alter eingehende Informationen verarbeitet. Daneben dürften bei der Reaktionsverlangsa-
mung aber auch bestimmte Verhaltenstendenzen im Alter von
Bedeutung sein. Ältere Menschen neigen bei komplexeren Reaktionen dazu, ihre Verhaltensweisen genau zu überwachen, so
als wollten sie sich vergewissern, keine Fehler durch Hast zu

machen. Die Motivation bei der Erledigung einer Aufgabe, Persönlichkeitsmerkmale, Intelligenzgrad etc. tragen zu interindividuellen Unterschieden in psychomotorischen Leistungen älterer Menschen wesentlich bei.

6.3.3   Kognitive Fähigkeiten

Die kognitive Entwicklung im Alter könnte nach sehr unterschiedlichen Aspekten näher charakterisiert werden (vgl. Lindenberger, 2000). Eine Erörterung der Veränderungen von Gedächtnisleistungen im Alter, wie der Gedächtniskapazität und -spanne oder der Geschwindigkeit der Informationsverarbeitung, wäre möglich, ebenso wie die Darstellung von Unterschieden in kognitiven Stilen oder Urteilsprozessen zwischen jüngeren und älteren Menschen. Auch könnte der Frage nachgegangen werden, ob sich Problemlösefähigkeiten und kreative Leistungen mit zunehmendem Alter verändern. Aspekte der Intelligenzaktivität, der Lernfähigkeit oder der Entwicklung von Altersweisheit würden auch zu dem hier thematisierten Entwicklungsbereich gehören.

In diesem Rahmen können aber nur einige spezifische Bereiche der kognitiven Entwicklung im Alter herausgegriffen und erläutert werden. Dazu eignen sich zum einen das Thema ›Gedächtnisleistungen im Alter‹, weil dies einen zentralen gerontopsychologischen Forschungsbereich darstellt, zum anderen das Thema ›Intelligenzentwicklung im Alter‹, weil hierzu nicht nur zahlreiche theoretische und empirische Beiträge vorliegen, sondern weil durch dieses Thema ersichtlich wird, dass eine Veränderung kognitiver Fähigkeiten im Alter als ein Wechselspiel von Abbau und Entwicklung gekennzeichnet werden kann.

Nachlassende *Gedächtnisleistungen* werden nicht selten als kennzeichnend für die kognitive Entwicklung im Alter angesehen. Dies spiegelt sich nicht nur im Alltagsverständnis vieler jüngerer Menschen wider, sondern auch in der Selbsterfahrung mancher älterer Person. Ohne ein funktionierendes Erinnerungsvermögen ist in jedem Lebensalter eine Bewältigung der alltäglichen Lebensanforderungen kaum möglich. Leistungseinschränkungen im Erinnerungsvermögen lassen sich z. B. durch Merkzettel kompensieren; bei krankhaften Prozessen (z. B. Demenz) kann der Gedächtnisverlust aber auch unaufhaltsam voranschreiten. Eine entwicklungspsychologisch orientierte Erforschung des Gedächtnisses müsste die im Verlauf des Erwachsenenalters und Alters eintretenden systematischen Veränderungen in Gedächtnisfunktionen und -leistungen analysieren. Dies ist jedoch bislang kaum erfolgt. Die meisten (experimentellen und psychometrischen) Studien beruhen auf querschnittlichen Vergleichen von Probanden im frühen Erwachsenenalter mit älteren Personen über 60 Lebensjahren; sie befassen sich also weniger mit Altersveränderungen, als vielmehr mit Altersunterschieden.

Nach den vorliegenden *empirischen Resultaten* lassen sich beim alternden Gedächtnis eine Reihe von Leistungsveränderungen feststellen (vgl. Brehmer & Lindenberger, 2008; Fleischmann & Oswald, 1986; Kruse & Rudinger, 1997; Platz & Weyerer, 1990; Reischies & Lindenberger, 1996): Durch Leistungsveränderungen der Sinnesorgane (▶ Kap. 6.3.1) ist eine größere Anstrengung notwendig, um Reize aus der Umwelt wahrzunehmen. Bei der Aufnahme von Informationen sind ältere Menschen anfälliger für Außenstörungen, wodurch sich Konzentrations- und Aufmerksamkeitsschwierigkeiten ergeben können. Die Gedächtnisspanne, d. h. die Anzahl der Merkeinheiten, die gleichzeitig für einige Sekunden behalten werden können, ist im Alter reduziert. Das Aufnahme- und Verarbeitungstempo von Informationen im Gedächtnis ist im Alter langsamer; ältere Menschen benötigen also viel mehr Zeit als jüngere, um Informationen zu verarbeiten und wieder aufzufinden. Auch scheint der Abruf von gespeicherten Gedächtnisinhalten häufig erschwert und unsystematisch. Das semantische Gedächtnis, in dem komplexere Inhalte gespeichert sind, arbeitet schlechter als das episodische Gedächtnis, in dem konkrete Inhalte zeitlich und kontextuell gespeichert sind (z. B. die konkrete Erinnerung an den Besuch der Tochter am gestrigen Tag). Ältere Menschen nutzen zudem Strategien, die ihnen die Aufnahme, das Behalten und Erinnern erleichtern könnten (z. B. das Organisieren und das Wiederholen des Lernmaterials, das Verknüpfen neuer Informationen mit vorhandenem Wissen, die Verwendung von Hilfsmitteln zum Abrufen von Gedächtnisinhalten usw.), seltener als jüngere. Das Metagedächtnis, d. h. das individuelle Wissen über Lern- und Gedächtnisvorgänge, unterliegt bei älteren Menschen ebenfalls einem Wandel; das gedächtnisbezogene Wissen scheint weniger genutzt zu werden. Auch wenn ältere Menschen immer wieder berichten, sich an Ereignisse, die Jahre zurückliegen, besser als an Tagesereignisse erinnern zu können, deuten Forschungsergebnisse zum Vergessen von Gedächtnisinhalten auf einen lebenslangen Vergessensprozess hin. Die angeblich bessere Erinnerungsfähigkeit an weit zurückliegende Ereignisse dürfte damit zusammenhängen, dass über diese häufiger gesprochen wurde. Die berichteten empirischen Befunde scheinen also ein verändertes Erinnerungsvermögen im Alter zu belegen. Aus entwicklungspsychologischer Perspektive lassen aber die berichteten Ergebnisse zu Altersdifferenzen zwischen jungen und alten Menschen keinen Schluss auf allgemeine oder individuelle Entwicklungsverläufe von Gedächtnisfunktionen und -leistungen zu; wir wissen daher nicht, ob Veränderungen in der Informationsverarbeitung nicht bereits im mittleren Erwachsenenalter einsetzen und wie diese bis ins höhere Erwachsenenalter weiter verlaufen (vgl. Leplow & Dierks, 1997). Neuere Befunde zeigen aber, dass ein (kleiner) Teil älterer Menschen in spezifischen Lern- und Gedächtnisleistungen als »Experten« charakterisiert werden können; sie zeigen bessere Leistungen als jüngere Personen, die nicht über diese Expertise verfügen (vgl. Staudinger & Baltes 1996; Staudinger 2005). Auch machen Interventionsstudien im Bereich episodischer Gedächtnisleistungen deutlich, dass geistig gesunde ältere Erwachsene durch Instruktion und Training (z. B. einer spezifischen Gedächtnistechnik) ihre Gedächtnisleistungen beträchtlich steigern können. Die Leistungszugewinne zeigten sich bei den jüngeren Älteren (im Altersbereich von 60 bis 75 Jahren) deutlicher als bei über 80-Jährigen. Bei Hoch- und Höchstaltrigen sind die Leistungszugewinne wesentlich geringer und störanfälliger; sie profitieren weniger als jüngere Senioren vom Training von Mnemotechniken (z. B. »Methode der Orte«) und erreichen beim »Testing-the-limits-Verfahren« deutlich niedrigere Maximalleistungen, haben also niedrigere Obergrenzen bei episodischen Gedächtnisleistungen (vgl. Brehmer & Lindenberger 2008).

Unter ›Intelligenz‹ wird in der Psychologie ein Bündel von Fähigkeiten verstanden, die dazu dienen, neue Aufgaben und Problemstellungen zu bewältigen. Über Art und Anzahl der Dimensionen (Fähigkeiten), die Intelligenz ausmachen, bestehen allerdings divergierende Auffassungen. Auch innerhalb der Gerontopsychologie konkurrieren bestimmte Intelligenzmodelle und auf ihnen basierende Testverfahren und Untersuchungen miteinander:

1. Schaie (1983) greift in seinen Forschungsarbeiten vor allem auf das Primärfaktorenmodell von Thurstone zurück, in dem konzeptionell voneinander unabhängige Intelligenzfaktoren – Primärfaktoren (Sprachverständnis, Raumvorstellung, induktives Denken, Rechenfähigkeit, Sprachflüssigkeit) – berücksichtigt sind, und ergänzt diese durch weitere intellektuelle Funktionsbereiche, wie z. B. psychomotorisches Tempo und Rigidität (Starrheit) in psychomotorischen Aktivitäten und in der Personwahrnehmung.
2. Cattell (1963) und Horn (1982) nehmen an, dass die primären geistigen Fähigkeiten (im Sinne von Thurstone) auf zwei grundlegende Fähigkeitsdimensionen – fluide und kristallisierte Intelligenz – zurückgeführt werden können.

Fluide Intelligenz wird als die Basisfähigkeit der Informationsverarbeitung angesehen. Mit dem Begriff flüssig soll angedeutet werden, dass fluide Intelligenz auf nahezu jede Problemlösesituation gerichtet werden kann, die eine umfassende Wahrnehmung komplexer Relationen erfordert. Zur psychometrischen Erfassung der flüssigen Intelligenz werden verschiedene Testaufgaben herangezogen, denen gemeinsam ist, dass sie das Abstrahieren von Relationen, schlussfolgerndes Denken, Begriffsbildung und Kurzzeitgedächtnis frei von kulturspezifischer Information erfassen. *Kristallisierte Intelligenz* wird als Kulturwissen konzeptualisiert. Es ist die erlernte Fähigkeit, logische Beziehungen zu finden, zu urteilen und Strategien oder

Hilfen zum Problemlösen einzusetzen. Die Testaufgaben, die kristallisierte Intelligenz messen, erfordern Fähigkeiten, die auf Sprachgewandtheit, auf schulische Fertigkeiten (z. B. Algebra), auf handwerkliche Erfahrungen, auf formale Logik, auf soziale Normen und auf allgemeines Faktenwissen zurückgehen. Innerhalb der Forschungsarbeiten zur Altersintelligenz wird auf das Modell der fluiden und kristallisierten Intelligenz vor allem von Baltes und Mitarbeitern (vgl. Baltes, 1984; Baltes, 1997) zurückgegriffen. Das Zweikomponentenmodell der Intelligenz von Baltes unterscheidet zwischen der biologisch determinierten Mechanik (fluide Fähigkeiten) und der kulturell vermittelten Pragmatik (kristalline Fähigkeiten); durch die Einbindung kognitions-, evolutions-, kultur- und entwicklungspsychologischer Erkenntnisse wird das ursprüngliche Modell der fluiden und kristallinen Intelligenz nach Cattell und Horn deutlich erweitert.

Die bedeutendsten empirischen Befunde zur Intelligenzentwicklung im höheren Erwachsenenalter wurden durch die *Untersuchungen von Schaie* (vgl. 1980, 1984) zutage gefördert. Schaie begann 1956 in Seattle (USA) seine Längsschnittstudie zur Erwachsenenintelligenz mit 500 Personen. Jeweils 50 Personen wurden von ihm nach ihrem Lebensalter einer spezifischen Altersgruppe (20–25, 26–30 ... 61–65, 66–70) zugeordnet. Die erste Befragung fand 1956 statt; Wiederholungsmessungen wurden nach 7 bzw. 14 Jahren 1963 und 1970 (weitere Nachuntersuchung 1977) durchgeführt. Schaie (1980, 1984) fasst die wichtigsten Ergebnisse seiner über 20 Jahre fortgeführten Studie zur Intelligenz im mittleren und höheren Erwachsenenalter in folgenden Punkten zusammen:

1. Abgesicherte Verminderungen in sämtlichen intellektuellen Funktionsbereichen sind unter Berücksichtigung individueller Abweichungen erst im 8. Lebensjahrzehnt zu beobachten. Erst etwa ab dem 80. Lebensjahr scheint es zu einer verschiedene intellektuelle Leistungsbereiche betreffenden Reduzierung der Intelligenz zu kommen.
2. Leistungsverminderungen sind im hohen Alter am deutlichsten für geschwindigkeitsgebundene und wahrneh-

mungsabhängige Dimensionen (z. B. bei Aufgabentypen, die
ein schnelles Reagieren erfordern) zu beobachten.

3. Unabhängig vom Lebensalter einer Person scheint eine Verminderung der Intelligenz stark mit Herz- und Kreislauf-
   erkrankungen sowie mit ungünstigen Bedingungen der
   räumlich-sozialen Umwelt zusammenzuhängen.

4. Ein Vergleich verschiedener Altersgruppen (z. B. Studenten,
   Personen im mittleren Erwachsenenalter, Betagte) an einem
   einzigen Zeitpunkt (Querschnittsstudie) und ein Vergleich
   zu verschiedenen Zeitpunkten (Längsschnittstudie) gehen
   mit spezifischen methodischen Fehlerquellen einher. Quer-
   schnittsvergleiche zeigen ein ungünstigeres Bild für die älteren Altersgruppen, weil jüngere Personen im Allgemeinen eine bessere Schulbildung haben und diese ihrerseits
   mit den IQ-Werten kovariiert; diese Untersuchungsanlage
   führte demnach zu einer Überschätzung der tatsächlichen
   Altersveränderungen. Längsschnittvergleiche dagegen zeigen ein zu günstiges Bild von den Intelligenzleistungen im
   Alter und führen zu einer Unterschätzung der Altersveränderungen. Dies kommt dadurch zustande, dass die ›drop
   outs‹ in Längsschnittstudien vor allem Personen mit einem
   niedrigeren IQ sind; bei den Wiederholungsdurchgängen
   handelt es sich also um eine zunehmend positiv selektierte
   Längsschnittstichprobe.

5. Bis weit in das 6. Lebensjahrzehnt hinein spielen bei interindividuellen Leistungsdifferenzen in der Intelligenzentwicklung unterschiedliche Umweltbedingungen (z. B. deren Sti-
   mulierungsgehalt) eine ausschlaggebende Rolle.

6. Unterschiede in den Intelligenzleistungen verschiedener
   Alterskohorten sind bedeutsamer als Alterseffekte. Nach
   Schaie ist »der ontogenetisch bedingte Altersabfall der Intel-
   ligenz der meisten Fähigkeiten im Verhältnis zu den Unter-
   schieden zwischen den Alterskohorten relativ klein« (1984,
   S. 232).

Weder die Ergebnisse der ›Seattle-Studie‹ noch die Befunde
anderer Längsschnittuntersuchungen stützen somit das immer noch häufig vorfindbare Stereotyp vom Intelligenzabbau

im Alter. Nach dem Cattell-Horn-Modell wird ein *differentiel-ler Entwicklungsverlauf* für fluide und kristallisierte Intelligenz im Lebenslauf postuliert (vgl. Baltes, 1984): Bis zum frühen Erwachsenenalter zeigen sowohl fluide als auch kristallisierte Intelligenz eine positive Entwicklung. Danach kommt es zu verschiedenen Verläufen. Während für die fluide Intelligenz im Durchschnitt ein relativ früher Abbau im Erwachsenenalter angenommen wird, soll die kristallisierte Intelligenz dagegen bis ins späte Erwachsenenalter wachsen (vgl. Brehmer & Lindenberger 2008).

Als Bedingungsfaktoren für interindividuelle Unterschiede in der Entwicklung der Intelligenz von Erwachsenen hat sich in gerontopsychologischen Untersuchungen eine Reihe von Variablen als bedeutsam erwiesen:

1. *Gesundheitszustand*: Die Ergebnisse von Schaie zeigen eine positive Korrelation zwischen Herzkrankheiten und Intelligenzabfall. Bei Herz-Kreislaufkranken beginnt der Intelligenzabfall rund sieben Jahre früher als bei gesunden Alten. In der Bonner Längsschnittstudie fand man, dass bei gutem gesundheitlichem Allgemeinbefinden ein Leistungsabfall in den intellektuellen Fähigkeiten verzögert war (vgl. Lehr & Thomae, 1987).

2. *Stimulierende Umweltbedingungen*: Eine abwechslungsreiche persönliche Umwelt (wie z. B. gelesene Bücher, Teilnahme an Fortbildung, Reiseerfahrungen) hängt mit einer günstigen intellektuellen Entwicklung im Erwachsenenalter und Alter zusammen.

3. *Sozioökonomischer Status*: Personen mit hohem sozioökonomischen Status halten nach Ergebnissen der Bonner Studie ihr Leistungsniveau über diachronisch erstreckte Zeiträume; dies gilt sowohl für Fähigkeiten, die mit dem Verbalteil, als auch für Leistungen, die mit dem Handlungsteil des Intelligenztests gemessen wurden.

4. *Bildungsstand*: Eine hohe Schulbildung (z. B. Besuch eines Gymnasiums oder einer Universität) geht auch im höheren Alter mit einem Anwachsen der kristallisierten Intelligenz (Verbalteil) einher.

Zahlreiche Studien von Baltes und Mitarbeitern befassen sich mit der »Plastizität der Intelligenz im Alter«, d. h. der interventionsbedingten Veränderbarkeit der kognitiven Leistungsfähigkeit älterer Menschen (vgl. Baltes & Lindenberger 1988; Brehmer & Lindenberger 2008). Es geht hierbei um die Frage, inwiefern es möglich ist, durch gezielte Lernerfahrungen den Leistungsabbau bei komplexen kognitiven/fluiden Leistungen aufzuheben. Zugrunde liegt diesen Interventionsstudien üblicherweise eine Forschungsanlage, die (1) aus einem Prätest, (2) einer Instruktions-, Trainings- und Übungsphase mit vier bis zehn Sitzungen und (3) einem Posttest sowie in einigen Untersuchungen (4) mehreren follow-up-Erhebungen besteht. Trainiert werden durch Denk- und Problemlöseaufgaben die vom Altersabbau besonders betroffenen fluiden Aspekte der Intelligenz. Die Untersuchungsergebnisse zeigen erhebliche Leistungssteigerungen der Trainingsgruppe gegenüber untrainierten Kontrollgruppen. Der Lerngewinn hatte in der Regel ungefähr das Ausmaß, das dem Abbau dieser Fähigkeiten zwischen dem 50. und 70. Lebensjahr entsprach. Allerdings variiert die Größe des Leistungsgewinns in Abhängigkeit von der Art der Intervention; so führt ausgedehntes selbstgesteuertes Üben oder angeleitetes Trainieren zu größeren Leistungssteigerungen als die reine Testwiederholung. Der Transfer des Lerngewinns ist allerdings begrenzt: So lassen sich Trainingsgewinne in der Regel nur in Aufgaben nachweisen, deren Konstruktionsprinzipien den Trainingsaufgaben sehr ähnlich sind; es kommt also durch das Trainingsprogramm wohl nicht zu einer grundlegenden Verbesserung des Fähigkeitsniveaus sondern vorwiegend zu einer Steigerung oder Reaktivierung aufgabenspezifischen Wissens. In den Posttests erwies sich der Lerngewinn als zeitlich weitgehend stabil, d. h. dass die durch Training und Üben erzeugten Leistungszugewinne in den trainierten Aufgaben über mehrere Monate erhalten bleiben.

Die Untersuchungen zur intellektuellen Leistungsfähigkeit im Alter, zum Entwicklungsverlauf verschiedener Dimensionen der Intelligenz im Lebenslauf, zu Bedingungsfaktoren der Erwachsenenintelligenz und ihres Verlaufs sowie zur Plastizität der Altersintelligenz lassen also erkennen, dass für die Intelligenzentwicklung im höheren Erwachsenenalter und Alter nicht der allgemeine Abbau, sondern das *dynamische Wechselspiel zwischen Abbau und Entwicklung* (Baltes, 1984; Baltes, 1997) kennzeichnend ist.

Lernfähigkeit im Alter

Die Studien zur »Plastizität der Intelligenz im Alter« machen (auch) deutlich, dass ältere Erwachsene selbst in komplexen kognitiven Leistungen (in einem experimentellen Setting) noch dazulernen können. Insofern können sie auch als Einwand gegen Fehlannahmen über die Lernfähigkeit im Alter dienen. Früher glaubte man, dass Erwachsene mit zunehmendem Alter immer weniger fähig sind, Neues zu lernen. Die Redeweise »Was Hänschen nicht lernt, lernt Hans nimmer mehr« bringt diese Vermutung über die beschränkte Lernfähigkeit im höheren Erwachsenenalter zum Ausdruck. Seit längerem ist aber durch zahlreiche Forschungsarbeiten (vgl. zusammenfassend Kruse & Rudinger 1997; Kliegl & Mayr 1997) gezeigt worden, dass Lernen über das gesamt Erwachsenenalter hin möglich ist. Ältere Erwachsene lernen in der Regel nicht schlechter sondern nur anders als Jüngere. Man kann also weniger von einer Verminderung der Lernfähigkeit sprechen als vielmehr von einem Wandel. Auffällig ist die große Variationsbreite in der Lernfähigkeit zwischen älteren Erwachsenen. Insbesondere haben der Gesundheitszustand, das Training geistiger Funktionen im Arbeitsprozess, die Stimulierung durch soziale Kontakte und eine anregungsreiche Umgebung sowie das Selbstbild der Älteren und ihre Selbsteinschätzung der eigenen Leistungskompetenz einen deutlichen Einfluss.

Ältere Erwachsene lernen – wie gesagt – anders als Jüngere: Die Geschwindigkeit des Lernens verlangsamt sich; sie brauchen mehr Zeit beim Lösen von Aufgaben, aber sie lösen die Aufgaben nicht schlechter. Meist verfügen sie über weniger Lerntechniken als Jüngere. Ihr Lernprozess zeigt eine größere Störanfälligkeit mitbedingt durch stärkere Unsicherheit und ein größeres Bemühen um Sorgfalt beim Lösen von Aufgaben. Wenn das Lernmaterial übersichtlich und gut strukturiert ist, lernen sie besser. Günstig wirkt sich auch das Lernen in ganzheitlichen Sinnzusammenhängen aus. Ganz zentral ist die Lernmotivation. Für Ältere ist der Bedeutungsgehalt des Lernstoffes sehr wichtig. Und vor allem lassen sie sich weniger durch ein Lernen ansprechen, das nur auf Wissenserwerb und die Schulung der Gedächtnisleistung zielt. Lernen heißt also, neue Erfahrungen zu sammeln, sich mit einer verändernden Umwelt und sich verändernden körperlichen Bedingungen auseinanderzusetzen, heißt: sich selbst verändern und entwickeln. Ein solches Lernen ist nicht nur über das ganze Erwachsenenalter hin möglich sondern auch notwendig.

6.3.4 Bewältigung

Ebenso wie bei der Darstellung der kognitiven Entwicklung im späten Erwachsenenalter verschiedene thematische Akzentsetzungen möglich waren, so bietet es sich auch bei der Erörterung von Forschungsbeiträgen über empirisch erfasste *Persönlichkeitsmerkmale* älterer Menschen an, bei der Vielzahl von Einzelaspekten einen spezifischen Schwerpunkt zu setzen. Zur Auswahl stehen verschiedene Bereiche und Fragen: Geht mit dem Älterwerden eine Zunahme an Ängstlichkeit und Sicherheitsstreben einher? Ändern sich mit zunehmendem Alter Rigidität und Flexibilität oder emotionale Labilität und Stabilität? Sind ältere Menschen introvertierter oder extravertierter als jüngere? Ändern sich Lebenszufriedenheit und Kontrollüberzeugungen im späten Erwachsenenalter? Ist das Bewältigungsverhalten im Alter weniger effizient als in den vorangegangenen Phasen des Lebenslaufs? Während wir uns im vorangegangenen Abschnitt mit der Diskussion der Intelligenzentwicklung im Erwachsenenalter für ein eher traditionelles Forschungsgebiet innerhalb der Gerontopsychologie entschieden haben, so wollen wir nun durch die Thematisierung von Beiträgen zum Bewältigungsverhalten älterer Menschen ein Arbeitsfeld herausgreifen, das in den letzten Jahrzehnten virulent wurde.

Mit dem aus der Stress-, Krisen- und ›life event‹-Forschung stammenden Konzept ›Bewältigung‹ wird in der Psychologie eine Verhaltensklasse bezeichnet, welche die kognitiven, emotionalen und verhaltensmäßigen Reaktionen und Anstrengungen einer Person im Rahmen der Auseinandersetzung mit und Bearbeitung von Anforderungen und Belastungen charakterisiert (▶ Kap. 3.3). Anforderungen und Belastungen können sich stellen in Form von kritischen Lebensereignissen, Dauerbelastungen oder alltäglichen Widrigkeiten. Versuche des Umgehens mit bzw. der Bewältigung von Anforderungen und Belastungen können die unterschiedlichsten Formen annehmen: Sie können z. B. in direkten Aktionen bestehen, durch die eine Veränderung der widrigen Umstände angestrebt wird, in der Suche und der Inanspruchnahme von fremder Hilfe, in evasiven Reaktionen, durch die eine belastende Situation physisch oder »gedankenmäßig« verlassen wird, oder in anderen intrapsychischen Reaktionen wie der Leugnung einer Bedrohung, einer kognitiven Verzerrung oder der Ignorierung der Belastung. Bewältigungsverhalten wird immer in Situationen aktualisiert, in denen ein Routinehandeln nicht (mehr) möglich ist und in denen der Erhalt der Handlungsfähigkeit bedroht sein kann. Bewältigungsreaktionen unterscheiden sich von anderen Aktivitäten einer Person weniger von der Erscheinungsform des Verhaltens her als vielmehr von der Zielgerichtetheit; sie dienen der Auseinandersetzung und Bearbeitung von herausfordernden, bedrohenden oder belastenden Situationen. Seit den 1980er Jahren wird das Bewältigungskonzept in der psychologischen Alternsforschung sowie Entwicklungspsychologie und Gesundheitspsychologie mit großem Interesse aufgenommen (vgl. Filipp, 2007; Saup, 1987; Wahl et al., 2008; Wahl & Heyl, 2008; Faltermaier, 2005a). Man erhofft sich aus Kenntnissen über wirksame Bewältigungsstrategien wichtige Hinweise für die Entwicklung spezifischer Präventions- oder Psychotherapieprogramme für alte Menschen.

Die Frage, ob sich mit dem Älterwerden einer Person Veränderungen in ihrem Bewältigungsverhalten zeigen, war Gegenstand vielfacher Erörterungen. Zwei (Extrem-)Positionen traten bei dieser Diskussion besonders in den Vordergrund. Insbesondere McCrae (1982) spekulierte über ›Wachstum und Regression‹ von Bewältigung im Alter. Als ›Regressionshypothese‹ stellte er die Vermutung vor, dass in der Altersphase

viele alte Menschen wieder zu ›primitiven Anpassungsmecha-
nismen‹ zurückkehren und auf Anforderungen und Belastungen mit Angst, Rückzug, Projektion und Somatisierung reagieren würden; dagegen geht die ›*Wachstumshypothese*‹ von einer
Zunahme von ›reifen Abwehrmechanismen‹ im Erwachsenenalter aus. Ob eine solche Gegenüberstellung zu neuen Hypothesen und Erkenntnissen über Bewältigungsprozesse im späten Erwachsenenalter führen kann, erscheint mehr als fraglich.
Empirische Belege für eine universelle und generelle Regression (bzw. für Wachstum) von Bewältigungsstrategien im Alter gibt es nicht, und solche Belege sind infolge der Veränderungen von Anforderungen und Belastungen im Alter auch nur
schwer zu erbringen. Nach einer neueren Übersichtsarbeit von
Wahl et al. (2008) stützt die Mehrzahl von Forschungsarbeiten zum Bewältigungsverhalten im (höheren) Erwachsenenalter eher die Reifungs- und Wachstumshypothese; allerdings
scheint die Befundlage nicht eindeutig, denn in der Auseinandersetzung mit Sterben und Tod beispielsweise zeigen sich
keine signifikanten Altersunterschiede. Bei der Auseinandersetzung mit gesundheitlichen Einschränkungen scheinen Personen im höheren Alter eher zu emotionsregulierenden Bewältigungsstrategien (wie Akzeptieren der Situation, Vermeidung
stark negativer Emotionen) als in jüngeren Jahren (vgl. Wahl &
Heyl 2008) zu neigen.

Soll die Frage, ob mit dem Älterwerden eine Veränderung
des Bewältigungsverhaltens einhergeht, empirisch geklärt werden, so setzt dies eine als Längsschnitt angelegte Untersuchung
voraus, bei der ältere Personen über ihre Bewältigungsanstrengungen bei derselben oder wenigstens nahezu gleichartigen Problemsituation über eine längere Zeitperiode hinweg
mehrfach befragt werden können. Da dies einen sehr hohen
forschungstechnischen Aufwand erfordert, ist es nicht verwunderlich, dass diese Frage in einem vergleichsweise jungen
Forschungsgebiet, wie es die gerontopsychologische Bewältigungsforschung darstellt, bislang nicht direkt empirisch untersucht worden ist. Wie die Frage nach *Altersveränderungen* im
Bewältigungsverhalten noch ungeklärt ist, so kann auch die
Frage, ob sich verschiedene Altersgruppen von Erwachsenen

in ihrem Bewältigungsverhalten unterscheiden, auf empirischer Grundlage nicht eindeutig beantwortet werden. Studien, die das Bewältigungsverhalten verschiedener Altersgruppen von erwachsenen Personen (z. B. jüngere Senioren, Hoch- und Höchstbetagte, Personen im mittleren Erwachsenenalter) direkt miteinander vergleichen, enthalten sowohl Hinweise auf *Altersunterschiede* im Bewältigungsverhalten als auch Belege dafür, dass zwischen verschiedenen Altersgruppen keine Unterschiede bestehen.

Auch ist die Frage nach den individuellen Auswirkungen von Bewältigungsanstrengungen auf die psychische Befindlichkeit älterer Menschen bislang keineswegs eindeutig geklärt. Brandtstädter (2007c) beispielsweise hebt in seinem Zwei-Prozess-Modell der Bewältigung, das assimilative (z. B. zielgerichtetes Handeln, Anstrengungssteigerung, Selbstoptimierung) und akkomodative (Akzeptieren von irreversiblen Verlusten, Generierung entlastender Kognitionen, flexible Anpassung von persönlichen Zielen) Prozesse fokussiert, hervor, dass ältere Menschen zum Einsatz von akkomodativen Strategien neigen und dadurch weniger durch Verlusterfahrungen beeinträchtigt werden. Sowohl für theoretische Annahmen über interindividuell unterschiedliche Bewältigungsformen und -verläufe als auch für präventive Absichten dürften wesentlicher als die globale Feststellung einer problemlösenden und emotionsregulierenden Funktion von Bewältigung (z. B. Lazarus & Folkman, 1984) folgende differenzierenden Fragen sein: Welche *spezifischen Formen* von Bewältigung tragen zu einer Reduktion der faktischen Belastung und/oder des Belastungserlebens bei, und welche Bewältigungsformen erweisen sich bei der Auseinandersetzung mit Anforderungen und bei der Bearbeitung von Belastungen als ineffektiv? Die häufig in der psychologischen Literatur vertretene These von der belastungspuffernden Wirkung von Bewältigungsbemühungen erfordert – vor dem Hintergrund empirischer Befunde betrachtet – eine Differenzierung: Belege für eine generelle Belastungsreduktion von Bewältigungsstrategien im höheren Erwachsenenalter liegen nicht vor. Empirische Studien, die die Frage nach der Effektivität von Bewältigungsversuchen bei Stichproben älterer

Menschen zu klären versuchen, zeigen bislang, dass ihr Beitrag zu einer Belastungsreduktion in unterschiedlichen Belastungsbereichen variiert und dass unterschiedliche Bewältigungsstrategien nicht in gleichem Ausmaß zu einer Belastungsreduktion beitragen. Es gibt mehrere Hinweise, dass mit der kognitiven Umbewertung eines belastenden oder herausfordernden Ereignisses eine geringere subjektive Belastung bzw. eine Belastungsreduktion verbunden ist, während emotionale Ventilierung und die Suche von sozialer Unterstützung eher mit einem ausgeprägteren Belastungserleben einherzugehen scheint. Die Effektivität von Bewältigungsversuchen wurde bislang nur im Hinblick auf ein eingeschränktes Set möglicher Kriterien bewertet; insbesondere wurden Indikatoren des eingeschränkten Wohlbefindens (wie emotionale Belastung, Depression) untersucht. Dagegen wurden Aspekte positiver psychischer Gesundheit als potentielle Effektmerkmale vernachlässigt. Auch die Frage, ob bestimmte Formen der Lebensbewältigung zu einer Weiterentwicklung von Verhaltensprogrammen, neuen Interessen oder anderen Aspekten entwicklungsbedeutsamer Veränderungen beitragen, ist kaum untersucht.

6.4 Kritische Lebensereignisse im späten Erwachsenenalter

6.4.1 Zur Entwicklungsbedeutsamkeit von Lebensereignissen im Alter

In der Altersphase gibt es kaum Lebensbereiche, in denen ältere Menschen nicht mit Anforderungen und Belastungen durch bedeutsame oder kritische Lebensereignisse konfrontiert werden. Beispielsweise kann es durch die Aufgabe der Berufstätigkeit und den Eintritt in den beruflichen Ruhestand zu einer Reihe von Veränderungen in der Tageslauf- und Lebensgestaltung kommen: Tätigkeiten werden abrupt aufgegeben, neue Aktivitäten und ein neuer Tagesrhythmus müssen gefunden werden; soziale Kontakte am Arbeitsplatz gehen verloren und müssen substituiert werden; die Beziehungen zum Partner und zu Familienangehörigen verändern sich; auch kann die wirtschaftliche Lage ungünstiger werden. Die Verwitwung erfordert zahlreiche Neuorientierungen: Nach dem Tod des Ehepartners müssen Alltagsaktivitäten und -entscheidungen allein ausgeführt werden; die Wohnverhältnisse müssen neu geregelt werden, u. U. ändert sich auch die finanzielle Lage. Körperliche Abbauerscheinungen (wie eingeschränkte Geh-, Seh- und Hörfähigkeit), chronische Krankheiten und Unfälle können zu Hilfe- und Pflegebedürftigkeit führen, die mit einer grundlegenden Veränderung der Lebenssituation der Betroffenen einhergehen. Aber nicht nur durch die ›großen‹ Lebensereignisse wie Partnerverlust oder Übersiedlung ins Altenheim, sondern auch durch die vielen, eher ›kleineren‹ Ereignisse, wie z. B. die Initiierung und Pflege einer neuen Bekanntschaft, die Aufgabe eines Hobbys oder eine zwischenmenschliche Konfliktsituation innerhalb der Familie usw., können sich Veränderungen der Lebenssituation ergeben.

Studien darüber, mit welchen großen und kleinen Lebensereignissen ältere Menschen wann konfrontiert werden oder welche sie sich selbst schaffen, zeigen ein breites Spektrum von Ereignissen und Anforderungen aus sehr unterschiedlichen Lebensbereichen (vgl. Filipp, 2007; Saup, 1991).

Lebensereignisse können – müssen aber nicht – Entwicklungsgelegenheiten für ältere Menschen darstellen. Durch sie können sich physische, soziale und ökologische Veränderungen ergeben, auf die nicht mehr mit routinisierten Verhaltensabläufen reagiert werden kann. Um mit diesen Ereignissen dennoch umgehen zu können, müssen die noch vorhandenen Kompetenzen und Ressourcen der Person aktualisiert und genutzt werden sowie auf förderlichen Beistand aus der (sozialen) Umwelt zurückgegriffen werden. Es ist möglich, dass die Auseinandersetzung mit derartigen Veränderungen neuartige Verhaltens- und Denkweisen des älteren Menschen erforderlich macht. In diesem Sinne wären Anforderungen durch Lebensereignisse Möglichkeiten zur persönlichen Weiterentwicklung. Andererseits können sie aber auch zu Störreizen für die Entwicklung einer Person werden, wenn das Ausmaß der Veränderungen die persönlichen Ressourcen übersteigt und so die

Person überfordert ist. Ob ein Lebensereignis eher in eine Krise führt oder eher zu einer Entwicklungschance für einen älteren Menschen wird, dürfte vor allem mit folgenden Bedingungen variieren: mit den biophysischen und psychischen Charakteristika der betroffenen Person (z. B. Gesundheitszustand), mit den physischen und sozialen Gegebenheiten des Kontextes, in dem sich die Konfrontation mit dem Ereignis vollzieht (z. B. familiäre Situation), mit den Attributen des Ereignisses (z. B. plötzlicher Tod des Partners, länger andauernde Krankheit), mit der Art und Weise, in der das Ereignis vom Betroffenen selbst perzipiert wird (z. B. als erwünscht, als persönlich kontrollierbar) sowie mit den individuellen Strategien zur Bewältigung der Situation.

6.4.2   Eintritt in den beruflichen Ruhestand

Mit der Aufgabe der Berufstätigkeit und dem Eintritt in den Ruhestand sind für die Betroffenen Rollen- und Funktionsveränderungen, Veränderungen der Alltagsgestaltung und der zeitlichen Organisation des Tagesablaufs, der sozialen Kontakte usw. verbunden. Es kommt zu einer abrupten Abnahme sowohl von Leistungsanforderungen als auch von Leistungsbestätigungen. Der Beruf, der eine jahrelang Quelle von Anerkennung und Selbstbestätigung sein konnte, fällt nun weg. Es fehlen damit die (berufsbedingten) Anregungen und Anforderungen; durch den Berufsalltag ist die zeitliche Struktur des Tages nicht mehr vorgegeben. Veränderungen im *Tätigkeitsspektrum* gehen damit einher: Berufsbezogene Aktivitäten werden aufgegeben; ein Ersatz kann sich ergeben durch die stärkere Hinwendung zu rekreativen Beschäftigungen, verstärkte Mediennutzung, Reisen, Reaktivierung von Hobbys, Tätigkeiten im Umfeld von Wohnung/Haus oder Garten (vgl. Buchmüller et al., 1996; Hoffmann, 2005).

Der berufliche Ruhestand führt im Durchschnitt zu einer Verringerung des verfügbaren Einkommens um ca. 20 bis 25 Prozent (vgl. Motel-Klingebiel, 2004; Naegele, 1983). Bei den *finanziellen Veränderungen* sind aber gewichtige interindividuelle Unterschiede zu beachten; manche Ruheständler können durch die Kombination von Einkünften aus gesetzlicher und betrieblicher Altersversorgung ein höheres Einkommen erzielen; vor allem Frauen bekommen wegen ihres niedrigen Einkommens während der Beschäftigungszeit und der geringen Anzahl von Berufsjahren oft eine Rente, die am Rande des Existenzminimums liegt.

Weiterhin ergeben sich Veränderungen im *sozialen Netzwerk* der Person: Es ist möglich, dass innerhalb der ehelichen Lebensgemeinschaft eine neue Form des alltäglichen Zusammenlebens gefunden werden muss; Aufgaben und Pflichten der Haushaltsführung sind u. U. neu zu verteilen, emotionale Grundlage und Gemeinsamkeiten in der Partnerschaft werden überdacht; latente Partnerschaftskonflikte werden aktualisiert. Die Berufstätigkeit bietet die Möglichkeit zu sozialen Kontakten mit Arbeitskollegen und deren Angehörigen. Mit dem Ruhestand lockern sich teilweise diese Sozialbeziehungen, teilweise brechen sie ganz ab. Für manche ältere Menschen sind besonders die Sozialkontakte am Arbeitsplatz ein Grund, die Pensionierung hinauszuschieben. Soziale Veränderungen, die aber nicht nur den engeren Bekanntenkreis betreffen, sondern auch die oberflächlichen Sozialkontakte, nehmen ab. Eine Substitution von verloren gegangenen oder ›ausgedünnten‹ Kontakten erfolgt durch eine Zunahme an sozialen Aktivitäten in der Freizeit, im Freundeskreis und vor allem in der Familie (Tesch-Römer & Engstler, 2008).

Zentral ist auch die Veränderung der *Zeitstrukturierung*: Mit der Aufgabe des Berufes entfällt plötzlich auch die klare Strukturierung des Zeitablaufes. Die beruflichen Verpflichtungen bestimmen nicht mehr, wann die Person morgens aufsteht, wann sie das Haus verlässt, wann sie mit der Arbeit beginnt, wann Pausen eingelegt werden, wann Feierabend ist, wann der Urlaub beginnt und wie lange er andauert. Tages-, Wochen- und Lebensablauf werden nicht mehr durch die Berufsrolle (mit-)determiniert. Dem älteren Menschen steht jetzt die Zeit zu seiner ›freien Verfügung‹; es ist aber auch freie ›Zeit‹, die er nun ausfüllen muss. Der Ruheständler muss wieder selber ›wollen‹, sich also neue Ziele setzen, eine neue zeitliche Organisation – eine Rhythmisierung – seines Tagesablaufs finden, er kann und muss selbst entscheiden, wie Tage, Wochen, Monate, die gegenwärtige Lebensphase gestaltet werden sollen. Darin liegen nicht nur Anforderungen und Schwierigkeiten, sondern es ergeben sich auch Chancen, über die Zeit und die Lebensinhalte wieder selbst und fremdzweckfrei (also ohne Rücksicht auf berufliche Gratifikationen) zu bestimmen und sich neue *Entwicklungsziele* zu setzen.

Das Ausscheiden aus dem Erwerbsleben und der Eintritt in den beruflichen Ruhestand ist ein Prozess, der nicht am Tag der Verrentung/Pensionierung beginnt oder endet, sondern sich in der Regel über mehrere Jahre hinzieht. Mayring (1990, S. 43) beschreibt, welche Phasen im Modell des *Pensionierungsprozesses* von Atchley (1976) differenziert werden: »Im mittleren Erwachsenenalter herrscht eine zwar vage, aber positive Haltung zur Pensionierung vor. Kurz vor der Pensionierung verschlechtert sich die Einstellung drastisch, Ängste tauchen auf. Oft kommt es in der ersten Zeit nach der Pensionierung zu einem kurzfristigen Erholungseffekt (›Honeymoon‹-Phase). Unter bestimmten Bedingungen (z. B. finanzielle und gesundheitliche Sorgen, starke berufliche Bindung) folgt eine Ernüchterungs- und Enttäuschungsphase. Daran schließt sich die Phase der Neuorientierung an, durch realistischere Sicht der Lebenslage und neues Engagement gekennzeichnet. Wenn sich die Neuorientierung als tragfähig erweist, führt sie in eine Phase neuer Stabilität.« Antizipation und Vorbereitung auf den Ruhestand, Ausscheiden aus dem Beruf und Übertritt in den Ruhestand, Anpassung an die neue Lebenssituation sind also wichtige Phasen dieses Umstellungsprozesses, der aber individuell unterschiedlich gestaltet wird.

Welche psychischen Folgen der Eintritt in den Ruhestand und die ihn begleitenden Veränderungen der Lebensumstände haben, ist eine schwierig zu beantwortende Frage. Keinesfalls sind die Auswirkungen auf die psychophysische Befindlichkeit der Betroffenen durch Schlagworte wie ›Pensionierungsbankrott‹ oder ›Pensionierungstod‹ zutreffend gekennzeichnet. Nach neueren Befunden (vgl. Lehr, 2003, 232 ff.) können nur bei einem Drittel der Betroffenen Probleme wie Einsamkeit, Langeweile, Sinnverlust usw. beobachtet werden. Nach

Lehr (1984, S. 323) zeigen sich Anpassungsprobleme beim Berufsaustritt, negatives Selbstbild, Unzufriedenheit und Einsamkeit eher »bei beruflich stark engagierten Arbeitnehmern; bei
jenen, bei denen der Beruf zur Achse wurde, um die das Leben sich drehte; für die der Beruf Möglichkeit zu Sozialkontakten, Anregung, Gefühle, gebraucht zu werden, Sichtbarwer-
den eigener Leistung brachte; deren familiäre Situation weniger
befriedigend erlebt wird (vor allem Ledige, Verwitwete oder
Getrennt lebende); aber auch Personen in ›schal‹ geworde-
nen Partnerschaften, denen ein dauerndes Zusammensein zum
Problem wird (…); Frauen, die jetzt erleben, dass der Haushalt
sie nicht ausfüllt; Personen, die wenig Freizeitinteressen haben; Personen, die keine außerfamiliäre Sozialkontakte haben;
bei sehr starken finanziellen Einbußen« (vgl. auch Lehr, 2003,
S. 232 ff.). Der Berufsaustritt beinhaltet aber auch die Möglichkeit zur persönlichen Weiterentwicklung nicht zuletzt deshalb,
weil sozial anerkannte Rollen und Tätigkeiten der Berufstätigkeit irrelevanter werden, keine Notwendigkeit mehr besteht,
Produkte zu fertigen und Dienstleistungen zu erbringen, um
dafür eine Bezahlung und gesellschaftliche Anerkennung zu erhalten; in dieser Situation ergibt sich verstärkt die Chance, Tätigkeiten um ihrer selbst willen auszuführen, sich in Beschäftigungen zu engagieren, die als intrinsisch belohnend erlebt
werden, eben das zu tun, woran man selbst Spaß hat.

6.4.3   Verwitwung

Wie der Eintritt in den beruflichen Ruhestand erfordert auch
der Verlust des Ehepartners eine Vielzahl von Neuorientierungen: Viele Ereignisse und Entscheidungen im Alltag müssen nun
alleine wahrgenommen werden. Man verliert einen Vertrauten,
der auch für die persönliche Aussprache zur Verfügung stand,
ebenso wie einen Sozial- und Freizeitpartner. Andere Personen
wie Kinder, Geschwister, Freunde und Nachbarn können für
den Verlust des Lebensgefährten einen gewissen Ersatz bieten.
Vielleicht sind auch die Wohnverhältnisse neu zu regeln. Die
Haushaltszusammensetzung ändert sich; aus dem für die meisten älteren Ehepaare typischen Zwei-Personenhaushalt wird

ein Ein-Personenhaushalt. Die bisherige Wohnung erscheint nun vielleicht als zu groß oder zu teuer. Die Ausstattung der Räume mit Möbeln und anderen Einrichtungsgegenständen erinnert an den Verstorbenen; u. U. ist ein räumliches Rearrangement förderlich für die Bearbeitung des Partnerverlustes. Es kann sich zudem auch die finanzielle Situation ändern. Durch rechtliche Regelungen kommt es heutzutage immer noch zu großen Geschlechtsunterschieden in den finanziellen Auswirkungen; während der Witwer ungeachtet der Veränderung seines Familienstandes seine eigene Altersrente bezieht, kann es bei Frauen immer noch zu einer enormen Verschlechterung der Einkommenssituation kommen. Da die eigenen Rentenansprüche vieler älterer Frauen nur gering sind, steht ihnen in Form von Witwenrente nach dem Tod ihres Ehepartners meist nur ein reduzierter Teil des bisherigen Haushaltseinkommens zur Verfügung (vgl. Dibelius, 2000; Hollstein, 2002).

Die subjektive Wahrnehmung und emotionale, kognitive und verhaltensmäßige Auseinandersetzung mit dem Tod des Partners kann sich bei verschiedenen Personen sehr unterschiedlich gestalten; sie kann vom Erleben von Schock, Betäubtheit, Nichtwahrhabenwollen, Angst, Beklemmung, Aggression, Kontrollverlust, Gefühle der Verzweiflung und des Schmerzes, Schuldgefühle oder Gefühlsambivalenz (durch die gleichzeitige Präsenz von Trauer und dem Ärger darüber, allein gelassen worden zu sein) reichen bis zum Akzeptieren, dass der Verlust endgültig ist, und Entwicklung von Zukunftsplänen und einer neuen Lebensperspektive. »Eine Verlusterfahrung wie die des Partnerverlustes tangiert die Betroffenen in der Regel in ihrer gesamten psychophysischen und psychosozialen Existenz. Die Reaktion auf diesen Verlust beinhaltet zumeist die ganze mögliche Palette emotionaler, kognitiver, motivationaler, physischer, psychosomatischer und sozialer Komponenten. Wenngleich soziokulturell überformt und mitbestimmt, ist die konkrete Trauerreaktion immer eine ganz individuell ›ausgestaltete‹ Form der Bewältigung« (Fooken, 1990, S. 64). Psychodynamische Konzeptionen postulieren einen phasenartigen Ablauf von typischen Verlust- und Trauerreaktionen (vgl. Bojanovsky, 1986).

Inwieweit der Verlust des Ehe- und Lebenspartners zu längerfristigen Auswirkungen wie Einsamkeit, Depression, Lebens-
unzufriedenheit, erhöhter Morbidität und Mortalität oder anderen gesundheitlichen, sozialen und psychischen Problemen
führt, lässt sich nicht generell beantworten. Auch hierbei sind
die interindividuellen Differenzen wieder augenfällig. Die individuellen Folgen, die mit einer Verwitwung einhergehen
können, hängen davon ab, ob soziale und emotionale Unterstützung durch Angehörige, Freunde, Bekannte zu unterschiedlichen Phasen des Trauerprozesses vorhanden waren
oder aktiv angeboten und von der trauernden Person genutzt
wurden, ob mit der Verwitwung zusätzlich noch andere belastende Lebensereignisse einher gingen, inwieweit die kognitive
und emotionale Antizipation des Todes lindernde oder belastende Wirkung hatte, ob der Loslösungsprozess mit dem Partner offen gestaltet werden konnte, ob die Partnerschaft in den
vorangegangenen Jahren konfliktarm oder konfliktreich war,
inwieweit individuelle Sozialisationserfahrungen und biographisch erworbene Lebensstile sich günstig oder ungünstig für
die Lebensweise als Witwe(r) erweisen, sowie ob die kurzfristigen Bewältigungsprozesse und längerfristigen Adaptionspro-
zesse sich als effektiv erweisen (vgl. Lopata, 1996; Stroebe &
Stroebe, 2005).

6.4.4 Übersiedlung ins Altenheim und in das »Betreute Wohnen«

Die Wohnmobilität im Alter ist geringer als in anderen Lebenslaufphasen. Wenn ältere Menschen ihre angestammte
Wohnung aufgeben, dann handelt es sich vielfach um einen
versorgungsbezogenen Wohnungswechsel. Der Umzug ins
»Betreute Wohnen« erfolgt primär mit dem Ziel einer Krisen-
vorsorge; über 86 % der älteren Menschen in betreuten Senio-
renwohnanlagen entschieden sich deshalb zum Einzug, weil
sie im Notfall Hilfe und im Pflegefall Betreuung haben wollten
(Saup, 2001). Der Umzug in ein Heim ist vielfach die Antwort
auf einen bereits akuten Versorgungsbedarf. Die Übersiedlung

ins Alten- und Altenpflegeheim stellt für die betroffenen hoch-
betagten Menschen einen wichtigen Einschnitt in ihrem Lebenslauf dar (Saup, 1990). Die selbstständige Lebensführung
und Wohnsituation werden aufgegeben zugunsten einer ins-
titutionellen Unterbringung und Versorgung. Dieser Wechsel des Lebensmittelpunkts bringt eine Reihe einschneidender
Veränderungen mit sich. Man bewohnt nun nicht mehr ein,
zwei, drei oder mehr Zimmer wie in der bisherigen Wohnung,
sondern ist in einem Einzelzimmer mit durchschnittlich 12 qm
Wohnfläche oder einem Doppelzimmer mit durchschnittlich
18 qm untergebracht. Die Möglichkeit der individuellen Mö-
blierung des Raumes beschränkt sich meist auf die Mitnahme
von wenigen Kleinstmöbeln ins Altenheim. Die Wohnverhältnisse im Heim sind im Vergleich zur Wohnsituation vor dem
Einzug meist weniger privat und mehr beengt. Auch das soziale Umfeld ändert sich; es wird altershomogen. Man ist nun
nicht mehr wie häufig zuvor mit Menschen aus unterschiedlichen Altersgruppen umgeben, sondern hat ausschließlich
Hoch- und Höchstbetagte, die zudem hilfe- oder pflegebedürftig sind, als Nachbarn. Für viele ändern sich auch die finanziellen Verhältnisse; insbesondere Pflegeheimbewohner werden durch die Heimaufnahme zu Sozialhilfeempfängern. Die
zeitliche Rhythmisierung des Tages wird weitgehend durch organisatorische Abläufe im Heim wie Zeiten für Frühstücksein-
nahme, Mittagessen oder nachmittägliche Veranstaltungsange-
bote geprägt.

Obgleich sich der Einzug ins Heim an einem bestimmten
Tag vollzieht und eine Veränderung der Lebensumstände von
heute auf morgen mit sich bringt, stellt die Aufnahme in ein Al-
ten- oder Pflegeheim meist kein punktuelles Ereignis dar, sondern muss als ein Übergangsprozess charakterisiert werden,
bei dem sich mehr oder weniger deutlich verschiedene Phasen unterscheiden lassen. Hierbei erscheint es notwendig, auf
Unterschiede in der Motivation, in den Gründen und Begleitumständen einer Heimübersiedlung bei hilfe-, aber nicht pflegebedürftigen *Altenheim*anwärtern und -bewohnern einerseits
und pflegebedürftigen *Altenpflegeheim*anwärtern und -bewoh-
nern andererseits hinzuweisen.

1. *Phase eines bestehenden oder antizipierten Unterstützungsbe-darfs*: Von Altenheimanwärtern wird eine mögliche Vermin-derung individueller Kompetenzen antizipiert; es wird ange-nommen, dass man in wenigen Jahren zu einer eigenständigen Lebens- und Haushaltsführung nicht mehr oder nur einge-schränkt in der Lage sein wird und interessiert sich deshalb ›vorsorglich‹ für die Unterbringung im Heim. Die Situation im Vorfeld einer Heimaufnahme sieht bei Altenpflegeheimanwär-tern dagegen anders aus: Meist besteht eine akute oder chro-nische Erkrankung, verbunden mit einem bereits länger an-dauernden Krankenhausaufenthalt; der Wunsch, nach dem Hospital in die Privatwohnung zurückkehren zu können, do-miniert; die Heimübersiedlung wird (zunächst) nicht in Be-tracht gezogen. Der Anstieg des durchschnittlichen Heimauf-nahmealters von ca. 70 Jahren (1973) auf mittlerweile über 85 Jahre, die drastische Expansion des Altenpflegeheimbereichs in den letzten Jahren, der Herkunftsort von Heimbewohnern – 88 Prozent der Altenheimbewohner ziehen von der Privatwoh-nung aus ins Heim, 80 Prozent der Pflegeheimbewohner kom-men dagegen aus anderen Versorgungseinrichtungen, vor al-lem aus Allgemeinkrankenhäusern – lassen erkennen, dass die Heimübersiedlung alter Menschen immer seltener Teil einer vorausschauenden Lebensplanung ist, sondern zu einer ›Not-fallreaktion‹ (auf einen akuten Versorgungsbedarf) geworden ist.

2. *Entscheidungs- und Wartephase zwischen Bewerbung um einen Heimplatz und Heimaufnahme*: Die Situation vor dem an-stehenden Heimeintritt zeichnet sich bei Pflegeheimanwärtern durch eine starke Involviertheit von Außenstehenden wie von Angehörigen, von Ärzten und von Sozialarbeitern im Kran-kenhaus und durch einen Zeitdruck bei anstehenden Entschei-dungen und Handlungsabläufen aus. Meist führt der Weg ins Altenpflegeheim in direkter Linie von der Privatwohnung über ein Krankenhaus, ohne dass dieser Weg von dem alten Men-schen selbst gewählt wird; vielmehr wird er oft von Angehöri-gen oder den Ärzten und Sozialarbeitern im Krankenhaus als einzige Lösungsmöglichkeit für die bestehende Problemlage angesehen. Aus diesem Grund werden wichtige Aufgaben (wie

die Suche nach einem Heimplatz, die Auflösung der bisherigen Wohnung, die Vorbereitung des Umzugs u. a.) von ihnen
bereits organisiert. Die betroffenen älteren Menschen sind, obgleich es um ihr eigenes Lebensschicksal geht, nur peripher aktiv beteiligt: von ihnen wird (lediglich) gefordert, dass sie ihre
Zustimmung zu diesen (eher fremdbestimmten) Abläufen geben. Sie willigen ein in das Unabänderliche. Für Altenheimanwärter ist es dagegen schon eher möglich, die kurz- und längerfristigen Vor- und Nachteile einer Heimunterbringung und
mögliche Alternativen zum Heim zu taxieren und durch entsprechende Informationen zu fundieren.

3. *Umsiedlungsphase*: Die bisherige Wohnung muss aufge-
löst werden, Gegenstände, die ins Heim mitgebracht werden
können, müssen ausgewählt werden, der Umzug muss durchgeführt werden. Altenheimanwärter sind bei diesen Abläufen
stärker mitbeteiligt und haben größere Wahlmöglichkeiten als
Pflegeheimanwärter.

4. *Phase anfänglicher Eingewöhnungsversuche in die neue
Lebenssituation*: Die ersten Wochen sind besonders kritisch
(›first month syndrome‹; vgl. Tobin, 1980); auf die beträchtli-
chen Umstellungsanforderungen reagieren viele Hochbetagte
mit ausgeprägter Hoffnungslosigkeit, starker Präokkupation
mit dem eigenen Körper und Verminderung der Lebenszufriedenheit. Die häufig konflikthaften Übersiedlungsumstände
und die völlig andersartigen Lebensumstände im Alten- und
Pflegeheim begünstigen Gefühle der Hilfs- und Hoffnungslosigkeit bei den Betagten und können zur Selbstaufgabe der
Heimbewohner beitragen.

5. *Phase längerfristiger Adaption*: Nur einem Teil der Hoch-
betagten, die in ein Alten- oder Pflegeheim einziehen, gelingt
es, sich mit dem neuen Wohn- und Lebensumfeld zu arrangieren und das Heim zu einem ›neuen Zuhause‹ werden zu lassen.

Welche psychischen Folgen Übersiedlung und Aufenthalt in
einem Alten- und Pflegeheim für die betroffenen Hochbetag-
ten haben, lässt sich nicht generell mit Hinweis auf die in der
Literatur diskutierten Relokations- und Institutionalisierungs-
effekte beantworten. Die Veränderungen der Befindlichkeit

variieren mit den spezifischen Übersiedlungsumständen und den konkreten Lebensbedingungen im Heim. Ein ausgeprägtes Belastungserleben kann festgestellt werden bei unfreiwilligem Umzug sowie mit steigendem Grad der Reglementierung in der Institution; günstig wirken sich dagegen Wahlmöglichkeiten beim Heimeintritt, die Teilnahme an Vorbereitungskursen und eine kontinuierliche Betreuung von Heimanwärtern in der Phase vor dem Altenheimeinzug, die Schaffung von Handlungsspielräumen und erweiterte Kontrollmöglichkeiten für Heimbewohner über ihre Heimumwelt sowie eine stimulierende räumliche und soziale Umgebung aus. Negative Veränderungen durch die Altenheimübersiedlung wie eine Abnahme des psychischen Wohlbefindens und eine Zunahme depressiver Reaktionen sind also nicht zwangsläufig. Mit dem Einzug ins Altenheim geht eine grundlegende Veränderung der ökologischen und sozialen Lebenssituation eines alten Menschen einher, die zahlreiche neue Anforderungen an ihn stellt. Diese neue Situation muss aber nicht notwendig belastend sein, sie könnte sich auch entwicklungsförderlich auswirken. Denn durch den Einzug ins Heim fallen auch die Erschwernisse einer selbstständigen Haushaltsführung wie Einkaufen, Essenszubereitung und Hausputz weg. Für alte Menschen, die vorher sozial isoliert waren, besteht die Möglichkeit zur Aufnahme neuer sozialer Kontakte. Neue Herausforderungen im Heim – z. B. Anreize zum Aktivwerden, zur Eigeninitiative, zum Ausprobieren von Neuem und somit Anreize zur persönlichen Veränderung und Entwicklung – könnten sich im Alten- und Pflegeheim potenziell durch eine Mitarbeit im Heimbeirat, durch das Engagement bei der Planung und Durchführung geselliger Veranstaltungen, durch die Teilnahme an kulturellen und kreativen Angeboten des Heimes usw. bieten. Damit aktivierende Prozesse der persönlichen Weiterentwicklung in Gang kommen können, müssen aber nicht nur förderliche situative Anforderungen durch die Leitung und Mitarbeiter des Heimes offeriert werden, sondern derartige Anforderungen müssen auch von den betagten Heimbewohnern wahrgenommen und als Chancen zur Entwicklung im hohen Alter aufgegriffen werden (vgl. auch Saup, 1999). Entwicklungsgelegenheiten dieser Art bieten

sich allerdings sicher mehr für betagte Bewohner einer Senio-
renresidenz oder einer betreuten Seniorenwohnanlage als für
höchstaltrige Bewohner in einem von der Demenzproblema-
tik bestimmten Wohn- und Lebensumfeld wie in einem Altenpflegeheim.

6.4.5 Krankheit und Pflegebedürftigkeit im hohen Alter

Über die gesamte Lebensspanne hinweg beeinflusst die gesundheitliche Situation einer Person wesentlich ihre alltägliche Lebensqualität. Dies gilt insbesondere für das Alter. Es bestehen
einige charakteristische Unterschiede der gesundheitlichen Situation älterer Menschen im Vergleich zu jüngeren (vgl. Oster
& Schlierf, 1998; Statistisches Bundesamt 2012). Differenzierte
Auskünfte über den körperlichen und psychischen Gesundheitszustand im Alter sowie über Funktionseinbußen und Hil-
febedürftigkeit in Alltagsaktivitäten liefert auch die interdiszi-
plinär angelegte Berliner Altersstudie (Mayer & Baltes 1996).
Charakteristisch für den Gesundheitszustand im Alter scheinen Multimorbidität, Multimedikation und multiple Funktionseinbußen zu sein:

Ältere Menschen erkranken in der Regel häufiger als jüngere, vor allem nehmen chronische und degenerative Erkrankungen zu. Aber nicht nur die Zahl der Erkrankungen steigt
mit zunehmendem Alter an, im Alter besteht auch eine Tendenz zur Multimorbidität, d. h. mehrere Erkrankungen treten simultan auf. Die Berliner Altersstudie (Mayer & Baltes
1996) stellte beispielsweise fest, dass bei 96 % der über 70-Jäh-
rigen mindestens eine und bei 30 % fünf oder mehr (internis-
tische, neurologische oder orthopädische) Erkrankungen vom
Arzt diagnostiziert werden konnten. Während bei der Diag-
nose durch den Arzt vor allem Herz-Kreislauf-Erkrankungen
im Vordergrund stehen, sind es im subjektiven Urteil der Älteren vor allem Erkrankungen des Bewegungsapparates, die zu
gesundheitlichen Beeinträchtigen führen. So hatten rund 50 %
der über 70-Jährigen deutliche bis erhebliche subjektive Beschwerden (meist chronische Schmerzzustände) durch Arthro-

sen (Gelenkverschleiß), Osteoporose (Knochenschwund) und Dorsopathien (Wirbelsäulenleiden) (vgl. Steinhagen-Thiessen & Borchelt 1996). Charakteristisch scheint auch eine Multimedikation zu sein; diese deutlich häufigere Anwendung von Arzneimitteln bei älteren Menschen, stellt insofern ein (zusätzliches) Problem für die geriatrische Medizin dar, da es zu zahlreichen potentiellen Wechsel- und Nebenwirkungen von Medikamenten kommen kann.

Auffällig für den Gesundheitszustand im Alter ist zudem die hohe interindividuelle und intraindividuelle Variabilität: Ältere Menschen sind hinsichtlich ihres Gesundheitszustandes viel heterogener als jüngere; so lebt beispielsweise eine große Anzahl von alten Menschen (weitgehend) gesund im privaten Haushalt, während ein beträchtlicher Anteil (vor allem der Hochaltrigen) in ihrer Alltagskompetenz durch körperliche und psychische Erkrankungen so deutlich eingeschränkt ist, dass eine Versorgung in Alten- und Pflegeheimen erfolgen muss. Auch intraindividuell besteht eine größere Variabilität als bei Jüngeren, d. h. bei älteren Menschen kommen Schwankungen im Tageslauf und Unterschiede von Tag zu Tag in der gesundheitlichen Befindlichkeit häufiger vor. Weiterhin können sich im Alter Krankheiten atypischer präsentieren als in früheren Lebensjahren, so dass z. B. Symptome, die für eine Erkrankung in jüngeren Jahren typisch erscheinen, im Alter nahezu völlig fehlen oder die Erkrankung einen deutlich schnelleren Verlauf zeigt. Darüber hinaus wirken sich die Erkrankungen im Alter häufig gravierender auf die Selbstständigkeit eines Menschen aus als bei Jüngeren. Es sind weniger akute als vielmehr chronische Krankheiten wie degenerative Erkrankungen des Bewegungsapparates, Herzkrankheiten, Sehstörungen, Durchblutungsstörungen sowie Hirngefäß- und Stoffwechselerkrankungen, die die selbstständige Wohn- und Lebensweise im Alter einschränken. So kann ein durch eine chronische Erkrankung bedingter Kompetenzverlust schnell zu Hilfe- und Pflegebedürftigkeit führen.

Im höheren Alter häufiger vorkommende chronische Krankheiten sind Arthritis/Arthrosen, Hypertonie, koronare Herzkrankheiten und Diabetes. Zudem treten häufig die

Selbstständigkeit bedrohende akute Erkrankungen auf wie der
Schlaganfall und Hüftgelenksbrüche. Bedenkt man, dass bestimmte Verhaltensgewohnheiten zu Risikofaktoren für das
Auftreten derartiger Erkrankungen im Alter werden können
(beispielsweise körperliche Inaktivität und Bewegungsman-
gel bei Diabetes und bei Krankheiten des Stütz- und Bewegungsapparates; langjährige Fehlernährung und Übergewicht
bei Osteoporose, Diabetes und koronaren Herzerkrankungen), so wird deutlich, wie wichtig unter präventiver Perspektive gesundheitsbewusste Einstellungen und Verhaltensstile
(z. B. ausreichende körperliche Bewegung, die richtige Ernäh-
rung, regelmäßige Teilnahme an Vorsorgeuntersuchungen) gerade auch im Alter sind. Wenn auch viele dieser Erkrankungen bereits im siebten Lebensjahrzehnt auftreten, so liegt doch
deren Schwerpunkt im hohen Alter. Dies gilt insbesondere für
demenzielle Syndrome wie die Alzheimer-Demenz und die
Vaskuläre Demenz. Demenzen sind Erkrankungen des hohen
Alters, vor allem die Hoch- und Höchstbetagten sind davon
betroffen (▸ Kap. 6.4.6).

Neben spezifischen Krankheiten finden sich mit zunehmendem Alter auch deutliche *Funktionseinbußen in Aktivitäten des
täglichen Lebens*. Hohes Alter und chronische Mehrfacherkran-
kung gelten als wichtigste Determinanten der Hilfe- und Pflegebedürftigkeit (BMFSFJ, 1997; 2005). So können beispielsweise
Probleme bestehen bei den »Aktivitäten des täglichen Lebens«
(ADL), wie beim Baden oder Duschen, Anziehen, Toilettenbe-
nutzung, Aufstehen aus dem Bett oder Stuhl, beim Essen, aber
auch bei den »instrumentellen Alltagsaktivitäten« (IADL), wie
beim Einkaufen, bei der Essenszubereitung, der Hausarbeit
usw. Nach den Angaben des Bundesministeriums für Gesundheit (2008) beziehen derzeit 2,16 Millionen Personen Leistungen durch die soziale und private Pflegeversicherung, davon
1,45 Millionen im ambulanten (häuslichen) Bereich. Regelmä-
ßiger Pflegebedarf und hauswirtschaftlicher Hilfebedarf steigt
mit zunehmendem Alter; alte Frauen sind im Vergleich zu
Männern bedingt durch ihre höhere Lebenserwartung häufiger davon betroffen. In privaten Haushalten älterer Menschen
wird der Hilfe- und Pflegebedarf vor allem durch Familienan-

gehörige gesichert (BMFSFJ, 2005). Im Wesentlichen sind es die Ehe- und Lebenspartner sowie die Töchter und Schwiegertöchter, welche die häuslichen Hilfe- und Pflegeleistungen erbringen; nur jeder dritte Pflegebedürftige und nur jeder sechste Hilfebedürftige nimmt professionelle Unterstützung durch soziale und pflegerische Dienste in Anspruch. Erhebungen zu den »Möglichkeiten und Grenzen einer selbständigen Lebensführung hilfe- und pflegebedürftiger Menschen in privaten Haushalten« zeigen, dass im Zeitraum von 1991 bis 2002 die häuslichen Pflegearrangements weitgehend stabil geblieben sind; so erhielten im Jahr 2002 im Privathaushalt 64 % der Hilfe- und Pflegebedürftigen ausschließlich private Pflege (1991: 67 %), 28 % nahmen private und professionelle Pflege in Anspruch (1991: 28 %) und 8 % erhielten ausschließlich professionelle Pflege (1991: 9 %) (vgl. BMFSFJ 2005; Schneekloth & Potthoff, 1993). Mit der intensiven Pflege eines älteren Menschen gehen zahlreiche körperliche und psychosozialen Beanspruchungen und Belastungen der pflegenden Familienangehörigen einher, so dass die Pflege eines Angehörigen ein Risikofaktor für die Gesundheit der Hauptpflegeperson und – da diese oft selbst schon an der Schwelle zur Altersphase steht bzw. selbst schon alt ist – für ein konstruktives Altern anzusehen ist.

6.4.6   Demenz im Alter

Eines der folgenreichsten kritischen Lebensereignisse ist die Erkrankung an einer Demenz. Mit dem Fortschreiten der Erkrankung verändert diese nicht nur die Lebenssituation der betroffenen Person radikal, sondern hat oft auch gravierende Auswirkungen auf den Lebensalltag des Partners sowie anderer naher Familienangehörigen. Demenz bezeichnet keine spezielle Krankheit, sondern ist ein Oberbegriff für Krankheitsbilder, die mit dem Verlust der geistigen Fähigkeiten wie Denken, Erinnern, Orientieren und Verknüpfen von Denkinhalten einhergehen. Der fortschreitende Verlust der Denkfunktionen ist so schwer, dass im Verlauf der Erkrankung auch die Sprachfähigkeit verloren geht und alltägliche Aktivitäten und Handlungsroutinen nicht mehr eigenständig ausgeführt werden können. Im fortgeschrittenen Stadium führen Demenzerkrankungen zur völligen Pflegebedürftigkeit und zum Tode. Die beiden wichtigsten Demenzformen sind die Alzheimer-Demenz und die vaskuläre Demenz. Die Alzheimer-Demenz ist eine neurodegenerative Erkrankung, deren Ursache bislang unbekannt ist. Vaskuläre Demenzerkrankungen können durch Durchblutungsstörungen des Gehirns entstehen. Mit zunehmendem Lebensalter sind immer mehr Menschen von einer Demenz betroffen. In Deutschland leiden derzeit ca. 1,2 Millionen Menschen an einer Demenzerkrankung. Da aufgrund der demographischen Entwicklung in den nächsten Jahrzehnten die Zahl betagter Menschen erheblich zunehmen wird, rechnet man im Jahr 2030 mit über 2,5 Millionen Erkrankten. Betroffen sind vor allem Hoch- und Höchstbetagte: Während nur wenige 60- bis 69-Jahre (ca. 1–2 %) eine Demenz haben, nimmt die Auftrittshäufigkeit mit dem Alter exponentiell zu und verdoppelt sich alle 5,1 Jahre (vgl. Bickel, 2002; Bergener, 1998; Weyerer, 2005).

Die Symptomatik der Demenzen ist sehr vielfältig und je nach Demenzform unterschiedlich. Grundlegend ist aber eine Gedächtnisstörung, auch wenn diese nicht immer schon zu Beginn des Krankheitsprozesses deutlich ist. Alzheimer-Demenz und vaskuläre Demenz unterscheiden sich deutlich im Verlauf. Während die Alzheimer-Demenz als ein allmählicher kognitiver Abbau mit schleichendem Beginn charakterisierbar ist, fallen bei der vaskulären Demenz die akute kognitive Verschlechterung und ein fluktuierendes bzw. schrittweises Fortschreiten der kognitiven Defizite auf. Die Symptomatik der Demenz unterscheidet sich zwischen den Erkrankten; sie hängt nicht nur mit den von der Erkrankung in Mitleidenschaft gezogenen Hirnarealen ab, sondern wird auch durch Persönlichkeit, Kompetenzen und Defizite, Lebensumstände und körperlicher Verfassung der Erkrankten beeinflusst. Weiterhin verändert sich die Symptomatik erheblich im zeitlichen Verlauf. Gerade zu Krankheitsbeginn ist die Altersdemenz nur schwer von einfacher Vergesslichkeit, aber auch von Depression zu unterscheiden. Das frühe Stadium der Alzheimer-Demenz zeichnet sich durch Vergesslichkeit aus. Es bestehen leichtgradige, oft kaum

bemerkte Symptome, die im täglichen Leben zu einer Beein-
trächtigung bei komplexen Tätigkeiten führen: Nachlassendes Gedächtnis; Schwierigkeiten, sich sprachlich auszudrücken
und die richtigen Worte zu finden; nachlassendes Aktivitäts-
niveau; Probleme mit dem Zeitgefühl und der zeitlichen und
räumlichen Orientierung; abstraktes Denken und Urteilsfähig-
keit lassen nach. Im mittleren Stadium sind Einschränkungen
der Selbständigkeit und Verhaltensauffälligkeiten charakteristisch. Die Demenzsymptome sind nun so stark ausgeprägt, dass .
eine selbständige Lebensführung schwieriger wird und zunehmend die Unterstützung durch andere Menschen bei der alltäglichen Haushalts- und Lebensführung notwendig wird. Folgende Veränderungen sind typisch für das mittlere Stadium:
Die Demenzerkrankten werden immer vergesslicher; sie haben Schwierigkeiten bei alltäglichen Verrichtungen, z. B. beim
Ankleiden, im Bad, bei der Einnahme der Mahlzeiten; zunehmende Probleme mit der örtlichen Orientierung; manchmal
ausgeprägte Unruhe; das Zeitgefühl geht verloren; Sinnestäu-
schungen oder illusionäre Verkennungen sowie häufige und
plötzliche Stimmungswechsel sind möglich. Das späte Stadium
ist durch Kontrollverlust und Pflegebedürftigkeit geprägt. Demenzkranke können ihr Leben nun nicht mehr alleine führen
und sind völlig auf die Hilfe der Familienangehörigen oder anderer Bezugspersonen angewiesen. Folgende Symptome sind
auffällig: Das Gedächtnis ist nicht mehr in der Lage, neue Informationen zu speichern; die Sprache beschränkt sich auf wenige
Wörter; Angehörige werden häufig nicht mehr erkannt; neben
den schweren kognitiven Einbußen treten zusätzlich körperliche Symptome auf wie Bewegungs- und Koordinationsschwie-
rigkeiten, erhöhte Sturzgefahr, Gehprobleme; Fähigkeiten wie
Lächeln und Schlucken gehen verloren; Essprobleme werden gravierend; Kontrolle über Blase und Darm gehen verloren; Auftreten von Krampfanfällen; zunehmender Verfall körperlicher Kräfte und Bettlägerigkeit. Eine Demenzerkrankung
schreitet unterschiedlich schnell voran, bei manchen Erkrankten sehr schnell, bei anderen sehr langsam. Im Durchschnitt
beträgt die Dauer einer Demenzerkrankung 5 bis 7 Jahre. Allerdings ist es nicht unproblematisch, den Zeitpunkt und die

Art der ersten Symptome allein aufgrund der Angaben von Familienangehörigen festzulegen, da diese, wie die Erkrankten selbst, die ersten Auffälligkeiten der Demenzerkrankung oft nur unpräzis beschreiben können (vgl. Weyerer, 2005).

Die Alzheimer-Demenz kann bis heute nicht geheilt werden, wohl aber können durch die medikamentöse Behandlung Symptome gelindert und die Erkrankung in ihrem Verlauf positiv beeinflusst werden, d. h. der fortschreitende geistige Abbau lässt sich etwas verzögern. Durch die Verlangsamung der Krankheitsprogression und durch die Verbesserung der Symptomatik profitieren nicht nur die Erkrankten sondern – durch die Erleichterung der Pflege – auch ihre Angehörigen. Die Behandlungsmöglichkeiten bei der vaskulären Demenz zielen auch auf die Vermeidung weiterer Schlaganfälle, u. a. durch die Behandlung von Risikofaktoren (z. B. Reduktion des Bluthochdrucks, Diabeteskontrolle, Behandlung von Herzerkrankungen, Einstellen des Rauchens, Gewichts-, Alkohol- und Salzreduktion, mehr körperliche Bewegung) (vgl. Hamann & Liebetrau, 2002). Aufgrund der beschränkten Behandlungsmöglichkeiten der Alzheimer-Demenz sind psychosoziale Maßnahmen im alltäglichen Umgang mit den Demenzkranken besonders wichtig. Im Alltag kommt man oft nicht weiter mit logischen Erklärungen, mit Versuchen, den Demenzkranken etwas nahe bringen oder zu etwas erziehen zu wollen, mit Diskussionen und Argumenten, mit dem Einlassen auf Anschuldigungen, usw. Solche Interaktionsformen setzen ein intaktes Erinnerungs- und Lernvermögen voraus. Die subjektive Welt der Demenzkranken ist aber eine andere als die Welt, die kognitiv gesunde Menschen kennen und über die diese sich tagtäglich verständigen. Deshalb ist es wichtig, dass Angehörige und andere Personen des sozialen Netzwerkes die Kompetenz haben (oder erwerben), sich auf die subjektive Welt des Demenzkranken einzulassen. Demenzkranke reagieren auch auf jede Form von emotionaler Zuwendung positiv. So kann schon das schlichte Streicheln der Hand oder ein freundlicher und liebevoller Tonfall beruhigend wirken. Unangenehme oder heikle Situationen können manchmal am besten gelöst werden, wenn dem Kranken der Arm um die Schulter gelegt wird. Der all-

tägliche Umgang mit Demenzkranken verläuft oft unkompli-
zierter, wenn die soziale Umwelt mit den Erkrankten in befriedigender Weise kommunizieren kann (z. B. durch angepasste
Kommunikation: deutlich und langsam sprechen, ruhiger und
natürlicher Tonfall; Schachtelsätze und komplizierte Mitteilungen vermeiden; sprachliche Mitteilungen durch Mimik, Ges-
tik und Körpersprache unterstützen; »heimliche Streitverur-
sacher« oder angstbesetzte Gesprächsthemen vermeiden (vgl.
Buijssen, 2003). Etwa 60 Prozent der Demenzkranken leben in
Privathaushalten und werden von Angehörigen (sowie ambulanten Diensten mit-)versorgt. Vor allem die durch kognitive
Störungen hervorgerufenen Verhaltensprobleme von Demenzkranken erhöhen die psychischen Belastungen von pflegenden
Angehörigen, die vielfach selbst schon in oder an der Grenze
zur Altersphase stehen (Durchschnittalter rund 61 Jahre); dies
und die Tatsache, dass die Versorgung von Demenzkranken
im privaten Haushalt meist nur auf wenigen Schultern (durchschnittlich 2,2 Personen) ruht (vgl. Schäufele et al., 2006), kann
dazu führen, dass sich die Versorgung eines demenzkranken
Partners oder Elternteils zu einem Risikofaktor für die Gesundheit des Angehörigen entwickelt.

6.5 Auseinandersetzung mit der Endlichkeit des eigenen Lebens

Den Eintritt ins Altenheim kommentieren viele alte Menschen
damit, dass sie nun die ›letzte Station im Leben‹ erreicht hätten. Durch eine derartige Äußerung wird das Bewusstsein von
der Endlichkeit der eigenen Existenz besonders evident. Tod
und Sterben werden aber nicht erst bei Hoch- und Höchstbetagten zu einer wichtigen Thematik des individuellen Daseins.
Wie die Untersuchung von Saup (1991) zeigt, starben im Zeitraum zwischen dem 55. und 65. Lebensjahr bei jeder fünften
Frau der Ehe- oder Lebenspartner und bei jeder dritten Frau
der eigene Vater oder die eigene Mutter. Zudem traten zusätzliche Todesfälle im erweiterten Familienkreis sowie im Freun-

des- und Bekanntenkreis auf. Auch berichten viele Frauen von ernsthaften Erkrankungen ihrer Angehörigen und Freunde. Ältere Menschen sind sich häufig sehr bewusst, dass mit zunehmendem Alter der eigene Tod immer näher rückt, und sie sprechen manchmal (wenn sie ein gewisses Alter – beispielsweise das durchschnittliche Lebensalter des eigenen Geburtsjahrganges – schon überschritten zu haben glauben) auch von den ›geborgten‹ Jahren. Die Bewusstheit von Tod und Sterben scheint im Alter, in dem Ereignisse von Krankheit und Tod nahe stehender Personen häufiger auftreten als in anderen Lebenslaufphasen, im Allgemeinen größer zu sein als in jüngeren Jahren, aber schon in der Lebensmitte beginnt die Auseinandersetzung damit (Tesch-Römer, 2005).

Auch wenn der Tod (wie die Geburt) zu den wenigen universellen, für alle Menschen zutreffenden Ereignissen des Lebens gehört, trägt die Auseinandersetzung mit der eigenen Endlichkeit dennoch stark individuelle Züge. Welchen subjektiven Bedeutungsgehalt Tod und Sterben haben, ob die Auseinandersetzung mit der eigenen Endlichkeit von Gefühlen der Todesfurcht oder -angst begleitet wird, welche Einstellung zum Tod und zum Lebensende bestehen, wie stark man sich bei alltäglichen Lebensvollzügen im Alter gedanklich mit Tod und Sterben beschäftigt oder sie verdrängt – derartige psychologische Aspekte einer Auseinandersetzung mit Tod und Sterben sind stark abhängig von der jeweiligen Lebenssituation und dem biographischen Hintergrund einer Person (Wittkowski, 1978; 2003). Empirische Arbeiten haben gezeigt, dass ältere Menschen im Vergleich zu jüngeren nicht eine negative und konfliktgeladene Einstellung zum Tod haben; auch konnte kein höheres Ausmaß an Todesfurcht bei älteren Menschen festgestellt werden. »Personen im höheren Alter äußern häufiger positive oder neutrale Einstellungen zum Tode und zum Lebensende, die mehr akzeptierende oder passiv hinnehmende Inhalte erkennen lassen. Negative Einstellungen, die durch Verneinung oder Vermeidung von Gedanken an das Ende charakterisiert sind, sind häufiger bei älteren Menschen zu finden, die den Tod noch nicht akut gegenwärtig haben, ferner bei denen, deren Lebenssituation stärker durch soziale oder gesundheitliche Folgen belastet ist« (Erlemeier, 1972, S. 47).

Aus entwicklungspsychologischer Sicht werden insbesondere jene Aspekte der Auseinandersetzung mit Tod und Sterben thematisiert, die im Zusammenhang mit *Lebensrückblick und -bilanzierung* stehen (vgl. Tesch-Römer, 2005). »Das Bewusstsein des kommenden Todes im Alter kann zu einem umfassenderen Rückblick auf das Leben führen als frühere Altersstufen, wo das Individuum veranlasst wurde, auf seine Handlungen und Wertvorstellungen zurückzuschauen. Die Aufgabe besteht darin, das eigene Leben, so wie es gelebt wurde, damit zu integrieren, wie es hätte gelebt werden können. Das Individuum versucht somit, das in Einklang zu bringen, was es in rückblickender Übereinstimmung mit seinen früheren Lebenswerten und den Werten, die es im Verlauf seines Erwachsenendaseins annahm, sieht« (Birren, 1974, S. 310). Der Rückblick auf das eigene Leben und dessen Bilanzierung ist kein passiver Prozess, sondern das aktive Bemühen, die Stärken und Schwächen des eigenen Lebens zu sehen und die zurückliegenden Jahre auch im Hinblick auf die individuellen Lebenspläne zu bewerten. Das Ergebnis derartiger Bilanzierungsbemühungen dürfte zwischen den von Erikson (1988) und Ch. Bühler (1969) genannten Extrempolen der ›Ich-Integrität‹ und ›Verzweiflung‹ bzw. der Erfahrung von ›Erfüllung‹ und ›Verfehlung‹ des Lebens liegen. Die tief verankerte Akzeptanz des eigenen Lebens scheint zur Akzeptanz der Endlichkeit des eigenen Lebens und des eigenen Sterbens führen zu können.

Zusammenfassung

Weder Sozial- und Verhaltenswissenschaften noch Biologie und Medizin liefern eindeutige Kriterien zur Abgrenzung der Altersphase von den vorausgegangenen Lebensphasen. Stattdessen sind es in unserer Gesellschaft sozialadministrative Regelungen wie das Ausscheiden aus dem Erwerbsleben, die den Beginn des Alters markieren. »Altern« bezeichnet keinen einheitlichen Entwicklungsprozess. Der Alternsbegriff wird in

Entwicklungspsychologie und Gerontologie auf lebensalterbezogene intraindividuelle, relativ überdauernde und regel-
hafte Verhaltens- und Erlebensveränderungen bezogen, die
sich multidimensional beschreiben lassen (z. B. unterschiedliche Persönlichkeits- und Leistungsbereiche), multidirektional verlaufen (z. B. Abbauprozesse, Zunahme an Kompetenzen,
Verhaltenskonstanz) und multikausal bedingt sind (z. B. durch
eine Vielzahl biologischer, sozialer, ökologischer, ökonomischer, historischer und psychologischer Faktoren).

Es gibt keine allgemein anerkannte psychologische Theorie zum Altern, sondern unterschiedliche theoretische Sichtweisen, die verschiedene Entwicklungsbereiche und -richtun-
gen des Alterns sowie unterschiedliche Entwicklungsfaktoren
fokussieren. Die vorgestellten »Theorien zum Alter(n)« können als »Scheinwerfer« verstanden werden, die jeweils spezifische Aspekte des Alternsprozesses »ausleuchten«. Ein psychologisches Modell des erfolgreichen Alterns haben Baltes &
Baltes formuliert; sie fokussieren einen adaptiven Verhaltensprozess, bei dem die Teilprozesse der Optimierung, Selektion
und Kompensation miteinander in Wechselwirkung stehen.
Auch das Konzept der Entwicklungsaufgaben von Havighurst
wurde als eine psychologische Theorie des Alterns formuliert;
danach wäre Altern aufzufassen als Bearbeitung einer Sequenz
von für das Alter spezifischen Entwicklungsaufgaben. Nach Eriksons Entwicklungsmodell muss sich der Mensch im höheren Erwachsenenalter mit der psychosozialen Krise »Ich-Integrität vs. Verzweiflung« auseinandersetzen. Die Erfahrung der
»Verzweiflung« stellt sich ein, wenn einem Menschen deutlich
wird, dass ihm nicht mehr genügend Lebenszeit bleiben wird,
um vergangene Fehler und Irrtümer in der Lebensgestaltung
zu korrigieren. Zur »Ich-Integrität« wird ein alter Mensch dagegen finden, wenn er zu einer positiven Bilanzierung seines
Lebens kommt.

Im mittleren und insbesondere im höheren Erwachsenenalter kommt es zu einer Reihe von Veränderungen in den Leistungen der Sinnesorgane und zu einer Verlangsamung der Reaktionsgeschwindigkeit. Deshalb reagieren ältere Menschen
in der Regel auf Verhaltensanforderungen der Alltagsumwelt

bedächtiger und weniger schnell als in jüngeren Jahren. Die kognitive Entwicklung im Alter wird nach den Merkmalen Gedächtnisleistungen, Intelligenz und Lernfähigkeit charakterisiert. Die Veränderung kognitiver Fähigkeiten im Alter kann als ein Wechselspiel von Abbau und Entwicklung gekennzeichnet werden. Die wichtigsten empirischen Befunde zur Intelligenzentwicklung im späten Erwachsenenalter wurden durch die Untersuchungen von Schaie zutage gefördert. Danach kommt es erst ab etwa dem 80. Lebensjahr zu einer verschiedene intellektuelle Leistungsbereiche betreffenden Reduzierung der Intelligenz. Leistungsverminderungen sind im hohen Alter am deutlichsten für geschwindigkeitsgebundene und wahrnehmungsabhängige Dimensionen zu beobachten. Lernen ist im gesamten Erwachsenenalter, also auch im Alter möglich. Ältere Erwachsene lernen in der Regel nicht schlechter sondern nur anders als Jüngere.

Die Frage, ob mit dem Älterwerden eine Veränderung des Bewältigungsverhaltens einhergeht, ist bislang durch die empirische Forschung nicht beantwortet, ebenso wie die Frage, welche Bewältigungsstrategien im späten Erwachsenenalter zu einer Reduktion von Belastungen führen. Bedeutsame und vielfach empirisch untersuchte kritische Lebensereignisse im Alter sind der Eintritt in den beruflichen Ruhestand, die Verwitwung, ein Wohnungswechsel oder eine Erkrankung (besonders gravierend ist die Erkrankung an einer Demenz). Diese Einschnitte haben je nach den Bewältigungsstrategien und -möglichkeiten unterschiedliche psychische, soziale und gesundheitliche Auswirkungen für die älteren Menschen und ihre Angehörigen.

Weiterführende Literatur

Brandtstädter, J. & Lindenberger, U. (Hrsg.) (2007). *Entwicklungspsychologie der Lebensspanne. Ein Lehrbuch.* Stuttgart: Kohlhammer.

Wahl, H.-W. & Heyl, V. (2004). *Gerontologie. Einführung und Geschichte.* Grundriss Gerontologie Band 1. Stuttgart: Kohlhammer.

Weyerer, S. & Bickel, H. (2006). *Epidemiologie psychischer Erkrankungen im höheren Lebensalter.* Grundriss Gerontologie Band 14. Stuttgart: Kohlhammer.

Fragen zur Selbstüberprüfung

1. Erläutern Sie die Begriffe »Alter« und »Altern«.
2. Warum stellen »ältere Menschen« keine homogene Bevölkerungsgruppe dar?
3. Skizzieren Sie unterschiedliche theoretische Perspektiven über das Alter(n).
4. Beschreiben Sie Veränderungen der Seh- und Hörfähigkeit mit dem Älterwerden.
5. Unterscheiden sich jüngere und ältere Erwachsene in ihren Gedächtnisleistungen?
6. Skizzieren Sie zentrale Befunde der Längsschnittstudie zur Erwachseneneintelligenz von Schaie.
7. Welche Besonderheiten zeichnen die Lernfähigkeit im Alter aus?
8. Welche Entwicklungsbedeutsamkeit haben kritische Lebensereignisse im Alter?
9. Welche psychischen Folgen hat der Eintritt in den beruflichen Ruhestand für die Betroffenen?
10. Beschreiben Sie Formen der subjektiven Wahrnehmung und Auseinandersetzung mit der Verwitwung.
11. Welche Phasen können bei der Übersiedlung in Alten- und Pflegeheim differenziert werden?
12. Beschreiben Sie Symptome und Verlauf unterschiedlicher Formen der Altersdemenz.

Literaturverzeichnis

Abele, A. E., Hoff, E. & Hohner, H-U. (Hrsg.). (2003). *Frauen und Männer in akademischen Professionen. Berufsverläufe und Berufserfolg.* Heidelberg: Asanger.

Amann, A. & Kolland, F. (Hrsg.). (2008). *Das erzwungene Paradies des Alters? Fragen an eine kritische Gerontologie.* Wiesbaden: VS Verlag für Sozialwissenschaften.

Amato, P. R. (2000). The consequences of divorce for adults and children. *Journal for Marriage and the Family, 62,* 1269–1287.

Antonovsky, A. (1987). *Unravelling the mystery of health.* San Francisco: Jossey-Bass. (deutsche Übersetzung: Antonovsky, A., 1997, Salutogenese. Zur Entmystifizierung der Gesundheit. Tübingen: DGVT-Verlag)

Ariès, P. (1975). *Geschichte der Kindheit.* München: Hauser.

Arnim-Bass, A. von (1995). *Befindlichkeit von Frauen im Klimakterium: Persönlichkeit, Berufstätigkeit und Beschwerdebild.* Berlin: Quintessenz.

Arnett, J.J. (2000). Emerging adulthood. A theory of development from the late teens through the twenties. *American Psychologist, 55,* 5, 469–480.

Atchley, R.C. (1976). *The sociology of retirement.* Cambridge/New York: Schenkman Pub.

Backes, G. (1985). Auswirkungen der Frühausgliederung aus dem Erwerbsleben auf die Ehefrauen der Betroffenen. In M. Dieck, G. Naegele & R. Schmidt (Hrsg.), *Freigesetzte Arbeitnehmer im 6. Lebensjahrzehnt – eine neue Ruheständlergeneration* (S. 328–354). Berlin: Deutsches Zentrum für Altersforschung.

Badura, B., Ducki, A., Schröder, H., Klose, J. & Macco, K. (Hrsg.). (2011). *Fehlzeitenreport 2011. Führung und Gesundheit. Zahlen, Daten, Analysen aus allen Branchen der Wirtschaft.* Heidelberg: Springer.

Baltes, P. B. (ed.). (1978). *Life-span development and behavior.* Vol. 1. New York: Academic Press.

Baltes, P. B. (1984). Intelligenz im Alter. *Spektrum der Wissenschaft, 5,* 46–61.

Baltes, P. B. (1987). Theoretical propositions of life-span developmental psychology: On the dynamics between growth and decline. *Developmental Psychology, 23,* 611–626.

Baltes, P. B. (1997). On the incomplete architecture of human onto-geny: Selection, optimization, and compensation as foundation of developmental theory. *American Psychologist, 52*, 366–380.

Baltes, P. B. & Baltes, M. M. (1989). Optimierung durch Selektion und Kompensation. Ein psychologisches Modell erfolgreichen Alterns. *Zeitschrift für Pädagogik, 35*, 85–105.

Baltes, P. B. & Baltes, M. M. (1990). Psychological processes of suc-cessful aging: The model of selective optimization with compensa-tion. In P.B. Baltes & M. M. Baltes (eds.), *Successful aging: Perspec-tives from the behavioral sciences* (pp. 1–34). New York: Cambridge University Press.

Baltes, P. B. & Lindenberger, U. (1988). On the range of cognitive plas-ticity in old age as a function of experience: 15 years of intervention research. *Behavior Therapy, 19*, 283–300.

Baltes, P. B., Reese, H. W. & Lipsitt, L. P. (1980). Life-span developmen-tal psychology. *Annual Review of Psychology, 31*, 65–110.

Baltes, P. B. & Sowarka, D. (1983). Entwicklungspsychologie und Entwicklungsbegriff. In R. K. Silbereisen & L. Montada (Hrsg.), *Entwicklungspsychologie* (S. 11–20). München: Urban & Schwar-zenberg.

Baltes, P. B., Staudinger, U. M. & Lindenberger, U. (1999). Lifespan psychology: Theory and application to intellectual functioning. *An-nual Review of Psychology*, 50, 471–507.

Barrett, J. H. (1972). *Gerontological psychology*. Springfield, Ill.: Tho-mas.

Bauernschmitt, V. (1998). *Schwangerschaftskonfliktberatung*. Regens-burg: Roderer.

Beck, U. (1986). *Risikogesellschaft. Auf dem Weg in eine andere Mo-derne*. Frankfurt a.M.: Suhrkamp.

Beck, U. & Beck-Gernsheim, E. (1990). *Das ganz normale Chaos der Liebe*. Frankfurt a.M.: Suhrkamp.

Beck, U., Giddens, A. & Lash, S. (1997). *Reflexive Modernisierung. Eine Kontroverse*. Frankfurt: Suhrkamp.

Beck-Gernsheim, E. (1994). Individualisierungstheorie: Veränderun-gen des Lebenslaufs in der Moderne. In H. Keupp (Hrsg.), *Zu-gänge zum Subjekt. Perspektiven einer reflexiven Sozialpsycholo-gie* (S. 125–146). Frankfurt a.M.: Suhrkamp.

Beck-Gernsheim, E. (1995). Genetische Beratung im Spannungsfeld zwischen Klientenwünschen und gesellschaftlichem Erwartungs-druck. In E. Beck-Gernsheim (Hrsg.), *Welche Gesundheit wollen wir?* (S. 111–138). Frankfurt a. M.: Suhrkamp.

Beher, K., Krimmer, H., Rauschenbach, Th. & Zimmer, A. (2008). *Die vergessene Elite. Führungskräfte in gemeinnützigen Organisationen*. Weinheim: Juventa.

Bengel, J., Carl, C., Mild, U. & Strauß, B. (2000). Langfristige psychische Folgen von Kinderlosigkeit: Eine Übersicht. *Zeitschrift für Klinische Psychologie und Psychotherapie, 29* (1), 3–15.

Bergener, M. (1998). Epidemiologie psychischer Störungen im höheren Lebensalter. In A. Kruse (Hrsg.), *Psychosoziale Gerontologie*, Band 1: Grundlagen. Jahrbuch der Medizinischen Psychologie 15 (S. 87–105). Göttingen: Hogrefe.

Bundesinstitut für Bevölkerungsforschung (BiB) und Statistisches Bundesamt (Hrsg.) (2008). *Bevölkerung. Daten, Fakten, Trends zum demographischen Wandel in Deutschland.* Wiesbaden.

Bickel, H. (2002). Epidemiologie der Demenz. In K. Beyreuther, K.M. Einhäupl, H. Förstl & A. Kurz (Hrsg.), *Demenzen. Grundlagen und Klinik* (S. 15–41). Stuttgart/New York: Thieme.

Bien, W. & Marbach, J.H. (2008). *Familiale Beziehungen, Familienalltag und soziale Netzwerke.* DJI – Familien – Survey, Band 14. Wiesbaden: VS.

Bien, W., Rauschenbach, Th. & Riedel, B. (Hrsg.). (2006). Wer betreut Deutschlands Kinder? DJI-Kinderbetreuungsstudie. Weinheim: Beltz.

Birren, J. E. (1974). *Altern als psychologischer Prozess.* Freiburg: Lambertus.

Birren, J. E., Cunningham, W. R. & Yamamoto, K. (1983). Psychology of adult development and aging. *Annual Review of Psychology, 34*, 543–575.

Bittner, G. (2001). *Der Erwachsene: Multiples Ich in multipler Welt* (Pädagogik der Lebensalter Band 5). Stuttgart: Kohlhammer.

Blanchflower, D.G. & Oswald, A.J. (2008). Is well-being U-shaped over the life cycle? *Social Science and Medicine, 66*, 1733–1749.

Blaxter, M. (1990). *Health and lifestyles.* London: Routledge.

Bocknek, G. (1986). *The young adult. Development after adolescence.* New York/London: Gardner Press.

Bodenmann, G. (1999). Scheidung: Was wissen wir heute über die Ursachen? *Zeitschrift für Familienforschung, 2*, 5–27.

Bojanovsky, J. J. (1986). *Verwitwete. Ihre gesundheitlichen und sozialen Probleme.* Weinheim: Psychologie Verlags Union.

Borland, D. C. (1982). A cohort analysis approach to the empty nest syndrome among three ethnic groups of woman. A theoretical position. *Journal of Marriage and the Family, 44*, 117–129.

Bovey, S. (1998). *Und plötzlich sind sie flügge: wie es Müttern geht, wenn die Kinder das Haus verlassen.* Wien: Ueberreuter.

Boylan, R. J. & Hawkes, G. R. (1988). Perceptions of life changes in middle adulthood: A survey of manager's work and personal adaptations. *Journal of Social Behavior & Personality, 3*, 177–190.

Brandtstädter, J. (1990). Entwicklung im Lebensablauf. Ansätze und Probleme der Lebensspannen – Entwicklungspsychologie. *Kölner Zeitschrift für Soziologie und Sozialpsychologie, Sonderheft 31*, 322–350.

Brandtstädter, J. (1998). Action perspectives on human development. In R. M. Lerner & W. Damon (ed.), *Handbook of child psychology*, Vol. 1 (pp. 807–863). New York: Wiley & Sons.

Brandtstädter, J. (2007a). Entwicklungspsychologie der Lebensspanne: Leitvorstellungen und paradigmatische Orientierungen. In J. Brandtstädter & U. Lindenberger (Hrsg.), *Entwicklungspsychologie der Lebensspanne. Ein Lehrbuch* (S. 34–66). Stuttgart: Kohlhammer.

Brandstädter, J. (2007b). Konzepte positiver Entwicklung. In J. Brandtstädter & U. Lindenberger (Hrsg.), *Entwicklungspsychologie der Lebensspanne. Ein Lehrbuch* (S. 681–723). Stuttgart: Kohlhammer.

Brandtstädter, J. (2007c). Hartnäckige Zielverfolgung und flexible Zielanpassung als Entwicklungsressourcen: Das Modell assimilativer und akkommodativer Prozesse. In J. Brandtstädter & U. Lindenberger (Hrsg.), *Entwicklungspsychologie der Lebensspanne. Ein Lehrbuch* (S. 413–445). Stuttgart: Kohlhammer.

Brandtstädter, J. & Lindenberger, U. (Hrsg.). (2007). *Entwicklungspsychologie der Lebensspanne*. Stuttgart: Kohlhammer.

Brehmer, Y. & Lindenberger, U. (2008). Kognitive Leistungsreserven im höheren Erwachsenenalter: Befunde der Interventionsforschung. In F. Petermann & W. Schneider (Hrsg.), *Angewandte Entwicklungspsychologie* (S. 917–947). Göttingen: Hogrefe.

Brim, O. G. jr. (1976). Theories of the male mid-life crisis. *The Counseling Psychologist, 6*, 2–8.

Brim, O. G. & Ryff, C. D. (1980). On the properties of life events. In P. B. Baltes & O. G. Brim (eds.), *Life-span development and behavior*, Vol. 3 (pp. 367–388). New York: Academic Press.

Brim, O. G., Ryff, C. D. & Kessler, R. C. (eds.). (2004). *How healthy we are. A national study of well-being at midlife*. Chicago: University of Chicago Press.

Brunstein, J. C., Maier, G. W. & Dargel, A. (2007). Selbst und die Identität: Entwicklung als personale Konstruktion. In J. Brandtstädter & U. Lindenberger (Hrsg.), *Entwicklungspsychologie der Lebensspanne. Ein Lehrbuch* (S. 270–304). Stuttgart: Kohlhammer.

Buchebner-Ferstl, S. (2009). Pensionierung: Konsequenzen für die Partnerschaft. In W. E. Fthenakis & M. R. Textor (Hrsg.), *Online-Familienhandbuch*. www.familienhandbuch.de [Zugriff am 19.4.2010].

Buchmüller, R., Dobler, S., Kiefer, T., Margulies, F., Mayring, Ph., Melching, M. & Schneider, H.-D. (1996). *Vor dem Ruhestand*. Bern: Huber Verlag.

Bühler, Ch. (1933). *Der menschliche Lebenslauf als psychologisches Problem.* Leipzig: Hirzel.

Bühler, Ch. (1969). *Wenn das Leben gelingen soll: Psychologische Studien über Lebenserwartungen und Lebensereignisse.* München: Droemer.

Buijssen, H. (2003). *Demenz und Alzheimer verstehen.* Weinheim: Beltz.

Bundesministerium für Familie, Senioren, Frauen und Jugend (BMFSFJ) (Hrsg.). (1997). *Datenreport Alter.* Schriftenreihe des BMFSFJ, Bd. 137. Stuttgart: Kohlhammer.

Bundesministerium für Familie, Senioren, Frauen und Jugend (Hrsg.). (2005). *Möglichkeiten und Grenzen selbständiger Lebensführung in Privathaushalten.* Ergebnisse der Studie MuG III. Berlin: BMFSFJ.

Bundesministerium für Familie, Senioren, Frauen und Jugend (BMFSFJ) (2007). *20-jährige Frauen und Männer heute. Lebensentwürfe, Rollenbilder, Einstellungen zur Gleichstellung.* Berlin: Publikationsversand der Bundesregierung.

Bundesministerium für Gesundheit (2008). *Zahlen und Fakten zur Pflegeversicherung* (05/2008). Berlin: BMG, Referat für Öffentlichkeitsarbeit.

Bundesministerium für Gesundheit (2006). *Gesundheit in Deutschland.* Berlin: BMG.

Burisch, M. (2006). *Das Burnout-Syndrom. Theorie der inneren Erschöpfung* (3. überarbeitete Auflage). Heidelberg: Springer.

Bynner, J., Ferri, E. & Shepherd, P. (1997). *Twenty-something in the 90s: Getting on, getting by, getting nowhere.* Aldershot: Dartmouth Press.

Callahan, E. J. & McCluskey, K. A. (eds.). (1983). *Life-span developmental psychology. Nonnormative life-events.* New York: Academic Press.

Cattell, R. (1963). Theory of fluid and crystallized intelligence: A critical experiment. *Journal of Educational Psychology, 54,* 1–22.

Clausen, J. S. (1993). *American lives: Looking back at the children of the great depression.* New York: Free Press.

Cohler, B. J. (1982). Personal narrative and life course. In P. B. Baltes & O. G. Brim (eds.), *Life-span development and behavior* (pp. 206–241). New York: Academic Press.

Coleman, L. M. & Antonucci, T. C. (1983). Impact of work on women at midlife. *Developmental Psychology, 19,* 290–294.

Corso, J. G. (1977). Auditory perception and communication. In J. E. Birren (ed.), *Handbook of the psychology of aging* (pp. 535–553). New York: van Nostrand.

Cornelißen, W., Rusconi, A. & Becker, R. (Hrsg.). (2011). *Berufliche Karrieren von Frauen. Hürdenläufe in Partnerschaft und Arbeitswelt.* Wiesbaden: VS-Verlag.

Costa, P. T. & McCrae, R. R. (1980). Still stable after all these years: Personality as a key to some issues in adulthood and old age. In P. B. Baltes & O. G. Brim (eds.), *Life-span development and behavior*, Vol. 3 (pp. 65–102). New York: Academic Press.

Costa, P. T. & McCrae, R. R. (1984). Personality as a lifelong determinant of wellbeing. In C. Z. Malatesta & C. E. Izard (eds.), *Emotion in adult development* (pp. 141–157). Beverly Hills: Sage.

Cumming, E. & Henry, W. E. (1961). *Growing old. The process of disengagement*. New York: Basic Books.

Datan, N. & Ginsberg, L. H. (eds.). (1975). *Life-span developmental psychology: Normative life crisis*. New York: Academic Press.

Datan, N., Rodeheaver, D. & Hughes, F. (1987). Adult development and aging. *Annual Review of Psychology, 38*, 153–180.

Deutsche Shell (Hrsg.). (2000). *Jugend 2000*. Band 1/2. Opladen: Leske & Budrich.

Deutsches Institut für Erwachsenenbildung (2008). *Trends der Weiterbildung*. Bielefeld: Bertelsmann.

Deutscher Bundestag (Hrsg.). (1994). *Zwischenbereicht der Enquete-Kommission Demographischer Wandel. Herausforderungen unserer älter werdenden Gesellschaft an den Einzelnen und die Politik*. Bonn: Dt. Bundestag, Referat Öffentlichkeitsarbeit.

Degenhardt, A. (1993). Klimacterium virile oder Midlife Crisis? In J. E. Reis & S. E. Wolf (Hrsg.), *Individualität und soziale Verantwortung*. Arbeiten aus dem Institut für Psychologie. Frankfurt: Universität

Dibelius, O. (2000). Verwitwung. In Wahl, H.-W. & Tesch-Römer, C. (Hrsg.). *Angewandte Gerontologie in Schlüsselbegriffen* (S. 158–162). Stuttgart: Kohlhammer.

Dierks, S. (1997). *Hausfrauen im Ruhestand? Identitätsprobleme in biographischen Übergangsphasen*. Hamburg: LIT Verlag.

Diener, E., Oishi, S. & Lucas, R. (2003). Personality, culture, and subjective well-being: Emotional and cognitve evaluation of life. *Annual Review of Psychology, 54*, 403–425.

Dohse, K., Jürgens, U. & Russig, H. (1982). *Ältere Arbeitnehmer zwischen Unternehmerinteressen und Sozialpolitik*. Frankfurt a.M.: Campus.

Dreher, E. & Dreher, M. (2008). Kognitive Entwicklung im Jugendalter. In M. Hasselhorn & R.K. Silbereisen (Hrsg.), *Enzyklopädie Psychologie*. Serie V, II (S. 55–107). Göttingen: Hogrefe.

Dunham, C. C. & Bengtson, V. L. (1986). Conceptual and theoretical perspectives on generational relations. In N. Datan, Green, A.L. & Reese, H.W. (eds.), *Life-span developmental psychology: intergenerational relations* (pp. 1–27). Hillsdale, N.J.: Erlbaum.

Eichorn, D. H., Clausen, J. A., Haan, N., Honzik, M. P. & Mussen, P. H. (eds.). (1981). *Present and past in middle life.* New York: Academic Press.

Eickhoff, C., Hasenberg, R. & Zinnecker, J. (1999). Geschlechtsdifferenzierende Erziehung in der Familie. In R. K. Silbereisen & J. Zinnecker (Hrsg.), *Entwicklung im sozialen Wandel* (S. 299–316). Weinheim: Beltz.

Erikson, E. H. (1966). *Identität und Lebenszyklus.* Frankfurt a.M.: Suhrkamp (englisches Original 1959).

Erikson, E. H. (1968). *Kindheit und Gesellschaft.* Stuttgart: Klett-Cotta (englisches Original 1950).

Erikson, E. H. (1988). *Der vollständige Lebenszyklus.* Frankfurt a.M.: Suhrkamp (englisches Original 1982).

Erlemeier, N. (1972). Psychologische Forschungen zum Todesproblem. *Zeitschrift für Gerontologie, 5,* 32–49.

Fahrenberg, B. (1986). Die Bewältigung der ›empty nest situation‹ als Entwicklungsaufgabe der älter werdenden Frau – eine Literaturanalyse. *Zeitschrift für Gerontologie, 19,* 323–335.

Faltermaier, T. (2005a). *Gesundheitspsychologie.* Grundriss der Psychologie, Band 21. Stuttgart: Kohlhammer.

Faltermaier, T. (2005b). Subjektive Konzepte und Theorien von Gesundheit und Krankheit. In R. Schwarzer (Hrsg.), *Gesundheitspsychologie.* Enzyklopädie der Psychologie C/X/1 (S. 31–53). Göttingen: Hogrefe.

Faltermaier, T. (2008). Sozialisation und Lebenslauf. In K. Hurrelmann, M. Grundmann & S. Walper (Hrsg.), *Handbuch Sozialisationsforschung* (7. Auflage, S. 157–172). Weinheim/Basel: Beltz.

Faltermaier, T., Kühnlein, I. & Burda-Viering, M. (1998). *Gesundheit im Alltag. Laienkompetenz in Gesundheitshandeln und Gesundheitsförderung.* Weinheim: Juventa.

Farrel, M. P. & Rosenberg, S. D. (1981). *Men at mid-life.* Boston: Anburn House.

Felser, J. (2007). Entwicklung in Partnerschaften. In J. Brandtstädter & U. Lindenberger (Hrsg.), *Entwicklungspsychologie der Lebensspanne. Ein Lehrbuch* (S. 446–482). Stuttgart: Kohlhammer.

Fend, H. (2003). *Entwicklungspsychologie des Jugendalters* (3., durchgesehene Auflage). Wiesbaden: Verlag für Sozialwissenschaften.

Fichtner, J. (1999). Männliche Partnerschaftsstile und Verhütung. Ansatzpunkte für ein theoretisches Modell kontrazeptiver Praxis. In Bundeszentrale für gesundheitliche Aufklärung (Hrsg.), *Wissenschaftliche Grundlagen: Teil 3: Familienplanung* (Band 13.3, S. 65–93). Köln: BZgA.

Filipp, S.-H. (1998). Mittleres und höheres Erwachsenenalter. In R. Oerter & L. Montada (Hrsg.), *Entwicklungspsychologie* (4. Auflage, S. 439–486). Weinheim: Psychologie Verlags Union (Beltz).

Filipp, S.-H. (2007). Kritische Lebensereignisse. In J. Brandtstädter & U. Lindenberger (Hrsg.), *Entwicklungspsychologie der Lebensspanne* (S. 337–366). Stuttgart: Kohlhammer.

Filipp, S.-H. & Aymanns, P. (2010). *Kritische Lebensereignisse und Lebenskrisen. Vom Umgang mit den Schattenseiten des Lebens.* Stuttgart: Kohlhammer.

Filipp, S.-H. & Mayer, A.-K. (2005). Selbstkonzept-Entwicklung. In J.B. Asendorpf (Hrsg.), *Soziale, emotionale und Persönlichkeitsentwicklung* (S. 259–334). Göttingen: Hogrefe.

Filipp, S.-H. & Staudinger, U. M. (Hrsg.). (2005). *Entwicklungspsychologie des mittleren und höheren Erwachsenenalters.* Enzyklopädie der Psychologie C, V, 6. Göttingen: Hogrefe.

Fischer, P. M. (2007). *Berufserfahrung älterer Führungskräfte als Ressource.* Wiesbaden: Deutscher Universitäts-Verlag.

Flatten-Ernst, K. (1985). *Frauen im mittleren Erwachsenenalter. Erlebnisweisen von Müttern unter besonderer Berücksichtigung der Interaktion mit ihren 15–20-jährigen Kindern.* Bonn: Universität Bonn, Dissertation.

Fleischmann, U. M. & Oswald, W. D. (1986). Lernen und Gedächtnis im höheren Erwachsenenalter. *Unterrichtswissenschaft, 1,* 19–28.

Fliege, H. (1996). *Glück und Zufriedenheit im Spiegel subjektiver Theorien über die Entwicklung im Erwachsenenalter.* Frankfurt: Lang.

Fooken, I. (1990). Partnerverlust im Alter. In Ph. Mayring & W. Saup (Hrsg.), *Entwicklungsprozesse im Alter* (S. 57–73). Stuttgart: Kohlhammer.

Formanek, R. (1988). Menopause – Myth and reality. In J. Offermanzuckerberg (ed.), *Critical psychological passages in the life of a woman* (pp. 199–216). New York: Plenum.

Fozard, J. L., Wolf, E., Bell, B., McFarland, R. A. & Podolsky, S. (1977). Visual perception and commuinication. In J. E. Birren & K. W. Schaie (eds.), *Handbook of the psychology of aging* (pp. 497–534). New York: van Nostrand.

Fränznick, M. & Wieners, K. (1996). *Ungewollte Kinderlosigkeit. Psychosoziale Folgen, Bewältigungsversuche und die Dominanz der Medizin.* Weinheim: Juventa.

Fthenakis, W. Kalicki, B. & Peitz, G. (2002). *Paare werden Eltern. Die Ergebnisse der LBS-Familienstudie.* Opladen: Leske und Budrich.

Fuhrer, U. & Trautner, H. M. (2005). Entwicklung von Identität. In J. B. Asendorpf (Hrsg.), *Soziale, emotionale und Persönlichkeitsentwicklung* (S. 335–424). Göttingen: Hogrefe.

Fuhrer, U. (2008). Die Rolle enger Bindungen und Beziehungen. In K. Hurrelmann, M. Grundmann & S. Walper (Hrsg.), *Handbuch Sozialisationsforschung* (7. Auflage, S. 129–140). Weinheim/Basel: Beltz.

Fügemann, Ch. (2005). *Probleme von Männern in der Lebensmitte – empirische Studien*. Hambug: Kovač.

Geister, C. (2004). *» Weil ich für meine Mutter verantwortlich bin«. Der Übergang von der Tochter zur pflegenden Tochter*. Bern: Huber.

GeroStat – Deutsches Zentrum für Altersfragen (2000). *Demographische Struktur der Bevölkerung*. Basisdaten: Statistisches Bundesamt. Berlin: DZW.

Gille, M., Sardei-Biermann, S., Gaiser, W. & de Rijke, J. (2006). *Jugendliche und junge Erwachsene in Deutschland. Lebensverhältnisse, Werte und gesellschaftliche Beteiligung 12- bis 29-Jähriger*. Wiesbaden: VS.

Gilligan, C. (1984). *Die andere Stimme: Lebenskonflikte und Moral der Frau*. München: Piper.

Gloger-Tippelt, G. (2007). Familiengründung und Übergang zur Elternschaft. In M. Hasselhorn & W. Schneider (Hrsg.), *Handbuch der Entwicklungspsychologie* (S. 511–521). Göttingen: Hogrefe.

Glück, J. & Heckhausen, J. (2006). Entwicklungspsychologie der Lebensspanne: Allgemeine Prinzipien und aktuelle Theorien. In W. Schneider & F. Wilkening (Hrsg.), *Theorien, Modelle und Methoden der Entwicklungspsychologie* (S. 677–737). Göttingen: Hogrefe.

Gould, R. L. (1979). *Lebensstufen. Entwicklung und Veränderung im Erwachsenenalter*. Frankfurt a.M.: Fischer.

Greve, W. (2005). Die Entwicklung von Selbst und Persönlichkeit im Erwachsenenalter. In S.-H. Filipp & U.M. Staudinger (Hrsg.), *Entwicklungspsychologie des mittleren und höheren Erwachsenenalters*. Enzyklopädie der Psychologie C, V, 6 (S. 343–380). Göttingen: Hogrefe.

Greve, W. (2007). Selbst und Identität im Lebenslauf. In J. Brandtstädter & U. Lindenberger (Hrsg.), *Entwicklungspsychologie der Lebensspanne* (S. 305–336). Stuttgart: Kohlhammer.

Greve, W. (2008). Bewältigung und Entwicklung. In R. Oerter & L. Montada (Hrsg.), *Entwicklungspsychologie* (6., vollst. überarbeitete Auflage, S. 910–926). Weinheim: Beltz.

Grob, A. & Jaschinski, U. (2003). *Erwachsen werden. Entwicklungspsychologie des Jugendalters*. Weinheim: Beltz.

Gudjons, H., Wagener-Gudjons, B. & Pieper, M. (2008). *Auf meinen Spuren. Übungen zur Biographiearbeit*. Bad Heilbrunn: Klinkhardt.

Haan, N. (1981). Common dimensions of personality development: Early adolescence to middle life. In D. Eichorn, J. A. Clausen,

N. Haan, M. P. Honzik & P. H. Mussen (eds.), *Present and past in middle life* (pp. 117–151). New York: Academic Press.

Halsig, N. (1998). Die psychische und soziale Situation pflegender Angehöriger: Möglichkeiten der Intervention. In A. Kruse (Hrsg.), *Psychosoziale Gerontologie*. Band 2 (S. 211–231). Göttingen: Hogrefe.

Hamann, G. F. & Liebetrau, M. (2002). Demenz bei zerebrovaskulären Krankheiten. In K. Beyreuther, K. M. Einhäupl, H. Förstl & A. Kurz (Hrsg.). *Demenzen. Grundlagen und Klinik* (S. 211–243). Stuttgart/ New York: Thieme.

Handel, A. (1987). Personal theories about the life-span development of one's self in autobiographical self-representations of adults. *Human Development, 30,* 83–98.

Harvey, E. (1999). Short-Term and Long-Term Effects of Early Parental Employment on Children of the National Longitudinal Survey of Youth. *Developmental Psychology, 35,* 2, S. 445–459.

Havighurst, R. J. (1972). *Developmental tasks and education* (3rd. ed.). New York: Longmans, Green (Original 1948).

Heckhausen, J. & Schulz, R. (1995). A life-span theory of control. *Psychological Review, 102,* 284–304.

Heinz, W. R. (1991). Berufliche und betriebliche Sozialisation. In K. Hurrelmann & D. Ulich (Hrsg.), *Neues Handbuch der Sozialisationsforschung* (S. 397–415). Weinheim: Beltz.

Heinz, W. R., Huinink, J. & Weymann, A. (eds.). (2009). *The life course reader: Individuals and societies across time.* Frankfurt a. M.: Campus.

Helfferich, C. (1999). Lebenslauf und Familienplanung. In Bundeszentrale für gesundheitliche Aufklärung (Hrsg.), *Wissenschaftliche Grundlagen: Teil 3: Familienplanung* (Forschung und Praxis der Sexualaufklärung und Familienplanung, Band 13.3, S. 7–27). Köln: BZgA.

Helfferich, C., Klindworth, H. & Kruese, J. (2005a). *männer leben. Studie zu Lebensläufen und Familienplanung.* Köln: Bundeszentrale für gesundheitliche Aufklärung (bzga.de).

Helfferich, C., Klindworth, H. & Kruese, J. (2005b). *frauen leben. Studie zu Lebensläufen und Familienplanung.* Köln: Bundeszentrale für gesundheitliche Aufklärung (bzga.de).

Helsen, R., Stewart, A. J. & Ostrove, J. (1995). Identity in three cohorts of midlife women. *Journal of Personality and Social Psychology, 69,* 544–557.

Herlyn, J. & Vogel, U. (1988). *Familienfrauen und Individualisierung. Eine Literaturanalyse zu Lebensmitte und Weiterbildung.* Weinheim: Deutscher Studien Verlag.

Höfer, R. (2000). *Jugend, Gesundheit und Identität. Studien zum Kohärenzgefühl.* Opladen: Leske & Budrich.

Hoff, E.-H. (1990). Identität und Arbeit. Zum Verständnis der Bezüge in Wissenschaft und Alltag. *Psychosozial, 13,* 7–25.

Hoff, E.-H. (1998). Frühes Erwachsenenalter: Arbeitsbiographie und Persönlichkeitsentwicklung. In R. Oerter & L. Montada (Hrsg.), *Entwicklungspsychologie* (4. Auflage, S. 423–438). Weinheim: Psychologie Verlags Union (Beltz).

Hoff, E.-H. (2005). Arbeit und berufliche Entwicklung. In S.-H. Filipp & U. M. Staudinger (Hrsg.), *Entwicklungspsychologie des mittleren und höheren Erwachsenenalters.* Enzyklopädie der Psychologie C, V, 6 (S. 525–558). Göttingen: Hogrefe.

Hoff, E.-H. (2008). Alte und neue Formen der Lebensgestaltung. In K. Jurczyk & Oechsle, M. (Hrsg.), *Das Private neu denken. Erosionen, Ambivalenzen, Leistungen* (S. 133–153). Münster: Westfälisches Dampfboot.

Hoff, H.-E. & Schraps, U. (2007). Frühes Erwachsenenalter: Berufliche Entwicklung und Lebensgestaltung. In M. Hasselhorn & W. Schneider (Hrsg.), *Handbuch der Entwicklungspsychologie* (S. 198–207). Göttingen: Hogrefe.

Hoffmann, E. (2005). Übergang in den Ruhestand: Zeitstrukturen – Aktivitätsmuster. *Informationsdienst Altersfragen, 32,* 1, 6–9.

Hohner, H.-U. & Hoff, E.-H. (2008). Berufliche Entwicklung und Laufbahnberatung. In F. Petermann & W. Schneider (Hrsg.), *Angewandte Entwicklungspsychologie.* Enzyklopädie der Psychologie, Band 7 der Reihe Entwicklungspsychologie (S. 827–857). Göttingen: Hogrefe.

Hollstein, B. (2002). *Soziale Netzwerke nach der Verwitwung. Eine Rekonstruktion der Veränderungen informeller Beziehungen.* Wiesbaden: VS Verlag für Sozialwissenschaften.

Holzkamp, K. (1983). *Grundlegung der Psychologie.* Frankfurt a.M.: Campus.

Honzik, M. P. (1984). Life-span development. *Annual Review of Psychology, 35,* 305–331.

Horn, J. L. (1982). The aging of human abilities. In B. B. Wolman & G. Stricker (eds.), *Handbook of developmental psychology* (pp. 847–870). Englewood Cliffs, N.J.: Prentice Hall.

Hurrelmann, K., Grundmann, M. & Walper, S. (Hrsg.). (2008). *Handbuch Sozialisationsforschung* (7. Auflage). Weinheim: Beltz.

Infratest (1992). *Hilfe- und Pflegebedarf in Deutschland 1991. Möglichkeiten und Grenzen selbstständiger Lebensführung.* München: Infratest.

Innerhofer, P., Schuster, B., Klicpera, C., Lobnig, H. & Weber, G. (Hrsg.). (1993). *Psychosoziale Probleme im Erwachsenenalter*. Wien: WUV-Universitätsverlag.

Jacobson, J. M. (1995). *Midlife women. Contemporary issues*. Boston: Jones & Bartlett.

Jahoda, M. (1983). *Wie viel Arbeit braucht der Mensch? Arbeit und Arbeitslosigkeit im 20. Jahrhundert*. Weinheim: Beltz.

Jung, C. G. (1967). *Die Lebenswende*. Gesammelte Werke, Band 8. Zürich: Rascher (Original 1931).

Jurczyk, K., Lange, A. & Thiessen, B. (2010). *Doing family – Familienalltag heute: Warum Familienleben nicht mehr selbstverständlich ist*. Weinheim und München: Juventa.

Jurczyk, K. & Oechsle, M. (Hrsg.). (2008). *Das Private neu denken. Erosionen, Ambivalenzen, Leistungen*. Münster: Westfälisches Dampfboot.

Kahn, R. L. & Antonucci, T. C. (1980). Convoys over the life course: attachment, roles, and social support. In P. B. Baltes & O. G. Brim (eds.), *Life-span development and behavior*, Vol. 3 (pp. 253–286). New York: Academic Press.

Kahnemann, D, Diener, E. & Schwarz, N. (eds.). (1999). *Well-being: The foundations of hedonic psychology*. New York: Russell Sage Foundation.

Kastenbaum, R. (1980). *Leben im Alter*. Weinheim: Beltz.

Keating, N. C. & Cole, P. (1980). What do I do with him 24 hours a day? Changes in the housewife role after retirement. *The Gerontologist, 20*, 84–89.

Keddi, B. (2011). *Wie wir dieselben bleiben. Doing continuity als biopsychosoziale Praxis*. Bielefeld: Transcript Verlag.

Keddi, B., Pfeil, P., Strehmel, P. & Wittmann, S. (1999). *Lebensthemen junger Frauen. Die andere Vielfalt weiblicher Lebensentwürfe*. Opladen: Leske + Budrich.

Keupp, H., Ahbe, T., Gmür, W., Höfer, R., Mitzscherlich, B., Kraus, W. & Straus, F. (1999). *Identitätskonstruktionen. Das Patchwork der Identitäten in der Spätmoderne*. Reinbek: Rowohlt.

Keupp, H. & Höfer, R. (Hrsg.). (1997). *Identitätsarbeit heute. Klassische und aktuelle Perspektiven der Identitätsforschung*. Frankfurt a.M.: Suhrkamp.

Klammer, U. (2005). Flexicurity aus der Perspektive des Lebensverlaufs. In M. Kronauer & G. Linne (Hrsg.), *Flexicurity. Die Suche nach Sicherheit in der Flexibilität* (S. 249–273). Berlin: Edition Sigma.

Kliegl, R. & Mayr, U. (1997). Kognitive Leistung und Lernpotential im höheren Erwachsenenalter. In F.E. Weinert (Hrsg.), *Psychologie der Erwachsenenbildung* (S. 87–114). Göttingen: Hogrefe.

Kohli, M. (1982). Antizipation, Bilanzierung, Irreversibilität. Dimensionen der Auseinandersetzung mit beruflichen Problemen im mittleren Erwachsenenalter. *Zeitschrift für Sozialisationsforschung und Erziehungssoziologie, 2,* 39–52.

Kohli, M. (1985). Die Institutionalisierung des Lebenslaufs. Historische Befunde und theoretische Argumente. *Kölner Zeitschrift für Soziologie und Sozialpsychologie, 37,* 1–29.

Kohli, M. (Hrsg.). (2005). *Die zweite Lebenshälfte. Gesellschaftliche Lage und Partizipation im Spiegel des Alters-Surveys* (2. Aufl.). Wiesbaden: Verlag für Sozialwissenschaften.

Kohli, M. (2007). The institutionalization of the life course: Looking back to look ahead. *Research in Human Development 4,* 253–271.

Kohn, M. L. & Schooler, C. (1983). Job conditions and personality: Longitudinal assessment of their reciprocal effects. *American Journal of Sociology, 87,* 1257–1285.

Kracke, B., & Noack, P. (2008). Konflikte in Familien: Möglichkeiten der Prävention und Bewältigung. In F. Petermann & W. Schneider (Hrsg.), *Angewandte Entwicklungspsychologie* (S. 547–570). Göttingen: Hogrefe.

Kramer, I., Sockoll, I. & Bödeker, W. (2009). Die Evidenzbasis für betriebliche Gesundheitsförderung und Prävention – Eine Synopse des wissenschaftlichen Erkenntnisstandes. In B. Badura, H. Schröder und C. Vetter (Hrsg.): *Fehlzeiten-Report 2008. Betriebliches Gesundheitsmanagement: Kosten und Nutzen* (S. 65–76). Heidelberg: Springer.

Krampen, G. & Greve, W. (2008). Persönlichkeits- und Selbstkonzeptentwicklung über die Lebensspanne. In R. Oerter & L. Montada (Hrsg.), *Entwicklungspsychologie* (6., vollst. überarbeitete Auflage, S. 652–686). Weinheim: Beltz.

Krampen, G. & Reichle, B. (2008). Entwicklungsaufgaben im frühen Erwachsenenalter. In R. Oerter & L. Montada (Hrsg.), *Entwicklungspsychologie* (6., vollst. überarbeitete Auflage, S. 333–365). Weinheim: Beltz.

Kruse, A. & Lehr, U. (1999). Reife Leistung. Psychologische Aspekte des Alterns. In A. Niederfranke, G. Naegele & E. Frahm (Hrsg.), *Funkkolleg Altern 1* (S. 187–238). Opladen/Wiesbaden: Westdeutscher Verlag.

Kruse, A. & Rudinger, G. (1997). Lernen und Leistung im Erwachsenenalter. In F.E. Weinert (Hrsg.), *Psychologie der Erwachsenenbildung* (S. 45–85). Göttingen: Hogrefe.

Lang, F. R., Martin, M. & Pinquart, M. (2012). *Entwicklungspsychologie – Erwachsenenalter.* Göttingen: Hogrefe.

Lazarus, R. S. & Folkman, S. (1984). *Stress, appraisal and coping.* New York: Springer.

Lehr, U. (1969). *Die Frau im Beruf. Eine psychologische Analyse der weiblichen Berufsrolle.* Frankfurt a.M.: Athenäum.

Lehr, U. (1978). Das mittlere Lebensalter – ein vernachlässigtes Gebiet der Entwicklungspsychologie. In R. Oerter (Hrsg.), *Entwicklung als lebenslanger Prozess* (S. 147–177). Hamburg: Hoffmann & Campe.

Lehr, U. (1980). Alterszustände und Alternsprozesse. *Zeitschrift für Gerontologie, 5,* 442–457.

Lehr, U. (1981). Der ältere Mitarbeiter im Betrieb. In F. Stoll (Hrsg.), *Die Psychologie des XX. Jahrhunderts,* Band XIII (S. 910–929). Zürich: Kindler.

Lehr, U. (1984). Pensionierung. In W. D. Oswald, W. M. Herrmann, S. Kanowski, U. Lehr & H. Thomae (Hrsg.), *Gerontologie* (S. 318–329). Stuttgart: Kohlhammer.

Lehr, U. (1987). Sozialpsychologische Aspekte: Alter Mensch und Familie. In A. Kruse, U. Lehr & C. Rott (Hrsg.), *Gerontologie – eine interdisziplinäre Wissenschaft* (S. 164–237). München: Bayerischer Monatsspiegel Verlag.

Lehr, U. (2003). *Psychologie des Alterns* (10. Auflage). Heidelberg: Quelle & Meyer.

Lehr, U. & Thomae, H. (Hrsg.). (1987). *Formen seelischen Alterns. Ergebnisse der Bonner gerontologischen Längsschnittstudie.* Stuttgart: Enke.

Lenz, A. (2005). *Kinder psychisch kranker Eltern.* Göttingen: Hogrefe.

Leontjew, A. N. (1973). *Probleme der Entwicklung des Psychischen.* Frankfurt a.M.: Athenäum Fischer.

Leplow, B. & Dierks, Ch. (1997). Gilt das Gesetz von Ribot auch für das Altgedächtnis? *Zeitschrift für diagnostische und differentielle Psychologie, 18,* 115–226.

Lerner, R. M. & Busch-Rossnagel, N. A. (eds.). (1981). *Individuals as producers of their development. A life-span perspective.* New York: Academic Press.

Levinson, D. J. (1979). *Das Leben des Mannes. Werdenskrisen, Wendepunkte, Entwicklungschancen.* Köln: Kiepenheuer & Witsch (engl. Original 1978).

Levinson, D. J. (1980). Toward a conception of the adult life course. In N. J. Smelser & E. H. Erikson (eds.), *Themes of work and love in adulthood* (pp. 265–290). London: Grant McIntyre.

Levinson, D. J. (1996). *The seasons of a woman's life.* New York: Knopf.

Levenson, M. R. & Crumpler, C. A. (1996). Three models of adult development. *Human Development, 39,* 135–149.

Levy, R. (1977). *Der Lebenslauf als Statusbiographie. Die weibliche Normalbiografie in makrosoziologischer Perspektive.* Stuttgart: Enke.

Lieberman, M. (1975). Adaptive processes in late life. In N. Datan & L. Ginsberg (eds.), *Life-span developmental psychology: Normative life crises* (pp. 135–159). New York: Academic Press.

Linde, I. v. der (2007). *Männer in der Lebensmitte – Gesundheitsverhalten und berufliche Anforderungsbewältigung.* Empirische Untersuchungen. Hamburg: Kovač.

Lindenberger, U. (2000). Intellektuelle Entwicklung über die Lebensspanne: Überblick und ausgewählte Forschungsbrennpunkte. *Psychologische Rundschau, 51,* 135–145.

Lindenberger, U. & Schaefer, S. (2008). Erwachsenenalter und Alter. In R. Oerter & L. Montada (Hrsg.), *Entwicklungspsychologie* (6., vollst. überarbeitete Auflage, S. 366–409). Weinheim: Beltz.

Lopata, H. Z. (1996). *Current widowhood: Myths and realities.* Thousand Oaks, CA.: Sage.

Lowenthal, M. F., Thurnher, M. & Chiriboga, D. (1975). *Four stages of life: A comparative study of women and men facing transition.* San Francisco: Jossy-Bass.

Lüdeke, S. A. (2009). *Verwandtschaft und Großelternschaft – Familienpsychologie.* Norderstedt: GRIN

Marcia, J. (1966). Development and validation of ego-identity status. *Journal of Personality and Social Psychology, 3* (5), 551–558.

Marcia, J. (2002). Identity and psychosocial development in adulthood. *Identity: An International Journal of Theory and Research, 2*(1), 7–28.

Marcia, J. E., Waterman, A. S., Matteson, D. R., Archer, S. L. & Orlofsky J. L. (1993). *Ego identity. A handbook for psychological research.* New York: Springer.

Mayring, Ph. (1990). Pensionierung. In Ph. Mayring & W. Saup (Hrsg.), *Entwicklungsprozesse im Alter* (S. 37–57). Stuttgart: Kohlhammer.

Mayring, Ph. (1991). *Psychologie des Glücks.* Stuttgart: Kohlhammer.

Mayring, Ph. (2009). Freude und Glück. In V. Brandstätter & J.H. Otto (Hrsg.), *Handbuch der Allgemeinen Psychologie – Motivation und Emotion* (S. 585–595). Göttingen Hogrefe.

Mayring, Ph. & Saup, W. (Hrsg.). (1990). *Entwicklungsprozesse im Alter.* Stuttgart: Kohlhammer.

Mayer, K. U. & Diewald, M. (2007). Die Institutionalisierung von Lebensläufen. In J. Brandtstädter & U. Lindenberger (Hrsg.), *Entwicklungspsychologie der Lebensspanne* (S. 510–539). Stuttgart: Kohlhammer.

Mayer, K. U. & Baltes, P. B. (Hrsg.). (1996). *Die Berliner Altersstudie.* Berlin: Akademie-Verlag.

McCluskey, K. A. & Reese, H. W. (eds.). (1984). *Life-span developmental psychology: Historical and generational effects.* New York: Academic Press.

McCrae, R. R. (1982). Age differences in the use of coping mecha-
    nisms. *Journal of Gerontology, 37,* 454–460.
Mead, G. H. (1968). *Geist, Identität und Gesellschaft.* Frankfurt a.M.:
    Suhrkamp (engl. Original: 1934).
Meyer, M., Stallauke, M. & Weirauch, H. (2011). Krankheitsbe-
    dingte Fehlzeiten in der deutschen Wirtschaft im Jahr 2010. In B.
    Badura, A. Ducki, H. Schröder, J. Klose & K. Macco (Hrsg.): *Fehl-
    zeiten-Report 2011. Führung und Gesundheit. Zahlen, Daten, Analy-
    sen aus allen Branchen der Wirtschaft* (S. 223–384). Berlin: Springer.
Mohr, G. & Otto, K. (2007). Erwerbslosigkeit und Wiedereingliede-
    rung. In H. Schuler & K. Sonntag (Hrsg.), *Handbuch der Arbeits-
    und Organisationspsychologie* (S. 655–661). Göttingen: Hogrefe.
Mohr, G. (2010). Erwerbslosigkeit. In U. Kleinbeck & K.-H. Schmidt
    (Hrsg.), *Arbeitspsychologie.* Enzyklopädie der Psychologie, III,
    Band 1 (S. 471–519). Göttingen: Hogrefe.
Montada, L. (2008). Fragen, Konzepte, Perspektiven. In R. Oerter &
    L. Montada (Hrsg.), *Entwicklungspsychologie* (6., vollst. überarbei-
    tete Auflage, S. 3–48). Weinheim: Beltz.
Motel-Klingebiel, A. (2004). Arme oder Reiche Alte? Daten zur Ein-
    kommenssituation. *Informationsdienst Altersfragen 31,* 4, S. 8–9.
Moser, K. & Schmoock, R. (2006). Berufliche und organisationale So-
    zialisation. In H. Schuler (Hrsg.), *Lehrbuch der Personalpsycholo-
    gie* (2. überarbeitete und erweiterte Auflage, S. 231–254). Göttin-
    gen: Hogrefe.
Mroczek, D. K. & Kolarz, C. M. (1998). The effect of age on positive
    and negative affect: A developmental perspective on happiness.
    Journal of Personality and Social Psychology, 75, 1333–1349.
Naegele, G. (1983). *Arbeitnehmer in der Spätphase ihrer Erwerbstätig-
    keit.* Köln: Bundesministerium für Arbeit und Sozialordnung.
Nauck, B. (2006). Kulturspezifische Sozialisationsstile in Migrantenfa-
    milien? Eltern- Kind- Beziehungen im türkischen Migrantenfami-
    lien und Aussiedlerfamilien im Vergleich zu deutschen Familien.
    In C. Alt (Hrsg.), *Kinderleben – Integration durch Sprache?* Band 4:
    Bedingungen des Aufwachsens von türkischen, russlanddeutschen
    und deutschen Kindern (S. 155–183). Wiesbaden: VS Verlag für So-
    zialwissenschaften.
Neugarten, B. L. & McDonald, J. (1975). Persönlichkeitsveränderung
    bei älteren Menschen: Die Chicagoer Untersuchung. In U. Lehr &
    F. E. Weinert (Hrsg.), *Entwicklung und Persönlichkeit* (S. 67–76).
    Stuttgart: Kohlhammer.
Neugarten, B. L. & Weinstein, K. (1964). The changing American
    grandparent. *Journal of Marriage and the Family, 26,* 199–200.

Novak, M. (1985–86). Biography after the end of metaphysics: A critique of epigenetic evolution. *International Journal of Aging and Human Development, 22*, 189–204.

Noeker, M. (2002). Risiko- und Schutzfaktoren der familiären Adaptation an die chronische Erkrankung des Kindes: Ein klinisch-entwicklungspsychologisches Modell als Grundlage ressourcenorientierter Familienberatung. In G. Röper, C. von Hagen & G. Noam (Hrsg.), *Entwicklung und Risiko* (S. 223–246). Stuttgart: Kohlhammer.

Nunner-Winkler, G. (1987). Identitätskrise ohne Lösung: Wiederholungskrisen, Dauerkrisen. In H. P. Frey & K. Haußer (Hrsg.), *Identität* (S. 165–178). Stuttgart: Enke.

Ochel, A. (1989). *Hausfrauenarbeit. Eine qualitative Studie über Alltagsbelastungen und Bewältigungsstrategien von Hausfrauen.* München: Profil.

Oerter, R. & Dreher, E. (2008). Jugendalter. In R. Oerter & L. Montada (Hrsg.), *Entwicklungspsychologie* (6., vollst. überarbeitete Auflage, S. 271–332). Weinheim: Beltz.

Oerter, R, Hagen, C. von, Röper, G. & Noam, G. (1999). *Klinische Entwicklungspsychologie. Ein Lehrbuch.* Weinheim: Psychologie Verlags Union (Beltz).

Oerter, R. & Montada, L. (Hrsg.). (2008). *Entwicklungspsychologie* (6., vollst. überarbeitete Auflage). Weinheim: Beltz.

Olsho, L. W., Harkins, S. W. & Lenhardt, M. L. (1985). Aging and the auditory system. In J. E. Birren & K. W. Schaie (eds.), *Handbook of the psychology of aging* (2nd ed., pp. 332–377). New York: van Nostrand.

Onnen-Isemann, C. (2000). *Wenn der Familienbildungsprozess stockt. Eine empirische Studie über Stress und Coping-Strategien reproduktionsmedizinisch behandelter Partner.* Berlin: Springer.

Oster, P. & Schlierf, G. (1998). Die gesundheitliche Situation älterer Menschen. In A. Kruse (Hrsg.), *Psychosoziale Gerontologie*, Band 1: Grundlagen. Jahrbuch der Medizinischen Psychologie 15 (S. 79–86). Göttingen: Hogrefe.

Palmore, E., Cleveland, W. P., Nowlin, J. B., Ramm, D. & Siegler, I. C. (1979). Stress and adaptation in later life. *Journal of Gerontology, 34*, 841–851.

Papastefanou, C. (1997). *Auszug aus dem Elternhaus. Aufbruch und Ablösung im Erleben von Eltern und Kindern.* Weinheim: Juventa.

Park, M. J., Mulye, T. P., Adams, S. H., Brindis, C. D. & Irwin, C. E. (2006). The health status of young adults in the United States. *Journal of Adolescent Health, 39*, 305–317.

Peck, R. (1972). Psychologische Entwicklung in der zweiten Lebenshälfte. In H. Thomae & U. Lehr (Hrsg.), *Altern – Probleme und Tat-*

sachen (S. 530–544). Frankfurt a.M.: Akademische Verlagsgesellschaft.

Penny, G. N., Bennett, P. & Herbert, M. (eds.). (1994). *Health psychology: a life span perspective*. London: Harwood.

Petermann, F., Wiedebusch, S. & Quante, M. (Hrsg.). (1997). *Perspektiven der Humangenetik, medizinische, psychologische und ethische Aspekte*. Paderborn: Schöningh.

Peterson, C. C. (1990). Husbands' and wives' perception of marital fairness across the family life cycle. *International Journal of Aging and Human Development, 31*, 179–188.

Pinquard, M. & Silbereisen, R.K. (2007). Familienentwicklung. In J. Brandtstädter & U. Lindenberger (Hrsg.), *Entwicklungspsychologie der Lebensspanne. Ein Lehrbuch* (S. 483–509). Stuttgart: Kohlhammer.

Plagnol, A. C. & Easterlin, R.A. (2008). Aspirations, attainments, and satisfaction: Life cycle differences between American women and man. *Journal of Happiness Studies, 9*, 601–619.

Platz, S. & Weyerer, S. (1990). Gedächtnistraining im Alter: Theoretischer Hintergrund und Entwicklung eines Interventionsprogramms für Altenheimbewohner. *Zeitschrift für Gerontologie, 23*, 197–204.

Reese, H. W. & Overton, W. F. (1970). Models of development and theories of development. In L. R. Goulet & R. B. Baltes (eds.), *Lifespan developmental psychology: Research and theory* (pp. 116–149). New York: Academic Press.

Reese, H. W. & Smyer, M. A. (1983). The dimensionalization of life events. In E. J. Callahan & K. A. McCluskey (eds.), *Life-span developmental psychology: Nonnormative life-events* (pp. 1–33). New York: Academic Press.

Reichle, B. & Werneck, H. (Hrsg.). (1999). *Übergang zur Elternschaft. Aktuelle Studien zur Bewältigung eines unterschätzten Lebensereignisses*. Stuttgart: Enke.

Reinert, G. (1979). Prolegomena to a history of life-span developmental psychology. In P. B. Baltes & O. G. Brim (eds.), *Life-span development and behavior*, Vol. 2 (pp. 205–254). New York: Academic Press.

Reischies, F. M. & Lindenberger, U. (1996). Grenzen und Potenziale kognitiver Leistungsfähigkeit im Alter. In K. U. Mayer & P. B. Baltes (Hrsg.), *Die Berliner Altersstudie* (S. 351–377). Berlin: Akademie Verlag.

Resch, M. G. (1991). *Haushalt und Familie: Der zweite Arbeitsplatz*. Bern: Hans Huber.

Riegel, K. F. (1975). Adult life crisis. A dialectic interpretation of development. In N. Datan & L. H. Ginsberg (eds.), *Life-span developmental psychology* (pp. 99–128). New York: Academic Press.

Riley, M. W., Johnson, M. & Foner, A. (1978). *Aging and society. Vol 3. A sociology of age stratification.* New York: Russell Sage.

Rosenstiel, L. von (2006). Die Bedeutung der Arbeit. In H. Schuler (Hrsg.), *Lehrbuch der Personalpsychologie* (2., überarbeitete und erweiterte Auflage, S. 15–43). Göttingen: Hogrefe.

Rosenstiel, L. von, Nerdinger, F., Spieß, E. & Stengel, M. (1989). *Führungsnachwuchs im Unternehmen. Wertkonflikt zwischen Individuum und Organisation.* München: Beck'sche Verlagsbuchhandlung.

Rubin, L. B. (1980). The empty nest: beginning or ending? In L. A. Bond & J. C. Rosen (eds.), *Competence and coping during adulthood* (pp. 309–331). Hanover, N. H.: University Press.

Ryff, C. D. (1984). Personality development from the inside: The subjective experience of change in adulthood and aging. In P. B. Baltes & O. G. Brim (eds.), *Life-span development and behavior,* Vol. 6 (pp. 243–279). Orlando: Academic Press.

Ryff, C. D. & Seltzer, M. M. (eds.). (1996). *The parental experience in midlife.* Chicago: University Press.

Saup, W. (1987). Coping im Alter – Ergebnisse und Probleme psychologischer Studien zum Bewältigungsverhalten älterer Menschen. *Zeitschrift für Gerontologie, 20,* 345–354.

Saup, W. (1990). Übersiedlung und Aufenthalt im Alten- und Pflegeheim. In Ph. Mayring & W. Saup (Hrsg.), *Entwicklungsprozesse im Alter* (S. 75–104). Stuttgart: Kohlhammer.

Saup, W. (1991). *Konstruktives Altern.* Göttingen: Hogrefe 1991.

Saup, W. (1999). Alte Menschen in ihrer Wohnung. In H.-W. Wahl, H. Mollenkopf & F. Oswald (Hrsg.), *Alte Menschen in ihrer Umwelt* (S. 43–51). Opladen/Wiesbaden: Westdeutscher Verlag.

Saup, W. (2001). *Ältere Menschen im Betreuten Wohnen. Ergebnisse der Augsburger Längsschnittstudie.* Band 1. Augsburg: Verlag für Gerontologie Alexander Möckl.

Saup, W. & Tietgens, H. (Hrsg.). (1992). *Bildung für ein konstruktives Altern.* Frankfurt: Päd. Arbeitsstelle des Dt. Volkshochschul-Verbandes.

Schaie, K. W. (1980). Intelligenzwandel im Erwachsenenalter. *Zeitschrift für Gerontologie, 13,* 373–384.

Schaie, K. W. (ed.). (1983). *Longitudinal studies of adult psychological development.* New York: Guilford.

Schaie, K. W. (1984). Intelligenz. In W. D. Oswald, W. M. Herrmann, S. Kanowski, U. Lehr & H. Thomae (Hrsg.), *Gerontologie* (S. 221–233). Stuttgart: Kohlhammer.

Schaie, K. W. (1996). *Intellectual development in adulthood: The Seattle Longitudinal Studies*. New York: Cambridge University Press.

Schäufele, M., Köhler, L., Teufel, S. & Weyerer, S. (2006). Betreuung von demenziell erkrankten Menschen in Privathaushalten: Potenziale und Grenzen. In U. Schneekloth & H.-W. Wahl (Hrsg.), *Selbständigkeit und Hilfebedarf bei älteren Menschen in Privathaushalten* (S. 103–145). Stuttgart: Kohlhammer.

Schieber, F. (2006). Vision and aging. In J. E. Birren & K.W. Schaie (eds.), *Handbook of the psychology of aging* (6. ed., pp. 129–161). Amsterdam: Elsevier.

Schneekloth, U. & Potthoff, P. (1993). *Hilfe- und Pflegebedürftige in privaten Haushalten*. Schriftenreihe des BMFuS Band. 111.2. Stuttgart: Kohlhammer.

Schneewind, K. A. (2010). *Familienpsychologie* (3., überarbeitete und erweiterte Auflage). Stuttgart: Kohlhammer.

Schneewind, K. A. & Grandegger, C. (2005). Familienbeziehungen im mittleren Erwachsenenalter. In S.-H. Filipp & U.M. Staudinger (Hrsg.), *Entwicklungspsychologie des mittleren und höheren Erwachsenenalters*. Enzyklopädie der Psychologie C, V, 6 (S.457–501). Göttingen: Hogrefe.

Schneider, W. & Lindenberger, U. (Hrsg.). (2012). *Entwicklungspsychologie* (7., vollst. überarbeitete Auflage). Weinheim: Beltz.

Schneider, W. & Wilkening, F. (Hrsg.). (2006). *Theorien, Modelle und Methoden der Entwicklungspsychologie*. Enzyklopädie der Psychologie, Band C, V, 1. Göttingen: Hogrefe.

Schönbauer, U. (2006). *Ältere im Betrieb*. Wien: Arbeiterkammer [www.arbeitundalter.at, Zugriff am 6.1.2009].

Schröppel, H. (1991). *Von wegen Rabentöchter! Der Pflegenotstand in Familien mit verwirrten alten Menschen*. Friedberg: Waschzettel-Verlag.

Schwarzer, R. (Hrsg.). (2005). *Gesundheitspsychologie*. Enzyklopädie der Psychologie C/X/1. Göttingen: Hogrefe.

Schwarz, B. (2007). Familiäre Reorganisation nach Trennung und Scheidung. In M. Hasselhorn & W. Schneider (Hrsg.), *Handbuch der Entwicklungspsychologie* (S. 522–533). Göttingen: Hogrefe.

Seidenspinner, G., Keddi, B., Wittmann, S., Gross, M., Hildebrandt, K. & Strehmel, P. (1996). *Junge Frauen heute – wie sie leben, was sie anders machen. Ergebnisse einer Längsschnittstudie über familiale und berufliche Lebenszusammenhänge junger Frauen in Ost- und Westdeutschland*. Opladen: Leske + Budrich.

Seiffge-Krenke, I & Gelhaar, T. (2006). Entwicklungsregulation im jungen Erwachsenenalter. Zwischen Partnerschaft, Berufseinstieg und der Gründung eines eigenen Haushalts. *Zeitschrift für Entwicklungspsychologie und Pädagogische Psychologie, 38*, 1, 18–31.

Sennett, R. (1998). *Der flexible Mensch. Die Kultur des neuen Kapitalismus*. Berlin: Berlin-Verlag.

Sichtermann, B. (1987). *Vorsicht Kind. Eine Arbeitsplatzbeschreibung für Mütter, Väter und andere*. Berlin: Verlag Klaus Wagenbach.

Siegert, M. T. & Chapman, M. (1987). Identitätstransformationen im Erwachsenenalter. In H.-P. Frey & K. Haußer (Hrsg.), *Identität* (S. 139–150). Stuttgart: Enke.

Silbereisen, R. K. & Zinnecker, J. (Hrsg.) (1999). *Entwicklung im sozialen Wandel*. Weinheim: Beltz.

Sodian, B. (2008). Entwicklung des Denkens. In R. Oerter & L. Montada (Hrsg.), *Entwicklungspsychologie* (6., vollst. überarbeitete Auflage, S. 436–479). Weinheim: Beltz.

Spieß, E., Rosenstiel, L. v., Stengel, M. & Nerdinger, F. (1984). Wertwandel und generatives Verhalten – Ergebnisse einer Längsschnittstudie an jungen Ewachsenen. *Zeitschrift für Bevölkerungswissenschaft, 10*, 153–168.

Statistisches Bundesamt (2012). *Geburten in Deutschland. Ausgabe 2012*. Wiesbaden: Statistisches Bundesamt.

Statistisches Bundesamt (2013). *Berufsbildung auf einen Blick*. Wiesbaden: Statistisches Bundesamt

Staudinger, U. M. (2005). Lebenserfahrung, Lebenssinn und Weisheit. In S.-H. Filipp & U.M. Staudinger (Hrsg.), *Entwicklungspsychologie des mittleren und höheren Erwachsenenalters* (S. 740–765). Göttingen: Hogrefe.

Staudinger, U. M. & Baltes , P. B. (1996). Weisheit als Gegenstand psychologischer Forschung. *Psychologische Rundschau, 47*, 57–77.

Steinhagen-Thiessen, E. & Borchelt, M. (1996). Morbidität, Medikation und Funktionalität im Alter. In K.U. Mayer & P.B. Baltes (Hrsg.), *Die Berliner Altersstudie* (S. 151–183). Berlin: Akademie-Verlag.

Stewart, A. J. & Ostrove, J. M. (1998). Women's personality in middle age. Gender, history, and midcourse corrections. *American Psychologist, 53*, 1185–1194.

Strehmel, P. (1993). Soziale Netzwerke in diskontinuierlichen Erwerbsbiographien – Veränderungen in subjektiv erlebten Belastungen und Unterstützungspotentialen. In A. Laireiter (Hrsg.), *Soziales Netzwerk und soziale Unterstützung* (S. 167–178). Bern: Hans Huber.

Strehmel, P. (1999). *Karriereplanung mit Familie. Eine Untersuchung über Wissenschaftlerinnen mit Kindern*. Bielefeld: Kleine.

Strehmel, P. (2008). Frühe Förderung in Kindertageseinrichtungen. In F. Petermann & W. Schneider (Hrsg.), *Angewandte Entwicklungspsychologie*. Enzyklopädie der Psychologie, Band 7 der Reihe Entwicklungspsychologie (S. 205–236). Göttingen: Hogrefe.

Strehmel, P. & Ulich, D. (1998). Arbeitslosigkeit als Entwicklungskrise im frühen und mittleren Erwachsenenalter. In R. Oerter & L. Montada (Hrsg.), *Entwicklungspsychologie* (4. Auflage, S. 1088–1093). Weinheim: Beltz.

Stroebe, W. & Stroebe, M. (2005). Verwitwung: psychosoziale und gesundheitliche Aspekte. In R. Schwarzer (Hrsg.), *Enzyklopädie der Psychologie*: Themenbereich C Theorie und Forschung, Serie X Gesundheitspsychologie, Band 1 Gesundheitspsychologie (S. 262–279). Göttingen: Hogrefe.

Sydow, K. v. (1992). Weibliche Sexualität im mittleren und höheren Erwachsenenalter. Übersicht über vorliegende Forschungsarbeiten. *Zeitschrift für Gerontologie, 25*, 113–127.

Szinovacz, M. (ed.). (1997). *Handbook of grandparenthood*. Westport: Greenwood Press.

Tamir, L. M. (1982). *Men in their fourties: The transition to middle age*. New York: Springer.

Tesch, St. A. (1985). Psychological development and subjective well-being in an age cross-section of adults. *International Journal of Aging & Human Development, 21*, 109–120.

Tesch-Römer, C. (2001). *Schwerhörigkeit im Alter. Belastung, Bewältigung und Rehabilitation*. Heidelberg: Median-Verlag.

Tesch-Römer, C. (2005). Sterben und Tod im mittleren und höheren Erwachsenenalter. In S.-H. Filipp & U.M. Staudinger (Hrsg.), *Entwicklungspsychologie des mittleren und höheren Erwachsenenalters*. Enzyklopädie der Psychologie, Serie Entwicklungspsychologie. Bd. C/V/6 (S. 829–854). Göttingen: Hogrefe.

Tesch-Römer, C. & Kondratowietz, H.-J. von (2007). Entwicklung über die Lebensspanne im kulturellen und gesellschaftlichen Kontext. In J. Brandtstädter & U. Lindenberger (Hrsg.), *Entwicklungspsychologie der Lebensspanne. Ein Lehrbuch* (S. 569–598). Stuttgart: Kohlhammer.

Tesch-Römer, C. & Engstler, H. (2008). Der Übergang in den Ruhestand: Konsequenzen für die Gesundheit und das soziale Netz. *Informationsdienst Altersfragen, 35*, 1, 2–7.

Thomae, H. (Hrsg.). (1959). *Handbuch der Psychologie*. Band 3, Entwicklungspsychologie. Göttingen: Hogrefe.

Thomae, H. (1970). Theory of aging and cognitive theory of personality. *Human Development, 13*, 1–16.

Thomae, H. (1978). Zur Problematik des Entwicklungsbegriffs im mittleren und höheren Erwachsenenalter. In R. Oerter (Hrsg.), *Entwicklung als lebenslanger Prozess* (S. 21–32). Hamburg: Hoffmann und Campe.

Thomae, H. (1980). Personality and adjustment to aging. In J. E. Birren & R. B. Sloane (eds.), *Handbook of Mental Health and Aging* (pp. 285–309). Englewood Cliffs, N.J.: Prentice-Hall.

Thomae, H. (1983). *Alternsstile und Altersschicksale*. Bern: Huber.

Thomae, H. (1988). Lebenszufriedenheit im Alter. Geschichte und Gegenwart eines gerontologischen Grundbegriffs. In A. Kruse, U. Lehr, E. Oswald & C. Rott (Hrsg.), *Gerontologie* (S. 210–223). München: Bayer. Monatsspiegelverlag.

Tismer, K.-G., Tismer-Puschner, J. & Erlenmeier, N. (1975). Persönlichkeitsunterschiede im Erwachsenenalter. Eine Untersuchung bei Personen zwischen drittem und achtem Lebensjahrzehnt. In U. Lehr & F. E. Weinert (Hrsg.), *Entwicklung und Persönlichkeit* (S. 159–170). Stuttgart: Kohlhammer.

Tobin, S. (1980). Institutionalization of the aged. In N. Datan & N. Lohmann (eds.), *Transitions of aging* (pp. 195–211). New York: Academic Press.

Turner, R. R. & Reese, H. W. (eds.). (1980). *Life-span developmental psychology:* Intervention. New York: Academic Press.

Ulich, D. (1987). *Krise und Entwicklung. Zur Psychologie der seelischen Gesundheit*. München: Psychologie Verlags Union.

Ulich, E. (2006). *Arbeitspsychologie* (6., überarbeitete und erweiterte Auflage). Stuttgart: Schäffer-Poeschel.

Ulich, E. & Wülser, M. (2009). *Gesundheitsmanagement in Unternehmen. Arbeitspsychologische Perspektiven* (3., überarbeitete und erweiterte Auflage). Wiesbaden: Gabler uniscope.

Vaillant, G. E. (1980). *Werdegänge, Erkenntnisse der Lebenslaufforschung*. Reinbek bei Hamburg: Rowohlt (englisches Original [1977]: Adaptation to life. Boston, Mass.: Little Brown).

Vaillant, G. E. (1993). *The wisdom of the ego*. Cambridge: Harvard University Press.

Wahl, K. & Hees, K. (2007). *Helfen »Super-Nanny« und Co? Ratlose Eltern – Herausforderung für die Elternbildung*. Mannheim: Cornelsen Scriptor.

Wahl, H.-W. & Heyl, V. (2004). *Gerontologie. Einführung und Geschichte*. Grundriss Gerontologie Band 1. Stuttgart: Kohlhammer.

Wahl, H.-W. & Heyl, V. (2007). Sensorik und Sensumotorik. In J. Brandtstädter & U. Lindenberger (Hrsg.), *Entwicklungspsychologie der Lebensspanne. Ein Lehrbuch* (S. 130–161). Stuttgart: Kohlhammer.

Wahl, H.-W. & Heyl, V. (2008). Verluste und Entwicklungsrisiken des höheren Lebensalters. In F. Petermann & W. Schneider (Hrsg.), *Angewandte Entwicklungspsychologie* (S. 859–883). Göttingen: Hogrefe.

Wahl, H.-W., Diehl, M., Kruse, A., Lang, F. R. & Martin, M. (2008). Psychologische Alternsforschung: Beiträge und Perspektiven. *Psychologische Rundschau, 59*, 2–23.

Werner, E. E. & Smith, R. S. (1992). *Overcoming the odds. High risk children from birth to adulthood.* Ithaca, N.Y.: Cornell University Press.

Werner, E. E. & Smith, R. S. (2001). *Journeys from childhood to midlife. Risk, resilience and recovery.* New York: Cornell University Press.

Weyerer, S. (2005). *Altersdemenz.* Gesundheitsberichterstattung des Bundes. Heft 28. Berlin: Robert Koch-Institut.

Weyerer, S. & Bickel, H. (2006). *Epidemiologie psychischer Erkrankungen im höheren Lebensalter.* Grundriss Gerontologie Band 14. Stuttgart: Kohlhammer.

Whitbourne, S. K. (1985). The psychological construction of the lifespan. In J. E. Birren & K. W. Schaie (eds.), *Handbook of the psychology of aging* (pp. 594–618). New York: van Nostrand.

Whitbourne, S. K. (1987). Personality development in adulthood and old age: Relationships among identitystyle, health and well-being. *Annual Review of Gerontology and Geriatry, 7*, 189–216.

Whitbourne, S. K., Sneed, J. R. & Sayer, A. (2009). Psychosocial development from college through midlife: a 34-year sequential study. *Developmental Psychology, 47*, 5, 1328–1340.

Whitbourne, S. K. & Weinstock, C. S. (1982). *Die mittlere Lebensspanne.* München: Urban & Schwarzenberg.

Wieland, R. & Krajewski, J. (2007). Neue Organisationsformen der Arbeit. In H. Schuler & K. H. Sonntag (Hrsg.), *Handbuch der Arbeits- und Organisationspsychologie* (S. 210–216). Göttingen: Hogrefe.

Wiese, B. S. (2000). *Berufliche und familiäre Zielstrukturen* [Goal structures in the work and family domains]. Münster: Waxmann.

Willis, S. L. & Martin, M. (eds.). (2005). *Middle adulthood. A lifespan perspective.* Thousand Oaks: Sage.

Wischmann, T. & Stammer, H. (2001). *Der Traum vom eigenen Kind. Psychologische Hilfen bei unerfülltem Kinderwunsch.* Stuttgart, Berlin, Köln: Kohlhammer.

Wippermann, K. & Wippermann, C. (2008). *Beruflicher Wiedereinstieg nach der Familiengründung. Bedürfnisse, Erfahrungen, Barrieren.* Berlin: Bundesministerium für Familie, Senioren, Frauen und Jugend [www.bmfsfj.de, Zugriff am 6.1.2009].

Wittkowski, J. (1978). *Tod und Sterben – Ergebnisse der Thanatopsychologie.* Heidelberg: Quelle & Meyer.

Wittkowski, J. (Hrsg.). (2003). *Sterben, Tod und Trauer.* Stuttgart: Kohlhammer.

Wittkowski, K. & Zobel, M. (1982). Korrelate von Lebenszufriedenheit im mittleren Erwachsenenalter. *Zeitschrift für Gerontologie, 15*, 259–264.

Zapf, D. & Semmer, N. K. (2004). Stress und Gesundheit in Organisationen. In H. Schuler (Hrsg.), *Organisationspsychologie*. Enzyklopädie der Psychologie, Themenbereich D, Serie III, Band 3 (2. Aufl., S. 1007–1112). Göttingen: Hogrefe

Zinnecker, J. (1998). (Selbst-)Portraits der Eltern. In J. Zinnecker & R. K. Silbereisen (Hrsg.), *Kindheit in Deutschland* (2. Auflage, S. 399–424). Weinheim: Beltz.

Autoren

Faltermaier, Toni (Kap. 1, 2, 3, 4), geb. 1952. Professor Dr. phil., Dipl.-Psych.; Arbeitsschwerpunkte: Entwicklungspsychologie des Erwachsenenalters, Gesundheitspsychologie, Lebensereignis-, Belastungs- und Bewältigungsforschung, Salutogenese-Forschung, Praxisansätze der Gesundheitsförderung für Erwachsene, Qualitative Forschungsmethoden. Adresse: Universität Flensburg, Institut für Gesundheits-, Ernährungs- und Sportwissenschaften, Abteilung Gesundheitspsychologie und Gesundheitsbildung, Auf dem Campus 1, 24943 Flensburg.

Mayring, Philipp (Kap. 5), geb. 1952. Professor Dr. phil., Arbeitsschwerpunkte: Mixed Methods Ansätze (Qualitative Inhaltsanalyse), Wohlbefindensforschung (Glück), Entwicklungspsychologie des mittleren und späten Erwachsenenalters. Adresse: Institut für Psychologie, Alpen-Adria-Universität Klagenfurt; Universitätsstr. 65–67, A-9020 Klagenfurt.

Saup, Winfried (Kap. 6), geb. 1952, gestorben 2011. Professor Dr. phil., Dipl.-Psych.; Arbeitsschwerpunkte: Entwicklungspsychologie des Erwachsenenalters, Gerontopsychologie, Altenheimforschung, Umweltpsychologie, Belastungs-Bewältigungs-Forschung. Bis 2011 an der Universität Augsburg, Psychologie, Philosophische Fakultät I, Universitätsstraße 10, 86135 Augsburg.

Strehmel, Petra (Kap. 4), geb. 1957. Professorin Dr. phil., Dipl.-Psych., Arbeitsschwerpunkte: Entwicklungspsychologie des frühen Erwachsenenalters, Berufsbiographieforschung, Längsschnittmethodologie. Adresse: Hochschule für Angewandte Wissenschaften (HAW) Hamburg, Fakultät Wirtschaft und Soziales, Department Soziale Arbeit, Alexanderstr.1, 20099 Hamburg.

Sachwortregister